Introduction of Public Administration

행정학의 이해

권기헌 저

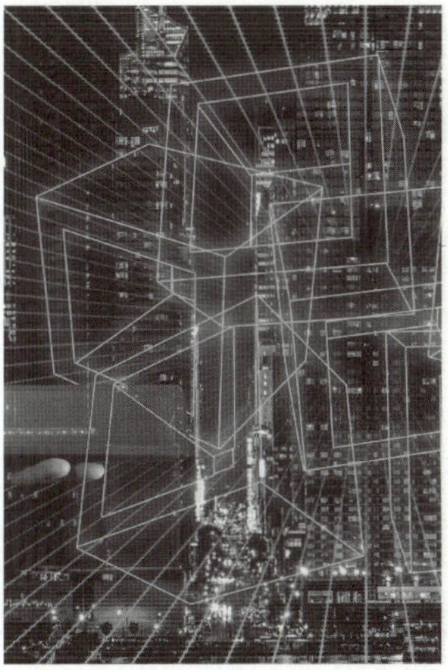

도서출판 학림

저자서문

행정학의 이해

(행정학의 논리와 행정학의 미래)

본서는 『행정학원론』(도서출판 학림)의 3판 개정에 준하는 것으로서 새로운 전정판에 해당된다. 필자의 졸저, 『행정학 강의』(박영사)에서 순수한 학술적 논의 부분은 간략히 줄이고, 행정과정에 필수적인 요소들만을 15개의 테마로 추출하여 개론서 수준으로 쉽게 정리하였다.

행정학은 국가목표-정책결정-조직화-동작화-환류 및 학습이라는 동태적 과정을 거치면서 전개된다. 따라서 행정학 공부의 요체는 이러한 동태적 과정을 학습하면서 각 단계별로 행정인-행정구조-행정환경이라는 3대 변수가 어떻게 상호작용하는지에 대해서 관찰하는 것이다.

행정학의 이해를 준비하면서 특히 다음 사항에 주안점을 두었다.

첫째, 학습목표를 좀 더 간결하게 제시하였다. 심화학습과 사례연구를 재정비하면서 새로운 경향에 따른 문제를 추가하였다.

둘째, 효율성 못지않게 민주성과 성찰성에 대한 강조를 좀 더 일관성 있게 정비하였다. 현대행정이념에서부터 미래의 바람직한 정부상에 이르기까지 민주성, 신뢰성, 성찰성을 강조하였다.

셋째, 행정학의 미래를 추가하였으며, 4차 산업혁명과 정부모형과 새로운 미래의 정부모형을 추가하였다.

본서의 구성과 특징은 다음과 같다.

첫째, 본서에서는, 특히 기존에 집필된 행정학에서 서술된 행정이론은 행정학 개론서 혹은 공무원 임용시험을 위한 수험용으로 집필되었다기보다는, 현대행정이론의 탐구라는 학술연구서적의 목적을 띠었으므로, 이를 과감하게 삭제하면서 논의의 전달을 좀 더 쉽게 하고자 하였다.

둘째, 조직이론 역시 조직의 동태화를 중심으로 재편하는 등 전반적으로 행정학이론의 동태적 과정을 강조하면서 행정학을 학생들에게 좀 더 쉽게 전달하고자 하였으며, 인사 및 재무에 있어서도 축소지향형으로 논의를 좀 더 깔끔하게 정리하였다.

셋째, 행정과 정부의 역할, 행정과 시민사회, 정책이론, 행정관리, 지방행정, 행정개혁과 정부혁신, 행정학의 미래 역시 논의를 축약하여 정리하였다.

넷째, 한 학기 행정학개론 수업용으로 편리하도록 15개의 장으로 엮었다.

다섯째, 각 장을 질문형식의 파트를 구성하여 핵심 질문을 중심으로 각 단원마다 핵심 개념을 정리하고 넘어갈 수 있도록 하였다.

여섯째, 각 장마다 심화학습주제를 정하여, 각 정리한 개념을 심화하여 학습할 수 있도록 하였고, 중간 사례나 중요한 제도 등에 대한 특징과 배경을 보여주면서 심층적인 이해를 할 수 있도록 하였다.

본서는 총 15개의 장으로 구성되어 있다.

1. 행정이란 무엇인가
2. 정부와 정부형태는 어떻게 구성되고 무엇을 하는가
3. 주민참여란 무엇인가
4. 거버넌스와 뉴거버넌스
5. 행정학의 주요 접근방법은 무엇인가
6. 행정학의 주요이론은 무엇인가
7. 정책이란 무엇인가
8. 정책과정은 어떻게 구성되어 있는가
9. 조직의 설계는 어떻게 할 것인가
10. 인사행정이란 무엇인가
11. 재무행정이란 무엇인가
12. 지방자치란 무엇인가
13. 행정책임을 확보하기 위한 행정통제는 어떻게 할 것인가
14. 행정개혁과 정부혁신은 무엇인가
15. 행정학의 미래는 어떻게 구성할 것인가 등이다.

이를 좀 더 구체적으로 설명하면 다음과 같다.

제1장에서는 행정에 대해서 논의한다. 여기에서는 행정의 의의, 행정의 개념변화와 행정이 추구하는 가치 등에 대해서 학습한다.
제2장에서는 정부와 정부형태에 대해서 논의한다. 정부 각 부처의 구성, 주요업무와 정부형태인 대통령제, 의원내각제, 이원집정부제 등에 대해서 학습한다.
제3장에서는 주민투표, 주민소환, 주민감사청구, 주민소송, 주민참여예산제 등에 대해서 학습한다.
제4장에서는 거버넌스와 뉴거버넌스 등에 대해 학습한다.
제5장에서는 행정학의 주요 방법론에 대해 학습하게 된다.
제6장에서는 행정학의 주요 이론에 대해 학습한다.
제7장에서는 정책의 의의와 유형, 정책환경, 정책기획 등에 대해 학습한다.
제8장에서는 정책과정에 대해 학습한다.
제9장에서는 조직의 구조와 설계, 변화주도 리더십 등에 대해 학습한다.
제10장에서는 현대 인사행정이 어떻게 관리되는지에 대해 학습한다.
제11장에서는 재무행정의 주요이론과 제도에 대해 학습하게 된다.
제12장에서는 지방자치(지방행정)의 주요이론과 제도에 대해 학습한다.
제13장에서는 행정책임을 확보하기 위한 행정통제는 어떻게 할 것인가에 대해 학습한다.
제14장에서는 행정개혁과 정부혁신에 대해 학습하게 된다.
제15장에서는 4차 산업혁명과 정부모형, 새로운 행정학, 미래의 정부모형, 정부모형 4.0 등 행정학의 미래에 대해 학습한다.

각 장의 제목은 핵심질문으로 시작된다. 그리고 핵심개념을 활용하여 고민할 수 있는 심화학습 주제와 사례연구도 포함되어 있다. 따라서 보다 쉽게 행정학을 심층적으로 이해하면서, 실제 사례에 응용할 수 있는 연습을 할 수 있도록 정리하였다.

본서는 행정학에 대한 개론적 이해를 원하는 학생을 위한 행정학 입문용 서적이다. 이 책이 행정학, 정책학 등을 공부하면서 행정이론과 정책이론, 행정개혁과 정부혁신에 관심을 가진 학생 및 수험생들에게 도움이 되었으면 하는 바람이다. 이 책을 쓰는데 편집과 아이디어, 사례를 정리하는 등 많은 도움을 주신 많은 분들에게 감사의 뜻을 전하고 싶다. 또한, 책이 완성되기까지 많은 도움을 아끼지 않은 성균관대학교 행정학과의 교수님들께도 감사를 표하며, 이대웅, 이다솔 연구원 등 성균관대학교 연구실의 대학원생들에게도 특별한 고마움을 전한다.

이 책을 단순히 개정하는 것이 아니라 새로운 출판을 기획하고 격려를 아끼지 않으신 도서출판 학림의 이원일 사장님의 독촉이 없었다면 이 책은 새롭게 출판되지 않았을 것이다. 그런 의미에서 특별히 감사드리며, 출판 과정에서 세심하게 원고를 숙독하고 좋은 편집을 위해 많은 수고를 아끼지 않았던 편집부장님과 편집진들께도 깊은 감사의 마음을 전한다.

가족 모두에게 깊은 사랑을 전하고 싶다. 늘 뜨거운 지지와 사랑을 보내 주시는 부모님들과 언제나 깊은 애정으로 나를 도와준 아내와 지민, 지은, 지수에게 사랑과 고마움을 전하고 싶다. 지민이의 성숙한 마음, 지은이의 따뜻한 웃음, 지수의 쾌활한 재치는 언제나 나에게 신선한 활력소가 되었다. 사랑하는 이들에게 이 책을 바친다.

2020년 1월
명륜동 연구실에서
권기헌

차 례

제3장 주민참여란 무엇인가?

제4장 거버넌스와 뉴거버넌스

제6장 행정학의 주요 이론은 무엇인가

제7장 정책이란 무엇인가?

제8장 정책과정은 어떻게 구성되어 있는가?

제9장 조직의 설계는 어떻게 할 것인가?

제10장 인사행정이란 무엇인가?

제11장 재무행정이란 무엇인가?

제13장 행정책임을 확보하기 위한 행정통제는 어떻게 할 것인가?

제14장 행정개혁과 정부혁신은 무엇인가?

제1장

행정이란 무엇인가

제1절 행정의 의의

제2절 행정이 추구하는 가치: 행정이념

제3절 행정과 공공서비스

제1절 행정의 의의

1. 행정이란 무엇인가

1) 행정의 개념

행정이란 무엇일까? 행정行政을 한자로 풀이하면 "정치를 실행하는 것"이다. 정치에서 수렴된 국민들의 뜻, 즉 민의를 효율적이고 민주적으로 실행한다는 뜻이다. 한편 좀더 과감하게 풀이하여, 행정이란 "행동하는 정의"라고 해석해도 좋겠다. 왜냐하면 현대행정학의 창시자 우드로 윌슨 대통령은 "행정은 국가의 양심이다"라고 선언했기 때문이다. 행정이 정실주의nepotism에 빠지고 인기영합주의populism에 빠지면 국가체제가 흐트러지고 곧 망하기 때문이다. 따라서 행정이란 국민이 바라는 바를 효율적으로 실행하고, 국가의 양심을 대변하여 공정하게 공익을 실현하는 것이라고 하겠다. 그럼 이처럼 중요한 의의를 지닌 행정학을 하나하나 풀어 보기로 하자.

행정public administration의 개념을 명확히 정의하는 것은 매우 어려운 일이지만, 많은 학자들이 제각기 자신의 관점에 따라 다른 정의를 내렸다. 그러나 다양한 개념 정의들 간에는 일정 부분 공통의 요소들이 포함되므로 이를 통해 행정의 개념을 도출해 볼 수 있다.

행정의 개념을 가장 쉽고 좁게 이해하고자 한다면 '정부가 하는 일'이라고 할 수 있다. 이스턴(D. Easton, 1953)의 시스템모형을 적용해 보면 행정은 '국민의 요구와 지지와 같은 투입에 대응한, 정부 안에서의 전환과정과 산출(정책)로 이어지는 정부의 업무처리과정'이라 할 수 있다. 하지만 행정을 넓게 보면, 정부라는 전통적인 행정의 주체에서 범위를 넓혀, 공공기관을 포함한 공공부문에서 업무처리를 실행하는 과정으로 이해할 수 있다. 이러한 정의들은 대부분 행정의 주체가 누구인가에 따른 것이다.

그러나 1980년대 이후 신공공관리론NPM등과 함께 등장한 기존 정부 이외의 다양한 주체가 하는 활동도 행정의 범주에 포함되었다. 이에 따라 새로운 관점에서 행정을 정의하려는 시도가 나타났고, 그 결과로 '활동 내용과 성격'에 맞춰 행정을 이해하기 시작하였다. 최근 행정의 개념은 '공공서비스를 제공하는데 필요한 제반활동과 다양한 생산자 및 공급자'에 관해 정의하고 있다.

이러한 흐름을 고려하여 본서에서는 행정을 '정치권력을 배경으로 하여 정책을 형성하고 이를 합리적으로 집행하는 협동적 집단행동collective action'이라고 정의하고자 한다. 정치권력이 개념요소에 포함된 것은 행정과정에서 나타나는 다양한 행위자 간의 활동들이 정치적인 성격을 강하게 띠고 있고, 합리적인 협상과 조정 등을 통해 공공서비스를 산출해내는 것을 특징으로 하고 있기 때문이다.

2) 행정법학적 개념과 행정학적 개념

(1) 행정법학적 개념

행정법학적 행정 개념에는 형식적 개념설과 실질적 개념설로 대별할 수 있다. 형식적 개념설은 기관이나 주체를 중심으로 국가기관이 수행하는 활동을 행정으로 보는 입장이고, 실질적 개념설은 활동의 내용이나 성질이 공익이나 공적문제와 관련되어 있으면 행정으로 보는 입장이다.

형식적 개념설로 보면 행정을 좁게 해석하는 것이고, 실질적 개념설로 보면 행정을 넓게 해석하는 것이 된다. 오늘날은 활동의 내용과 성질을 중시하는 실질적 개념설이 지배적인 입장이다.

☞ 행정법학적 행정개념인 다음 용어를 조사하고 정리해봅시다.

① 삼권분립 공제설
② 국가목적 실현설
③ 법함수설

(2) 행정학적 개념

행정학적 행정개념은 광의의 개념과 협의의 개념으로 대별할 수 있다. 광의의 개념은 인간의 합리적인 의사결정과정을 중심으로 행정을 정의한 것이고, 협의의 개념은 행정부 내의 합리적인 의사결정과정으로 행정을 정의하는 것이다.

행정연구접근법의 변천을 토대로 볼 때, 행정학적 행정개념은 행정관리설, 정치기능설, 행정행태설, 발전기능설로 변천되어 왔다.

행정관리설은 윌슨(W. Wilson)이나 화이트(L. D. White) 등 정치행정 이원론자들의 입장으로, 행정을 이미 수립된 법이나 정책을 구체적으로 집행 관리하는 기술적 과정 내지 체계로 파악하는 것이다. 이 입장은 행정과 경영을 동질적인 것으로 본다.

정치기능설은 디목(M. E. Dimock)이나 애플비(P. H. Appleby)와 같은 정치행정 일원론자들의 입장으로, 행정의 본질을 정치 또는 정책의 기능으로 보는 기능적 행정학적 관점이다.

행정행태설은 사이먼(H. A. Simon) 등과 같은 새이원론의 입장으로 행정과 경영을 구별하지 않고 행정을 합리적인 의사결정을 위한 인간의 협동적 집단행동으로 파악하며, 인간의 행태에 연구의 주된 관심을 두고 있는 이론이다. 아울러 가치판단을 배제하고 순수한 과학성을 추구한다. 행정과 경영의 본질적인 차이를 인정하지 않는다는 점에서 이 학설은 행정관리설과 유사하나, 인간의 협동적 집단행동과 행정 연구의 과학화를 강조한다는 점에서는 차이가 난다.

발전기능설은 에스만(M. Esman), 와이드너(E. Weidner) 등 발전행정론자들의 관점으로, 행정이란 국가 발전을 위한 정치적·사회적·경제적 목표 설정에 적극적으로 참여하고, 그에 일치되는 정책과 계획을 수립하고 집행 관리하는 기능으로 보는 입장이다. 발전기능설은 능동적으로 발전정책을 추진하려는 것과 행정의 변동 대응 능력을 강조한다는 점에서 정치기능설과 차이가 나며, 행정의 개념을 행정 영도론적 새 일원론의 입장에서 파악한다.

3) 행정과 경영의 관계

행정과 경영의 관계를 바라보는 시각은 두 가지로 양분되는데, 그것은 양자의 유사성을 더 강조하는 입장과 이의 차이점을 더 강조하는 입장이다.

양자의 유사성을 강조하는 입장은 정치행정 이원론에서의 주장으로 행정을 관리기술로 파악하여 행정을 정치와 분리하여 인식함으로써 행정경영일원론(정치행정이원론)의 견해를 취하는 입장이다. 이 입장을 취하는 대표적인 학자들로는 윌슨(Woodrow Wilson), 귤릭(Luther Gulick), 어윅(Lyndall Urwick) 등이 있다.

양자의 차이점을 강조하는 입장은 정치행정 일원론에서의 주장으로 공공의 목적과 가치를 중시하여 양자는 본질적으로 상이한 것으로 보는 행정경영이원론(정치행정일원론)을 취하는 입장이다. 이러한 입장을 취하는 대표적인 학자들로는 애플비(P. H. Appleby)와 디목(M. E. Dimock) 등을 들 수 있다.

이상의 두 입장 중 어느 쪽이 우세하느냐는 시대에 따라 다르나, 현재는 차이점을 강조하는 입장이 우세하다고 볼 수 있다. 양자의 유사점과 차이점을 정리해보면 다음과 같다.

유사점으로는 ① 목표달성의 수단성, ② 관료제적 성격, ③ 협동적 집단행동, ④ 관리기술, ⑤ 관리적 성격 등이 있다.

차이점으로는 ① 목표(공익성), ② 권력성, ③ 형평성, ④ 독점성, ⑤ 법적 규제의 정도 등을 제시할 수 있다.

행정과 사행정의 관계는 유사성보다는 차이성을 강조하는 입장이 우세하다. 그러나 민간위탁, 기업의 거대화, 기업의 사회적 책임성의 강조, 제3섹터의 대두 등과 함께 1980년대 신공공관리NPM의 대두, 1990년대 뉴거버넌스new governance의 대두로 행정과 경영의 구분을 어렵게 하여 행정과 경영의 차이는 상대적인 것이 되었다. 다만 NPM의 경우 행정부문에의 경영기법의 도입을 강조하지만, 뉴거버넌스의 경우 경영기법의 무조건적 도입을 경계한다는 측면에서 차이가 난다.

행정과 경영의 구별은 국가의 역사적·문화적 배경과 시대적 변천에 따라서도 차이가 난다. 후진국의 경우 경영이 행정에 예속되는 현상이 강하게 나타나며, 선진국의 경우 양자의 수평적·협력적 관계가 강하게 나타난다. 따라서 양자는 절대적·질적 차이라기보다는 상대적·양적 차이로 보는 것이 더 타당하다.고 본다.

4) 행정과정은 어떻게 이루어져 있는가?

현대행정과정은 동태적 과정으로 이루어진다. 즉, 행정은 행정의 주요 업무 수행과 관련된 일련의 과정으로 이루어진다. 행정은 행정인, 행정구조, 행정환경이 상호 동태적 과정을 거치면서 이루어진다. 행정환경은 법, 제도, 정책뿐만 아니라 정치, 경제, 문화적 환경을 모두 포함한다. 행정의 동태성은 환경변화가 행정의 구조와 행태에 영향을 미치고 상호작용하는 것이다. 환경변화는 법과 제도를 매개로 조직·인사·재무 등의 구조변동을 유발하고, 문화에 충격을 가함으로써 행정인의 인식과 행태를 변화시킨다. 이러한 현대행정기능의 동태성·개방성·거시성 등을 고려할 때 동태적 행정과정을 ① 국가목표, ② 정책결정, ③ 조직화, ④ 동작화, ⑤ 환류 및 학습(평가)의 다섯 단계로 구분할 수 있다.

[그림 1-1] 행정과정의 동태적 이해

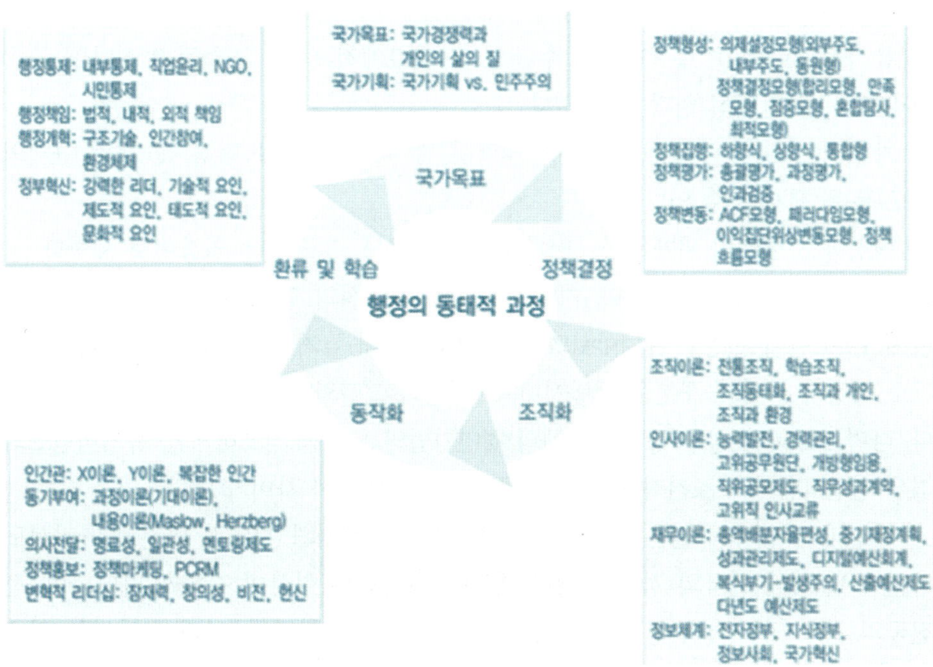

자료: 권기헌(2014: 14).

행정의 동태적 모형에 의하면 행정과정의 첫 단계는 국가목표를 설정하고, 두 번째 단계는 정책결정(정책기획)을 통해 이를 명시화하는 단계이다. 세 번째 단계는 이를 달성하기 위해 조직화(조직, 인사, 재무, 정보체계)를 하는 단계이며, 네 번째 단계는 조직화된 부분이 실제 행동으로 동작화될 수 있도록 다양한 동기부여의 수단(동기유발, 의

사전달, 정책홍보, 리더십)을 강구하는 단계이다. 다섯 번째 단계는 최종적으로 이를 평가하고 환류하여 실패된 부분은 학습하는 환류 및 학습(행정통제, 행정책임, 행정개혁, 정부혁신) 단계로 구성된다.

5) 행정환경

행정환경이란 행정을 주체로 하여 이와 영향을 주고받는 조건들의 총체라고 할 수 있다. 행정조직이 목표를 달성하기 위하여 여러 가지 활동을 하게 되는데, 이 경우에 직접적으로 관련을 하게 되는 것이 행정의 일차적 환경이며, 내적 환경이라고 할 수 있다. 이러한 내적 환경은 법적 환경을 말하며, 이와 관련된 행위자는 일반국민, 입법부, 사법부, 대중매체, 고객집단, 정당 등이 있다.

행정의 일차적 환경이 행정과 직접적으로 관계하는 체제들과 관련된 것이라면, 이차적 환경으로서의 외부적 환경은 행정에 직접적으로 관련하는 것은 아니지만 전체적으로 행정을 규율한다는 측면에서 직접적 환경인 내부적 환경에 못지않게 중요한 의미를 갖는다. 외부적 환경의 대표적인 것으로는 법적 환경, 정치적 환경, 경제적 환경, 사회적·문화적 환경, 기술적 환경 등을 들 수 있다.

2. 행정학이란 어떤 학문인가

1) 행정학의 개념과 범위

행정학은 정부의 운영원리로서 행정부, 외교부, 국제기구, 군대행정을 이해하는데 필수적인 이론이다. 미래에 행정관료가 되려는 사람, 외교관이 되고자 하는 사람, 국제기구에 근무하고자 하는 사람, 군대조직에 근무하고자 하는 사람들에게 매우 필요한 지식이다.

행정학은 정부를 중점적으로 다루는 학문이며 정부운영의 원리를 제시하는 학문이다. 이러한 정부운영의 구조는 투입-산출 모형으로 설명할 수 있다.

[그림 1-2] 행정의 이해 : 투입-산출모형

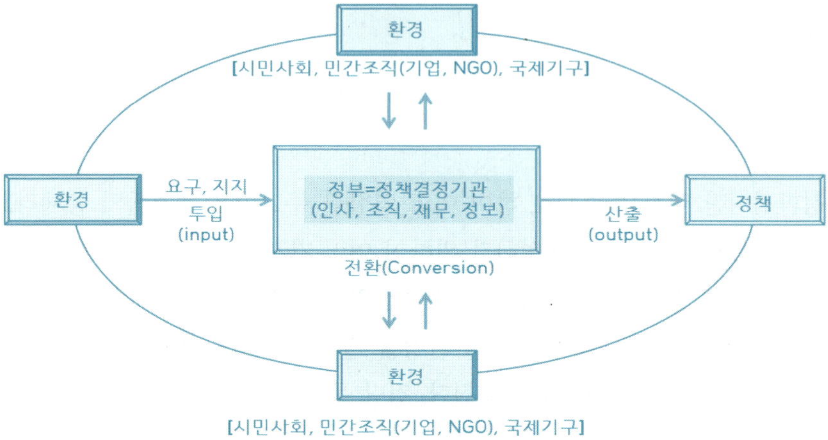

* 자료: 권기헌(2014: 13

정부는 국민의 세금을 거둬 운영하며, 병역을 통해 국방을 지킨다. 그리고 국민들이 지지해 줌으로써 그 정당성을 획득한다. 이러한 조세, 병역, 정당성을 정부의 지지support라고 할 수 있다. 한편 국민들은 정부에게 필요한 서비스를 요구demand할 권리가 있는데, 이처럼 요구와 지지를 투입input이라고 한다. 또한 정부는 조직, 인사, 재무, 정보체계 등 내부 행정과정을 거쳐 정책을 산출output한다. 결국 정책을 통해서 국민에게 다가가는 것이다. 정리하면 행정학은 조직, 인사, 재무, 정보 등에 대한 내부원리와 함께 국민에게 제공되는 정책 등을 다루는 학문이라고 할 수 있다.

2) 행정학의 학문적 성격 : 과학성과 기술성

행정학의 성격을 논할 때 행정학이 실천위주의 기술이냐 아니면 인과적 지식인 과학이냐의 문제는 오랫동안 논쟁의 대상이 되어 왔다. 즉 행정학이 물리학, 생리학 등과 같이 과학science일 수 있다는 입장과 행정이란 실제 상황에 적응해야 하는 활동요건을 가지고 있으므로 단지 기술art에 불과하다는 상반된 관점이 행정의 전통적인 논쟁이 되어왔다. 그러나 어느 한쪽도 행정학의 성격을 모두 대변한다고 할 수 없다. 다만 어느 측면을 강조하느냐에 따라 기술성이 강조되기도 하고 과학성이 강조되기도 한다. 현재로서는 '행정학은 기술이며 동시에 과학이다'라고 하는 것이 통설이다.

행정학은 처음에 실천적 이유 때문에 출발하였으므로 기술성을 지니고 있다. 그런데 이러한 실천적 필요성은 당연히 과학적 연구를 촉진하게 되어 결국 행정학은 필히 양면성을 다 지니게 되었다. 즉 행정학은 한편에는 기술적 성격을 지니는 동시에 다른 한편에는 과학적 연구의 성과를 현실에 적용할 수 있는 과학성을 지녀야 하는 것이다.

3. 행정의 개념변화 : 현대행정개념의 재정립

앞에서 행정을 "정치를 실행하는 과정"이라고 하였다. 그렇다고 하여 굳이 정치·행정 이원론으로 단정할 필요는 없다. 왜냐하면 행정이란 "정치를 실행하는 것"이기도 하지만, 애플비가 말했듯이, "정책을 실행하는 것"이기도 하다. 정책은 행정부 내에서 주로 만들어지기에 이렇게 보면 정치행정 일원론인 것이다. 즉 행정학의 발달은 정치행정 이원론에서 일원론으로 진행되어왔고 현대행정의 모습은 정치행정 일원론이 좀 더 강한 추세이다. 이를 다시 하나하나 풀어가 보자.

행정개념은 정치와 행정의 관계, 과학성과 기술성의 관계에 따라 변천되어 왔다. 즉 전통적 행정학은 정치행정 이원론에 기반을 두고 행정을 이해했지만, 현대행정학은 행정을 정치와 구별되는 작용으로 보지 않는 정치행정 일원론에 기반을 두고 있다. 과학성과 기술성의 관계에서도 행정을 과학성과 기술성을 동시에 지닌 실체로 파악하고 있다. 이러한 관점에서 행정을 '행정부가 정치권력을 배경으로 공익을 실현하기 위해 정책을 형성하고 집행하는 협동적 집단행동'이라고 정의할 수 있는 것이다.

1990년대 이후 정보 기술의 급속한 발전정보화, 시민사회의 성장민주화, 신자유주의의 물결세계화 등과 같은 행정환경의 변화로 인해 현대행정의 특성도 변화되고 있다. 전통적 행정학의 조직모형인 관료제에 대한 탈post 관료제 모형으로서 전자정부모형이 등장하였고, 국가정부의 일방적 통치가 아닌 국가정부-시장기업-시민사회NGO들 간의 신뢰와 협력을 강조하는 거버넌스governance 이론이 제시되었다. 거버넌스 이론은 그동안의 정부 주도의 공공 서비스전달 및 공공문제 해결을 넘어서는 대안을 제시하기 위해 등장하였다고 볼 수 있다. 즉 정부라는 제도적 장치에만 의존하는 것이 아니라 민간부문 및 비영리부분과의 협력적 네트워크를 구성하여 공공서비스를 제공하고 다양한 대안을 모색하는 것이다. 행정학자 헨리(Henry, 2013: 47-48)는 이러한 부문 간의 상호협력에 대한 이해와 적절한 관리가 새로운 행정학의 한 단면이라고 주장한다.

현대행정은 1980년대 신공공관리NPM의 등장, 1986년 미국 노동성의 초우량관리HPM: High Performance Management의 대두, 1993년 미국 클린턴 정부의 NPRNew Performance Review에 의해 주창된 기업가적 정부 및 뉴거버넌스로의 발전 연장선상에서 행정의 개념을 파악한다.

요컨대 현대행정은 행정을 일방적 통치가 아닌 거버넌스로 파악하며, 정부의 비능률의 타파를 위해 민간경영 관리기법을 도입하고, 경쟁과 유인 등을 강조하는 시장원리에 의한 국가경영의 개념을 강조한다. 그러나 한편으로는 NPM적 요소와 함께 참여 및 민주적 가치를 강조하는 뉴거버넌스적 요소를 함께 강조한다. 이는 현대행정이 국가혁신과 거버넌스를 추구하면서 효율성 못지않게 민주성과 성찰성을 함께 고려한다는 것을 의미한다.

제2절 행정이 추구하는 가치: 행정이념

1. 행정이념의 의의

행정이념이란 행정이 지향하고자 하는 기본방향이다. 이는 행정의 최고가치 이념으로서 바람직한 행정의 지침이며, 모든 행정활동의 이상으로 제시되는 규범이다. 또한 바람직한 행정활동의 판단기준이 된다. 즉, 행정 이념이란 행정의 지도정신, 행정이 지향하는 최고 가치를 의미하며, 행정에서의 철학적 요소라고 볼 수 있다. 행정이념은 고정불변인 것은 아니며, 시대와 국가의 변천, 정책적 맥락에 따라 강조점이 달라진다. 행정활동에 행정이념이 강조되는 이유는 다음과 같다.

① 행정관료들에게 행정이 추구하는 최고의 가치를 제시

② 행정관료들이 당면한 문제해결의 지도원칙을 제시

③ 행정활동의 효과를 분석·평가할 수 있는 기준을 제시

2. 본질적 행정이념

본질적 행정이념은 행정을 통해 달성해야 하는 본질적, 궁극적 가치를 의미하는데, 공익성, 민주성, 신뢰성, 성찰성을 포함한다.

1) 공익성

(1) 공익의 의의와 본질

공익public interest이란 행정이념의 최고 가치이며, 행정인의 활동에 관한 최고의 규범적 기준이다. 개인의 배타적 이익보다도 사회 전체의 이익을 우선적으로 고려하는 것을 의미한다.

공익의 본질이 무엇인가에 대해서는 실체설과 과정설의 두 가지 입장이 있다. 실체설은 공익이란 개개인들의 이익을 초월한 사회 전체적인 관점에서 요구되는 도덕적·규범적인 것으로 실체가 뚜렷하게 존재한다고 보는 관점이다. 과정설은 공익이란 실체가 존재할 수 없고 사익을 조정하는 과정을 거쳐 점증적으로 형성된다고 보는 입장이다.

실체설에 대해서는 공익은 규범적 가치이므로 개인 간의 차이가 존재하며, 실제 공익을 결정하는데 있어서 누가 결정하느냐에 따라 내용이 달라지며, 소수의 관

료가 공익을 결정하므로 비민주적이고 국민의 투입기능을 약화할 우려가 있다는 비판이 제기된다. 과정설은 다양한 이해관계의 경합이 자동적으로 조정된다는 기계적 관점을 가지고 있으며 조직화하지 못한 소수의 의견은 반영될 수 없다는 한계를 가지고 있다.

(2) 공익의 기능

행정과정이나 정책결정에서의 공익의 기능을 몇 가지로 나누어서 살펴보면 다음과 같다(박연호, 2000: 21.; 김규정, 1999: 148.)

첫째, 공익은 행정인에게 규범적·윤리적 기준을 제시함으로써 책임성 확보와 함께 정책결정 및 프로그램을 평가해 주는 기준이 된다.

둘째, 공익은 주관적 가치를 객관적인 평가로 전환해 주는 역할을 한다.

셋째, 공익은 집단이익을 조절하는 과정에서 잠재적 이익이나 조직화되지 않은 이익까지도 고려하게 하는 기능을 수행한다.

넷째, 공익은 다원적 사회에서 공존 체제를 구축하는 역할을 한다. 다양한 이해관계에 기반을 둔 경쟁과 대립이 공익 수호라는 명분하에서 조정·타협·해소가 될 수 있는 것이다.

다섯째, 공익은 국가의 행위를 정당화시켜 주는 역할을 한다. 국민 생활에 큰 영향을 미치는 행정활동이나 정책이 그 정당성을 공익에 근거를 둠으로써 행정에 대한 국민의 호응과 지지를 얻을 수 있는 것이다.

2) 민주성

(1) 민주성의 의의

민주성이란 대외적으로는 국민주권주의에 기초한 민본행정과 위민행정 및 책임행정을 통해 민주화를 확보하는 것이고, 대내적으로는 행정의 분권화와 행정관료의 자아실현을 통한 행정의 인간화를 구현하는 것을 의미한다.

1930년대 이후 종래의 능률성에 대한 비판과 함께 무엇을 위한 능률이냐 하는 점에서 민주화·인간화의 중요성이 제기되기 시작하였으며(Dimock, 1936; 박동서, 1987: 88,) 최근 들어서는 민주성에 있어서도 참여성participation, 숙의성deliberation, 합의성consensus을 하위요소로서 강조하고 있는 추세이다.

(2) 민주성 확보방안

민주성의 확보 방안으로는 대외적 민주성과 대내적 민주성의 확보 방안으로 나누어 볼 수 있다.

첫째, 대외적 민주성을 확보하기 위해서는 우선 공무원은 국민 전체에 대한 봉사자라는 민주적 공직관에 입각한 행정윤리의 확립이 전제되어야 한다. 대외적 민주성의 구체적 확보 방안으로는 공개행정, 행정 과정의 민주화, 행정통제의 강화, 행정심판과 행정소송 등의 행정구제 제도의 실질적 확립, 대응성과 책임성의 확보, 주민지향적 행정 등을 들 수 있다.

둘째, 대내적 민주성은 공무원의 인간적 가치를 존중하는 인간중심의 관리방안의 실현으로 구현된다. 행정의 대내적 민주성을 확보하기 위해서는 구성원 간의 의사소통의 원활화, 참여의 확대, 구성원의 인간적 욕구를 중시하는 동기부여의 장려, 직무 확대와 직무 충실화를 통한 직무재설계, 분권화의 촉진, 탈관료제 모형을 활용한 수평적·민주적 조직구조의 설계 등을 들 수 있다.

3) 형평성

(1) 형평성의 의의

사회적 형평성social equity은 형식적 자유와 평등의 이념을 넘어서서 실제적 평등을 강조하는 것으로서, 일반적인 넓은 의미로는 인간 사이의 상호관계를 규율하는 문제에 관하여 공명정대한 입장을 취하는 정신 및 관습을 의미한다(Black, 1957: 634.) 행정이념으로서의 형평성은 동등한 권리와 정당한 평등을 합한 개념으로써 불평등한 사람을 불평등하게 취급하는 차등적 대우를 의미하는 수직적 평등과 동등한 사람을 동등하게 대하는 수평적 평등을 포함하는 개념으로 볼 수 있다(Porter & Porter, 1974: 36.) 한편 신행정론자 프레데릭슨(Frederickson)은 형평을 공공서비스의 평등성, 정책결정과정에서의 책임성, 시민요구에의 대응성을 의미한다고 정의하고 있다.

사회적 형평성은 1960년대 후반 신행정론의 등장과 함께 강조되었는데, 사회가 나아가야 할 이상적인 방향의 제시와 관련된 가치주의나 인본주의를 기본이념으로 한다는 것이 특징이다. 사회적 형평성은 실체적 성격보다는 윤리적 성역을 가지고 있고, 그것의 내용은 도덕적 영역에 속한다.

(2) 형평성의 근거와 기준

사회적 형평성의 기준에는 욕구이론, 실적이론, 평등이론이 있는데, 욕구이론은 수평적 공평, 실적이론은 수직적 공평, 평등이론은 양자의 절충적 입장을 취한다. 이를 구체적으로 살펴보면 다음과 같다.

첫째, 욕구이론의 기본입장은 동일한 것은 동일하게 다루어져야 한다는 수평적 공평에 입각하고 있다. 이러한 욕구이론의 예로는 연금보험, 보험제도, 실업수당제도 등이 있다.

둘째, 수직적 공평을 강조하는 실적이론은 모든 사람에게 동일한 기회가 주어진 경우 그 다음의 실적의 차이와 능력의 차이로 인한 차별적 배분은 정당한 것이며, 기회균등이 보장되었느냐 하는 것이 진정한 형평의 기초라는 것이다. 이러한 실적이론의 예로는 독점규제, 시장개입 정책, 경제규제 정책 등이 있다.

셋째, 평등이론은 욕구이론과 실적이론의 절충적 성격을 가지는 이론으로 존 롤스J. Rawls의 정의의 개념에 기초한다. 평등에는 절대적 평등과 상대적 평등이 존재한다. 절대적 평등은 인간의 존엄성, 인간으로서의 가치에 중점을 두는 반면, 상대적 평등은 각자의 후천적 능력과 실적 및 기여도에 중점을 둔다.

☞ **다음 용어를 조사하고 정리해봅시다.**

① 롤스가 제시한 정의의 제1원리(절대평등의 원리)

② 롤스가 제시한 정의의 제2원리(상대적 평등의 원리)

4) 신뢰성

(1) 신뢰성의 의의

신뢰성이란 정부의 정책 등 행정활동이 국민에게 믿을 만한 것으로 비쳐 행정의 예측성을 높이고, 정부와 국민 간의 일체감을 이루는 것을 의미한다. 행정의 신뢰성은 행정의 민주화·인간화를 이룩하고 진정한 의미의 능률성과 효과성을 가져올 수 있는 중요한 행정이념이라고 할 수 있다.

거버넌스 시대에는 투명하고 윤리적인 국가를 전제조건으로 하므로 신뢰성의 확보가 무엇보다도 중요하다. 지식정보화 사회의 도래와 함께 정보네트워크 사회의 진전으로 상호협력이 증대되었고 이러한 상호협력의 증대의 전제조건은 바로 신뢰이므로 신뢰의 확보는 매우 중요한 개념이다. 따라서 이런 맥락에서 행정에 대한 신뢰와 투명성의 확보 및 정부-시장-시민사회 상호 간의 신뢰구축은 매우 중요한 의미를 갖는다.

(2) 신뢰의 중요성과 기능

후쿠야마(Fukuyama, 1998)는 신뢰가 이데올로기 종언 이후의 가장 중요한 요소가 됨을 주장하면서, 한국과 일본의 향후 발전이 신뢰의 차이로 인해 다르게 나타날 것으로 예측한 바 있다. 미국 하버드 대학의 파운틴(J. Fountain) 교수는 각국의 첨단산업단지의 성공모델을 연구하면서 지역의 대학, 기업, 정부 간 신뢰 및 네트워크 형성이 가장 중요한 독립변수라는 점을 강조하여 신뢰의 개념을 부각하였다.

신뢰의 확립은 뉴거버넌스와 국가혁신의 중요한 주제로 대두된다. 국가혁신을 위해서는 정부, 정책, 기업, 시민단체, 제3섹터 등에 대한 종합적인 신뢰가 확보되어 있어야 한다. 이를 위해서는 이들에 대한 민주적 통제가 확립되어 있어야 하고, 정보 공개를 통해 투명성이 확보되며, 부패 척결을 통해 깨끗한 국가와 기업 및 사회가 이루어져야 한다.

5) 성찰성

(1) 성찰성의 의의

행정은 궁극적으로 인간의 존엄성human dignity: 인권, 정의, 존엄 향상을 위한 것이다. 이를 위해 대외적으로는 주권국가로서 인정을 받아야 하고, 대내적으로는 법과 질서의 유지, 경제생활의 향상, 사회복지의 향상, 쾌적한 환경과 삶의 실현, 문화국가의 건설 등의 기능을 수행해야 한다.

성찰성은 인간의 존엄성 실현과 신뢰받고 성숙한 공동체 실현과 관련된 개념이다. 즉, 성찰성은 ① 행정이 인권, 정의, 형평으로 표현되는 인간의 존엄성에 대한 실현 여부에 기여하는 정도에 대한 판단을 의미하며, ② 우리 사회를 좀 더 신뢰받고 성숙한 공동체로 구현하는 데 기여하는 정도에 대한 판단을 의미한다.

모든 행정은 사회구성원들과 사회전체의 질적 향상을 위해 이루어지는 것이므로 당위성을 지향하지만 행정의 구체적 내용에 따라 차이가 날 수 있다. 성찰성의 정도는 인간의 존엄성 실현과 바람직한 공동체 실현에 있어서 해당 구체적 행정활동이 직접적 또는 간접적으로 얼마나 영향을 미쳤는가에 따라 결정된다.

(2) 성찰성의 측정

성찰성은 당위성을 포함하고 있으므로 추상성을 띠게 되므로 이를 측정하는 것은 기본적으로 어렵다고 할 수 있고, 한두 가지의 측정지표로는 만족할만한 측정이 불가능하다고 할 수 있다.

성찰성은 인간의 존엄성 실현과 신뢰받고 성숙한 공동체 실현에 당해 정책이 얼마나 기여했는가에 대한 판단을 토대로 측정한다. 성찰성 판단기준에 참고가 되는 행정이념으로는 적합성, 적정성, 대응성 등을 들 수 있다.

적합성appropriateness이란 행정의 목표 및 활동이 얼마나 시대적 요구·선호·가치에 부합하는가에 대한 판단기준이며, 적정성adequacy은 행정에 있어서 행정의 처방시점timing과 처방의 정도degree가 얼마나 적정했는가를 측정하는 기준이다. 또한 대응성responsiveness은 행정이 어느 정도 수혜집단의 요구·선호·가치 등을 반영하고 있는가를 판단하는 기준을 의미한다.

3. 수단적 행정이념

수단적 행정이념이란 본질적 행정이념을 보조하는 역할을 하는 행정이념이다.

1) 합법성

(1) 합법성의 의의

합법성은 법에 근거를 두고 법에 따라 행정목표를 실현해야 함을 의미한다. 이는 행정의 재량성이 아무리 강조되어도 법의 테두리를 벗어날 수 없다는 것을 말한다. 합법성은 행정권의 자의적인 발동을 억제함으로써 국민의 권리 및 자유의 보장과 법적 안정을 찾으려 한 것이다.

(2) 합법성의 한계와 새로운 이념으로서의 합법성

오늘날 행정권의 강화, 위임 입법의 증대, 행정의 전문화에 기인하여 현대 행정국가에서 합법성은 최소의 준거로 인식되면서 합법성의 비중은 상대적으로 줄어들고 있다. 그러나 이러한 합법성에 대한 인식의 변화가 곧 행정 이념으로서의 합법성의 가치를 떨어뜨리는 것은 아니며, 이러한 합법성의 개념도 형식적인 합법성에서 사회변동에 적응할 수 있는 가치로서 실질적 합법성의 개념으로 방향성이 변화하고 있다.

합법성을 지나치게 강조하면 행정의 창의성과 신축성이 떨어지고, 행정재량권의 지나친 확대는 재량권의 남용으로 국민의 자유나 권리를 침탈할 개연성이 높다. 따라서 상황에 따라 적정한 행정재량권을 부여하는 법의 적합성을 강조하는 것이 현대의 새로운 이념으로서의 합법성의 근본 취지라고 할 수 있다.

2) 능률성

(1) 능률성의 의의

능률efficiency이란 즉 투입input에 대한 산출output의 비율로 정의할 수 있다. 즉, 일정한 투입에 의해서 얻어진 성과, 소득, 편익을 극대화하며 제한된 자원으로 행정목표를 최대로 성취할 수 있는 대안을 선택하는 것을 의미한다. 이러한 능률성은 효과성과 함께 공익을 실현하는 수단적 행정원리이다.

1930년대 이전에는 생산성을 높이는 데 비용, 시간, 인력 등의 자원을 극소화하자는 소위 기계론적 능률mechanical efficiency의 입장을 취하였다. 기계적 능률관은 행정을 기업현상과 동일하게 가치중립적·기술적인 수단관념으로만 이해하고 목표가치에 비중을 두지 않음으로써 공공행정의 독자성과 특수성을 간과하였다.

그러나 디목(M. E. Dimock, 1960)은 이러한 능률 개념을 비판하면서 가치와 능률을 조화시키려는 시도로 사회적 능률social efficiency을 제창하고 있는데, 사회적 능률성은 인간적 능률, 합목적적 능률, 상대적 능률, 장기적 능률로 구성된다(Bowers, 1976: 88). 하지만 사회적 능률은 기계적 능률을 토대로 제고될 수 있기 때문에 행정의 사회적 목적공익 실현은 기계적 능률의 제고를 통한 생산성의 향상 없이는 기대하기 어렵고, 마찬가지로 사회적 목적공익 실현이 없다면 기계적 능률은 그 존재 의의가 떨어진다. 따라서 기계적 능률성과 사회적 능률성은 서로 상치되는 개념이 아니라 서로 보완적인 개념이라고 할 수 있다.

(2) 능률성의 한계

행정부문에서 능률성의 확보가 용이하지 않은 이유는 첫째, 행정의 공익 실현에는 투입과 산출을 계량적으로 측정할 수 있는 통일된 산출물 단위가 없으며, 능률의 지나친 강조는 공무원의 인간적 가치를 무시하는 기계적 능률만을 강조할 우려가 있기 때문이다. 둘째, 행정부문에서의 목표는 가시적으로 측정하기가 어려운 경우가 많으며, 목표 달성에 대한 명확한 기준이 없는 경우가 많다. 셋째, 행정부분에서의 비용 개념은 보는 시각에 따라 성과나 효과성이 될 수 있다는 것이다. 예컨대 복지부문에서의 지출은 비용으로 볼 수도 있지만, 복지정책의 목표달성을 통한 성과나 효과성의 향상으로 볼 수 있는 것이다.

따라서 행정부문에서는 수단적인 능률성보다 상위개념이라고 할 수 있는 공익성, 민주성, 형평성 등이 본질적 행정이념으로 고려되어야 한다. 그리고 어디까지나 본질적 행정이념이 전제되지 않은 능률성의 무차별적 행정적용에는 한계를 두어야 한다.

3) 효과성

(1) 효과성의 의의

행정에서의 효과성effectiveness이란 목표의 달성 정도를 의미한다. 효과성은 투입과 산출의 비율을 따지지 않고 목표의 달성 정도degree of goal achievement만을 따진다는 점에서 능률성과 다른 개념이다. 즉 행정 내부 과정에서의 경제성투입 대 산출을 의미하는 능률성과는 달리 외부와의 관계까지를 포함한 개념이다. 능률성은 수단적인 개념 또는 하위 목표적인 개념인데 비하여 효과성은 목적적인 개념 또는 상위 목표적인 개념이다. 그러나 효과성은 목표 성취만을 강조한 나머지 주요한 절차를 무시함으로써 비민주성의 위험도 내포하고 있다는 점에 유의하여야 한다(박연호, 2001: 141).

효과성을 평가하는 대표적인 모형으로 목표모형과 체제모형이 있다. 목표모형은 효과성이 조직의 성공도를 측정할 수 있는 유일한 기준이며, 목표의 측정이 가능하다고 보는 고전적인 입장으로 외부환경과의 관련성을 고려하지 않는 폐쇄적인 모형이다. 체제모형은 목표달성만이 조직의 유일한 기능이 아니라는 현대적인 개방체제 입장이다. 조직의 기능은 목표달성뿐만 아니라 적응기능, 체제유지 및 통합기능 등이 종합적으로 이루어져야 한다는 관점을 가지고 있다.

(2) 효과성 측정의 한계

행정의 효과성은 행정목표의 무형성과 유동성 등으로 인하여 측정이 용이하지 않다. 행정목표가 무형성이 높다는 것은 실제 행정운영은 유형목표 혹은 하위목표에 의존할 수밖에 없다는 것을 의미하고, 이러한 과정에서 목표와 수단의 도치현상수단의 목표이 발생하게 된다.

효과성만을 강조하여 행정목표유형목표의 계량화에 치우치게 되면 계량화할 수 없는 질적 행정목표무형목표는 도외시하고 목표의 왜곡이 발생하게 된다. 예컨대 교육정책에 있어서 졸업생 수, 취업자 수, 합격자 수가 강조되는 반면에 교육의 진정한 내용이 등한시되는 것과 같다. 공무원의 성과관리에서도 계량화할 수 있는 목표에만 치우치게 되면 계량화할 수 없는 질적 목표는 등한시 할 수밖에 없다.

4) 가외성

(1) 가외성의 의의

능률성의 개념에 근거해서 본다면 중첩overlap이나 반복duplication은 비능률적으로 인식된다. 그러나 중첩이나 반복이 없는 최소구성 단위로 이루어진 조직은 오류 발생의 가능성이 큰 허약 체제라는 인식이 점차 높아지면서 가외성redundancy의 개념이 등장하였다. 가외성은 능률성의 저해요인으로 파악되었으나, 현대에 들어 장기적·거시적·체계적 관점이 강조되면서 행정의 안정성과 신뢰성 확보 문제가 제기됨으로써 그 중요성이 부각되었다.

란다우(Landau, 1969: 346-358)에 의하면 가외성 장치란 결국 단일 구조보다는 중첩적인 구조를 구축함으로써 행정의 신뢰성, 적응성, 안정성 및 창조성을 확보하기 위한 것이라고 할 수 있다. 가외성의 특징으로는 중첩성, 반복성, 동등 잠재력 등을 들 수 있다.

첫째, 중첩성overlap이란 기능이 여러 기관에서 혼합적으로 수행되는 상태를 말한다.(백완기, 1992: 191.)

둘째, 반복성duplication은 동일한 기능을 여러 기관이 독자적인 상태에서 수행하는 것을 말한다.

셋째, 동등 잠재력equi-potentiality이란 주 기관이 기능을 수행하지 못할 때, 보조 기관들이 그 기능을 인수 수행하는 경우를 의미한다.

이러한 가외성의 효용성은 다음과 같다.

첫째, 예측하지 못한 행위의 오류나 실패를 줄이고 안정성·신뢰성을 확보할 수 있다.
둘째, 적응성의 증진을 기할 수 있다.
셋째, 중복된 단위의 상호작용으로 인한 창조성의 제고를 기대할 수 있다.
넷째, 정보의 정확성 확보에 용이하다.

가외성의 한계점으로 다음과 같은 점을 지적할 수 있다.

첫째, 비용 과다의 문제이다. 따라서 가외성은 적정 수준에서 유지되어야 하며, 중요성이 없거나 애매한 오류에 대해서는 가외성을 고려할 필요가 없다.
둘째, 기능 중복의 문제이다. 기능의 중복은 조직 내의 갈등을 유발할 수도 있고, 다른 기관의 기본 영역을 침범하는 것도 문제가 되기 때문이다.

(2) 가외성과 효율성의 관계

외면상으로는 가외성과 효율성이 사로 상충하는 것으로 볼 수 있다. 그러나 효율만을 강조하는 능률지상주의는 또 다른 비효율을 초래할 수 있고, 비효율이라고 생각되는 가외성이 효율에 도움을 줄 수 있다. 따라서 효율성과 가외성을 서로 대치되는 것으로 보기보다는 양자를 조화시켜 나가는 것이 필요하다고 할 수 있다.

4. 행정관의 변천과 행정이념

1) 행정관과 행정이념의 변천

행정이념은 고정불변의 것이 아니고 시대의 변화 및 국가가 처한 맥락에 따라 변화한다. 이러한 변천을 살펴보면 다음과 같다(박동서, 1978: 85-93).

첫째, 자유민주주의적 근대 입법국가 시대에는 시민권의 신장과 자유권의 옹호를 위해 행정의 안정성과 예측가능성이 중요시되었고, 행정이념은 합법성이 강조되었다.

둘째, 19세기 후반에 이르러 행정국가화 되고, 이에 따라 행정기능이 강화되며 예산의 급속한 팽창을 가져오게 되었다. 이러한 상황의 진전은 능률성이 새로운 행정이념으로 부상하게 되는 계기가 되었다. 이 시기에는 정치행정 이원론이 지배하고 과학적 관리론이 도입되어 행정의 과학화를 추구하던 시대였으므로 설정된 목표를 어떻게 하면 비용을 적게 들이고 달성하는가 하는 능률성의 이념이 강조된 것이다.

셋째, 1960년대에 접어들어 발전행정론이 대두되자 행정이념에서도 목표의 달성 정도를 중시하는 효과성이 강조되기 시작하였다. 발전사업 목표달성의 중요성이 부각되었기 때문이다.

넷째, 1960년대 후반 신행정론이 대두되면서 행정에서의 적절성relevance과 행동action이 강조되고, 효율성생산성과 함께 참여 및 사회적 형평성이 강조되었다.

다섯째, 1980년대 영국과 미국에서의 신보수주의 정권의 등장과 함께 공공부문 개혁의 이론적 도구로서 신공공관리론NPM이 대두되었다. 신공공관리론은 공공부문 축소, 민간위탁·민영화·외부발주 등 민간관리개념과 시장주의 기법을 도입하면서 효율성생산성의 개념이 강조되었다.

여섯째, 1990년대 이후정보화와 세계화의 물결이 전 세계를 휩쓸게 되고, 정부재창조 및 NII국가정보기반에 토대를 둔 정부혁신을 강조하게 된다. 시장주의에 기반을 둔 효율성과 대비되는 참여·신뢰·네트워크를 강조하는 뉴거버넌스의 개념이 강조되기 시작하였다. 이러한 뉴거버넌스의 시대에는 효율성생산성과 함께 민주성, 신뢰성, 성찰성의 개념이 강조되기 시작한 것으로 볼 수 있다.

2) 행정이념의 우선순위

주요 행정이념으로 살펴본 공익성, 민주성, 형평성, 성찰성, 합법성, 능률성, 효과성, 생산성, 가외성 등은 모두 중요한 가치들이다. 그러나 현실적으로 모든 이념이 동시에 동일한 비중을 가지고 추구되기는 어렵다. 시대와 장소 및 정치지도자의 지도이념 등에 따라서 이들 이념 사이의 우선순위는 언제나 변하는 것이다. 그런데 특정 이념이 우선시 된다고 해서 다른 이념들이 경시된다는 뜻은 아니다. 당시의 시대적 요청과 정신에 따라, 또 국가의 상황에 따라 우선적으로 강조되는 이념이 있다는 것이다.

19세기 근대 입헌국가 시대에는 합법성이 주목을 받았고, 20세기 행정국가 시대에는 능률성이 강조되었지만, 21세기에 접어들면서 정보기술의 발달과 신자유주의 물결, 시민사회의 성장으로 인하여 효율성생산성, 민주성참여성, 성찰성신뢰성 등이 강조되고 있다.

현대사회는 급속히 빠른 속도로 변화하고 있으며, 급변하는 행정환경에 대응하기 위해서는 조직, 인사 및 예산에서의 신축성의 확보는 조직 생존의 기본조건이 되었다. 신축성과 가외성은 효율성 확보를 위한 가치이지만 이와 함께 강조되는 것이 민주적 통제이다. 따라서 어떻게 하면 한편으로는 신축성과 효율성을 강화하면서, 다른 한편으로는 신뢰성과 민주성을 확보할 것인가 하는 양대 이념축의 조화가 현대행정의 핵심과제이다.

현대행정학의 궁극적인 목적은 인간 존엄성을 실현하는데 있다. 효율성과 민주성을 토대로 성찰성reflexivity인 인간의 가치인권, 정의, 형평를 추구하는 학문이 행정학이다. 즉 현대행정학은 정부 내부 운영의 효율성효과성, 능률성을 토대로 시민의 정책참여와 민주통제를 통해 민주성참여성·숙의성·합의성을 강화하며, 더 나아가 우리 사회 공동체 구성원들의 신뢰성과 성숙성을 지향하는 성찰성 구현을 목표로 한다. 정부운영의 효율성 극대화, 민주적 가치의 증대, 그리고 이를 통해 보다 신뢰 받는 성숙한 국가 공동체의 구현이 현대 행정이념의 목표이자 지향점인 것이다.

제3절 행정과 공공서비스

1. 공공서비스의 의의

1) 공공서비스의 개념

공공서비스에 대한 개념 정의는 공공서비스의 범주와 유형이 다양한 만큼 명확하게 정의하기가 어렵다. 공공서비스 개념에 대한 논의나 인식이 시작된 것은 19세기 산업혁명 이후라고 볼 수 있다. 산업혁명 이후 형성된 도시는 발전과정에서 수많은 시민의 사회적 수요와 요구에 직면하게 되었고, 국가가 이러한 시민들의 수요를 만족시키기 위한 서비스를 제공하게 되었는데, 이것이 공공서비스에 대한 논의의 시작이라고 볼 수 있다. 도허티와 홈(Doherty & Horne, 2002.), 루시(Lucy et. al1977: 687)는 공공서비스를 시민국민의 문제를 해결하고 보다 바람직한 환경을 조성하기 위해 사회 내에서 편익을 배분하는 정부의 활동으로 정의하고 있다. 또한 존스(Jones1981)는 사회적 수요나 공공 목적을 달성하기 위한 정부의 노력으로, 로스(Roth1987)는 일반 시민이나 국민이 사용할 수 있도록 국가에 의해서 제공되는 공공 재화와 용역으로 보고 있다.

한편, 김인(1986: 59)은 공공서비스를 행정현상의 하나로서, 시민의 문제를 해결하고 보다 바람직한 삶의 여건을 만들기 위해 사회 내 편익을 분배하는 정부의 활동으로 정의함으로써 공공서비스의 기능적 시각을 더 강조하고 있다. 좀 더 나아가, 샤프(Sharpe1990), 민경엽(2001), 박언서(1998)는 국민들의 삶의 질 제고를 위해 정부가 주체가 되어 제공하는 공공 재화와 서비스뿐만 아니라, 비정부 영역에서 제공하는 재화와 서비스까지도 포함하는 것으로 보았다.

이상의 논의에서 보면 국내외 학자별로 공공서비스에 대해 상이한 관점에서 접근하고 있음을 확인할 수 있지만, 이들의 논의를 종합하면, 공공서비스란 시민들이 직면하고 있는 다양한 사회적 문제를 해결하고, 삶의 질을 향상시키기 위해 제공되는 공적 재화나 서비스를 의미하는 것으로 정의할 수 있다.

2) 공공서비스의 특징

공공서비스는 시민들의 생활에 직·간접적으로 영향을 미치며, 사바스(Savas 1987, 1999)의 재화유형에 따르면 공공재에 해당한다. 공공재는 비경합성non-rivalry과 비배제성non-excludability을 갖는 재화나 서비스[1]를 의미한다. 이에 따라 오스트롬(Ostrom1990) 역시 공공서비스에서 제공되는 재화나 서비스가 비배제성이나 비경합성을 갖는 것으로 보고 있다.

비경합성·비배제성과 관련하여 공공재의 개념을 논의한 머스그레이브(Musgrave1977)는 비경합성과 비배제성을 모두 만족시켜야 공공재로서의 성격을 갖는다고 하였고, 사바스(Savas1987, 1999), 쿨리스와 존스(Cullis & Jones1998) 역시 이러한 재화의 비경합성과 비배제성을 기준으로 서비스의 유형을 제시하고 있다.

[표 1-1] 공공서비스의 특성을 기준으로 한 공공서비스의 유형

구 분		공공서비스의 특성	
		배제 가능	배제 불가능
수요자 규모의 특성	개 별	사적재 (private goods)	공유재 (common pool goods)
	집 단	요금재 (toll goods)	공공재 (public goods)

자료: Savas(1987, 1999), Coullis & Jones(1998)에서 재구성

공공서비스 공급과 관련하여 오늘날 두드러지게 나타나는 특성은 순수한 공공재보다는 공유재와 요금재와 같은 준準공공재의 증가라고 볼 수 있다(Savas, 1987, 1999). 이는 비배제성과 비경합성을 모두 만족시키는 전통적 의미의 순수 공공재보다는, 개별적으로 소비되지만 배제가 불가능한 공유재나 집단으로 소비되면서 배제가 가능한 요금재가 증가하고 있는 추세라고 할 수 있다(함요상, 2007: 4). 이러한 유

1 비배제성이란 서비스나 재화의 공급으로 발생하는 편익(benefits)의 향유나 수혜에서 누구도 배제할 수 없는 특성을 의미하므로 편익(benefits)이 소수 혹은 특정인에게 집중되지 않는 보편성을 띠게 된다. 비경합성이란 서비스나 재화를 이용하고자 할 경우, 한 개인의 이용으로 인해 서비스나 재화가 줄어들거나 다른 사람의 서비스 사용이 경합하지 않는 특성을 의미한다. 즉 한계비용이 없다는 것을 의미한다.

형의 재화는 민간부분이 생산할 경우, 이윤적 동기가 미흡하여 적정량을 공급하지 않게 되므로 정부가 최소한에 대해서만 공급하며, 그 이상은 정부 이외의 주체가 공급을 담당하게 하는 경우가 많다. 따라서 이러한 재화의 경우 정부가 어느 수준에까지 최소한의 공급을 할 것인가에 대한 판단이 매우 중요하다고 볼 수 있다.

3) 공공서비스의 유형

공공서비스의 유형은 많은 학자의 다양한 분류 기준에 따라 분류되고 있다. 그러나 일반적으로 사용되는 유형은 사바스(Savas1987)를 비롯하여 특징적인 기준을 활용하는 루니(O'Looney1998), 존스톤(Johnston & Romzek1999), 루시(Lucy et al.1977) 등이므로 여기에서는 이 학자들의 유형 분류에 대해 살펴보기로 한다.

사바스(Savas1987)는 성과기준 설정의 용이성에 따라 경성적 서비스hard service와 연성적 서비스soft service로 구분하고 있다. 물리적이고 상업적인 서비스로서 쓰레기 수거, 가로등 관리, 상하수도 등 성과기준이 용이한 경우는 경성서비스에 해당되며, 안전관련·인적 대상 서비스로서 치안, 소방, 국방, 보건, 교육, 문화 등 성과기준이 추상적인 경우따라서 용이하지 않은 경우는 연성서비스로 분류한다.

루니(O'Looney1998)은 민간위탁으로 전환의 용이성을 기준으로 네 가지 서비스 유형을 제시하고 있다.

첫째 유형은 거래기반 서비스services that are transaction based로서 일반 소비자가 대가를 지불하는 형태의 서비스로서 수탁자가 기회주의적 행위를 할 가능성이 높은 특징을 지니고 있다.

둘째 유형은 결과에 대한 평가가 용이한 서비스services whose adequacy is easily reviewed로서 계약의 성과를 조사하기가 용이하다는 특성이 있으며, 민간위탁이 가장 용이한 서비스라고 할 수 있다.

셋째 유형은 전문가 제공 서비스professional services로서 인간을 대상으로 하는 서비스이다. 이 유형의 서비스는 서비스의 질을 파악하기가 용이하지 않다는 특성을 지니고 있다.

넷째 유형은 주문서비스delivery of a unique or customized service로서 민간 위탁이 가장 어렵다는 특성을 지니고 있다. 정보통신 분야에서 개발된 새로운 서비스가 대표적인 예가 될 수 있다.

존스톤과 롬젝(Johnston & Romzek1999)은 계약관리의 복잡성에 따라 전통적 서비스 지방서비스와 사회 서비스를 제시하고 있다. 전통적 서비스는 계약 관리가 쉽다는 특성을 지니고 있으며, 쓰레기 수거 등이 대표적이라 할 수 있다. 반면 사회 서비스는 계약관리가 어려운데 공공의료, 복지 서비스 등이 이에 해당된다.

마지막으로, 루시(Lucy et al.1977)은 사회적 기능에 따라 크게 네 가지 유형의 서비스를 제시하였다.

첫째 유형은 일상적 서비스routine services로서 상하수도, 쓰레기 수거 및 처리 등 일상적으로 이용하는 서비스를 일컫는다.

둘째 유형은 보호적 서비스protective services로서 경찰, 소방, 재난통제 등과 같이 사람이나 재산으로 보호하거나 공공질서를 유지하기 위한 목적의 서비스가 포함된다.

셋째 유형은 발전적 서비스developmental services로서 교육, 도서관, 공원, 위락시설 등 개인의 육체적, 지적, 정신적 잠재력을 향상시키는 데 목적을 두고 있는 서비스를 의미한다.

넷째 유형은 사회적 최저수준 보장 서비스social minimum services로서 공적부조, 직업훈련, 공공주택 등 개인의 최저 생활 여건 보장과 관련되는 서비스를 의미한다.

일상적 서비스와 보호적 서비스는 기본적 공공서비스로서 폭넓은 범위의 시민들을 대상으로 하여 혜택이 주어지지만, 사회적 최저수준보장 서비스는 특정 시민계층에게만 직접적인 편익이 제공된다는 차이점이 있다. 그리고 발전적 서비스는 서비스 수혜 대상자의 기호나 선택에 의해 선별적으로 제공된다는 특성을 지니고 있다.

[표 1-2] 공공서비스의 유형

학 자	분류기준	서비스유형	특 성
Savas (1987)	성과기준 설정의 용이성 여부	경성서비스 (성과기준 설정 용이)	▪ 물리적·상업적 서비스 (쓰레기 수거, 가로등 관리, 상하수도 등)
		연성서비스 (성과기준 설정 곤란)	▪ 안전관련·인적 대상 서비스 (치안, 소방, 국방, 보건, 교육, 문화 등)
O'Looney (1998)	민간위탁 전환의 가능성	거래기반 서비스	▪ 일반 소비자가 대가 지불 ▪ 수탁자의 기회주의적 행위 가능성
		결과에 대한 평가가 용이한 서비스	▪ 계약의 성과를 조사하기 매우 쉬움 ▪ 민간위탁이 가장 용이한 서비스
		전문가 제공 서비스	▪ 인적 대상 서비스 ▪ 서비스 질을 파악하기 어려움
		주문서비스	▪ 민간위탁이 가장 어려움 (정보체계 분야에서의 새로운 서비스 등)
Johnston & Romzek (1999)	계약관리의 복잡성	전통적 서비스/지방서비스	▪ 계약관리가 쉬움(쓰레기 수거 등)
		사회서비스	▪ 계약관리가 어려움 (공공의료, 복지 서비스 등)
Lucy et al. (1977)	사회적 기능	일상적 서비스	▪ 일상적으로 이용하는 서비스 (상하수도, 쓰레기 수거 및 처리 등)
		보호적 서비스	▪ 사람·재산 보호, 공공질서 유지 (경찰, 소방, 재난통제 등)
		발전적 서비스	▪ 개인의 육체적, 지적, 정신적 잠재력 향상 (교육, 도서관, 공원, 위락시설 등)
		사회적 최저수준 보장 서비스	▪ 개인의 최저생활 여건 보장 (공적부조, 직업훈련, 공공주택 등)

자료: 황혜신(2006:34~37)·이종구(2011)를 바탕으로 재구성

2. 공공서비스의 제공

1) 공공서비스의 제공주체와 제공방식

공공서비스는 전통적으로 국가정부가 공급 주체로서 시민의 공공수요를 충족시키기 위해 재화나 용역을 독점적으로 생산하여 공급하였다. 하지만 사회가 복잡해지고 다원화 현상이 가속화됨에 따라, 나날이 다양해지는 시민의 요구를 충족시키는 데 있어, 정부의 독점적인 생산과 공급방식으로는 한계에 부딪히게 되었다. 따라서 이를 해결하기 위해 공공서비스의 생산과 공급에 있어서 주체 및 방식에서 새로운 방법을 모색하게 되었다.

공공서비스 제공주체에 따른 공공서비스 제공방식에 대한 논의는 서비스 제공의 결정자이자 궁극적인 책임자인 국가정부, 서비스의 생산사 혹은 공급주체, 그리고 공급방식에 따라서 정부공급, 민·관 합동공급, 민간공급민간위탁으로 나누어 볼 수 있다(안국찬, 2000: 94-96에서 수정).

첫째, 정부 공급은 국가 혹은 정부가 비용부담을 통한 직접적인 생산·공급 활동을 하여, 국민이나 지역 주민들이 필요로 하는 공공서비스를 제공하는 방법이다.

둘째, 민·관 합동공급은 민과 관이 공동으로 생산·공급하는 형태의 공공서비스 제공방식이다. 이 방식은 공공생산과 민·관 파트너십의 유형으로 다시 구분할 수 있는데, 사회적 기업, 자발적인 노동이 필요한 사업, 다른 사람의 복지와 후생을 촉진할 수 있는 사업의 유형에 적절하다.

셋째, 민간 공급민간위탁은 정부가 민간에게 위탁하여 생산과 공급이 이루어지도록 하는 공급방식이다. 이 경우 공공서비스의 공급책임은 정부에 있지만 서비스의 생산은 민간부문에 의해 이루어지게 되는 것이다.

공공서비스 공급방식의 유형은 다양한 학자들에 의해서 논의되어 왔지만, 여기에서는 대표적으로 사바스(Savas1999), 오스본과 개블러(Osborne & Gabler1992)의 연구를 중심으로 살펴보기로 한다.

사바스(Savas1999)는 공공서비스를 통한 재화와 서비스의 제공방식에 대한 논의를 생산자producer, 배열자arranger로 구분하여, 이들의 조합을 통해서 공공서비스의 제공방식을 유형화하였다.

첫째, 공공부문이 생산자인 동시에 배열자인 경우에 해당하는 공공서비스 제공방식은 정부서비스와 정부 간 협약을 들 수 있다. 정부서비스란 사회적 문제의 해결을 위해 정부가 소관 부처의 공무원들을 통해 공공서비스를 직접 생산하고 공급하는 방식을 의미한다. 정부 간 협약은 특정 문제 해결을 위해 한 정부가 또 다른 정부에게 공공서비스를 구매하여 제공하는 방식을 의미한다.

둘째, 공공부문이 생산자가 되고 민간부문이 배열자인 경우에 해당하는 공공서비스 제공방식은 정부 응찰을 들 수 있다. 정부 응찰 방식은 특정 서비스를 제공하기 위해 민간부문이 정부를 선별하여, 해당 정부가 생산한 공공서비스를 구매한 후 대가를 지불하는 방식을 의미한다.

셋째, 민간부문이 생산자가 되는 형태의 공공서비스 제공방식은 수익형 민자사업BTO와 임대형 민자사업BTL을 들 수 있다.

[표 1-3] Savas의 공공서비스 제공 방식

구 분		배열자(arranger)	
		공공(public)	민간(private)
생산자 (producer)	공공 (public)	▪정부서비스(government services) ▪정부간 협약 (intergovernmental agreement)	▪정부응찰 (government vending)
	민간 (private)	▪민간위탁(contract out) ▪프랜차이즈(franchise) ▪보조금(grant) ▪바우처(voucher)	▪시장(market) ▪자발적 서비스 (voluntary service) ▪자급자족(self-service)

자료: Savas(1999)·이종구(2011)를 토대로 수정·보완.

오스본과 개블러(Osborne & Gabler 1992)는 미국 정부가 실제로 운영하고 있는 공공서비스 제공방식의 유형을 전통적Traditional 방식, 혁신적Innovative 방식, 전위적Avant-Garde 방식으로 구분하여 제시하였다.

첫째, 전통적 방식에 따른 서비스 제공은 법규와 제재의 규범제정, 규제 혹은 규제완화, 모니터링 및 조사, 인·허가제, 조세정책, 교부금, 보조금, 대부, 대출보증, 계약 체결 등이 포함된다. 이러한 전통적 공공서비스 제공방식은 과거 국가정부에 의해 일반적으로 수행되었던 방식에 주로 해당된다.

둘째, 혁신적 방식은 프랜차이징, 민관民官 제휴, 공공기관 간 제휴, 준準공기업 혹은 민간기업, 공기업, 정부조달, 보험, 보상·시상·장려금, 공공투자정책의 변화, 기술지원, 정보, 알선, 자원봉사자, 바우처, 부담금, 비정부 부문의 노력 촉진, 강력한 설득, 착수금 등이 해당된다. 이러한 혁신적 공공서비스 제공방식은 전통적 방식에 비해 민간 부문의 역할과 활용에 대한 비중이 더 높은 방식이라고 볼 수 있다.

셋째, 전위적 방식은 지분투자, 지원단체, 공동생산, 응분의 대가, 수요관리, 재산의 판매·교환·활용, 시장구조 재편과 관련이 된다. 이러한 전위적 공공서비스 제공 방식은 선구적이고 실험적인 대안들이 제시되는 방식이라고 볼 수 있다(이종구, 2011).

[표 1-4] Osborne & Gabler의 w공공서비스 제공 방식

구 분	전통적 방식 (Traditional)	혁신적 방식 (Innovative)	전위적 방식 (Avant-Garde)
서비스 제공 방식	법규와 제재의 규범제정, 규제 혹은 규제완화, 모니터링 및 조사, 인·허가제, 조세정책, 교부금, 보조금, 대부, 대출보증, 계약체결의 10가지	프랜차이징, 민·관제휴, 공공기관 간 제휴, 준공기업 혹은 민간기업, 공기업, 정부조달, 보험, 보상·시상·장려금, 공공투자정책의 변화, 기술지원, 정보, 알선, 자원봉사자, 바우처, 부담금, 비정부 부문의 노력 촉진, 강력한 설득, 착수금의 19가지	지분투자, 지원단체, 공동생산이나 자조, 응분의 대가, 수요관리, 재산의 판매·교환·활용, 시장구조 재편의 7가지

자료: Osborne & Gabler(1992: 31).

2) 공공서비스 전달방식의 다양화

(1) 다양한 전달방식

사회가 다원화되고 복잡해짐에 따라 다양한 사회적 수요가 나타나고, 이에 대응하여 정부의 공공서비스 전달방식도 시민의 만족도를 높이기 위해 다양화되어 가고 있다. 따라서 과거의 공공서비스 제공방식인, 정부가 생산과 공급을 주도하는 형태의 서비스 제공방식에서, 보다 효율적인 공공서비스를 생산·공급하기 위한 방안들이 논의되어 왔는데, 특히 공공서비스의 민영화에 대한 논의가 대표적이다.

사바스(Savas1987)가 제시한 공공서비스 제공방식 중 민간부문이 생산자가 될 경우 가능한 제공방식들을 살펴보면, 민간위탁, 프랜차이즈, 보조금, 서비스 분할과 자산매각, 바우처, 자원봉사자, 공공-민간협력이 있다(Savas, 2000; Choi, 1999; Jensen, 1998, 이종구, 2011: 36-38).

첫째, 민간위탁은 지방자치단체 수준에서 가장 널리 이용되는 형태의 민영화이다. 민간위탁에 따른 공공서비스 제공 방식에 따르면 정부는 공공재화나 서비스의 전부나 일부를 수요자에게 보다 효율적으로 제공하기 위해 민간 영리 혹은 비영리 기업, 다른 정부나 공공기관과 계약을 맺게 된다. 정부는 공공서비스 제공 기준 및 품질에 대한 지침서를 정하고, 직접 계약자로서 민간기업에게 재정지원을 하게 된다.

둘째, 프랜차이즈 방식은 서비스 공급자 혹은 배열자인 정부가 특정 민간부문에 독점적 영업권을 부여하고, 일정한 규제 방침을 정해 놓아 독점으로 인한 부작용과 문제점을 사전에 방지하는 방식이다. 이러한 공공서비스 제공방식에서는 민간사업자가 직접 생산한 서비스를 시장market에서 직접 판매하고 수익을 창출한다. 민간위탁과 프랜차이즈는 다소 유사한 측면이 많다고 볼 수 있으나, 프랜차이즈는 서비스 제공방식이나 해당업무의 관할권 측면에서 정부가 민간부문에 영업권한 부여와 일정한 규제만을 가할 뿐, 민간위탁에서와 같이 해당업무에 대한 관할권은 행사할 수 없다는 점에서 차이가 있다.

셋째, 보조금은 정부가 사회적으로 외부효과를 지닌 재화나 서비스의 생산과 소비를, 시장에서 이루어지는 수준보다 확대해 주기 위해, 생산자를 지원해주는 방식이다(황혜신, 2006: 38). 정부는 공공재화와 서비스의 제공을 촉진하기 위해 민간기업이나 개인에게 현금이나 현물을 제공해 줄 수 있다.

넷째, 서비스 분할과 자산매각이 있다. 서비스 분할은 정부가 특정 공공서비스의 양과 질이 더 이상 공익의 목적에 부합하지 않을 경우, 해당 서비스를 폐지하는 것을 말하며, 자산매각은 정부가 소유 중인 건물이나 시설, 회사 등을 매각하는 것을 의미한다. 서비스 분할의 경우 판매 활동이 발생하지 않기 때문에 이로 인한 금전적 이익도 확보할 수 없게 되지만, 특정한 서비스에 대한 정부의 지출 행위가 사라지게 된다. 반면 자산매각은 주요 자산에 대한 판매로 인해 수익이 발생하고, 이를 통해 타 용도의 자금 조달이 가능하게 된다.

다섯째, 바우처는 정부가 개인들에게 특정 상품이나 서비스를 구입하는데 활용될 수 있는 일정한 화폐가치가 있는 쿠폰을 제공하는 방식을 의미한다. 바우처를 통한 공공서비스 제공방식은 바우처를 소유한 시민들이 스스로 시간과 장소, 그리고 방법을 결정하여 공공서비스를 이용할 것인지에 대한 결정권을 부여해준다는 특징을 가지고 있다.

여섯째, 공공-민간 협력PPP 방식은 정부가 공공 재화나 서비스를 생산 혹은 제공하기 위해 민간부문에 출자하고 이를 경영하여 위험을 공유하는 방식이다. 이러한 방식은 일반적으로 지역 사회의 모든 사람들이 원하는 사업에 사용되며, 최근 많이 활용되는 방식이다(Moore, 2000).

(2) 수익형 민자사업BTO[2]와 임대형 민자사업BTL[3]

최근 정부에 의한 독점적 공공서비스 공급의 한계를 보완하기 위하여 새로운 공급방식이 도입되고 있다. 비용과 편익의 분리로 인해 나타나는 공공서비스 전달의 비효율성을 극복하기 위해, 비용과 편익이 동일한 주체에 돌아가는 민간기업에게 공공서비스의 생산이나 공급을 맡기는 민간투자사업이하 민자사업방식이 그것이다.

---

2 건설(Build), 이전(Transfer), 운영(Operate)순으로 이루어진다고 하여 BTO 사업이라고도 불린다. 민간기업의 자본으로 건설하여 소유권을 정부에 이전한 후 운영허가를 받아 투자자본을 회수할 때까지 민간기업이 운영한다.

3 건설(Build), 이전(Transfer), 임대(Lease)순으로 이루어진다고 하여 BTL 사업이라고도 불린다. 민간기업의 자본으로 건설하고 소유권을 정부에 이전한 후 정부에게 관리운영권을 임대하고 임대수익으로 투자비를 회수하는 방식이다.

[표 1-5] BTO와 BTL의 사업추진방식 비교

추진방식	BTO	BTL
대상시설 성격	최종사용자에게 사용료 부과로 투자비 회수가 가능한 시설	최종수요자에게 사용료 부과로 투자비 회수가 어려운 시설
대상시설	고속도로, 항만, 경전철, 지하철 등 수익형 교통시설	학교건물, 기숙사, 도서관, 군인아파트 등 주로 생활기반시설
투자비 회수	최종이용자의 사용료 (수익자 부담원칙) *적정수익 미달 시 정부보조금 지급	정부의 시설임대료 (정부재정부담)
사용료 선정	▪총 사업비 기준 (고시, 협약체결시점 가격) ▪기준사용료 산정 후, 물가변동분 별도 반영	▪총 민간투자비 기준 (시설의 준공시점 가격) ▪임대료 산정 후, 균등분할 지급
재정지원	▪건설기간 중 건설부담금 ▪용지보상비 등	▪토지 무상제공 등 (필요시 재정기원 가능)
사업 리스크	민간이 수요위험 부담	민간의 수요위험 배제
시설 소유권	정부, 지방자치단체	
시설 운영권	민간사업시행자가 일정기간 소유	
사업제안	민간사업자, 정부	정 부

자료: 김춘순(2012)을 토대로 재구성

민자사업이란 "민간부문이 제안하고, 민간이 민간부문의 자금을 활용하여 사회기반시설을 건설하거나 운영하는 것으로, 전통적으로 정부가 책임졌던 사회기반시설을 민간이 대신해서 보다 효율적이고 창의적으로 건설, 운영하여 공공서비스를 제공하는 제도"를 의미한다. 이러한 민자사업은 BTO, BTL, BOT, BOO 등 다양한 방식이 있지만, 우리나라의 경우 대개 수익형 민자사업BTO과 임대형 민자사업BTL 방식으로 이루어지고 있다.

수익형 민자사업BTO 방식은 민간이 시설을 건설하고 직접 운영하여 시설의 이용자로부터 사용료 등을 통해 수익을 창출하는 방식을 뜻한다. 이 방식은 사용료 등의 요금을 통해 자체적으로 수익 창출이 가능한 시설고속도로·철도·항만 등 주로 수익형 교통시설을 대상으로 이루어지지만, 수익예측이 부정확한 경우와 같이 예상치 못한 변수가 있게되면 투자비 회수에 있어 민간기업에 위험부담이 발생한다.

[그림 1-3] BTO 방식의 운영체계

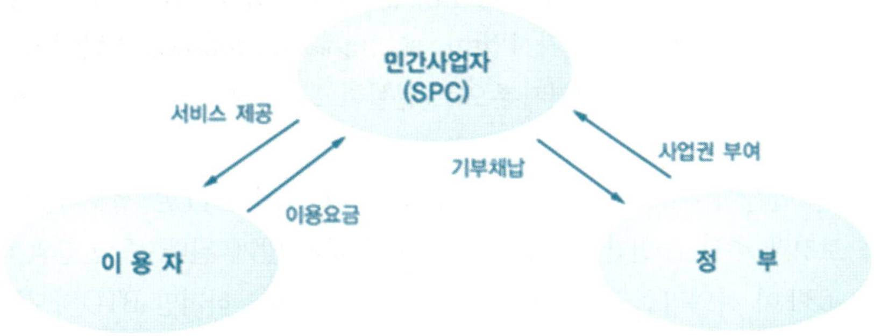

이에 비해, 임대형 민자사업BTL 방식은 민간이 시설을 건설하되 운영권은 정부가 소유하는 형태의 사업을 뜻한다. 자체적으로 수익 창출이 힘든 시설학교건물, 기숙사, 도서관, 군인아파트 등 주로 생활기반시설을 대상으로 이루어지며, 정부가 적정한 임대료 수익을 보장함으로 위험부담이 적은 것이 특징이다.

[그림 1-4] BTL 방식의 운영체계

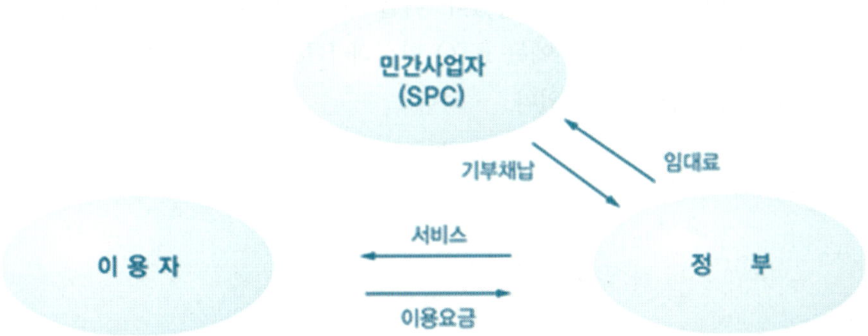

요약하면, BTO와 BTL 방식은 공통적으로 민간자본에 의해 시설을 건설하고 민간기업에게 투자비 회수에 필요한 일정한 수익창출을 허용해주는 방식을 의미한다. BTO는 주로 고속도로·철도·항만 등 주로 수익형 교통시설을 대상으로, BTL은 학교건물, 기숙사, 도서관, 군인아파트 등 주로 생활기반시설을 대상으로 활용되고 있다. 수익형 민자사업BTO: Build건설-Transfer이전-Operate운영이란 민간자본으로 건설하고 일정기간 민간사업시행자가 시설자용자로부터 사용료를 받아 투자비를 회수하는 방식을 말하며, 임대형 민자사업BTL: Build건설-Transfer이전-Lease임대이란 공공시설에 대한 사회적 인프라확충을 민간자본으로 건설하고 정부가 임대하여 사용하는 방식을 의미한다.

BTO는 민간이 수요위험 부담을 안게 되는 데 반해, BTL은 정부가 임대하여 비용을 보장해 주므로 민간이 수요위험 부담을 갖지 않게 된다. 즉 민간의 입장에서 보면 BTL이 사업리스크는 적다고 할 수 있는 것이다. 하지만 BTO의 경우에도 계약에 따라 적정수익 미달 시 정부가 보조금을 지급하는 등 다양한 수익 보전방식을 취하게 된다. 또한 BTO의 경우 민간사업자가 고속도로 톨 게이트비 혹은 지하철 요금 등을 사용자인 시민들에게 과도하게 부과할 수 있어 이에 대한 적절한 규제가 필요하다.

지금까지 우리나라에서 시행된 대부분의 민간투자사업은 BTO 방식으로 시행되었다. 그러나 대기업들의 담합과 그로 인한 대규모 BTO 사업선정의 독점, 수요예측의 문제, 공사비 거품 방치, 정부의 감독 및 감시 관리의 미흡 등 여러 가지 문제가 나타나면서, 최근에는 BTL 방식의 선호도가 높아지고 있다(김태진, 2013: 37-63). 다만 BTL 사업방식에 대해서도 지적이 나오고 있는데, 성급한 사업추진, 다수 입찰자의 난립 등의 문제점이 발생하였다. 이를 해결하기 위한 방안에 대한 연구가 계속되고 있으며, 따라서 향후에는 BTO 방식과 BTL 방식의 통합에 대한 논의도 지속적으로 이루어질 필요가 있다.

◈ 심화학습 1 : 행정에 있어서의 합리성

합리성rationality이란 여러 측면에서 개념 규정을 할 수 있지만 행정에서의 합리성이란 행정 목적의 계획성과 행정 수단의 합목적성을 포함한다(민진, 1993: 124). 즉 목표 달성에 필요한 최적 행동대안을 정확하게 계산하여 선택하는 행동의 특성을 지칭한다(오석홍, 1998: 215). 또한 일반적 의미로는 행위가, 지성적이고 상식적인 면에서 이해될 수 있고, 의식적이며 심사숙고의 과정을 거치고 계산된 것이라면 합리성을 띠고 있다고 보는 것이다(박연호, 2001: 37-39; 김규정, 1999: 20-22).

만하임(Mannheim, 1971)은 합리성을 실질적 합리성과 기능적 합리성으로 구분하여 설명하고 있다. 사이먼(Herbert A. Simon)은 합리성을 내용적 합리성과 절차적 합리성으로 나누어 설명하고 있다. 디싱(Diesing, 1962)은 합리성을 기술적 합리성, 경제적 합리성, 사회적 합리성, 법적 합리성, 정치적 합리성으로 구분하여 설명하고 있다.

☞ **행정에 있어서 합리성은 어떤 의미를 가지는가? 합리성을 제약하는 요인들은 무엇이 있으며 이의 극복방안은 어떤 것들이 있는지 정리해 보시오.**

◈ 심화학습 2 : 행정문화

행정문화란 한 국가의 행정인들이 가지고 있는 공통된 의식구조, 사고방식, 가치관, 태도, 신념 및 풍습 등을 포함하는 복합적인 개념이다. 왈도(Waldo, 1965: 30)는 행정문화를 행정에서 행정인의 행동을 규제하고 그 지침으로서의 역할을 하는 관념이나 가치의 총체를 의미한다고 하고 있다. 행정문화는 일반문화의 하위문화로서 일반문화의 변화에 따라서 행정문화도 변하게 되어있다. 따라서 일반문화는 행정문화의 내용을 결정하는 환경적 세력으로 역할을 하고 있다(백완기, 1992: 210).

행정문화를 이해하려고 하는 이유는 행정제도나 조직구조만으로는 파악할 수 없는 행정체제의 독특한 특성이나 행정의 실체를 이해하는 데 도움을 주기 때문이다(박연호, 2001: 166). 즉 행정문화는 행정의 진실을 이해하는 데 크게 도움을 주게 된다.

☞ **우리나라의 대표적인 행정문화는 어떤 것들이 있는가? 바람직한 행정문화는 어떤 것들이 있고 바람직하지 못한 행정문화는 어떤 것들이 있는지 정리해보고, 바람직한 행정문화를 조성·발전시켜 나가기 위한 방안을 정리해 보시오.**

❖ 사례연구

사회적 형평성

김포시가 김포지역 고교 3학년 학생을 대상으로 시행하려던 무상급식 계획을 놓고 형평성 논란이 일고 있다. 7일 김포시와 시의회에 따르면 시는 내년부터 27억 원의 예산을 투입해 김포지역 고교 13곳 3학년 3천600여 명의 급식비를 지원하고 오는 2019학년부터는 예산 범위에서 대상을 모든 학년으로 점차 확대할 방침이다.

시의회는 무상급식이 한 학교의 같은 공간에서 이뤄지는 만큼 3학년만 무상급식을 시행할 경우 1·2학년은 혜택을 받지 못하는 등 형평성에 어긋난다는 지적이다. 시의회 행정복지위원장은 "무상급식은 전 학년이 고른 혜택을 받을 수 있도록 하는 것이 그 효율성과 형평성에서 타당하다고 생각한다"라고 말했다. 이에 따라 시의회 행복위는 이날 집행부에 대한 예산심의에서 내년 고교 3학년 학생 무상급식 27억 원 전액을 삭감하고 내년 추경에 다시 예산을 세워 하반기부터 전 학년에 대해 무상급식을 실시할 것을 주문했다.

이 같은 시의회의 주문에 집행부는 난감하다는 입장이다. 의회의 주문대로 내년 하반기부터 전 학년을 대상으로 무상급식을 시행하려면 40억 원 이상의 재원이 필요하며 내후년에는 90억여 원의 재원이 필요하기 때문이다.

* 자료: 경기일보 2017. 12. 07일자 기사 요약

내년 9월부터 시행되는 아동수당 지급을 두고 형평성 논란이 불가피할 것으로 전망된다. 지난 4일 여야 원내대표가 2018년 예산 협상에서 아동수당 지급에 대해 합의했다. 이에 따라 정부는 내년 9월부터 5세 이하 아동에게 매달 10만원 씩 아동수당을 지급할 예정이다.

일각에서는 소득수준 상위 10% 제외에 대한 문제 제기도 나오고 있다. 상위 10%에 해당하는 고소득 맞벌이 부부의 경우 양육비에 드는 비용이 적지 않아 형평성 논란이 불거지는 것이다. 자칫 소득이 조금 높다는 이유만으로 무거운 양육비 부담을 떠안아야 할 수도 있어서다. 한편 보건복지부는 "소득 상위 10%는 소득과 재산을 종합적으로 고려해 판정할 것"이라며 "자녀가 있는 20~40대 2인 이상 가정은 40~50대 가구보다 소득 및 재산이 적어 실제 아동수당 지급 제외 대상자는 10%에 조금 못 미칠 것"이라고 밝혔다.

* 자료: 베타뉴스 2017. 12. 05일자 기사 요약

학교 기간제 교사들의 정규직 전환이 무산됐다. 다만 복지비 지급과 급여 인상 등으로 처우개선은 권고한다는 입장을 교육부가 밝히자 지역사회에서는 '당연한 결과'라는 의견이 흘

러나오고 있다.

교육부는 11일 정규직 전환 심의위원회 심의 결과를 토대로 '교육분야 비정규직 개선 방안'을 발표했다. 이번 교육분야 비정규직 개선 방안 심의의 핵심은 학교 기간제 교사들의 정규직 전환여부에 초점이 맞춰져 있었다. 심의 결과 초·중·고 기간제 교사는 정규직 전환 대상에서 제외하기로 했다. 사회적 형평성 논란 등을 고려했다는 것이 교육부의 설명이다. 일반 교사들이 임용고시라는 치열한 관문을 통과해 교사가 되는 현실에서 기간제 교사들을 무작정 정규직 전환해 준다면 공정성의 원칙이 무너진다는 것이다. 교육부 관계자는 '공정성의 원칙을 지켜야 된다'는 것이 정규직 전환이 어렵다고 판단한 가장 큰 이유라며 채용상 공정성 원칙이 무너진다면 사회적 영향이나 형평성 측면에서 또 다른 논란이 되기 때문에 그 부분을 가장 고려했다고 말했다.

지역사회는 당연한 결과라는 반응이다. 대전시민 김 모(55)씨는 "애초에 비정규직의 정규직 전환 정책 자체가 모순이고 사회적인 혼란만 일으킬 수 있다"라며 "특히 중고교 교사들의 임용고시는 낙타가 바늘구멍 들어가기보다 어려운 게 현실인데 기간제 교사라는 이유로 일반교사와 동등한 정규직이 된다면 사회제도에 혼란만 가중시킬 것"이라고 말했다.

* 자료: 충청투데이 2017. 09. 11.일자 기사 요약

1. 사회적 형평성의 본질, 사회적 형평성이 행정의 핵심가치가 되는 이유는 무엇인지 토의하고 그 결과를 정리하여 발표하시오.
2. 위 사례에서 3학년 우선 급식이 형평성에 어긋난다는 주장의 타당성을 논의하고 찬반의견을 정리하여 발표하시오.
3. 위 사례에서 아동수당의 소득수준 상위 10% 제외조치가 형평성에 어긋난다는 주장의 타당성을 논의하고 찬반의견을 정리하여 발표하시오.
4. 위 사례에서 기간제 교사의 정규직 전환이 형평성에 어긋난다는 주장의 타당성을 논의하고 찬반의견을 정리하여 발표하시오.

토의 및 발표과제

1. 행정의 개념을 행정법학적 행정개념과 행정학적 행정개념으로 구분할 때 행정의 개념은 어떠한 차이가 있는가를 논의하고, 각자 자신이 생각하는 행정의 개념을 정리하여 발표하시오.
2. 행정관리설, 정치기능설, 행정행태설, 발전기능설의 주요 학자들과 이들이 제시한 주요내용을 정리하여 발표하시오.
3. 행정과 정치와의 관계, 행정과 경영과의 관계를 해당 사례를 찾아 정리하고 발표하시오.
4. 행정과 영향을 주고받는 행정환경의 유형을 정리하고, 각각의 구체적 사례를 찾아 그 내용을 발표하시오.
5. 행정이념의 우선순위에 대해 토의하고, 그 결과를 발표하시오.

제2장

정부와 정부형태는 어떻게 구성되고 무엇을 하는가?

제1절 우리나라 정부 개관

정부는 행정부, 입법부, 사법부로 구성되어 있다. 넓은 의미로는 이 3부 기관을 통틀어 일컫는 개념이지만, 좁은 의미로는 행정부만을 일컫는다.

행정부는 대통령을 수반으로 하여 입법부에서 법률로써 정한 사안들을 실행한다. 대통령은 국무총리와 국무위원으로 구성된 국무회의의 조력을 받아 업무를 처리한다. 행정각부는 행정부의 업무를 직접적으로 처리하는 집행기구이다. 각 부의 장은 국무위원 중에서 대통령이 임명하며, 국회의 인사청문회를 반드시 거쳐야 한다.

입법부는 국회를 가리키는데, 대한민국 국회는 국민을 대표하는 기관으로 입법권을 가진다. 현재 단원제로 구성되어 있으며, 의원수는 300명이다. 의원들은 상임위원회에 소속되어 있으며, 상임위원회는 총 16개가 있다.

사법부는 대법원, 고등법원, 지방법원과 지원으로 구분된다.

입법, 행정, 사법에 속하지 않는 독립기관으로 헌법재판소, 중앙선거관리위원회, 국가인권위원회를 두고 있다.

제2절 행 정 부

1. 행정부 개관

행정부는 대통령을 중심으로 국무총리 산하에 18부 5처 17청(2019년 기준)을 두고 있다. 대통령은 정부의 수반으로서 법령에 따라 모든 중앙행정기관의 장을 지휘·감독한다. 국무총리는 대통령의 명을 받아 각 중앙행정기관의 장을 지휘·감독하며, 부총리는 기획재정부장관과 교육부장관이 각각 겸임하고 있다.

중앙행정기관은 정부조직법과 다른 법률에 특별한 규정이 있는 경우를 제외하고는 부·처 및 청으로 한다. 각 행정기관의 장은 소관 사무를 통할하고 소속공무원을 지휘·감독한다. 각 행정기관에 배치할 공무원의 종류와 정원, 고위공무원단에 속하는 공무원으로 보하는 직위와 고위공무원단에 속하는 공무원의 정원, 공무원배치의 기준 및 절차 그밖에 필요한 사항은 대통령령으로 정한다.

중앙행정기관으로 기획재정부, 교육부, 과학기술정보통신부, 외교부, 통일부, 법무부, 국방부, 행정안전부, 문화체육관광부, 농림축산식품부, 산업통상자원부, 보건복지부, 환경부, 고용노동부, 여성가족부, 국토교통부, 해양수산부, 중소벤처기업부 등 18부와 경호처, 국가보훈처, 인사혁신처, 법제처, 식품의약품안전처의 5처가 있다.

2. 중앙부처의 주요 기능

1) 18부의 기능

(1) 기획재정부

기획재정부는 중장기 국가발전전략수립, 경제·재정정책의 수립·총괄·조정, 예산·기금의 편성·집행·성과관리, 화폐·외환·국고·정부회계·내국세제·관세·국제금융, 공공기관 관리, 경제협력·국유재산·민간투자 및 국가채무에 관한 사무를 관장한다.

(2) 교육부

교육부는 인적자원개발정책, 학교교육·평생교육, 학술에 관한 사무를 관장한다.

(3) 과학기술정보통신부

과학기술정보통신부는 과학기술정책의 수립·총괄·조정·평가, 과학기술의 연구개발·협력·진흥, 과학기술인력 양성, 원자력 연구·개발·생산·이용, 국가정보화 기획·정보보호·정보문화, 방송·통신의 융합·진흥 및 전파관리, 정보통신산업, 우편·우편환 및 우편대체에 관한 사무를 관장한다.

(4) 외교부

외교부는 외교, 경제외교 및 국제경제협력외교, 국제관계 업무에 관한 조정, 조약 기타 국제협정, 재외국민의 보호·지원, 재외동포정책의 수립, 국제정세의 조사·분석에 관한 사무를 관장한다.

(5) 통일부

통일부는 통일 및 남북대화·교류·협력에 관한 정책의 수립, 통일교육, 그밖에 통일에 관한 사무를 관장한다.

(6) 법무부

법무부는 검찰·행형·인권옹호·출입국관리 그밖에 법무에 관한 사무를 관장한다.

(7) 국방부

국방부는 국방에 관련된 군정 및 군령과 그밖에 군사에 관한 사무를 관장한다.

(8) 행정안전부

행정안전부는 국무회의의 서무, 법령 및 조약의 공포, 정부조직과 정원, 상훈, 정부혁신, 행정능률, 전자정부, 개인정보보호, 정부청사의 관리, 지방자치제도, 지방자치단체의 사무지원·재정·세제, 낙후지역 등 지원, 지방자치단체 간 분쟁조정, 선거·국민투표의 지원, 안전 및 재난에 관한 정책의 수립·총괄·조정, 비상대비, 민방위 및 방재에 관한 사무를 관장한다.

(9) 문화체육부

문화체육관광부는 문화·예술·영상·광고·출판·간행물·체육·관광, 국정에 대한 홍보 및 정부발표에 관한 사무를 관장한다.

(10) 농림축산식품부

농림축산식품부는 농산·축산, 식량·농지·수리, 식품산업진흥, 농촌개발 및 농산물 유통에 관한 사무를 관장한다.

(11) 산업통상자원부

산업통상자원부는 상업·무역·공업·통상, 통상교섭 및 통상교섭에 관한 총괄·조정, 외국인 투자, 중견기업, 산업기술 연구개발정책 및 에너지·지하자원에 관한 사무를 관장한다.

(12) 보건복지부

보건복지부는 보건위생·방역·의정醫政·약정藥政·생활보호·자활지원·사회보장·아동영·유아 보육을 포함·노인 및 장애인에 관한 사무를 관장한다.

(13) 환경부

환경부는 자연환경, 생활환경의 보전 및 환경오염방지에 관한 사무를 관장한다.

(14) 고용노동부

고용노동부는 고용정책의 총괄, 고용보험, 직업능력개발훈련, 근로조건의 기준, 근로자의 복지후생, 노사관계의 조정, 산업안전보건, 산업재해보상보험과 그밖에 고용과 노동에 관한 사무를 관장한다.

(15) 여성가족부

여성가족부는 여성정책의 기획·종합, 여성의 권익증진 등 지위향상, 청소년 및 가족(다문화가족과 건강가정사업을 위한 아동 업무를 포함)에 관한 사무를 관장한다.

(16) 국토교통부

국토교통부는 국토종합계획의 수립·조정, 국토 및 수자원의 보전·이용 및 개발, 도시·도로 및 주택의 건설, 해안·하천 및 간척, 육운·철도 및 항공에 관한 사무를 관장한다.

(17) 해양수산부

해양수산부는 해양정책, 수산, 어촌개발 및 수산물 유통, 해운·항만, 해양환경, 해양조사, 해양수산자원개발, 해양과학기술연구·개발 및 해양안전심판에 관한 사무를 관장한다.

(18) 중소벤처기업부

중소벤처기업부는 중소기업 정책의 기획·종합, 중소기업의 보호·육성, 창업·벤처기업의 지원, 대·중소기업 간 협력 및 소상공인에 대한 보호·지원에 관한 사무를 관장한다.

2) 5처의 기능(경호처는 제외하고 설명)

국가보훈처는 국가 유공자와 보훈가족의 영예로운 삶이 유지, 보장되도록 보상금 지급, 교육·취업·의료·대부 등의 보훈정책을 수립하여 지원하는 업무를 담당한다.

인사혁신처는 유능한 공무원을 양성할 수 있도록 공직사회 개혁의 핵심인 인사개혁을 중점적으로 추진한다.

법제처는 정부 입법을 총괄·조정·지원하는 행정기관으로서 알기 쉽고 지킬 수 있는 좋은 법령을 만드는 한편, 명확하고 공정한 법령해석을 통해 국민행복을 위한 국정운영을 법제적 측면에서 지원하는 역할을 수행한다.

식품의약품안전처는 국민의 삶의 질을 향상하고 먹거리 안전을 책임지는 임무를 관장한다.

[그림 2-1] 우리나라 행정부 조직도

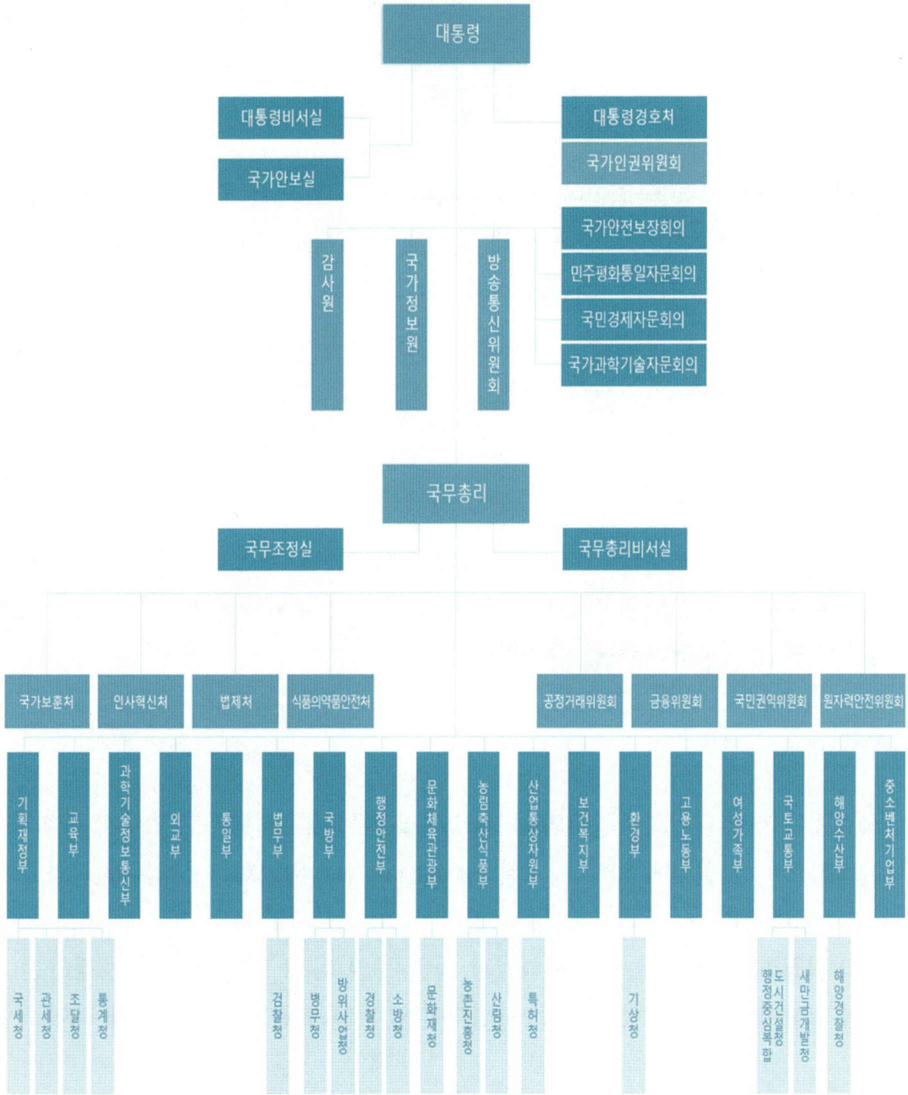

제3절 입 법 부

1. 입법부 개관

우리나라 입법부는 국회이며, 국회의 지위, 기능, 조직 등에 관한 자세한 내용은 헌법에 규정된다. 국회는 국민에 의해 선출된 의원들로 구성된 합의체국가기관으로, 지역에서 선출된 지역구 의원과 비례대표 의원 등 총 300명으로 구성된다.

국회의 조직구조는 의장, 부의장으로 구성된 국회의장단, 교섭단체와 각종 위원회, 입법지원조직으로 구성되어 있다.

1) 국회의장단

국회는 의장단으로 의장 1인과 ·부의장 2인을 둔다. 의장과 부의장의 임기는 2년이며 국회의 동의를 얻어 사임이 가능하다. 의장은 국회를 대표하고 의사를 정리하며, 질서를 유지하고 사무를 감독한다.

2) 위원회

국회법은 '상임위원회중심주의'와 '본회의결정주의'를 채택하고 있어서 국회기능은 실질적으로 위원회에 의해 대행된다(황윤원, 1999: 85). 위원회는 상임위원회와 특별위원회로 구분된다.

상임위원회는 소관에 속하는 의안과 청원 등의 심사, 기타 법률에서 정하는 직무를 수행하며 16개 상임위원회로 구성되어 있다. 특별위원회는 다음과 같이 구분된다.

① 상설특별위원회 : 예산결산특별위원회, 윤리특별위원회

② 비상설특별위원회 : 수개의 상임위원회 소관과 관련되거나 특히 필요하다고 인정한 안건을 심사

3) 입법지원조직

(1) 국회사무처

국회사무처는 국회의원의 의정활동을 지원하고 국회의 행정사무를 처리하기 위하여 국회에 두는 기관이다. 법률안, 청원 등의 접수·처리에서부터 국회의 회의, 법안 및 예산결산심사, 국정감사 및 조사, 국회의원의 의회외교활동 지원, 국회방송 NATV 및 국회 홍보에 이르기까지 입법 및 의정활동의 지원업무를 수행하고 있다.

(2) 국회예산정책처

국회예산정책처는 국회의 국가 예·결산 심의를 지원하고, 국회의 재정통제권을 강화하기 위해 비당파적이고 중립적으로 전문적인 연구·분석을 수행하는 기관이다. 예산안·결산 및 기금 분석, 국가 재정운용 및 거시경제동향 분석·전망, 세제분석 및 세수추계, 국가 주요 사업 및 정책에 대한 분석·평가 등을 수행한다.

(3) 국회입법조사처

국회입법조사처는 입법부의 독자적이고 전문적인 지식·정보체계를 구축하고 의원 입법 활성화에 따른 입법정보 수요증가에 대응하기 위해 설립되었다. 입법 및 정책에 대한 조사·분석, 국회의원 및 위원회의 조사·분석요구에 대한 회답, 행정부의 위법 또는 제도 개선사항 발굴, 국회의원연구단체에 대한 정보제공, 외국의 입법동향 분석 및 정보제공 등의 업무를 수행한다.

2. 입법부의 주요 기능

1) 헌법개정안 제안·의결권

헌법에 규정된 개정절차에 따라 특정조항을 수정·삭제하거나 새로운 조항을 추가하여 헌법의 형식이나 내용에 변경을 가하는 것을 말한다. 국회가 헌법개정과정에서 제안권과 의결권을 행사하는 것은 헌법 개정에 대한 국민적 합의의 가능성을 높이고자 하는 데 있다.

2) 법률 제정·개정권

법치국가에 있어서 법률은 모든 국가작용의 근거가 되므로 법률의 제정·개정 및 폐지는 국회의 가장 중요하고 본질적인 권한이라고 할 수 있다.

3) 조약 체결·비준동의권

국회가 조약의 체결·비준에 대한 동의권을 행사하는 것은 조약이 국민의 권리·의무와 국가 재정에 상당한 영향을 미칠 뿐 아니라 국내법과 동일한 효력을 가지므로 이에 대한 국민적 합의를 형성하기 위한 것이다. 국회는 상호원조 또는 안전보장에 관한 조약, 중요한 국제조직에 관한 조약, 우호통상항해조약, 주권의 제약에 관한 조약, 강화조약, 국가나 국민에게 중대한 재정적 부담을 지우는 조약 또는 입법사항에 관한 조약의 체결·비준에 대한 동의권을 가진다.

4) 국정감사·조사권

국회는 국정감사·조사를 통해 국정운영의 실태를 정확히 파악하고 입법과 예산심의를 위한 자료를 수집하며 국정의 잘못된 부분을 적발·시정함으로써 입법·예산심의·국정통제 기능의 효율적인 수행을 도모한다. 국정감사권은 제9차 개정헌법에 의하여 1988년 부활되었으며, 「국정감사 및 조사에 관한 법률」개정(2012.3.21)에 따라 매년 정기회 집회일 이전에 감사시작일로부터 30일 이내의 기간을 정하여 감사를 실시한다. 국정조사는 재적의원 4분의 1이상의 요구가 있을 때 특별위원회 또는 상임위원회로 하여금 국정의 특정사안에 관하여 조사를 시행한다.

5) 탄핵소추권

탄핵소추의 대상은 대통령·국무총리·국무위원·행정각부의 장·헌법재판소 재판관·법관·중앙선거관리위원회 위원·감사원장·감사위원 기타 법률이 정한 공무원이다. 국회는 재적의원 3분의 1이상의 발의와 재적의원 과반수의 찬성으로 탄핵소추를 의결할 수 있는데, 대통령의 경우 재적의원 과반수의 발의와 재적의원 3분의 2 이상의 찬성으로 의결한다.

6) 예산안 심의

예산은 국민의 부담인 조세를 전제로 하고 있으며, 규모가 방대하고 다양한 국가기능을 수행하여 국민경제 전체에 미치는 영향이 지대하다. 따라서 국회가 예산안을 심의·확정하는 것은 예산결정과정에 국민의 의사를 반영하는 것이며, 국가의 중대한 재정작용을 적절히 통제하여 그 효율성과 질을 제고하기 위한 것이라고 볼 수 있다..

7) 결산심사

국회는 결산심사를 통해 정부의 예산집행에 대한 정치적 책임을 밝히고, 장래의 재정계획과 그 운영에 중요한 자료를 제공한다.

[그림 2-2] 우리나라 국회 조직도

제4절 사 법 부

1. 사법부 개관

사법부는 사법권을 행사하는 법원으로 구성되며, 어떠한 외부의 간섭도 없이 양심에 따라 독립적인 심판을 하는 정부기관이다. 법원에는 대법원, 고등법원, 지방법원, 특허법원, 가정법원, 행정법원, 회생법원 등이 있고, 그 중 일반법원인 대법원, 고등법원, 지방법원이 기본적인 3심 구조를 이루고 있다.

헌법에 따라 법원은 원칙적으로 모든 법적 분쟁을 심판하는데, 예외적으로 헌법재판소가 헌법 분쟁 중 일부를, 국회가 국회의원에 대한 자격심사와 징계처분을 담당하고 있다. 법원은 분쟁에 대한 심판권한 이외에 부동산 및 동산·채권 담보등기, 가족관계등록, 공탁, 집행관 및 법무사에 관한 사무를 관장 또는 감독할 권한을 갖고 있다. 법원의 권한은 민사재판, 형사재판, 가사재판, 행정재판, 특허재판, 헌법관련재판 등으로 구분된다. 사법부의 조직구조는 다음과 같다.

1) 대법원

대법원은 대법원장을 포함하여 14인의 대법관으로 구성된다. 대법원장은 사법행정사무를 총괄하며, 사법행정사무에 관하여 관계공무원을 지휘·감독한다. 대법원의 심판권은 전원합의체와 대법관 3인 이상으로 구성된 부部에서 행사한다. 전원합의체는 대법원장이 재판장이 되고, 대법관 전원의 3분의 2 이상으로 구성된다. 부는 대법관 4인으로 구성되고, 3개부가 있다. 부에서는 구성원인 대법관 전원의 의견일치에 따라 재판하고, 전원합의체에서는 출석 과반수의 의견에 따라 재판한다. 대법원에 상고되는 사건은 주로 부에서 심판하지만, 그러나 부에서 의견이 일치되지 못한 경우 혹은 다음에 해당하는 경우에는 전원합의체에서 재판한다.

대법원에는 사법행정상 최고의결기관으로 대법관회의가 있다. 대법관회의는 대법관으로 구성되며, 대법원장이 의장이 된다. 대법관회의는 대법관 전원의 3분의

2 이상 출석과 출석인원 과반수의 찬성으로 의결한다. 대법관회의에서는 판사의 임명 및 연임에 대한 동의, 대법원규칙의 제정과 개정 등에 관한 사항, 판례의 수집·간행에 관한 사항, 예산요구·예비금지출과 결산에 관한 사항, 특히 중요하다고 인정되어 대법원장이 부의한 사항 등을 의결 한다.

2) 고등법원

고등법원은 서울, 부산, 대구, 광주, 대전, 수원 등 6개 주요 도시에 설치되어 있다. 고등법원은 지방법원 합의부, 가정법원 합의부, 회생법원 합의부 또는 행정법원 제1심의 판결·결정·명령에 대한 항소 또는 항고사건을 심판한다. 고등법원의 심판권은 판사 3인으로 구성된 합의부에서 행사한다. 법관인사 이원화제도의 시행으로 고등법원 판사는 상당한 법조경력이 있는 사람 중에서 지원을 받아 보하되, 특별한 사정이 없는 한 지방법원으로 전보되지 않고 고등법원에서만 근무한다.

3) 지방법원

전국에는 18개의 지방법원이 있다. 지방법원의 관할구역 내에 지원과 시·군법원 등을 둘 수 있습니다. 현재 전국에 40개의 지원이 있다. 지방법원 및 그 지원은 기본적으로 민사 및 형사사건을 제1심으로 재판한다. 제1심 재판은 원칙적으로 단독판사가 심판하지만, 특히 중요하다고 법률이 정하고 있는 사건 등은 합의부가 심판한다.

4) 전문법원

(1) 특허법원

사법제도개혁 일환으로 1998. 3. 1. 고등법원급으로 창설된 특허법원이 특허심판원의 심결에 대한 불복소송을 제1심으로 관장하고 그 판결에 불복이 있는 경우 대법원에 상고할 수 있도록 하면서, 특허심판원의 심결에 대한 불복소송은 2심제로 운영하고 있다. 특허법원에는 자연과학이나 공학을 전공한 기술심리관을 전문기술분야별로 배치하여 특허, 실용신안사건의 기술적인 사항에 관해 재판부의 이해와 판단을 보조하도록 하고 있다.

(2) 가정법원

가사사건과 소년보호사건 등을 전문적으로 처리하기 위하여 1963. 10. 1. 설치된 가정법원은 지방법원과 동급 법원으로서 서울에만 설치되어 있었으나, 2011. 4. 11. 부산가정법원, 2012. 3. 1. 대전, 대구, 광주가정법원과 산하 16개 지원이, 2016. 3. 1. 인천가정법원과 부천지원이 각 개원하였다. 가정법원 또는 가정법원의 지원이 설치되지 않은 지역에서는 지방법원 또는 지방법원의 지원이 그 역할을 한다. 가정법원은 가사 및 소년보호사건 이외에도 1998년부터 '가정폭력범죄의 처벌 등에 관한 특례법' 시행과 더불어 가정폭력사건에 대한 심판권 및 2011. 10.부터 가정폭력 피해자가 가정법원에 직접 가정폭력 행위자의 격리 등을 청구할 수 있는 피해자보호명령에 대한 심판권을 가지게 되었으며, 2014. 9. 29. '아동학대범죄의 처벌 등에 관한 특례법' 시행과 더불어 아동보호사건 및 피해아동보호명령사건의 심판권도 가지게 되었다.

(3) 행정법원

행정법원은 1998. 3. 1. 서울에 처음 설치되었다. 행정법원이 설치되지 않은 지역의 행정사건은 행정법원이 설치될 때까지 해당 지방법원 본원이 이를 관할한다. 서울행정법원은 조세, 토지수용, 근로, 일반행정 등 사건을 심판한다. 과거에는 행정적 구제절차를 모두 거쳐야 법원에 행정소송을 제기할 수 있었으나, 행정법원 설립에 따라 법에 달리 규정되어 있지 않은 한 행정심판을 거치지 않고 곧바로 행정소송을 제기할 수 있게 되었다.

(4) 회생법원

회생법원은 법인회생·법인파산·일반회생·개인회생·개인파산·국제도산 사건과 그 관련사건을 관장한다. 2017. 3. 1. 우리나라 최초의 회생·파산 전문법원인 서울회생법원이 설치되어 재판에 대한 국민의 신뢰를 증진하고 구조조정과 개인채무조정절차에서 실질적인 법치주의를 구현하는 데 기여를 할 것으로 기대하고 있으며, 회생법원이 설치되지 않은 지역의 도산사건은 회생법원이 설치될 때까지 해당 지방법원 본원이 관할한다.

2. 사법부의 주요기능

법원의 권한은 민사재판, 형사재판, 가사재판, 행정재판, 특허재판, 헌법관련재판 등으로 구분된다.

민사재판은 국민의 일상생활에서 생기는 재산적 권리나 법률관계에 대한 분쟁에 관한 재판이다. 형사재판은 기소된 피고인에 대하여 유·무죄를 가리고, 유죄로 인정되는 경우 형벌을 과하는 재판이다. 가사재판은 가족 및 친족 간의 분쟁사건에 대한 재판이다. 소년보호재판은 19세 미만 소년의 범죄사건 등에 대하여 환경의 조정과 성행의 교정에 관한 보호처분을 하는 재판이다. 가정보호재판은 가정구성원 사이의 가정폭력사건에 대하여 환경의 조정과 성행의 교정에 관한 보호처분을 하는 재판이다. 행정재판은 행정청이 행한 작위 또는 부작위 등의 위법 여부에 대한 다툼과 공법상 법률관계에 관한 다툼을 해결하는 것을 목적으로 하는 재판이다. 특허재판은 특허심판원의 심결 또는 결정이 위법하여 취소할지를 가리는 심결 취소 소송과 특허권 등의 침해사건에 대한 1심 판결에 대해 불복하여 항소하는 특허권 등 침해소송항소심으로 구분된다. 또한 법률의 위헌여부에 관한 종국적인 심사 권한은 헌법재판소에 있지만, 심사과정에서 법원과 헌법재판소는 역할을 분담하고 있다. 즉 법률의 위헌여부가 재판의 전제가 되는 경우, 해당 사건을 담당하는 법원은 법률이 위헌이라고 판단할 때에 직권 또는 당사자의 신청에 의한 결정으로 헌법재판소에 위헌여부 심판을 제청한다. 법원의 제청을 받은 헌법재판소는 법률의 위헌여부를 심판한다.

[그림 2-3] 우리나라 사법부(법원) 조직도

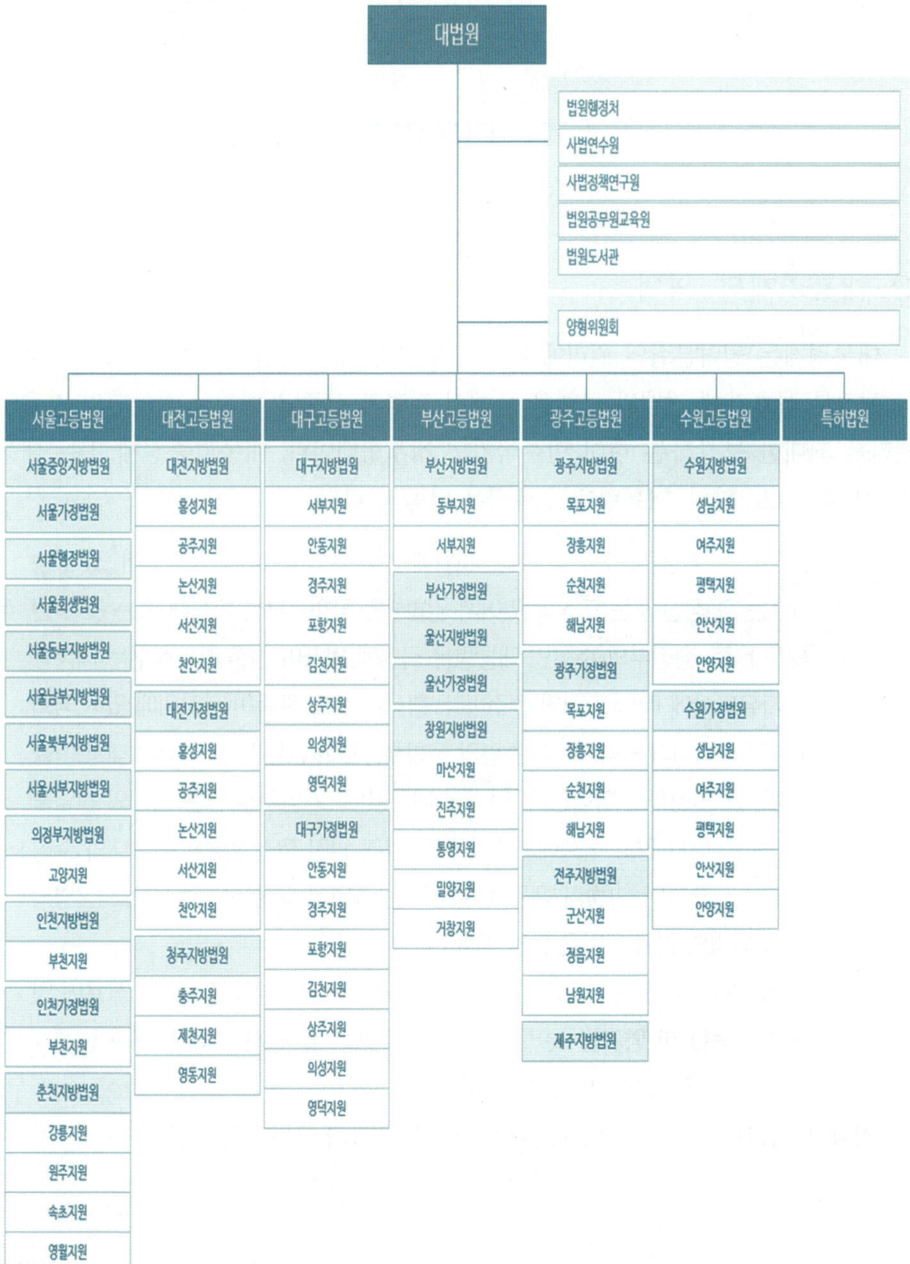

제5절 정부의 형태

1. 대통령제

1) 대통령제의 의의

대통령제는 권력분립의 원리에 기초를 두고 입법부·행정부·사법부, 특히 입법부와 행정부 상호간에 견제와 균형을 통해서 권력의 집중을 방지하고 국민의 자유와 권리를 최대한 보장하는 현대 민주국가의 정부형태이다. 대통령중심제 또는 대통령책임제라고도 한다. 대통령제의 특징은 다음과 같다.

첫째, 행정부는 그 성립 ·조직과 존속 ·지위에 있어 입법부로부터 독립되어 있다. 행정부는 그 성립 또는 조직에 있어서 입법부인 국회로부터 독립해 있는 것이 원칙이다. 즉, 행정부의 수장인 대통령은 국민에 의하여 선출되며 정부는 대통령의 자유의사에 따라 조직되는 것이다. 행정부는 그 존속이나 지위에 있어 국회로부터 독립되어 있다. 즉, 대통령의 국회해산권이 없는 대신 국회의 대통령 불신임권을 인정하지 아니한다. 따라서 대통령은 그 임기 동안은 국회의 신임을 조건으로 하지 않고 국회에서 불신임될 염려 없이 명실상부한 행정부의 수장으로서 존재한다. 그렇기 때문에 행정부는 자연히 대통령을 중심으로 운영되고, 대통령의 임기 동안은 동일정권이 유지된다.

둘째, 이 제도는 분립 또는 분리의 원리에 따라 국회와 행정부의 조직이나 작용에 있어서 가능한 한 양자를 분리하고 있다. 이 제도 밑에서는 국회의원과 행정부 공무원의 겸임이 인정되지 않는 것이 원칙이다.

셋째, 대통령제에서는 국회와 행정부 양자 간의 견제와 균형이 강조된다.

2) 대통령제의 장단점

(1) 대통령제의 장점

첫째, 대통령의 임기 동안은 정국이 안정될 수 있다.

둘째, 국회나 일반 국민의 행정부에 대한 경솔하고도 부당한 간섭을 막을 수 있다.

셋째, 참다운 민의民意를 반영하는 정당정치가 아직 실현되지 못한 후진국에서는 국회 내 다수당에의 입법권과 행정권의 융화는 다수당 압제의 폐단을 가져올 염려가 있으므로 이 제도로써 고전적古典的인 견제와 균형원리를 살릴 수 있다는 것을 장점으로 들 수 있다.

(2) 대통령제의 단점

첫째, 국회와 행정부 간의 독립과 견제를 그 원리로 삼고 있기 때문에 법상 동격의 지위에 있는 양자 사이의 대립 및 억제로 인한 시간적·경제적 낭비를 가져와 정책을 빨리 시행할 수 없고, 국내외적으로 국가 활동의 확대가 요구되는 현대 국가의 요청을 만족시킬 수 없다.

둘째, 민주정치가 발달하지 못하고 정당정치가 무르익지 못한 후진국가에서는 정부 독선 또는 대통령 독재를 가져올 우려가 있다.

셋째, 평화적·합법적으로 대통령을 임기 전에 바꿀 수 없으므로 무력혁명이 일어날 위험이 많은 동시에 대통령도 그 뜻에 반하는 국회를 해산할 수 없으므로 국회에 대한 불법적인 탄압, 국회의원 선거간섭 등이 발생할 수 있다.

넷째, 국정운영의 책임이 대통령과 국회에 나누어져 민주정치의 기본원리인 책임정치의 원리가 확립되지 못한다는 점 등을 들 수 있다.

2. 내각책임제

1) 내각책임제의 의의

실질적인 행정권을 담당하는 내각이 의회 다수당의 신임에 따라 존속하는 의회중심주의의 권력융합형태로, '의원내각제' 라고도 한다. 영국에서 발달됐으며, 미국에서 발달한 대통령중심제와 함께 민주사회의 대표적인 정부형태 중 하나다.

입법부와 행정부의 연대가 이루어짐으로써 다수당의 당수가 내각의 수반이 되며 내각이 의회에 대하여 책임을 짐으로써 책임정치를 실현할 수 있다. 내각은 의회를 해산할 수 있고 의회는 내각을 불신임할 수도 있다. 행정부에 민의반영이 잘 이루어지는 것은 장점이나, 군소정당이 난립하거나 정국이 불안정할 우려가 있다. 우리나라에서는 제2공화국 헌법에서 채택한 바 있다.

이 제도는 입법부와 행정부에 관한 한, 대통령제에서와 같은 엄격한 권력분립의 원리가 적용되지 않는다. 오히려 '권력의 융화' 또는 '융화를 통한 의존'의 원리에서 국회가 내각을 조직·해산하는 권한을 가짐으로써 내각에 대한 국회의 법적 우위성을 인정하는 데 그 특징이 있다. 그리고 국회의 다수당 또는 연합함으로써 다수를 차지하는 연합정당들이 입법부인 국회를 지배한다.

또한 행정부의 핵심인 다수당내각 또는 연립내각을 구성함으로써 정당을 통한 입법권과 행정권의 연대가 이루어진다. 이와 같이 이 제도는 국회의 내각신임에 의한 국회의 법적 우위성을 기초로 하는 입법권과 행정권의 융합을 그 원리로 한다. 내각제하에서는 국회의 '내각불신임권'에 대하여 내각의 '국회해산권'이 인정되는 것이 원칙이다. 그러므로 이 제도는 입법권과 행정권의 융화와 분립을 조화시키고 있다.

2) 내각책임제의 장단점

내각책임제의 장점으로는 ① 민선의원으로써 조직되는 국회의 신임 하에 내각이 존속하므로 행정부에 민의반영이 잘 이루어진다는 점 ② 국회와 내각의 융화로 현대 복지국가의 '일하는 국가'의 요청에 더 적합하다는 점 등을 들 수 있다. 반면 단점으로는 ① 군소정당이 난립하는 국가에서는 내각이 약체이고 정국이 불안정하다는 점, 국회를 중심으로 한 정쟁이 심하다는 점, ② 후진민주국가에서는 집권당의 압제 위험이 크다는 점 등이 지적되고 있다.

3. 이원적정부제

1) 이원적정부제의 의의

이원적정부제는 대통령제와 의원내각제의 요소가 결합된 절충식 정부형태이다. 준準대통령제 또는 제약된 의원내각제라고도 한다. 이원적정부제는 통치권력이 대통령과 총리에게 이원화되어 있는 형태로 대통령이 국가원수로서 통치권을 행사하고 총리가 행정권을 행사한다. 일반적으로는 다음과 같은 특징이 있다.

첫째, 대통령은 국민의 직접선거에 의하여 선출되어 의회로부터 독립되어 있다.
둘째, 내각은 의회에 대하여 책임을 진다. 대통령은 총리지명권을 가지되 의회의 동의를 요하며, 의회는 내각 불신임권을 가지고, 이에 대하여 내각은 연대책임을 지며 대통령은 의회를 해산할 수 있다.
셋째, 전시 또는 기타 국가비상시에 대통령은 긴급권을 발동하여 총리와 내각의 동의 없이 행정권을 직접 행사할 수 있다.

2) 이원적정부제의 장단점

이원적정부제의 장점은 ① 평상시에는 입법부와 행정부의 마찰을 피할 수 있고, ② 비상시에는 신속한 국정처리가 가능하다는 것이다. 그러나 단점으로 대통령에 대한 내각과 의회의 견제수단이 마련되어 있지 않기 때문에 대통령의 비상대권의 행사는 의회기능의 축소를 가져올 우려 등이 지적되고 있다.

◈ 심화학습

양원제와 단원제

양원제는 의회가 두 개의 합의체로써 구성되고, 원칙적으로 각 합의체가 각각 독립하여 결정한 의사가 일치하는 경우에 그것을 의회의 의사로 간주하는 의회제도이다. 이원제二院制라고도 한다. 양원제는 영국의 특수한 역사적 상황에서 채택된 것으로, 상원House of Lords과 하원House of Commons의 이원제에서 출발하였다. 양원제는 오늘날 미국·영국·프랑스·이탈리아·일본 등 70여 개국에서 채택하고 있다. 단원제는 의회가 단일한 합의체로 구성되어 있는 경우를 말한다. 단원제의 의회는 국민에 의해 선출된 민선의원으로 구성되며 우리나라의 경우 현재 단원제를 채택하고 있다.

☞ **우리나라에서 의회가 양원제로 운영된 사례를 찾아, 그 사례를 중심으로 장단점을 토의하시오.**

탄핵제도

탄핵제도란 일반법원에 의해서는 소추가 어려운 정부의 고급공무원 또는 법관과 같은 신분보장을 받고 있는 공무원의 직무상 중대한 비위 또는 범법행위에 대하여 국회의 소추에 의하여 처벌하거나 또는 파면하는 제도를 말한다. 현행 헌법상 탄핵제도는 탄핵소추와 탄핵심판의 두 절차로 구성되어 있고, 탄핵소추는 국회의 권한으로 하고(제65조), 탄핵심판은 헌법재판소의 권한으로 하고 있다.

대통령을 탄핵소추 하는 경우에는 국회재적의원 과반수의 발의가 있어야 하고, 의결은 재적의원 3분의 2 이상의 찬성이 있어야 한다. 그 외의 자를 탄핵소추 하는 경우에는 국회재적의원 3분의 1 이상의 발의와 재적의원 과반수의 찬성으로 의결한다(제65조 제2항). 탄핵소추의 의결을 받은 자는 소추결정서가 본인에게 송달된 때로부터 헌법재판소의 탄핵심판이 있을 때까지 권한행사가 정지된다(제65조 제2항).

탄핵심판사건은 헌법재판소의 재판관 전원 9인으로 구성되는 재판부에서 관장한다. 재판부는 재판관 7인 이상의 출석으로 사건을 심리하고, 탄핵의 결정을 할 때에는 재판관 6인 이상의 찬성이 있어야 한다제(113조 제1항). 탄핵결정은 공직자를 공직으로부터 파면함에 그친다. 그러나 탄핵의 결정으로 민사상의 책임이나 형사상의 책임이 면제되는 것은 아니다(제65조 제4항).

☞ 우리나라에서 대통령이 탄핵된 사례를 중심으로 탄핵제도의 필요성과 한계점을 토의하시오.

❖ 사례연구

문재인 정부의 1차 정부조직 개편 작업이 마무리돼 26일부터 본격 시행된다. 이번에는 문 대통령이 제시한 공약 위주로 우선 개편됐다. 행정자치부에 따르면 지난 20일 국회에서 통과된 '정부조직법' 개정안과 관련 법령안이 26일 공포·시행된다. 이로써 정부는 지난 6월 정부·여당 합동으로 발표한 조직개편안에 대한 세부 실행 작업을 최종 완료했다.

이번 정부조직 개편은 기존 17부 5처 16청 5실의 체제에서 18부 5처 17청 4실 체제로, 조직 개편 범위를 최소화했다는 데 방점이 찍힌다. 정부 출범 초기마다 공무원 사회의 불안감과 혼란을 야기했던 대규모 개편 대신, 국정 운영의 안정감과 업무의 연속성을 고려해서다. 이와 더불어 새 정부 최대 국정 과제인 △일자리 창출 △경제활성화 △국민안전 강화 등을 실현하는 데 역점을 두고 개편이 이뤄졌다.

주요 내용으로, 2011년 세월호 참사의 후속조치로 논란이 거셌던 국민안전처가 2년 7개월 만에 해체되는 것이 골자다. 국민안전처로부터 소방청과 해양경찰청을 독립된 외청으로 분리했으며, 각각 '행정안전부'와 해양수산부 소속이다. 또 국민안전처의 나머지 기능과 행정자치부의 안전정책·재난관리·비상대비·민방위 업무 등을 통합해 행정안전부로 개편키로 했다. 과거 행안부 체제로 돌아가는 셈이다.

행안부에 신설되는 재난안전관리본부에는 '재난안전조정관', '특수재난협력관', '안전조사지원관' 등을 두어 재난 현장과의 협력·소통·조사 기능을 보강했다. 특히 '개혁과 소통', '분권과 자치'라는 국정 철학을 구현하고자 창조정부조직실을 '정부혁신조직실'로, 지방행정실을 '지방자치분권실'로 개편했다. 지방행정실 개편은 내무부 산하 시절부터 해서 이번이 처음이다.

'중소벤처기업부' 신설도 눈에 띄는 대목이다. 새 정부의 정책 기조가 '일자리 창출'과 '불공정 해소'인 만큼, 경제구조의 상생 발전 기반을 만든다는 취지로 중소기업청을 부처로 승격했다. 구체적으로는 산업통상자원부의 산업지원 업무 일부와 미래창조과학부의 창업지원·금융위원회의 기술보증기금 관리 기능을 중소벤처기업부로 이관한다. 또 박근혜 정부의 핵심 부처였던 미래창조과학부의 명칭이 과학기술정보통신부로 변경된다. 과거 과학기술부와 정보통신부가 합쳐진 명칭으로 해석된다. 이밖에 국가보훈처는 장관급으로 격상하고, 대통령경호실은 차관급으로 하향 조정하며 명칭을 대통령경호처로 변경했다.

이 같은 개편으로 중앙행정기관은 기존 51개에서 52개로, 정무직은 종전 129명에서 130명으로 각각 늘었다.

한편, 차후 예정된 개헌 방향에 따라 조직개편 방안이 대폭 조정될 수 있다는 가능성도 제기된다. 이번에는 문 대통령이 제시한 공약 위주로 소폭의 조직개편을 우선 진행한 뒤, 개헌 이후 대규모 개편이 이뤄질 수 있다는 '2단계 조직개편' 방안이 나온다.

*자료: 데일리안 2017.07.26일자, 경향신문 2017.07.25일자 기사 요약

1. 사례에 소개된 우리나라 정부개편의 기대효과를 정리하여 논의하고 그 결과를 발표하시오.
2. 우리나라 역대 정부개편의 사례를 찾아 상호 비교하고 그 특징과 장단점을 비교하여 정리하고 발표하시오.

토의 및 발표과제

1. 정부조직개편은 왜 필요한지를 논리적으로 정리하고, 작은 정부와 큰 정부의 장단점을 논의하고 그 결과를 정리하여 발표하시오.
2. 대통령제와 내각책임제 및 이원적정부제(이원집정부제)의 사례를 조사하고 각 제도의 장단점을 중심으로 우리나라의 실정에 어떤 제도가 가장 적합한지 논의하고 그 결과를 정리하여 발표하시오.

제3장

주민참여란 무엇인가?

제1절 주민참여의 의의

1. 주민참여의 개념과 관점

1) 주민참여의 개념

주민참여라 함은 공권력이 부여되지 않은 주민들이 공적권한이 부여된 사람들의 행위에 영향력을 미칠 의도로 정책결정과정에 참여하는 것을 의미한다(Verba, 1967). 지난 세기까지의 행정학 패러다임이 통제지향적인 관리주의 패러다임이라면 21세기의 패러다임은 협치를 강조하는 거버넌스governance 패라러임이라 할 수 있는데, 이러한 거버넌스하에서의 행정은 국민으로부터 얻는 신뢰성이 중요한 요소로 대두된다. 이때의 신뢰는 참여를 통한 자발적 믿음에 근거를 두고 있으며, 구체적으로는 정책결정과정에 대한 참여를 통해 국민의 의사와 요구가 충실히 반영될 때 견고해진다. 또한 국민의 신뢰를 얻기 위한 노력은 정부의 투명성transparency과 밀접하게 관련이 있으며, 투명성을 높이기 위해서는 국민들의 행정에 대한 참여가 필수적이라 할 수 있다.

2) 주민참여를 보는 관점

(1) 대의민주주의 대체론

대의민주주의 대체론은 대의민주주의 제도가 갖는 근본적 결함 때문에 이를 대체하는 참된 민주제도로서 참여민주주의participatory democracy를 주장하는 입장이다. 소극적인 투표행위만으로는 완전한 참여가 이루어질 수 없다고 보고, 시민들의 보다 적극적이고 능동적인 참여만이 진정한 민주제도를 실현하는 방법이라고 보는 것이다.

(2) 대의민주주의 보완론

대의민주주의가 지닌 결점과 편견을 보완하는 기능을 주민참여에서 찾는 견해이다. 대의제하의 지방정치과정은 낮은 투표율로 표현되는 주민의 무관심, 냉담문제를 안고 있다. 지방정부 역시 모든 주민들의 이해를 골고루 반영하지 않으며, 저소득층 주민보다는 오히려 지역의 엘리트 계층인 상류계층이나 기업의 이해에 더욱 더 민감하게 대응하는 경향이 있다. 또한 정부의 관료조직은 거대화·복잡화·전문화로 인하여 시민들의 요구에 무관심하고 대응성이 낮아지게 된다. 따라서 이를 보완하기 위하여 전문적·기술적인 관료제의 의사결정체제에 주민들의 관심사를 투입시키는 일종의 연계장치로서 다양한 주민참여 프로그램이 필요하다고 주장하는 입장이다.

(3) 정책결정 보조론

정책결정 보조론은 주민참여제도를 통하여 지방정부의 계획이나 정책결정 및 집행을 보조한다는 견해이다. 주민참여를 위한 혁신적인 통로의 마련은 행정 관료들이 주민들의 선호·수요 파악, 정보의 제공을 통해 공공서비스 제공에 관한 정책결정에 도움을 준다는 것이다.

2. 행정 패러다임의 변화와 주민참여

1) 민주정부와 행정 패러다임

민주정부란 시민의 다양한 요구를 민감하게 수용하여 이를 정책에 반영하는 정치체제로서, 정부가 대중의 요구에 민감하게 대응하도록 하기 위해서는 무엇보다 시민이 행정과정에 활발히 참여하여 자신의 요구를 투입할 수 있어야 한다. 따라서 행정에 대한 주민참여는 시민과 정부를 매개하는 핵심적 수단이며 민주주의의 핵심이라고 할 수 있다(유재원·이승모, 2006).

그러므로 계획과 통제를 강조하는 전통적인 행정 패러다임으로는 이와 같은 행정환경의 변화에 적절히 대응할 수 없으며, 새로운 행정 패러다임을 모색하여야 한다. 새롭게 대두되는 행정 패러다임의 변화를 주민참여와 관련하여 살펴보면 크게 다음과 같은 두 가지 방향으로 진행되고 있다.

첫째, 비공개적인 공공정책결정과정에 대해 민주성과 투명성이 강하게 요구되고 있다. 불확실성과 가변성을 특징으로 하는 행정환경하에서는 소수 엘리트 중심의 폐쇄적이며 독단적인 정책결정으로 오류를 범할 위험성이 매우 높다, 따라서 다양한 이해관계자와 시민단체의 참여와 협상 및 조정에 따른 공개적 정책결정으로 전환하려는 압력이 계속 증가되고 있다. 공공문제의 복잡성이 증대되고 있으며, 사회적 형평성과 삶의 질 향상에 대한 시민의 다양한 요구가 증가하고 있을 뿐만 아니라 정부의 정책실패는 사기업에 비하여 그에 수반되는 사회적 비용이 막대하다는 점을 고려하면, 정책과정의 민주성과 투명성 강화는 매우 시급한 과제라 할 수 있다. 더욱이 인터넷을 이용한 간접대면식 의사소통이 활성화됨에 따라 정책과정에의 참여 기회가 확대되고 정보처리능력의 향상으로 개인적, 집합적 문제해결능력이 크게 향상되고 있으므로, 정책과정에의 참여 확대는 정책의 민주성은 물론 전문성 제고에도 크게 기여할 것으로 예측되고 있다.

둘째, 행정의 능률성과 경제성 이외에, 공동체 민주주의와 사회적 형평성에 대한 관심의 증대는 정부의 정책과정에 대한 비정부조직NGO과 시민의 참여를 증대시키고 있다. 여성, 복지, 보건, 환경, 소득재분배 등 다양한 정책분야에 대한 시민단체의 지속적인 관심과 전문성은 공무원들이 시민단체의 전문성을 능가하거나 그에 상응한 수준의 전문성은 물론 관련 단체나 시민들을 설득하는데 필요한 의사소통 및 협상능력을 갖추도록 요구하고 있으며, 정책과정의 투명성 제고를 통하여 공직윤리의 확립에도 기여할 것으로 기대되고 있다. 따라서 정부는 시민단체와 동반자적 관계를 구축하고 행정서비스의 창출과 전달에 이들을 적극적으로 활용할 필요가 있다.

2) 열린 정부의 추구

열린 정부란 시민들에 대하여 개방된 개방형 정부를 지칭한다. 앞에서 논의한 투명한 정부를 지칭하는 것이라고 볼 수 있다. OECD는 열린 정부의 구성요소를 다음의 세 가지로 요약하고 있다(OECD 정부혁신아시아센터, 2006: 38).

① 투명성 : 정부의 활동과 그것을 책임지고 있는 사람들에 대한 공공의 감시

② 접근가능성 : 정부 활동에 따른 서비스와 정보에 시민들이 접근할 수 있도록 허용하는 정도

③ 대응성 : 새로운 아이디어와 요구, 필요성에 신속히 반응하는 정도

열린 정부는 시민들의 정부에 대한 신뢰를 높임은 물론 정부운영의 공공성, 효율성, 형평성 및 민주성을 높이는 데 기여할 것이라고 기대할 수 있다. 시민들의 입장에서는 이를 통하여 자신들의 요구를 정책과정에 투입함으로써 행정에 대한 만족감을 높일 수 있을 것이다. 이러한 측면에서 열린 정부에 대한 추구는 앞으로도 지속되리라고 판단된다.

3) 신공공관리에서 신공공서비스로

신공공관리론이 나름대로의 성과를 걷기는 했으나 몇 가지 면에서 문제점을 노출하였다. 특히 신공공관리론에서 주장하는 모형 중 하나인 시장모형이 민주적 가치와 양립할 수 있겠는가의 문제가 심각히 제기되었다(김태룡, 2002: 219). 따라서 신공공관리를 비판하면서 그 자리를 신공공서비스new public service로 대치하여야 한다는 주장이 제시되었다(Denhardt & Denhardt, 2000; Denhardt, 2004: 172-183).

이와 관련하여 정통 대의민주주의의 책임통제 환류기제를 보완하려는 노력, 공동체사회와 시민사회, 담론이론 등에 대한 이론가들이 신공공서비스의 의의를 더욱 뚜렷이 부각시켰는데 이러한 신공공서비스와 앞에서 살펴본 신공공관리와의 차이점을 표로 요약하면 다음과 같다(오세윤·노시평·박희서, 2002).

[표 3-1] 신공공관리와 신공공서비스의 비교

관 점	신공공관리	신공공서비스
이론적 인식기반	경제이론	민주주의 이론
행태모형	기술적 경제적 합리성	전략적 혹은 공식적 합리성
공익에 대한 입장	개인 이익의 결합	공유가치에 대한 담론의 결과
반응대상	고객	시민
정부의 역할	방향잡기	봉사하기
정책목표 달성기제	개인 및 비영리기구를 활용하여 정책목표를 달성할 기구와 유인체제를 창조	상호간에 동의한 욕구를 충족시킬 행정기구, 비영리기구 및 민간기구의 연합을 구축
책임에 대한 입장	시장지향적: 개인 이익의 단순총화는 다양한 시민 혹은 고객집단에게 바람직한 결과를 가져옴	다국면적: 공무원은 법률제정, 공동체가치 창출, 정치규범, 전문가적 기준 및 시민들의 이익에 참여해야 함
행정재량	기업적 목적달성을 위해 넓은 재량이 인정됨	재량이 필요하지만 제약과 책임이 따름
기대하는 조직구조	분권적	협동적
행정인에 대한 동기부여	기업가 정신: 정부규모축소 추구	공공서비스: 사회기여추구

* 자료: Denhardt(2000), 오세윤·노시평·박기서(2002).의 내용을 재요약.

4) 심의민주주의와 주민참여

앞에서 언급한 것처럼 정부의 패러다임에 대해 변화가 이루어지고, 이를 뒷받침하는 정치제도의 지향은 과거의 대의민주주의를 보완하는 참여민주주의, 나아가 숙의민주주의로 논의가 진행되고 있다. 기존의 대의민주주의에 대해 회의적인 참여민주주의, 심의민주주의deliberative democracy의 이론은 국민 다수의 의견을 제도적으로 수용하는 주민참여와 심의적 제도의 도입을 주장한다(주성수, 2005).

참여민주주의는 국민투표, 국민제안 등의 직접민주주의 제도의 도입과 시민사회의 여론형성 역할을 대의민주주의의 결함을 보완하는 수단으로 간주하는 반면, 심의민주주의는 국가기관과 국민 사이의 지속적인 대화와 심사숙고를 제안한다. 특히 엘리트보다 일반시민의 일상적인 참여와 토의를 강조하는 것이 최근 심의

민주주의 논의의 주로를 형성하고 있으며, 따라서 이러한 것들을 어떻게 구체적인 제도로 만들어 도입하고 실행할 수 있는가에 논의의 초점이 맞추어지고 있다(주성수, 2005). 그러므로 대의민주주의에 기초하고 있는 행정국가 하에서의 주민참여와 심의민주주의에 바탕을 두고 있는 주민참여의 내용은 차이가 있을 수 있다.

제2절 주민참여의 방법

1. 간접주민참여

1) 행정절차법

행정절차제도는 "행정과정에 대한 국민의 참여를 보장하는 절차"로서 제정되었다. 행정절차제도는 1996년 12월 31일 제정되어 1998년 1월 1일부터 시행 중인 행정절차법에 따른다. 행정절차법은 "행정절차에 관한 공통적인 사항을 규정하여 국민의 행정참여를 도모함으로써 행정의 공정성·투명성 및 신뢰성을 확보하고 국민의 권익을 보호함"을 목적으로 제정한 법이다. 즉 행정절차법의 제정목적은 곧 정책과정 전반에 대한 국민의 참여를 제고하고, 국민의 이해관계에 영향을 미칠 수 있는 행정절차에 대한 예고를 통해 국민의 권리를 신장하는 데 있다. 행정절차법상 주민참여 관련 주요 수단은 다음과 같다.

(1) 입법예고

입법예고란 '정부에서 법령 등을 제정, 개정 또는 폐지하고자 할 때에는 법제정안 또는 개정안의 초안을 작성하여 20일 이상 공고하고 국민의 의견을 수렴하여 반영하도록 하는 절차'를 의미한다. 예고의 방법은 입법안의 취지, 주요내용 또는 전문을 관보나 공보에의 게재 및 인터넷, 신문, 방송 등의 방법으로 공고하고, 관련단체 등이 예고사항을 알 수 있도록 통지하여야 하고, 예고된 입법안에 대하여 열람 또는 복사의 요청이 있는 때에는 행정청은 이에 응하여야 한다. 입법예고의 내용에는 의견접수기관, 의견제출기간 기타 필요한 사항을 함께 공고하여야 하며, 예고된 입법안에 대하여는 누구든지 의견을 제출할 수 있도록 하고 있다(행정절차법 제41~45조)

(2) 행정예고

행정예고는 정부의 정책, 제도, 계획의 수립 또는 시행하기 전에 국민의 의견을 수렴하여 반영하는 제도이다. 행정예고의 요건은 국민생활에 매우 큰 영향을 주는 사항, 많은 국민의 이해가 상충되는 사항, 국민에게 불편이나 부담을 주는 사항, 기타 의견수렴이 필요한 경우 등이다. 그 예고기간, 예고의 방법, 의견의 제출 및 처리방법은 입법예고와 동일하다(행정절차법 제46~47조).

(3) 공청회

공청회란 특정사안에 대하여 전문지식을 가진 주재자의 주재하에 전문가와 이해관계인의 발표 및 토론과 일반국민(방청객)의 의견을 수렴하는 절차로서 전자공청회의 개발과 관련하여 관계전문가들의 심층적인 논의가 이루어지고 있는 제도이다.

공청회는 입법예고 또는 행정예고의 과정에서 공청회를 통하여 의견을 수렴할 필요가 있다고 인정되면 개최하도록 하고 있다. 특히 많은 국민 또는 주민에게 의무를 과하거나 권리를 제한하는 법령의 제·개정 또는 정책, 제도, 계획의 수립 시에는 반드시 공청회를 개최하여야 한다고 규정하고 있다. 한편, 공청회제도에 대해 참여대상자 선정의 공정성 문제, 참여율 저조, 다수 참여의 불가능, 형식적인 여론 수렴, 다수 참여의 곤란성 등의 문제점이 제기되고 있다(행정절차법 제22조 제2항, 제38~39조 제2항).

2) 주민청원제도

주민청원제도는 진정이나 의회청원을 통해 주민의 요구사항을 직접 처리할 수 있도록 하는 제도이다. 지방의회에 청원을 하려는 자는 지방의회의원의 소개를 받아 청원서를 제출하여야 한다. 그리고 재판에 간섭하거나 법령에 위배되는 내용의 청원은 수리하지 아니한다.

3) 정책공동체(위원회)

정책공동체란 사회적 합의주의에 기초한 정책결정방식의 한 유형으로서 특정 정책분야에 전문성을 갖고 있는 정부내외의 개인과 조직으로 구성되는데 주로 관료, 조직화된 이익집단, 대학 및 기타 연구기관의 전문가로 구성된다. 이와 같은 정책공동체는 중앙부처의 성격에 따라 다양한 형태로 실시되어 왔다. 정부부처 내에는 각종 위원회, 뉴스레터 및 브리핑 제도 등 온라인on-line과 오프라인off-line 차원의 정책공동체 모형이 여러 부처에서 활용되고 있다.

2. 직접주민참여

1) 주민투표

(1) 주민투표의 개념

주민투표제referendum는 지방자치단체의 중요한 사안에 대해 주민들이 투표로 직접 결정하는 제도를 의미한다. 주민투표는 선거권을 가진 일반 시민이 주체가 되어 정치적 쟁점에 관련된 최종의 집합적 의사를 투표로 표현함으로써 결정권을 공유하는 직접참정의 한 절차인 것이다. 주민투표는 다음의 네 가지 요소를 포함한다.

첫째, 주민투표는 관련 주민의 의사를 묻는 것이므로 표본을 대상으로 조사하여 여론의 근사치를 알려주는 일반여론조사와 구분된다.

둘째, 주민투표는 미리 정해진 응답, 즉 흔히 찬성, 반대, 기권 중에서 선택해야 한다.

셋째, 주민투표의 대상은 원칙적으로 공적 쟁점사항에 대해 주민의 의사를 결정하기 위한 것으로 대표를 뽑는 선거와는 구별된다.

넷째, 주민투표는 정책결정과정에 주민이 참여하는 것이다. 그러므로 주민투표에는 직접적으로 법적 구속력을 갖는 의사결정적 주민투표 이외에 자문적 주민투표, 정책방향제시적 주민투표 등을 포함한다.

주민투표에 긍정적 평가로는 대의제의 보완, 합리적인 정책결정과 민주적 정당성의 확보, 지방의회에 대한 견제, 단체장과 지방의회 간 갈등해결의 중립적 위치, 정부정책 시정의 계기 마련, 지역의 공적문제에 대한 관심 제고 등을 들 수 있다.

그러나 부정적 평가 역시 존재하는데, 의사결정이 특정집단의 영향 아래 놓일 우려, 대표기관의 존재의의 약화, 대표자의 정치적 회피, 지방자치단체의 재정운영을 곤란 및 부담 야기, 특정 소수 집단이 지방자치단체의 원활한 행정운영을 방해, 전문지식과 판단능력이 부족한 주민의 합리적 결정을 저해할 우려 등을 지적하고 있다.

(2) 주민투표의 주요내용

20세 이상의 주민으로서 투표일 작성기준일 현재 주민등록이 되어 있는 자, 20세 이상 외국인 중 일정한 영주 자격을 가진 자로서 조례에 정한 자는 주민투표권이 있다. 주민투표의 대상은 주민에게 과도한 부담을 주거나 중대한 영향을 미치는 지방자치단체의 주요결정사항으로서 그 지방자치단체의 조례로 정하는 사항으로 정하고 있다**(주민투표법 제7조 1항)**.

지방자치단체의 장은 주민 또는 지방의회의 청구에 의하거나 직권에 의하여 주민투표를 실시할 수 있다. 지방자치단체의 장은 직권에 의하여 주민투표를 실시하고자 하는 때에는 그 지방의회 재적의원 과반수의 출석과 출석의원 과반수의 동의를 얻어야 한다. 지방의회는 재적의원 과반수의 출석과 출석의원 3분의 2 이상의 찬성으로 그 지방자치단체의 장에게 주민투표의 실시를 청구할 수 있다.

또한 19세 이상 주민의 경우 주민투표청구권자 총수의 20분의 1 이상 5분의 1 이하의 범위 안에서 지방자치단체의 조례로 정하는 수 이상의 서명으로 그 지방자치단체의 장에게 주민투표의 실시를 청구할 수 있다. 주민이 주민투표청구를 하고자 하는 때에는 주민투표청구인대표자**청구인대표자**를 선정하여야 하며, 선정된 청구인대표자는 인적사항과 주민투표청구의 취지 및 이유 등을 기재하여 그 지방자치단체의 장에게 청구인대표자증명서의 교부를 신청하여야 한다.

중앙행정기관의 장은 지방자치단체의 폐치廢置·분합分合 또는 구역변경, 주요시설의 설치 등 국가정책의 수립에 관하여 주민의 의견을 듣기 위하여 필요하다고 인정하는 때에는 주민투표의 실시구역을 정하여 관계 지방자치단체의 장에게 주민투표의 실시를 요구할 수 있다. 이 경우 중앙행정기관의 장은 미리 행정안전부장관과 협의하여야 한다.

주민투표는 특정한 사항에 대하여 찬성 또는 반대의 의사표시를 하거나 두 가지 사항중 하나를 선택하는 형식으로 실시하여야 한다. 그리고 주민투표에 부쳐진 사항은 주민투표권자 총수의 3분의 1 이상의 투표와 유효투표수 과반수의 득표로 확정된다.

우리나라는 1994년 3월, 지방자치법 개정에서 주민투표제도를 도입했으나 그 후에도 상당기간 주민투표법이 제정되지 못하여 시행되지 못하고 있다가 거의 10년 후인 2003년 12월 29일, 임시국회에서 본회의 의결로 통과, 2004년 1월 29일 법률 제7124호로 공포되었다. 이에 의해 2005년 7월 27일에는 주민투표법에 의한 주민투표가 최초로 제주도 행정구조 개편을 대상으로 실시되었고, 무상급식과 관련된 서울시 주민투표를 계기로 개표요건에 대한 논란이 발생한 바 있다.

2) 주민소환

(1) 주민소환의 의의

주민소환은 "공직의 정해진 임기가 끝나기 전에 해당 공직자를 유권자의 고발이나 청원, 투표로써 해임하는 절차" 또는 "유권자가 공직자를 해임하고 교체하는 민주적 장치"라고 정의된다. 이는 현재의 공적 신분과 권한으로부터 배제퇴출시키는'법적지위의 면탈'을 의미하는 것으로서 민주주의 및 대의민주제의 보호 장치라고 할 수 있다.

주민소환제는 직접민주주의의 구성요소로 정의하고 있는데, 선거를 통해 구성된 대의제 자치단체의 문제점을 보완하여 자치의 내실화를 기하는 것에 초점이 맞추어진 보다 직접적인 성격의 제도라고 할 수 있다. 주민소환은 사법적 영역이기 보다는 정치적 영역에서 이루어지는 활동으로 보는 견해가 지배적이다.

이러한 주민소환제의 근본 목표는 대의제의 대체가 아니라 보완에 주안점이 있다. 그리고 그 보완은 주민의 제도적 참여를 통해 대표를 추궁하고 교체하는 방식으로 시도되는 것이다. 주민소환제도는 주민의 참여기회를 확대하고 주민통제를 통해 선출직 공직자들의 책임성을 강화하는 역할을 한다. 그뿐만 아니라 대의민주제가 제대로 작동되지 않는 비정상적인 상황으로부터 대의민주제를 보완할 수 있는 최후의 수단이자 최종적인 예외적 통제장치이며, 선출직 공직자에 대한 재신임 여부를 묻는 제도이다.

(2) 주민소환의 주요 내용

주민소환 투표권자는 19세 이상의 주민으로서 주민등록이 되어 있는 자, 19세 이상 외국인으로 영주 체류 자격취득 후 3년이 경과한 자 중 외국인 등록대장에 등록된 자이다. 이들 투표권자는 특별시장·광역시장·도지사에 대해서는 유권자의 10% 이상, 시장·군수·자치구청장에 대해서는 15% 이상, 지방의원에 대해서는 해당 선거구 투표권자의 20% 이상의 서명으로 주민소환투표를 청구할 수 있다. 제도의 정치적 남용을 막기 위해 선출직 공직자의 임기 개시일로부터 1년이 경과하지 아니한 때, 임기 만료 1년 미만일 때, 주민소환투표가 끝난 뒤 1년이 지나지 않았을 때에는 주민소환 투표 실시를 청구할 수 없도록 하고 있다. 투표 결과 투표권자 3분의 1 이상의 투표와 유효 투표 총수 과반수 찬성으로 확정되면 선출직 공직자는 그 결과가 공표된 시점부터 그 직을 상실하게 된다.

「주민소환법」에 따르면 주민소환절차는 주민소환청구과정, 주민소환투표과정, 주민소환투표 확정 이후의 과정으로 나눌 수 있다. 「주민소환법」이외의 「제주도특별법」등 다른 법률에 특별한 규정이 있는 경우에는 그 규정을 따르도록 하고 있다.

주민소환청구과정은 주민소환을 청구하고자하는 주민의 대표가 소환청구인대표자증명서의 교부와 수임인을 신청하면, 관할 선거관리위원회는 소환청구인대표자증명서와 수임인증명서, 그리고 소환청구인서명부를 교부하게 된다. 소환청구인대표자를 대신해 수임인(소환청구인대표자 대신 서명요청을 받을 수 있도록 관할 선관위가 인정해준 자)이 일정기간 내에 일정수의 유권자 서명특별시장·광역시장·도지사는 유권자 총수의 100분의 10 이상, 시장·군수·구청장은 100분의 15 이상, 지역선거구시·도의회의원 및 지역선거구자치구·시·군의회 의원 100분의 20 이상을 확보하여 서명만료일 이전에 소환투표청구서와 소환청구인서명부를 관할 선거관리위원회에 제출할 수 있다. 서명부를 제출받은 관할 선거관리위원회는 청구인서명부에 적힌 서명이 법적 규정에 맞게 제대로 되어 있는지를 심사·확인하게 된다.

주민소환이 이뤄지면 주민소환투표대상자는 주민소환투표 결과가 공표된 시점부터 그 직을 상실한다. 그리고 재투표가 실시될 경우 법으로 정해진 연중 4월과 10월 보궐선거기간을 선택해 보궐선거를 실시한다.

3) 주민발의

(1) 주민발의의 의의

주민발의citizen initiative는 정책과정에서 의제 상정과 정책 결정에 주민이 직접 관여할 수 있도록 보장하는 제도이다. 유권자들이 하나나 그 이상의 제안들을 주민투표에 부치기 위하여 청원하는 과정 또는 일정한 서명을 통하여 확인된 청원에 의하여 유권자들이 법안을 제안하는 것이라고 정의할 수 있다. 즉 주민발의는 '선거권자인 주민들이 직접 주체가 되어 지방자치행정과 관련된 공공문제를 해결하기 위하여 서명을 통하여 집합적 의사를 모아서 조례 등 의안을 청구하고, 캠페인을 거쳐 투표로써 그 효과를 확정짓는 정치적 절차'라고 할 수 있다.

주민발의는 유권자가 직접 법률안을 기초하고, 찬성과 반대 논의를 거쳐 마침내 주민투표로써 법률안을 확정짓는 단계를 설정하고, 각 단계에 직접참정의 핵심요소들을 배열하는 것이 그 원형이다. 그러나 우리나라의 주민발의는 핵심단계와 핵심요소들이 빠져 있어서 유권자들이 애써 서명을 받아서 조례의 제정을 청구하지만, 시민참여는 서명을 통한 청구단계에서 종결되기 때문에 "직접민주주의의 제한된 중요성(김호기, 2007:26)"조차 살려내기 어려운 실정이라는 비판을 받는다. 즉 우리나라의 주민발의는 '시민에 의한 법률제정citizen lawmaking' 또는 '직접입법direct legislation'이라 하여 그 본질을 표현하고 있으나, 그 본질적 특성을 거의 갖추지 못하고 있는 실정이다.

(2) 주민발의의 주요내용

주민발의는 “직접참여에 의한 조례의 제정”이므로 최종 목표인 “조례제정”을 지향하여 “직접참여 활동”이 명확하게 드러나야 하며, 주민발의에서 핵심 활동은 서명활동, 찬성과 반대활동, 투표활동이라고 볼 수 있다. 그러므로 이들이 누락되면 진정한 주민발의라고 할 수 없는 것이다. 이러한 주민발의의 단계는 서명 및 청구단계, 발의 및 캠페인단계, 투표 및 결정단계, 시행단계로 설정할 수 있다.

우리나라의 주민발의제도는 청구단계만 설정하고 있기 때문에 온전한 주민발의제도라고 보기 어렵다. 그래서 우리 지방자치법에도 주민발의라는 용어 대신 “조례제정 및 개폐청구”라는 용어를 사용하고 있는 실정이다. 또한 지방의회는 조례제정과 관련된 낮은 역량으로 인하여 지방정부 전체 역량을 떨어뜨린다고 지적이 있다. 시민참여의 핵심단계를 설정하지 않고 의회에 정책결정권을 전속시킴으로써 지방정부 역량제고의 기회를 무산시키는 결과를 초래하였다는 지적도 있다.

4) 주민감사청구제도

(1) 주민감사청구제도의 의의

주민감사청구제도는 기존 행정감독기관에 의한 감사와 의회에 의한 행정감사의 미흡, 법원통제의 협소함이라는 문제에 대하여 대안이 되고 있는데, 지방자치단체의 행정사무처리를 주민들이 직접 감시 및 견제할 수 있게 하는 직접민주주의적 통제장치라 할 수 있다. 주민감사청구는 주민의 직접 참여를 확대함으로써 지방자치를 발전시키기 위해 국가가 보장하는 주민의 권리인 것이다.

(2) 주민감사청구제도의 주요내용

주민감사청구제는 지방자치단체와 그 장의 권한에 속하는 사무의 처리가 법령에 위반되거나 공익을 현저히 해한다고 인정되는 경우에는 시·도는 주무부장관에게, 시·군 및 자치구는 시 · 도지사에게 당해 주민들이 감사를 청구할 수 있도록 하고 있다. 지방자치단체의 19세 이상 주민은 시 · 도는 500명, 인구 50만 이상의 대도시는 300명, 그 밖의 시·군 및 자치구는 200명을 넘지 않는 범위에서 해당 지방자치단체의 조례로 정한 주민 수 이상의 연대 서명을 받아 감사를 청구할 수 있다.

지방자치단체의 행정행위가 위법하거나 공익을 현저하게 저해한다고 판단될 때 조례로 정한 일정 수 이상의 주민연서로 직접 감사를 청구할 수 있는데, 문제의 행위가 있은 때 또는 종료한 날로부터 2년이 넘으면 제기할 수 없고, 청구된 날로부터 60일 이내 완료 및 청구인에게 그 결과를 통보하여야 한다.

주민감사청구의 요건은 당해 자치단체와 그 장의 권한의 속하는 사무의 처리가 법령에 위반되거나 공익을 현저히 해한다고 인정되는 경우이다. 주민감사청구의 대상이 되는 사무는 지방자치단체 또는 지방자치단체의 장에 의해 행해지는 모든 사무가 포함된다. 다만 수사나 재판에 관여하게 되는 사항, 개인의 사생활을 침해할 우려가 있는 사항, 다른 기관에서 감사하였거나 감사 중인 사항 등은 감사청구의 대상에서 제외하도록 하고 있다.

감사기관은 시·군·자치구에 대하여는 시·도지사가, 시·도에 대하여는 주무부 장관이 된다. 주무부 장관이나 시·도지사는 감사청구를 수리한 날부터 60일 이내에 감사청구된 사항에 대하여 감사를 끝내야 하며, 감사 결과를 청구인의 대표자와 해당 지방자치단체의 장에게 서면으로 알리고, 공표하여야 한다.

우리나라의 주민감사청구제도는 1996년부터 서울특별시에서 운영하는 시민감사청구제도를 모델로 1999년 「지방자치법」을 개정하여 2000년부터 전국에서 시행하고 있다. 주민감사청구제도의 문제점으로는 다음과 같은 사항이 제기되고 있다.

첫째, 주민감사청구제의 이용 저조이다. 200명에서 500명에 이르는 주민서명을 받고, 복잡한 절차를 거쳐 감사청구 하여도 감사결과를 신뢰할 수 없는 제도적 한계로 참여가 저조한 실정이다.

둘째, 감사주체의 독립성 문제가 제기되고 있다. 감사기관의 감사자와 피감사자 간의 독립적 권한의 감사관계보다는 밀접한 신분적 관계로 구성되어 합리적 감사가 어려운 구조이며, 주민감사청구심의회가 단체장이나 주무부장관 소속하에 있는 경우 공정성 시비 문제는 지속적 제기될 수밖에 없다.

셋째, 청구인수의 문제를 들 수 있는데, 우선 최소청구인의 수가 많고, 청구인명부의 공개로 청구인이나 서명자의 신분 노출되면서 주민들이 감사청구 참여를 꺼리는 요인으로 작용한다.

넷째, 감사청구와 주민소송간의 연계 모호가 지적되고 있다. 감사청구는 부당한 행위도 대상이 되지만, 주민소송은 위법한 행위만이 대상이 되어, 상호 제도적 역할이 달라 연계성이 적다는 지적이다. 따라서 주민감사청구제도를 활성화 시킬 수 있는 개선방안으로 지역주민들에게 감사청구에 대한 충분한 홍보, 임의적 전치주의 도입, 감사청구요건의 완화, 감사기구의 독립성 보장 등이 제시되고 있다.

5) 주민소송

(1) 주민소송제의 의의

주민소송제도란 지방자치단체의 위법한 재무회계 행위에 대하여 지역주민이 자기의 권리·이익에 관계없이 그 시정을 법원에 청구하는 제도로서, 우리나라에서는 2006년부터 주민소송제도가 시행되고 있다. 주민소송제도는 일종의 공익소송으로서 지방공공의 이익보호 및 침해예방을 위해 제기하는 소송으로 '객관소송' 중 「민중소송」의 법적성격을 지닌다. 또한 원고자격의 제한이 없어 지방자치단체의 위법한 사업 추진 시에 사전 차단 및 사후적 회복효과를 지닌다.

(2) 주민소송제의 주요내용

소송대상은 지방자치단체의 위법한 재무회계행위로 자치단체가 행하는 공금의 지출, 재산의 취득·관리·처분, 자치단체를 당사자로 하는 매매·임차·도급 그 밖의 계약의 체결·이행이 위법한 경우이거나, 지방세·사용료·수수료 등 공금의 부과·징수를 위법하게 태만히 한 경우가 된다. 주민이 청구할 수 있는 소송유형은 무분별한 소송형태의 난립을 방지하기 위해 크게 네 가지 유형으로 법정화되어 있다. 또 이러한 소송은 주민감사청구에 대한 불복사유가 발생한 날로부터 90일 이내에 이를 제기토록 해 행정이 지속적으로 불안정한 상태에 놓이지 않도록 조치하고 있다. 주민소송의 청구유형지방자치법 17조 2항은 다음과 같다.

① 당해 행위의 전부 또는 일부의 중지를 구하는 소송(1호 소송)

② 당해 행위의 취소 또는 무효 등 확인소송(2호 소송)

③ 부작위위법확인소송(3호 소송)

④ 손해배상 등을 청구할 것을 요구하는 소송(4호

네 가지 유형 중 4호 소송이 오늘날 주민소송의 대부분을 차지하는 소송으로 해당 지자체에게 손해배상 청구소송, 부당이득반환청구소송, 변상명령요구소송 등을 하는 것이다. 이 소송은 지자체의 재정에 손해를 입히거나 지자체의 재정으로 부당한 이득을 본 경우에 제기하게 되는데, 특이할 점은 그 소송의 당사자에게 제기하는 것이 아니라 그 대상자를 상대로 소송을 제기할 것을 지자체장에게 요구하는 소송이다.

현재 우리나라의 주민소송제도는 복잡한 소송과정, 장시간 소요 및 주민들의 참여저조 등으로 활용실적이 저조한 편이다. 주민소송에 앞서 200명에서 500여명까지의 서명을 받아 주민감사청구 절차를 이행해야하는 점 등으로 소송제기가 곤란하다는 점이 저조한 이유의 큰 비중을 차지하는 것으로 보인다.

제3절 주민참여의 활성화 방안

(1) 민의의 수용태세의 정착

주민들은 행정기관에 비해서 정책에 대한 전문적 지식과 정보수집능력이 부족하며, 이해관계에 관하여 자기통제력이 결여되어 있는 측면이 있지만, 그들의 일반적인 상식에 입각한 견해나 판단을 수용하고 충분한 의사소통을 통하여 의견을 조율하여야 한다. 그리고 설득을 통하여 타인이나 사회와의 공존과 연대의식을 갖는 기회를 제공하는 것이 정부의 역할이라는 기본자세를 확립해야 한다.

(2) 정보공개의 제도화와 투명성 제고

정부는 주권자인 시민에게 정보를 알릴 의무가 있으며, 또한 시민의 경제적·심리적 고충을 해결하기 위하여 상담에 응하고 해결책을 마련해 줄 의무가 있다. 투명하고 열린 행정의 풍토를 조성하여 시민과 행정 간의 심리적 거리감을 해소하고, 시민들이 필요한 경우에는 정부기관에 언제나 용이하게 접근할 수 있는 행정 풍토가 조성되어야 한다.

(3) 정책결정과정에의 참여체제 확립

주민이 정책결정과정이나 기획과정에 참여하여 의사를 제시할 수 있는 참여체제를 제도화하여야 한다. 행정기관이 일방적으로 의사결정을 행한 다음 집행과정에 참여한다는 것은 맹종이나 추종에 불과한 것이지 진정한 참여라고 볼 수 없다. 참여가 종래와 같이 행정적 포섭이나 회유에 그치지 않고 실질적인 참여가 이루어질 수 있도록, 주민이 행정의 결정주체에 대하여 의사표시를 할 수 있는 확산적 참여제도를 확립할 필요가 있다.

(4) 행정의 투명성 확보와 정보공개 제도의 개선

투명한 행정의 풍토를 조성해 시민과 행정 간의 심리적 거리감을 해소하고, 시민들이 필요한 경우에는 행정정보에 언제나 용이하게 접근할 수 있는 행정 풍토가 우선 조성되어야 한다. 따라서 정보 공표 의무를 제도화하고, 이를 조례상의 정보공개청구 제도와 병행 실시함으로써 정보 제공 기능을 활성화해야 할 것이다.

(5) 다양한 참여 방식의 개발, 도입

시민의회, 공론조사 등과 같은 숙의민주주주의에 입각한 다양하고 새로운 주민참여 방안도 적극적으로 도입을 검토할 필요가 있으며, 참여에 대한 정기적인 실적평가 제도를 제도화하는 것도 필요하다.

(6) 공무원의 인식 전환과 시민의식의 강화

지역주민들의 참여를 활성화하고 유도하기 위해서는 공무원들의 인식 전환이 선행되어야 한다. 공무원들은 단순히 주민 참여가 규범적 당위성 외에도 지방행정의 질을 높이고 문제 해결 능력을 향상시킬 수 있는 유용한 제도라는 것을 인식해야 한다. 아울러 주민 의식이 계발되어 참여 지향적 주민상이 정립되어야 한다. 아무리 주민 참여가 제도적으로 보장되더라도 지역 주민의 의식 수준이 이를 활용할 단계에 이르지 못하면 참여를 통한 지방자치의 발전은 기대할 수 없게 된다.

◈ 심화학습

공론조사Deliberative Poll

공론조사는 과학적 확률표집을 통해 대표성 있는 시민을 선발, 해당 이슈에 대해 충분한 정보를 제공하고 심도 있게 토론한 후 참여자들의 변화된 의견을 조사해 그 결과를 공공정책 결정에 반영하려는 조사방법이다. 통상적으로 여론조사방법이 일반시민의 피상적인 태도조사에 그치는 약점을 심의숙의와 토론과정을 덧붙여 보완한 것으로 국민여론 수렴의 새로운 방법이라고 할 수 있다.

1차로 2천~3천 명의 시민에 대해 통상의 여론조사를 하고 이중 200~300명의 표본을 추출하여 이들에게 주어진 쟁점에 대해 충분한 정보를 제공하고 심도 있는 그룹별 토론을 진행시킨 후, 2차 의견조사를 통해 숙의를 거친 여론, 즉, '공론public judgement'를 확인하는 것이다. 공론조사는 1988년 미국의 제임스 피쉬킨(James Fishkin) 교수가 '절차의 이론적 근거와 민주주의의 기여'에 관해 발표한 이후 영국을 시작으로 호주, 덴마크, 미국, 한국 등 세계 각국에서 다양한 분야의 공공정책결정을 위해 도입되고 있는 추세이다.

공론조사의 주요특징으로는 ① 과학적 확률표집을 통한 토론자 선정으로 대표성 확보, ② 이해당사자의 포괄적 참여와 토론기회 보장으로 수용 가능성 증가, ③ 충분하고 균형 있는 정보의 사전제공으로 복잡한 이슈에 대한 이해를 증진시키고 효과적인 발언권 행사, ④ 고정된 이익과 선호를 갖는 이익집단 외 일반국민의 참여로 각 당사자의 이익을 공적관점에서 재정의, ⑤ 무제한적 시간을 전제하지 않고 일정한 기간의 제약을 두어 완전한 합의 이전에라도 공론을 확인하여 공표 등을 들 수 있다.

공론조사는 1차 설문조사를 실시하고 학습과 토론과정을 거친 후, 2차 설문조사를 통해 공론을 파악하는 절차로 진행된다.

① 1차 설문조사: 이는 기존의 여론조사방법과 동일하다. 과학적인 확률표본추출방법을 사용하여 조사대상 표본을 선정하고 설문지를 통해 조사를 진행한다.

② 학습과 토론: 1차 설문이 완료된 후 설문분석 결과를 토대로 의견분포와 인구통계학적 특성을 고려하여 조사 응답자 중 대표성을 갖춘 토론자를 선정한다. 선정된 토론자들은 10~20여 명으로 나누어 소그룹을 구성한 후 조사주제에 대한 토론을 진행한다. 또한 토론자들은 다른 그룹과도 토론할 수 있으며 주제에 대해 찬반을 주장하는 전문가를 초청하여 그들의 의견을 들을 수도 있다. 토론자들은 조사주제에 대해 새로운 정보를 취득하기도 하고 그 정보를 다른 사람에게 전달하기도 한다.

③ 2차 설문조사: 이는 1차 설문조사와 동일한 설문을 통해 공론을 파악하는 것이다. 이때 조사 참가자들은 1차 설문과는 달리 조사주제에 대한 다양한 시각과 정보를 받은 상태여서 1차 설문조사와는 다른 의견을 형성하게 된다. 공론조사에서 가장 중요한 것은 동일한 설문으로 구성된 1차 설문조사와 2차 설문조사 간에 발생하는 통계적으로 유의미한 '의사변경'을 확인할 수 있다는 점이다. 이는 정보가 충분하지 못한 상황에서 조사한 '피상적인 여론'과 정보와 자료를 접한 후 토론을 통해 형성된 '공론' 간에 분명한 차이가 있음을 보여준다.

공론조사의 소요 시간은 2-3개월 정도이며, 비용은 조사자 규모와 추진내용 등에 따라 상이하게 소요된다. 설문조사 내용은 찬·반 의견에 대한 근거나 주장 등 논쟁이 되는 사실을 중심으로 응답자들의 공감 또는 동의를 파악할 수 있는 항목으로 설계하는데, 이 때 전문가 자문과 검증이 필요하다.

☞ 공론조사와 전통적 여론조사는 어떻게 다른지를 조사·정리하고 공론조사의 유용성과 실제 적용시의 유의점 및 한계점을 토의하시오.

❖ 사례연구 1 : 공론조사

신고리 원자력발전소 5·6호기 공론화위원회가 20일 내놓은 정부 권고안에는 '신고리 5·6호기 건설을 재개하라'는 것 외에도 '원전을 축소하는 방향으로 에너지 정책 결정을 하라'는 내용이 포함됐다. 공론화위원회가 471명의 시민참여단을 대상으로 한 공론조사에는 '원전 축소·확대·유지 중 하나를 고르라'는 문항이 있었다. 마지막 4차 조사에서 축소가 53.2%, 유지가 35.5%, 확대가 9.7%로 나왔다. 공론화위원회는 이 결과를 바탕으로 해당 문구를 권고안에 집어넣었다.

* 자료 : 한국경제 2017. 10. 21일자 기사 요약

신고리 원전 5·6호기 공사의 영구중단 여부를 결정할 공론조사 절차가 종료됐다. 신고리 5·6호기 공론화위원회는 15일 오후 시민참여단의 2박 3일 종합토론회와 3·4차 공론조사를 마무리했다. 공론화위원회는 공론조사 결과를 정리해 20일 오전 대 정부 권고안을 발표한다. 정부는 24일 문재인 대통령이 주재하는 국무회의에 공론화위원회 권고안을 올려 결론을 내릴 방침이라고 한다.

공론화위원회는 1차 전화조사에 응답한 2만6명 중 시민참여단 500명을 표본 추출했다.

지난달 16일 오리엔테이션과 2차 조사에는 478명이 응했는데 이 중 98.5%인 471명이 이번 종합토론과 남아 있던 공론조사에 참여했다. 종합토론은 합숙으로 진행될 만큼 빡빡한 일정이었는데 전반적인 분위기는 밝고 진지했다고 한다. 시민참여단은 3차례의 주제별 세션과 마무리 토의를 하면서, 건설 '중단·재개' 양측 대표의 발표를 듣고, 양측 주장이 담긴 자료집과 온라인 동영상 강의를 통해 주요 쟁점에 대해 학습했다. 시민참여단은 종합토론의 내용과 진행 절차에 대체로 만족해하면서 어떤 결론이 나와도 수용하겠다는 반응을 보였다고 한다.

이제 관심의 초점은 4차 조사에서 각각 중단과 재개를 지지한 응답률이 어느 정도 차이를 보였느냐에 모인다. 관건은 응답률의 차이다. 양쪽 응답률이 '오차 범위'를 초과하는 차이를 보여야 공론화위의 권고안이 힘을 발휘한다. 하지만 지금은 오차범위 자체가 유동적이다. 처음에 선정된 시민참여단 500명에다 2차 조사 이후 줄어든 인원을 반영해 표본을 보정해야 하기 때문이다. 대략 ±3% 내지 ±4% 사이가 될 것이라고 하는데 오차범위가 ±3%라면 4차 조사에서 어느 한쪽 응답률이 6% 넘게 앞서야 명시적 권고안으로 채택될 수 있다. 양측 응답률 차이가 오차 범위 안에 있으면 상황은 매우 어려워진다. 이 경우 공론화위원회는 전체 공론조사 결과를 종합한 '서술적 권고안'을 정부에 제출한다.

신고리 공론화위원회는 격렬한 찬반 논란 속에 출범했다. 시민참여단이 3개월 안에 결론을 내면 그대로 따르겠다는 게 정부 발표였다. 그처럼 중대한 결정을 비전문가들로 구성된 시민참여단이 3개월 안에 내린다는 것은 우리한테 매우 낯설고 급해 보이는 방식이었다. 물론 전문가들한테 결정을 의존하는 것에도 문제는 없지 않다. 오랜 타성에 젖어 새로운 접근을 아예 시도하지 않을 수 있고, 관련 직역의 이해관계에서 벗어날 수 있을지도 불확실하다.

* 자료 : 연합뉴스, 2017. 10. 15일자 기사 요약

제주도가 국내 첫 영리병원인 '녹지국제병원' 개원 허가를 도민 공론형성 후 최종 결정하기로 했다. 정부 차원의 신고리원전에 대한 공론조사는 있었지만, 지역 차원에서 중요 현안에 대한 공론조사는 이번이 첫 사례다.

원희룡 제주지사는 8일 제주도청 기자실에서 기자회견을 하고 "제주도 숙의형 정책개발 청구심의회가**도내 시민단체들이 제기한** 녹지국제병원 관련 숙의형 정책개발 청구에 대해 공론화 절차를 밟아 의견을 내기로 결정했으며, 이 같은 결론을 내린 것에 대해 존중한다"라고 밝혔다. 원 지사는 제주도 숙의 민주주의 실현을 위한 주민참여 기본조례'에 따라 처음 적용된 녹지국제병원에 대한 청구 건은 국내 1호 외국인 투자병원이라는 점에서 공공의료 약화, 의료영리화

논란을 빚어온 사회적 갈등 대상이라며, "또 다른 한편에서는 투자유치 정책의 일관성 유지와 제주도 및 국가의 대외 신인도를 훼손해서는 안 된다는 요구도 존재한다"라고 덧붙였다.

앞서 의료영리화저지와 의료공공성 강화를 위한 제주도민운동본부는 지난달 1일 1,068명의 서명을 받아 제주 영리병원에 대한 숙의형 정책개발 청구인 서명부를 제주도에 제출했다. 녹지국제병원에 대한 청구 건은 '제주도 숙의 민주주의 실현을 위한 주민참여 기본조례'에 따라 처음 적용되는 것이다. 도는 앞으로 가칭 '공론조사 추진위원회'를 구성해 공론화 과정을 거칠 예정이다.

* 자료: 한국일보 2018. 03. 08일자 기사 요약

❖ 사례연구 2 : 무상급식 관련 주민투표

한국에서 복지 논쟁이 불붙은 것은 2009년 경기도 교육감 선거에서 김상곤 후보가 무상급식을 공약으로 내세우기 시작하면서부터다. 가장 논쟁이 뜨거웠던 시기는 2010년 6.2 지방선거 한나라당 서울시장 경선과 2011년 8월 무상급식에 반대하는 오세훈 전 서울시장의 주민투표 무산 사태 때다.

무상급식에 대한 언론의 주요 논쟁점들을 정리하면 △도덕적 해이론**역효과론** △재원론 △포퓰리즘 프레임**색깔론**으로 나눌 수 있다. 도덕적 해이론이나 재원론은 그 유명한 "이건희 손자까지 무상급식한다"는 식의 보도들로 대표된다. 당시 오세훈 서울시장과 이명박 대통령까지 무상급식에 대해 "이건희 손자 밥을 왜 줘야하냐"는 논리를 폈다. 보수언론은 이런 정치인들의 워딩과 함께 "무상급식 등 선심성 복지정책은 세금폭탄으로 되돌아와 나라를 망칠 것"**조선일보 2011년 2월1일**, "과잉복지는 종국에는 국부를 갉아먹고 국민의 삶의 질 떨어뜨릴 것"**동아 2011년1월15일**과 같은 보도처럼 '무상급식'을 하면 과잉복지가 돼 나라 재원이 사라지고 역효과가 날 것이라는 주장을 폈다. 언론은 이렇게 직접적으로 "무상급식을 하면 나라가 망한다"고 쓰기도 했지만, 유럽의 재정위기를 기획기사로 쓰는 등 교묘하게 '망국적 포퓰리즘'을 성토하기도 했다.

'빨갱이 콤플렉스'까지 동원했지만 무상급식 프레임의 케이스는 아주 희귀하게도 보수언론이 프레임전쟁에서 실패한 사례다. 보수진영이 색깔론을 동원한 프레임 전쟁에서 실패한 가장 큰 이유는 역시 경제위기 이후 소득불평등이 격화되며 복지이슈가 사회의 지배적인 문제로 떠올랐고 복지에 대한 요구가 늘어났기 때문이다.

2010년 야당은 '무상급식조례안'을 서울시의회에 통과시켰고. 오세훈 시장은 이를 거부하며 시의회 출석을 하지 않았다. 이후 보수진영의 '복지 포퓰리즘 추방 국민운동본부'라는 단체가 전면 무상급식 반대 주민투표를 시행할 것을 요구했고, 오세훈 시장은 이와 뜻을 같이 했다. 2011년 8월24일 '무상급식 지원 범위에 관한 서울특별시 주민투표'는 25.7%의 최종투표율로 주민투표 성립조건인 33.3%를 넘기지 못했고 오세훈 시장은 자진해서 사퇴했다.

* 자료: 미디어투데이 2017년 05월 06일자 요약

1. 공론조사와 같은 심의민주주의에 기초를 둔 참여 방식을 통해서 정책갈등이나 주민의견이 대립되는 사안에 대해 합리적 합의 도출이 가능하다고 보는가? 자신의 찬반 의견을 정리하여 논의하시오.
2. 위의 사례 1에 관한 추가적 정보(기사 등)을 조사하고 사례를 통해 나타난 구체적인 공론조사의 장단점을 파악하여 논의하시오.
3. 공론조사 이외의 심의민주주의에 기반을 두고 있는 참여방식을 조사하여 우리나라에서의 적용 가능성을 논의하시오.
4. 우리나라 주민투표의 사례를 조사하고 주민투표의 장단점 및 개선방안을 토의하고 그 결과를 정리하여 발표하시오.

토의 및 발표 과제

1. 우리나라의 간접주민참여 제도를 세 가지 이상 찾아 운영 현황과 사례를 조사하고 각각의 장단점과 개선방안을 토의하고 그 결과를 정리하여 발표하시오.
2. 주민들의 정책에 대한 참여가 더 좋은 양질의 정책을 만들 수 있다고 생각하는가? 자신의 찬반 의견을 정리하여 발표하시오.
3. 주민참여를 활성화하기 위한 방법을 조사하고 정리하여 발표하시오.
4. 주민참여의 대두배경과 참여방식의 유형을 정리하여 발표하시오.
5. 정보기술을 활용한 사이버 주민참여의 종류 및 사례를 조사하여 발표하고 각각의 장단점에 대해 토론하시오.

제4장

거버넌스와 뉴거버넌스

제1절 거버넌스의 의의

1. 거버넌스의 개념

1) 거버넌스의 등장 배경

거버넌스governance이론은 21세기로 진입하면서 세계화와 정보화가 급속하게 진행되는 과정에서 등장한 이론이다. 거버넌스 개념의 핵심은 '사회체계의 대등한 관계에서의 조정'을 전제로 하고 있다(Pierre, 2000: 3). 거버넌스는 공동체 운영의 새로운 체제, 제도, 메커니즘 및 운영방식을 다루는 것으로, 기존의 통치governing나 정부government를 대체하는 개념으로 인식되면서 그 개념도 점차 확대되는 추세에 있다(권기헌, 2014: 742).

거버넌스는 단순히 정부의 내부문제를 다루는 전통적 행정 개념을 대체하는 개념으로만 설명할 수 있는 것이 아니다. 세계화와 정보화라는 새로운 질서의 도래는 기존 국민국가와 산업화에 익숙한 통치방식과 시스템을 전면적으로 바꿀 것을 요구하고 있으며, 이에 부응하여 각 나라에서 공동체 운영의 기본 질서를 바꾸는 과정에서 등장한 것이 거버넌스다.

거버넌스는 라스웰Laswell이 인간의 존엄성을 강조한 민주주의 정책학을 주창한 이래 행정학이 계층제적 관료제의 도구로 전락한 것에 대한 반성과 성찰의 결과이다. 기존의 전통적 행정학은 다양한 의견의 투입이 원활히 이루어지지 못하고 행정의 효율성만을 추구한 결과 행정불응과 같은 또 다른 비효율성을 양산하고 있었다. 이에 대한 반성으로 대두된 거버넌스는 다양한 이해관계자들의 참여를 제도적으로 보장함으로써 행정의 민주성을 추구한다.

2) 거버넌스 개념의 다양성

거버넌스와 관련된 개념은 개별 학문 분야의 특성과 관심영역에 따라 다양하게 제시된다. 행정학에서는 거버넌스를 새로운 국가통치행위 및 방식을 의미하는 국정관리로 정의한다(정정길, 2000: 433-546; 한국행정학회, 2000). 정치학에서는 다원적 주체들 간의 협력적 통치방식을 의미하는 네트워크 통치로 해석하고(조명래, 1999: 39), 사회학에서는 자기조직적 네트워크로 정의하고 있다(김석준 외, 2000).

거버넌스의 개념은 또한 거버넌스의 주체들인 국가, 시장, 시민사회 가운데 어느 것을 중심으로 이해하느냐에 따라 거버넌스의 내용이 달라진다. 이질적인 주체들이 공동체의 공공이익이라는 공동목적을 어떻게 잘 조화시킬 것이냐의 문제는 거버넌스체제가 제도화하고 작동하기 위한 중요한 과제인데, 국가를 중심으로 접근하지 않고, 능동적인 시민성찰적 개인을 출발점으로 하여 투명성과 신뢰성, 책임성과 성찰성을 강조한다는 중요한 의미를 갖고 있다.

3) 거버넌스 개념의 행정학적 접근

행정학적 시각에서 정정길(2000, 435~547)은 거버넌스를 신국정관리로 보고, 기존의 신공공관리NPM 등의 개념과 비교해서 다음과 같이 정리하고 있다.

첫째, 협의의 거버넌스 개념은 예산 및 조직관리에 있어서 권한위임, 분권화, 재량권 확대, 민간기법의 도입 등을 통한 행정 내부의 변화로 보고 있다. 이는 정부의 내부적인 인사, 예산, 조직, 관리, 운영 등의 관리혁신을 주로 대상으로 한다.

둘째, 일반적인 거버넌스의 개념은 시장주의 또는 신제도주의 경제학의 경쟁원리와 고객주의를 공공부문에 도입하여 민간에게 많은 서비스 공급을 맡기고, 정부는 신제도주의 경제학적 유인책을 이용하여 방향잡기에 주력하는 것을 의미한다.

셋째, 광의의 거버넌스는 협의의 개념과 일반적 개념에 시장주의와 참여주의를 합친 것으로, 방향잡기, 경쟁 도입, 미션 강조, 성과연계 예산, 고객중심, 수익창출, 예측과 예방, 참여와 팀워크, 협의와 네트워크 형성 및 시장메커니즘 등이다. 이때 정부는 내부운영체제가 새롭게 변모되고, 시장 및 시민사회와의 연계방식이 달라짐을 의미한다.

2. 거버넌스와 좋은 정부

미국 NAPANational Academy of Public Administration가 서술하는 "좋은 정부"good government란 다음과 같으며, 이를 실제 구현하기 위한 대안으로 거버넌스governance의 개념이 제시되고 있다.

첫째, 국민이 대표를 선정하고 시민의 요구에 반응하는 과정에 있어서 정의, 형평성 및 성실성을 지닌다.

둘째, 정부의 정책과정에 있어서 시민이 쉽게 접근하고 능동적으로 참여할 수 있도록 시민참여를 환영하고 증진시킨다.

셋째, 공공정책의 결정과정에 있어서 충분하고 믿을 수 있는 정보를 제공하고, 정부의 업무수행 실적을 정확하고 공정하게 평가하여, 행정의 책임성을 높이기 위한 정보와 출판 등 의사소통을 증대시킨다.

넷째, 고도로 훈련된 전문가들의 기술과 능력에 의하여 관리되고, 그들의 일에 대하여 적절한 보수 등 보상과 일할 수 있는 자원이 주어져야 한다.

다섯째, 정부의 업무수행 실적이 항상 측정되고 행정의 비용과 편익의 최적균형이 이루어져야 하며 결과에 초점을 둔다.

여섯째, 시민단체, 기업체, 비영리단체 등과 목표를 공유하는 창조적 파트너십을 증진시킨다.

제2절 거버넌스이론의 유형

1. 피터스의 네 가지 모형

피터스(Peters, 1995)는 《미래의 국정관리The Future of Governing: Four Emerging Models》

에서 네 가지 정부모형을 제시하고, 이들 간의 특징을 구분하여 설명하고 있다. 이들 네 가지 정부모형은 모두 전통적 관료모형에 대한 대안으로 제시된 미래의 국정관리모형이다.

1) 시장모형

시장모형market model은 전통적 관료모형의 비효율성을 극복하기 위해서 조직 내부에 인센티브를 부여해 시장원리에 의한 효율성을 제고하는데 초점을 둔 정부모형이다. 시장모형의 핵심은 새로운 거버넌스를 통한 정부 효율성의 제고라고 할 수 있다. 이러한 시장모형에 기초한 거버넌스의 예로는 행정조직의 분권화, 지방정부에의 권한 위임, 성과급 등 민간 부문의 관리기법 도입 등이 있다.

2) 참여모형

참여모형participatory model은 정치적이고 민주적인 방식으로 정부 효율성을 향상시키고자 하는 것이다. 참여모형에서의 조직구조는 수평적 형태의 조직구조를 추구하며, 관리는 TQM과 팀제의 속성을 지니게 되며, 정책결정은 협의나 협상을 통해 이루어지는 등 참여와 협의를 강조한다.

3) 신축모형

신축모형flexibility model은 정부의 인력 및 조직의 영속성이 정부 비효율의 근본 원인이라고 보고, 영속적 조직에서 나타날 수 있는 타성과 변화에의 거부 등을 예방하는데 주안점을 둔다. 이를 위해서 기존조직의 지속적인 폐지와 신설을 통한 신축적 운영이 필수적이라고 주장한다.

4) 탈규제모형

탈규제모형deregulation model은 정부 내부의 규제를 철폐함으로써 공공 부문에 내재하고 있는 잠재력과 독창성을 분출시키는 데 초점을 둔다. 따라서 정부 내부의 규제를 철폐함으로써 관리자들의 능력을 향상시킬 수 있고, 조직 구성원들의 창의성을 높일 수 있다고 본다.

[표 4-1] 피터스의 네 가지 정부모형

구 분	시장모형	참여모형	신축모형	탈규제모형
진단기준	독점	계층제	영속성	내부규제
구조	분권화	수평조직	가상조직	특정 제안 없음
관리	성과급 민간관리기법	TQM, 팀제	임시적 관리	관리재량권 확대
정책결정	내부시장 시장유인	협의, 협상	예비실험 (임시성)	기업가적 정부
공익	저비용	참여, 협의	저비용, 신축성	자율성, 창의성

*자료: Peters(1995: 54-206).

2. 피터스와 피에르의 다섯 가지 모형

피터스와 피에르(Peters & Pierre, 2005: 11~12)는 그들의 저서 《복잡한 사회를 향한 거버넌스Governing Complex Societies》에서 정부와 시민의 관계를 중심으로 다섯 가지 거버넌스 분석모형을 제시하고 있다.

1) 국가통제모형

국가통제모형étatiste model은 정부의 통치과정에서 사회적 행위자들의 참여가 배제되어 있는 모형이며, '정부 없는 거버넌스governance without government'를 반대하는 전형적인 국가주의모형이다. 가장 강력한 형태의 국가중심성과 강한 정부역할을 상정하는 통치모형이다.

2) 자유민주주의모형

자유민주주의모형liberal democratic model은 정부의 강한 역할을 인정하는 것으로 전통적 다원주의모형을 수정한 신다원주의모형neo pluralism에 가까운 것으로 이해할 수 있다. 여기에서는 사회행위자들이 국가에 영향을 미치기 위해 다양한 형태로 경쟁을 하게 되지만, 이들 중에서 최종 선택을 할 수 있는 정책적 권리는 국가가 가지게 된다.

3) 국가중심 조합주의모형

국가중심 조합주의모형state centric corporatism model은 국가통제모형에 설정하는 강력한 형태의 국가중심성이 사회 쪽으로 약간 이동한 상태이며, 국가조합주의와 정형화된 국가-사회관계formalized state society relationship의 다양한 형태들이 이 모형에 해당한다고 할 수 있다. 국가는 사회행위자 파트너들과의 관계에서 실질적인 권력을 가지지만, 국가-사회 상호작용이 많이 강조되는 모형이다.

4) 사회중심 조합주의모형

사회중심 조합주의모형societa centric dutch governance model은 국가중심 조합주의모형보다 국정운영의 중심이 보다 사회 쪽으로 이동함 상태이며, 네덜란드 학자들이 거버넌스에 접근하는 방식을 지칭한다(Kickert, 1996; Kooiman, 1993). 이 모형은 국정운영에 있어 사회적 네트워크의 역할에 크게 의존하며, 국가운영과정에 있어 다수의 행위자들이 수반되는 형태의 거버넌스이다.

5) 자기조정 네트워크모형

자기조정 네트워크모형governance without government model은 국가가 국정운영의 능력을 잃었으며, 따라서 개별 행위자들이 자신의 이익을 위한 자기조정self steering 거버넌스를 창조하는 형태가 최선이라고 보는 모형이다. 사회적 행위자들의 자기조정 네트워크를 강조하며, 국정운영의 중심이 사회 쪽으로 가장 많이 이동해 있는 순수 사회중심형 거버넌스모형이다.

3. 뉴먼의 거버넌스 유형

뉴먼(Newman, 2001)은 거버넌스를 '집권화-분권화의 정도'와 '혁신과 변화-지속성과 질서' 등의 두 가지 기준에 따라 거버넌스를 네 가지 유형으로 나누어 설명하고 있다.

1) 계층제 유형

계층제hierarchical 유형은 관료제적 계층제를 통해 정책의 결정 및 집행과정을 통제하는 유형이다. 따라서 법률과 규정이 엄격하며, 집권화와 수직적 총합이 강조되며, 지속성과 질서가 강조된다.

2) 합리적 목표 유형

합리적 목표rational goal 유형은 집권화와 수직적 통합을 지니지만 혁신과 변화를 추구하는 거버넌스 유형이다. 단기적 산출의 극대화를 이룰 수 있으며, 인센티브를 통한 보상과 처벌이 이루어진다.

3) 개방체제 유형

개방체제open system 유형은 분권화와 차별화의 네트워크 형태 속에서 혁신과 변화를 추구하는 거버넌스 유형이다. 네트워크 형태의 상호작용 및 반복작용이 발생하게 되는 유형으로 권력은 철저히 분산되고 분권화되며, 네트워크 거버넌스 형태의 속성을 가지게 된다.

4) 자치거버넌스 유형

자치거버넌스self-governing 유형은 참여민주주의에 토대를 두고 분권화와 차별화의 네트워크 형태 속에서 지속성과 질서가 강조되는 거버넌스 유형이다. 장기적인 시각에서 관계의 지속적 구축을 지향하며, 시민사회의 역할 강조에 비중을 둔다. 따라서 민관 파트너십이 중시되며, 정책결정 및 집행과정에의 참여에 있어 호혜적 책임성을 근간으로 하게 된다.

[그림 4-1] 뉴먼의 거버넌스 유형

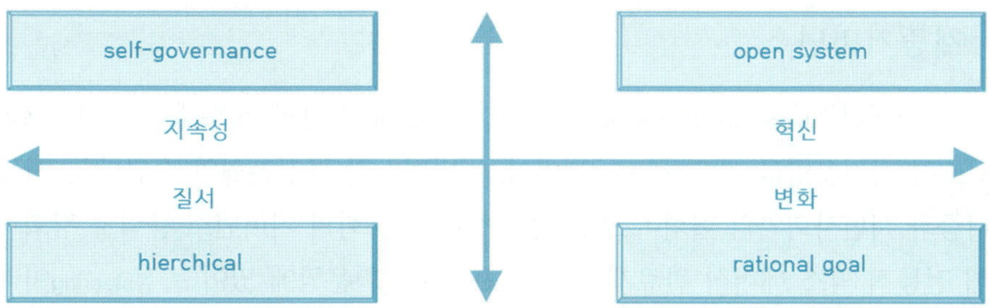

* 자료: Newman(2001: 34).

4. 쿠이먼의 거버넌스 유형

쿠이먼(Kooiman, 2003)은 거버넌스의 유형을 국가-사회의 중심성을 기준으로 거번스의 유형을 세 가지로 구분하여 제시하였다.

1) 자치거버넌스

자치거버넌스self governance는 사회행위자들 간의 상호작용의 결과로서 사회적 자기조직적 네트워크가 생성된다고 보고 있다. 따라서 국정운영의 관점에서도 사회적 행위자들 간의 상호작용과 자기조정능력을 중시한다.

2) 협력거버넌스

협력거버넌스co governance는 정부와 민간의 협력을 토대로 양자 간의 긴밀한 의사소통과 네트워크 능력을 강조하는 개념이다. 따라서 협력거버넌스는 정부와 민간의 상호존중의 원리에 기초한 협력관리co management와 의사소통 거버넌스를 중시하는 거버넌스 개념이라고 할 수 있다.

3) 계층거버넌스

계층거버넌스hierarchical governance는 국가관료제 중심의 계층제를 토대로 한 거버넌스적 국정운영을 강조하는 개념이며, 거버넌스적 국정운영의 수단에는 시장매케니즘과 시민사회와의 협력이 포함된다. 정부는 사회의 거버넌스 능력을 강화하기 위해 전통적 막스 베버식 관료제의 통제보다는 사회운영에 있어 조정steering이라는 개념을 강조한다.

거버넌스 유형은 다양하게 접근되고 있지만, 공통적으로 국가중심성 대 사회중심성을 기준으로 국가통제모형과 자기조정 네트워크모형의 연장선상에서 파악하고 있다는 것을 알 수 있다. 여러 학자들이 언급하는 거버넌스의 공통점은 스토커(Stoker, 1998: 17~28)가 말하는 거버넌스 5대 명제에서도 확인할 수 있는데, 이러한 명제들을 통해서 거버넌스 개념이 지니는 공통요인을 발견할 수 있다.

첫째, 거버넌스는 정부 혹은 정부를 넘어서는 제도 및 행위자들과의 복합적인 상호작용의 집합물을 의미한다.

둘째, 거버넌스는 국가가 직면하는 사회문제를 해결하는 데 있어서 정부와 사회행위자들 간의 경계가 무너져가는 일련의 패턴을 지칭한다.

셋째, 거버넌스는 국가가 해결하고자 하는 집합행동collective action을 해결하는 데 있어서 정부와 사회행위자들 간의 연계된 권력관계를 포함한다.

넷째, 거버넌스는 정부를 넘어선 사회행위자들 간의 독립적인 자치네트워크를 포함한다.

다섯째, 거버넌스는 수직적 정부권력에만 의존하지 않는 또 다른 형태의 사회문제 해결방식을 지칭한다.

제3절 뉴거버넌스이론

1. 뉴거버넌스의 개념과 이론모형

1) 뉴거버넌스의 개념

뉴거버넌스New Governance는 정부-시장-시민사회의 신뢰와 협동에 기초한 네트워크적 문제해결을 강조한다. 세계적인 정부혁신 논의와 노력들이 진행되면서, 전통적인 국가정부, 시장기업, 시민사회NGO라는 3분법의 경계가 점차 희석화되었으며, 각 부문의 독자적인 기능과 역할이 강조되기보다는 신뢰와 협동에 기초한 네트워크적 문제해결을 모색하는 경향이 등장하였는데, 이런 대안적인 논의 중의 하나가 뉴거버넌스new governance이론이라고 할 수 있다(Salamon, 2002: 9-19).

2) 뉴거버넌스의 이론모형

뉴거버넌스의 개념은 논자에 따라 달리 접근될 수 있는 다양한 어의를 지니고 있다. 뉴거버넌스는 시장 및 시민사회와의 신뢰와 협동에 기초한 보다 많은 참여와 조정, 연결 및 네트워크를 강조하는 개념이다. 이러한 뉴거버넌스 이론모형은 피터스와 피에르(G. Peters & J. Pierre), 그리고 로드스Rhodes의 언어를 바로 빌리자면, 시장과 시민사회와의 보다 많은 협력과 조정"concert and coordination", 타협과 연결"bargaining and networking"을 강조한다(G. Peters & J. Pierre, 2006: 5; G. Peters, 1995; G. Peters & J. Pierre, 2005; Rhodes, 1990, 1996).

논의를 가장 단순화시켜 보면 국가 중심적 거버넌스는 계층제 중심의 거버넌스이고, 신공공관리론은 계층제 중심의 운영에 관리주의적 기법민간경영기법과 민간위탁관리과 시장주의적 요소가격, 경쟁, 유인들을 도입한 것이라면, 뉴거버넌스는 네트워크 중심의 문제해결을 강조한다.

쿠이먼(J. Kooiman, 2003) 역시 뉴거버넌스의 의미를, 계층제를 강조하는 계층제 거버넌스 및 공사협력민관협력을 강조하는 협력 거버넌스와 대비하여이들을 배제하는 것은 아니지만, 다양한 행위자들 간의 신뢰와 협동을 바탕으로 참여와 네트워크에 기초한 문제해결방식을 강조하는 자치 거버넌스 혹은 네트워크 거버넌스로 접근하고 있다. 이때 뉴거버넌스는 계층제 중심의 명령이나 통제에 기초한 '소수의 관료 지배'에 의한 조정 방식도 아니고, 시장 중심의 가격이나 경쟁에 기초한 '보이지 않는 손'에 의한 조정 방식도 아닌, 신뢰와 협동에 기초한 참여와 네트워크에 의한 조정과 문제해결 방식이라는 것이다.

최근에 이러한 뉴거버넌스 개념은 자치 거버넌스Self Governace, (Kooiman, 2003; J. Newman, 2001), 자기조직적, 자기생명적, 자기형성적, 자기진화적 네트워크(Rhode, 1996; Ilya Prigogine, 1984), 자기조정 네트워크(G. Peters & J. Pierre, 2005)등 다양한 형태로 불리는데, 이들의 공통점은 네트워크 거버넌스라는 점이다.

지금까지의 논의를 표로 정리하여 제시하면 〈표 4-2〉와 같다.

[표 4-2] 거버넌스 유형에 대한 최근 논의

<table>
<tr><th colspan="2">기존분류</th><th colspan="2">최근분류</th><th rowspan="3">특 징</th></tr>
<tr><td colspan="2">운영주체</td><td colspan="2">운영양식</td></tr>
<tr><td colspan="2">기존연구</td><td>Peters & Pierre(2006)</td><td>Kooiman(2003)</td></tr>
<tr><td>국가</td><td>국가중심</td><td>국가통제모형</td><td>계층제 거버넌스</td><td>올드(old) 거버너스</td></tr>
<tr><td>사회</td><td>시장 및 시민사회 중심</td><td>자유민주주의 모형
국가중심 조합주의 모형
사회중심 조합주의 모형</td><td>협력거버넌스</td><td>NPM적 거버넌스
공·사, 민·관 협력 강조
협업 강조</td></tr>
<tr><td colspan="2">네트워크</td><td>자기조정 네트워크 모형</td><td>자치거버넌스</td><td>뉴거버넌스
자율적 네트워크(참여, 연결, 조정)
다양한 행위자(신뢰, 협동)</td></tr>
</table>

2. 뉴거버넌스의 행정학적 쟁점

1) 이론적 함의

(1) 뉴거버넌스와 전통적 행정

뉴거버넌스와 전통적 행정의 차이점을 크게 세 가지로 나누어 제시할 수 있다.

첫째, 전통적 행정조직의 관료적 계층제에 의한 정책추진모형에서 외부 이해당사자들의 조직적 네트워크에 의한 정책추진모형이다.

둘째, 공-사 구분이 엄격했던 정부주도적 관계에서 공-사 구분이 모호해지면서 양부문 사이의 공조에 의한 정책집행과 공공서비스 전달로 변화하였다. 또 정부의 지시와 통제에 의존하기 보다는 정책네트워크에 참여하는 이해관계자들의 협상과 설득이 주요 정책결정 스타일로 부각되는 정책추진모형이다.

셋째, 관료제의 내적 관리기술보다는 외부 네트워크 관계자들의 참여와 책임을 공유하는 정책추진모형이다.

[표 4-3] 전통적 행정과 뉴거버넌스의 비교

전통적 행정	뉴거버넌스
기관과 프로그램	도구
계서제	네트워크
공-사 구분	공-사 공조
지시와 통제	협상과 설득
관리기술	역량화 기술

* 자료 : Salamon(2002: 9)

(2) 뉴거버넌스와 신공공관리NPM

신공공관리와 뉴거버넌스 간의 개념적 구분에 대해서는 많은 논란이 있을 수 있다. 왜냐하면 뉴거버넌스의 개념에 대한 일관된 합의가 도출되지 않았고, 이론적인 논의가 계속 이루어지고 있기 때문이다. 심지어 양자는 동일하거나 혹은 유사한 개념으로 이해되는 경우도 있다.

그러나 신공공관리는 내부규제 완화와 경쟁원리의 도입 등 조직 내부의 관리개혁을 강조하는 반면, 뉴거버넌스는 조직 외부와의 관계 변화를 통한 행정개혁을 강조한다는 점에서 양자는 구별된다고 볼 수 있다(최성욱, 2004: 253). 한편 신공공관리와 뉴거버넌스는 정부의 권한과 영역의 축소, 방향잡기steering의 강조, 민관협력의 중요성을 강조한다는 점에서 유사성을 보이고 있다. 요컨대 신공공관리에 입각한 정책기조나 하위정책들이 결과적으로 민관의 네트워크를 강화하고 서비스 연계망을 급격하게 확대시켰다는 점에 주목하면 신공공관리가 뉴거버넌스의 착근에 중요하게 기여했다고 할 수 있다.

2) 행정적 함의

거버넌스 이론의 성립 이전, 정책실패의 원인은 정부 내부의 문제로 인식되었고 상의하향Top down 방식의 효율적 정책결정이 주류를 이루었다. 그러나 뉴거버넌스 이론의 등장은 정책과정이 정부의 범위를 넘어서 시장-시민사회 등 사회 전 범위에 광범위하게 퍼질 수 있는 기초를 마련하였으며, 신공공관리NPM의 국가중심, 시장중심 거버넌스를 넘어서서 시민사회 거버넌스의 개념을 포함하고 신뢰와 협동에 기초한 네트워크적 문제해결을 강조한다는 점에서 뉴거버넌스 이론은 매우 중요한 이론적 의의를 가지고 있다.

현대사회가 민주화되어 가면서 정책과정에서 시민과 이해집단의 목소리는 점점 커져가고 있으며, 정책집행에 있어서는 과거 전통적 행정학에서 추구하던 효율성뿐만 아니라, 민주성, 대응성, 형평성까지 고려해야 시대적 배경을 고려할 때 뉴거버넌스가 지니는 의의는 매우 크다고 할 수 있다.

하지만 이러한 뉴거버넌스 개념을 우리나라에 그대로 적용하기에는 한계가 있다. 한국의 정부는 신공공관리NPM에 입각한 정부개혁을 통해 그 외형을 축소하고, 정부부문의 기능을 이양하는 데는 많은 시간과 비용을 투자했지만, 민주성을 확보하고 국민의 의사를 적극적으로 반영하는 데는 상대적으로 소홀해왔다고 할 수 있다. 이러한 점을 보완하기 위해서는 시민사회의 활성화를 위한 비정부조직NGO의 강화나 시장기능의 자율적인 작동을 촉진시켜야 한다. 또한 정부와 시민사회 간에 신뢰trust가 구축되어야 한다. 사회구성원들 사이에 높은 신뢰적 관계가 구축되면 정부의 감시비용을 크게 줄이는 동시에, 자발적 순응을 확보할 수 있을 것이며, 이는 뉴거버넌스에 기초한 문제해결에 많은 도움이 될 것이다. 요컨대, 정부와 국회, 기업과 시민사회, 언론과 정당 등이 서로 등권等權과 신뢰를 토대로, 경쟁과 협력 그리고 창조적 긴장관계를 적절하게 유지함으로써 국가경영 자산으로서의 신뢰를 튼튼히 구축할 수 있을 때 뉴거버넌스의 실현도 더 앞당겨질 수 있을 것이다.

◈ 심화학습

피터스Guy Peters는 미국 피츠버그 대학의 거버넌스 연구 전문가이다. 그의 초기 저서 ≪미래의 국정관리: 네 가지 모형The Future of Governing : Four Emerging Models≫에서 제시한 네 가지 거버넌스 모형은 거버넌스 연구의 원형으로 거론된다. 그는 정부와 시장, 그리고 시민사회 간의 관계에 대해 깊은 고민을 하면서 바람직한 거버넌스 모형을 탐구하였다.

① 전통적인 정부는 왜 실패하였는가?

② 정부의 직접적인 서비스는 왜 사람들의 만족과 행복을 높이지 못하는 것일까?

③ 정부와 시민들과의 관계에 따라 정부모형을 나눌 수 있을까?

④ 정부와 시장과 시민사회가 연계된 서비스 전달방식은 무엇일까? 그리고 이때 정부는 어떤 역할을 해야 할까?

이러한 고민에 대한 해답으로 피터스가 제시한 해답의 핵심 키워드는 거버넌스이다. 그는 현대사회의 복잡성에 대응하기 위해 거버넌스가 필요하다고 보았다. 이는 정부의 독점적 운영형태 보다는 정부, 시장, 시민사회가 서로 협력하여 공공문제를 함께 해결하는 새로운 국정 운영방식을 의미한다. 즉 , 공·사를 막론하고 어떠한 조직도 혼자의 힘으로는 해결할 수 없는 사회문제가 점차로 증가함에 따라, 사회구성원 간의 협조가 절실히 요구되고 있기에 공사부문의 협력적 거버넌스와 네트워크 거버넌스의 중요성을 강조한 것이라고 볼 수 있다.

☞ 피터스가 제시한 거버넌스 모형이 현대 국가 또는 행정이 직면한 문제에 실질적인 답을 줄 수 있을 것인지와 우리나라에 적용할 경우에 적합성이 있는지를 토의하고, 그 결과를 발표하시오.

❖ 사례연구

익산시가 시정목표인 '시민이 행복한 품격도시 익산'을 만들어 가기 위해 거버넌스 행정에 발 벗고 나섰다. 정헌율 익산시장이 간부회의 자리에서 "시민에게 신뢰받는 행정을 위해서는 거버넌스 행정이 필수적이다"며 "모든 행정에 거버넌스에 초점을 맞춰 일을 추진하라"고 밝혔다.

정 시장은 "사회가 복잡·다양해지고 시민의식도 더욱 성숙해져 행정과 시민과의 관계는 동등한 위치에서 협력적인 관계로 변화되고 있다"며 "정책결정을 내리기 전에는 시민의 의견을 충분히 듣는 사전 절차가 꼭 필요하다. 그게 바로 거버넌스"라고 강조했다. 보통 1차적인 거버넌스는 행정이 주도적으로 수행한 후 위원회 등을 활용해 최종결정을 이뤄내지만 정 시장이 강조하는 거버넌스는 시민과 기업, 단체 등과 신뢰로써 협력체계를 구성하는 뉴거버넌스의 개념과 가깝다. 정 시장은 지난 4월 취임 후 줄곧 거버넌스 행정을 강조하고 있다.

실제 정 시장이 거버넌스 행정을 강조한 후 지난달 말에 열린 서동축제는 주민이 주도적으로 기획하고 주도함으로써 예년보다 풍성하고 다채로운 참여형 축제였다는 성공적인 평가를 받았다. 이와 함께 현재 추진 중인 원도심 도시재생 아카데미도 상인들과 주민들의 정책참여를 적극 유도하여 시민들로부터 좋은 호응을 얻고 있으며 사업의 성공 가능성을 한층 높여주고 있다.

이같이 거버넌스 행정이 각 분야에서 성과를 거두고 있는 것은 현재 시에서 추진하고 있는 정책에 시민과 단체, 의회, 언론 등 다양한 의사결정체들의 의견을 최대한 수렴해 협력체계를 강화하고 사전에 일어날 수 있는 분쟁을 최소화해 신뢰를 쌓아가고 있는데 따른 것으로 풀이된다. 이는 거버넌스 개념을 접목할 경우 복잡한 문제가 발생하더라도 보다 유연하고 현실적인 대안을 도출해 낼 수 있기 때문이다.

*자료: 전북도민일보 2016.06.08일자 기사 요약

장전배 제주지방경찰청장이 간담회를 열고 '뉴거버넌스 치안'을 강조했다. "주민의 생활을 지켜주는 주민의 경찰이 되기 위해 노력하라"고 말하며 다양한 단체들이 협력하는 뉴거버넌스적 치안활동을 당부했다. 뉴거버넌스 치안은 경찰의 전통적·일방적 전달체계가 아닌 다양한 주체들이 참여하는 네트워크식 치안체계를 말한다.

* 자료: 제주의 소리 2012.11.09일자 기사 요약

수원시가 2012년도 시정업무 수립단계에서부터 외부전문가와 시민대표 등을 참여시켜 토론을 통해 도출된 의견을 시정에 적극 반영하는 '뉴-거버넌스 업무보고'가 관심을 끌고 있다. 뉴-거버넌스 업무보고는 기존 소관부서 국장, 과장 등 간부 공무원 참석 업무보고에서 탈피해 관계 전문가, 시민단체 대표 등 외부 인사를 참석시켜 토론을 통해 이끌어 낸 결과를 정책형성 과정에 적극 반영시키는 '소통과 대화 그리고 참여'를 강조하는 새로운 업무보고 방식이다.

"전문가와 시민대표 등이 참여하는 새로운 업무보고는 토론을 통해 이끌어 낸 결과를 정

책형성 과정에 적극 반영시킴으로써 소통과 대화, 그리고 참여를 이뤄내기 위한 것"이라며 "이번 뉴-거버넌스 업무보고 결과를 오는 10월까지 수정 보완해 시의회에 보고한 후, 민선 5기 3년차인 2012년도 1월부터는 더욱 중점적으로 추진할 계획"이라고 밝혔다.

*자료: 수원일보 2011.09.13.일자, 경인일보 2011.09.14일자 기사 요약

1. 사례에 소개된 지방자치단체의 다양한 거버넌스 방식이 어떤 효과를 가져 올 수 있을지에 대해 논의하고 그 결과를 정리하여 발표하시오.
2. 지방자치단체 수준에서 거버넌스가 성공하기 위한 조건들을 토의한 후 그 결과를 정리하여 발표하시오.

토의 및 발표과제

1. NPM과 뉴거버넌스의 차이를 조사하고 그 결과를 정리하여 발표하시오.
2. 뉴거버넌스가 한국에 제대로 정착하기 위해서 선행되어야 할 조건들은 무엇인지에 대해 논의하고 그 결과를 정리하여 발표하시오.

제5장

행정학의 주요 접근방법은 무엇인가?

제1절 접근방법의 의의

제2절 행정학의 주요 접근방법

제1절 접근방법이란 무엇인가

행정현상을 몇 개의 변수로 분류해보면 사람행정인, 행정구조, 행정환경으로 나누어 볼 수 있다. 즉 행정은 항상 사람과 사람과의 관계 속에서 이루어지며, 일정한 제도와 행정조직의 구조 내에서 행해지며, 정치나 경제 등 환경과의 상호작용을 계속적으로 하면서 상호 영향을 주고받는다. 행정학은 행정현상을 연구대상으로 하며 행정의 변수 내지 변수 간의 관계를 대상으로 연구하게 된다. 행정현상을 연구하는 방법을 일반적으로 접근방법 또는 연구방법으로 부른다(유민봉, 2016: 18).

행정학의 접근방법approach은 행정현상을 연구하는 데에 있어서 어떠한 기본입장을 취하며, 또한 어떤 시각에서 관심이 되는 대상을 분석할 것인가에 관련된 것이다. 즉, 쉽게 말해서 접근방법이란 학문의 연구방법을 의미한다고 하겠다. 접근방법은 학문연구에 있어서 매우 중요한 것이지만 그것은 현상을 탐구하기 위한 도구라는 사실을 분명히 인식하여야 한다. 이러한 접근방법들은 상호보완적인 관계에 있으며, 전적으로 한 가지 접근방법만을 사용하는 경우는 거의 없고 몇 가지 방법들이 동시에 사용될 수 있다(박연호·이종호·임영제, 2018: 65). 즉 접근방법을 기계적으로 적용하는 것이 아니라 실제의 현상에 대해 우선 충분히 이해한 다음에 그것에 맞는 하나의 접근방법을 선택하거나 몇 개의 접근방법을 응용하여 활용할 줄 아는 유연성이 필요하다(유민봉, 2016: 18).

제2절 행정학의 주요 접근방법

1. 행태론적 접근방법

1) 행태론의 의의

행태론은 사회현상을 연구함에 있어서 이념이나 제도 등에 관심을 두지 않고 인간의 행태behavior를 관찰하고 분석하며 설명하려는 방법으로 일종의 사회심리학적 접근방법이라고도 할 수 있다. 행정학에서 행태론을 지지한 사람들은 버나드(C.I. Barnard), 사이먼(H.A. Simon) 등이 대표적이며, 특히 사이먼의 행정행태론(Administrative Behavior, 1945)은 행태론을 행정학에 도입하는 데 크게 공헌하였다. 이러한 행태론이 도입됨으로써 행정현상의 연구가 더 객관적이고 과학적으로 연구되도록 촉진되었다고 평가할 수 있다.

2) 행태론의 특징

첫째, 사회현상도 자연과학과 마찬가지로 엄밀한 과학적 연구가 가능하다고 생각한다.

둘째, 사회현상을 관찰가능한 객관적 대상으로 본다. 따라서 행정현상을 과학적·경험적으로 분석하기 위해서는 눈에 보이는 객관적인 사실facts만을 대상으로 하여야 주관적인 가치관은 제외되어야 한다고 주장한다.

셋째, 지식을 얻는 방법, 즉 인식론적 근거로서 논리실증주의logical positivism를 지지한다.

넷째, 사회현상을 만들어 내는 인간은 일종의 자극stimulus, 반응response의 존재로서 그들의 행태 및 행태의 규칙성, 상관성 및 인과성은 경험적으로 입증하고 설명할 수 있다.

다섯째, 연구에 있어서 가치중립성이 엄밀히 지켜져야 한다. 즉 가치는 사실과 분리되어야 한다는 것이다.

여섯째, 객관적인 자료를 찾고 해석하는 기술적 방법이 필요하다.

일곱째, 자료의 분석에 있어서 계량화와 객관적 측정방법을 이용한다.

3) 행태론의 한계

행태론은 행정학의 과학적 연구에 크게 기여하였으나 이 방법의 한계점으로 인한 비판이 다음과 같이 제기되었다(박연호·이종호·임영제, 2018: 67).

첫째, 인간의 외면상의 객관적 행태를 관찰하고 설명하기는 하지만 그 행태의 진정한 내면적 의미를 파악하는데 한계가 있다.

둘째, 객관적으로 존재하는 사실의 세계만을 다루게 되므로 경험적 보수주의에 빠진다.

셋째, 가치와 사실을 분리시키고 가치판단을 배제하는 것은 적절하지 않다. 특히 사회과학자는 그의 연구에 있어서 어떤 선호와 윤리적 입장을 갖지 않을 수 없다.

넷째, 본질 혹은 실체는 기술적인 연구방법보다 앞선다. 따라서 사회문제의 연구는 도구적 방법보다 중요시되어야 한다.

다섯째, 지식인은 자신의 지식을 이용하여 사회를 재구성해야 한다는 것이다.

행태론에 대한 비판은 새로운 접근방법으로서 후기행태론을 탄생시켰는데, 후기행태론의 성격은 이스턴(Easton, 1965: 1051-1061)이 주장하는 적실성relevance과 실행action이라는 두 개념 속에 잘 투영되어 있다. 행정학 분야에서는 신행정론New Public Administration이 대두됨으로써 후기행태론이 본격적으로 도입되었는데, 신행정론은 행태론에서 소홀히 다루었거나 배제했던 가치value라든가 사회적 형평social equity, 사회정의social justice, 규범주의 등이 강조되었다. 이러한 학문적 경향을 일컬어 제2세대 행태론, 후기행태론 또는 탈행태론이라고 한다(Frederickson, 1980: 11-12).

2. 생태론적 접근방법

1) 생태론의 의의

생태론ecology은 유기체와 그 환경의 상호관계를 밝히려는 이론으로서, 여기서 환경이란 유기체 또는 유기체의 집합이 능동적 또는 잠재적으로 대응하는 모든 외부적인 힘이나 요인들을 포괄하는 총체적 개념을 의미한다.

행정학의 연구에 있어서 생태론을 도입하게 된 구체적 동기는 다음과 같다.

첫째, 종래의 행정연구방법은 정태적 방법이었기 때문에, 행정현실과 행태상의 특징을 밝혀내는 데 제약이 뒤따랐다.

둘째, 신생국의 경우, 서구의 제도와 실제제도의 운영이 괴리되어 제도가 형식화되거나 또는 역기능이 표출되었는데, 이것은 선진국과 신생국의 문화적·환경적 차이와 장벽에서 기인한 것이기 때문에 생태론적 접근이 필요하다는 것이다.

2) 가우스Gaus의 생태론

가우스는 《행정에 관한 성찰》(Reflections on Public Administration, 1947)에서 정부 및 행정에 영향을 미치는 환경적 요인으로서 다음과 같은 일곱 가지를 들었다(Gaus, 1947: 9-19).

(1) 인구people

산업사회의 발달은 도시화 현상을 촉진하고 도시인구를 급증케 하였으며, 의약의 발달은 국민의 평균수명을 연장하였다. 도시화와 도시인구집중 및 노령인구의 증대는 도시문제와 사회보장문제 등을 야기한다.

(2) 장소place

특정한 장소의 자원과 산물의 가치 및 이용상의 변화는 자원문제, 토지문제, 납세기준문제 등을 초래한다.

(3) 물리적 기술physical technology

물리적 기술의 변화는 행정상 중요한 과제를 부여한다. 예컨대, 자동차의 발달은 도로의 건설 및 확장이라는 거대한 사업을 정부에 부여하며, 또한 여러 가지 교통문제를 야기한다.

(4) 사회적 기술social technology

사회적 기술의 변화도 행정상의 중요한 문제를 일으킨다. 예컨대, 자본의 집중에 따른 기업제도의 발달과 확장은 그에 대한 규제문제를 행정의 주요한 과제로 고려하지 않을 수 없게 한다.

(5) 소망과 사조wishes and ideas

국민이 원하고 바라는 바와 사회사상의 흐름은 정부시책에 영향을 미친다.

(6) 재난catastrophe

여러 유형의 정치적·경제적·사회적인 긴급사태의 발생은 정치·행정상 그 대책과 해결책을 강구케 한다.

(7) 인물·개성personality

물리적·사회적 기술이나 국민의 소망과 사회 사조의 변화와 극복 등은 특정한 인물의 특성에 많은 영향을 받는다.

3) 리그스Riggs의 생태론

리그스는 《행정에 관한 비교연구의 경향》(William J. Siffin, ed., Toward the Comparative Study of Public Administration, 1957)에 수록된 "농업사회와 산업사회"Agraria and Industria라는 논문에서 발전도상국의 행정에 대한 생태론적 연구방법을 강조하였다.

4) 생태론적 방법에 대한 평가

(1) 행정연구에 대한 생태론의 공헌

첫째, 문화적·환경적 맥락 속에서 행정을 고찰함으로써 행정행태의 특징을 보다 생생하게 파악할 수 있게 하였으며, 행정현상에 대한 예측가능성을 확대시켰다.

둘째, 문화적·환경적 차이, 시간 및 공간의 차이에 따라 행정의 특성이 다르다는 사실을 인식하게 만드는 계기를 제공하였다.

셋째, 인류학, 사회학, 정치학, 심리학 등과의 상호 교류의 수용을 촉진시켰으며, 행정에 대한 비교연구 및 종합 과학적 연구 활동을 활발하게 만들었다.

(2) 행정연구에 있어서 생태론의 결함

첫째, 결정론적 견해를 취함으로써 행정을 환경에 의하여 좌우될 수밖에 없는 종속변수로 인식하게 하였다.

둘째, 행정을 종속적·수동적인 것으로 파악하기 때문에 신생국의 발전을 논함에 있어서 비관론 내지 패배주의를 초래하게 만들었으며, 행정이 적극적·능동적으로 문화적·환경적 요소를 새로이 구성하고 형성하는 쇄신적 활동력을 지니고 있음을 간과하였다.

셋째, 행정을 환경과의 관계에서 행태적인 균형관계를 유지하는 체제로서 파악하기 때문에 행정의 역동적인 발전을 기대하기가 어렵다.

3. 체제론적 접근방법

1) 체제론의 의의

체제론이란 연구대상이나 관리 및 문제를 체제system라는 개념을 기반으로 해서 분석하는 이론체제를 말하는데, 여기서 체제란 상호 의존적이고 상호 관련적인 관계 하에 일정한 질서와 통일성을 유지하면서 환경과 끊임없이 영향을 주고받는 제 구성요소 또는 제 변수의 집합set 내지 실체entity를 말한다(박연호·이종호·임영제, 2018: 69).

2) 체제론의 특징

체제론에서 강조하는 주요 특징을 살펴보면 다음과 같다(Kast & Rosenzwig, 1972: 447-465; Katz & Kahn, 1978: 2-3).

첫째, 하나의 체제로서 성립되기 위해서는 그것을 형성하는 여러 개의 구성요소·부분들이 단순히 모여 있는 것에 그쳐서는 안 된다. 그것은 각 구성요소 및 환경과 구분되는 하나의 집합체로서 전체성을 지녀야 한다.

둘째, 체제는 폐쇄체제closed systems와 개방체제open systems의 두 종류로 구분할 수 있다. 어느 체제가 만약 생물유기체제나 사회적 체제와 같이 그의 환경과 정보, 에너지, 물질 등을 상호 교환한다면 그 체제는 개방체제이고, 만약 그 체제가 그의 환경과 그와 같은 상호작용을 하지 않는다면 그것은 폐쇄체제이다.

셋째, 어느 체제를 막론하고 그것이 체제로서 인식되기 위해서는 체제와 그의 환경을 구별해 주는 경계boundaries를 가지고 있어야 한다. 폐쇄체제의 경우 그 경계는 폐쇄적이고 고정적이나, 개방체제에 있어서는 그것이 고정적·폐쇄적이거나 또는 전혀 침투할 수 없을 만큼 완고한 것은 아니다.

넷째, 폐쇄적 물리체제closed physical systems는 사멸되는 경향이 있다. 그러나 개방체제는 환경으로부터의 투입을 받아들이기 때문에 엔트로피entropy를 극복할 수 있다. 사실상 정부나 기업체와 같은 개방체제는 그들이 사용하고 산출해 내는 것보다 더 많은 것을 환경으로부터 받아들임으로써, 부의 엔트로피negative entropy를 형성할 수 있는 것이다.

다섯째, 개방체제는 안정된 상태steady state 또는 동태적 항상성dynamic homeostasis을 지님으로써 그의 생존을 유지한다.

여섯째, 체제가 동태적 항상성 또는 일종의 동태적 균형dynamic equilibrium을 유지하기 위해서는 환류작용장치feedback를 가지고 있어야 한다.

일곱째, 모든 체제는 하위체제subsystem이다. 이는 체제란 하위체제로 구성되는 동시에 상위체제supra-system의 한 구성요소 내지 부분임을 의미한다. 모든 체제는 계층적인 성격을 갖는다.

여덟째, 개방체제, 특히 사회적 체제는 점차적으로 정치화elaboration되어 가고, 분화 내지 특수화differentiation되어 가는 경향이 있다. 개방체제는 성장함에 따라 때로는 그의 경계를 확장하거나 또는 새로운 하위체제를 신설해 가면서 구성요소들을 더욱 전문화시키고 구조를 더욱 정치화시켜 간다.

아홉째, 개방체제는 동일종국 상태도달equi-finality의 원리·과정에 의하여 체제가 추구하는 바람직한 상태동태적 항상성 또는 안정된 상태에 도달할 수 있다. 다시 말하면 개방체제에 있어서는 다양한 투입과 다양한 절차·방법을 가지고 목표를 달성할 수 있으며, 단일한 최선의 방법이 존재하는 것은 아니다.

3) 개방체제의 모형

개방체제는 환경과의 상호 작용 속에서 투입input-전환과정conversion process-산출output-환류feedback의 역동적 작용을 수행하는데, 여기서 환경environment은 체제와 상호영향을 주고받는 개인, 집단, 기관 또는 사회적·경제적·정치적 상황 등을 말한다.

[그림 5-1] 개방체제 모형: 이스턴(D. Easton)의 체제모형이론

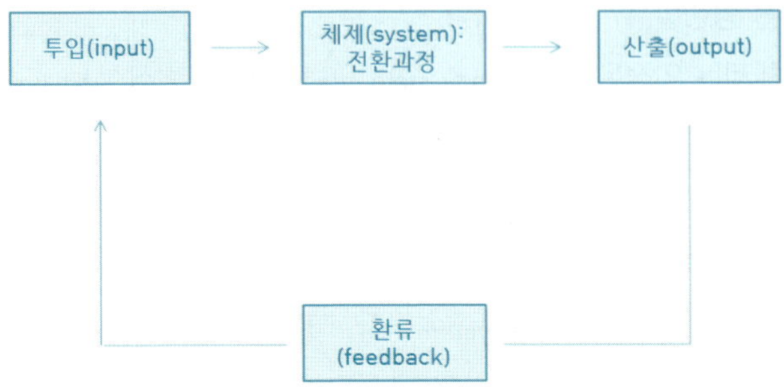

* 자료: 권기헌 (2018: 125)

(1) 투입input

체제가 환경으로부터 여러 형태의 에너지, 물질 및 영향력 등을 그 내부로 받아들이는 것을 말한다.

(2) 전환과정conversion process

체제는 투입된 에너지, 물질, 영향력 등을 새로운 형태의 결과로 변형 내지 처리하는 과정을 의미한다.

(3) 산출output

체제가 전환과정을 통하여 어떤 결과를 배출하는 것을 말한다. 행정조직의 경우 법의 공포와 집행, 계획의 실천, 서비스의 제공 등이 산출의 예가 된다.

(4) 환류feedback

산출의 결과를 다음의 새로운 투입에 전달·반영되는 것을 의미한다.

4) 체제의 기능

(1) 적응기능adaptation

환경으로부터 인적·물적 자원과 정보·자료를 획득하고 그것을 가공하여 배분하는 기능을 말한다.

(2) 목표달성기능goal attainment

체제가 추구하고자 하는 목표가 무엇인가를 설정하고, 이를 달성하기 위하여 환경으로부터 조달된 모든 자원을 체계화하고 활용함으로써 목표를 구체화하는 기능을 의미한다.

(3) 통합기능integration

체제를 구성하는 여러 하위체제 및 구성요소의 활동을 조정·통합하는 기능을 말한다.

(4) 체제유지기능pattern maintenance

체제가 그의 기본적인 유형을 유지하고, 자신의 가치와 규범을 계속적으로 창조·재생산해 가는 기능을 의미한다.

5) 체제론에 대한 평가

(1) 체제론의 장점

첫째, 다양성을 띤 여러 행정체제의 비교분석을 위한 일반적인 기준을 제시하여 주고 있기 때문에 모든 행정체제에 보편성을 가진 행정일반이론을 정립할 수 있다(Holt & Richardson, Jr., 1970: 37-38).

둘째, 문제해결과 의사결정의 합리화에 기여할 수 있고, 광범한 정보이론의 활용을 통하여 행정행태를 보다 정확하게 예측하고 설명할 수 있기 때문에 행정이론의 과학화에 이바지한다.

셋째, 거시적으로 전체를 보면 체제와 환경 간, 여러 체제 간 그리고 체제와 구성요소 간에 존재하고 변화·발전하는 행태와 관계를 분석하는데 도움을 준다(Caiden, 1969: 46).

넷째, 체제론적 접근법은 추상적이며, 구조가 중요시되지 않는다는 점에서 전체론적이고, 변동을 다룬다는 점에서 동태적이며, 하나의 과업이나 기능의 수행에 관심을 가진다는 점에서 실제적이다(Haberstroch, 1965: 1172).

(2) 체제론의 한계

첫째, 모형의 작성 및 적용이 주관과 편견에 의하여 결정되기 때문에 모형에대한 타당성이 높지 않다.

둘째, 상위체제를 구성하는 서로 다른 수준의 하위체제들을 같은 수준에서 취급하며, 하위체제의 수에 대한 결정이나 투입·전환과정·산출의 한계규정이 자의적이다.

셋째, 상위체제의 유지는 하위체제간의 균형을 통해서 가능하므로, 균형유지형의 이론이기 때문에 변화와 개혁을 위한 불균형적 전략의 도입이 불가능하다.

4. 비판론적 접근방법

1) 의의

비판이론은 칸트(Kant)의 비판철학과 마르크스(Marx)의 이데올로기 비판에 근거하고 있다. 그것은 우리가 살고 있는 사회의 모습을 총체적으로 분석·비판하고 그것을 변화시킬 수 있는 것이 무엇인가를 밝히려고 하는 입장이다. 특히 무엇이 인간의 자율성을 억압하고 예속시키는 가를 규명하는데 학문적 관심을 집중시킨다.

2) 비판이론의 지적 전통과 기본적 개념 및 지향

(1) 비판이론의 지적 기원

비판이론은 철학적·이론적·실천적 측면에서 동시에 작용하려는 사회철학의 한 표상으로, 그것은 칸트(Kant)와 헤겔(Hegel)의 관념론적 비판철학과 마르크스(Marx)의 비판적 사회사상에 기초하고 있다. 이는 호르크하이머(Horkheimer, 1967: 212)에 의해 보다 발전되었는데, 프랑크푸르트Frankfurt학파의 지도적 학자였던 그는 베버(Weber)적인 가치 중심에 정면으로 반대하면서 사회과학은 사회적 변화와 사회적 실존의 개선improving social existence에 주목해야 한다고 강조한다.

(2) 비판이론의 기본개념과 지향

비판이론에서 주로 사용하는 기본적 개념과 지향을 설명하면 다음과 같다.

① 총체성totality: 사회세계는 고립적·부분적으로의 이해가 아닌 전체적이며 연관적으로 이해되어야 한다. 그것은 정치·경제·문화의 맥락에서 이해될 분만 아니라 주관적 세계와 객관적 세계를 모두 포괄해야 한다.

② 의식consciousness: 의식은 인간의 내면에서 형식화되며 경험에 작용하는 주관적인 조건들을 형성한다. 그것은 사회적 현실을 규정하고 사회적 세계를 창조하고 유지케 한다.

③ 소외alienation: 소외란 인간이 세계와 그의 실존을 수동적으로 경험하고, 인간 자신 속에서 주체와 객체 혹은 의식과 객관화된 세계 간에 분리현상을 경험하는 상태를 말한다.

④ 비판critique: 비판이론에서는 비판이성critical reason의 회복을 강조하는데, 비판이성은 이성은 획일화·조직화·절대화를 부정하며 기존의 것이 불변의 진리라는 주장에 반대한다.

3) 비판이론의 행정학에의 적용

(1) 행정학이론의 전개

19세기말 행정학이 학문으로서 출현한 이래 지금까지 지배적인 행정이론은 도구적·기술적 이성에 바탕을 둔 실증주의적 이론이었다. 그러나 그러한 이론들이 행정의 조직이나 체제의 기능적 합리성 혹은 목적합리성의 발전에 공헌한 반면에, 인간의 궁극적인 가치와 목표를 위한 실질적 합리성substantial rationality의 발전에 역행하는 결과를 초래했었다. 이에 도전하는 이론으로 등장한 것이 실제적·해석적 이성에 바탕을 둔 현상학 및 해석학적 행정이론이다.

(2) 비판행정이론의 전개

비판행정이론은 비판이성·해방이성의 맥락에서 행정을 이해하고 설명한다. 비판행정이론은 특히 공공조직과 관료제에 대한 고찰에서 그 이론을 전개하고 있다.

덴하트(Denhardt, 1981)는 현재의 공공서비스에 나타나는 정당성의 위기를 진단하고자 하버마스(Habermas)의 의사소통개념을 이용한다. 시민들의 관료들에 대한 불신과 적대심이 큰데 이 원인은 관료의 관심과 시민들의 관심이 불일치에서 야기된다. 그런데 사실은 다양한 당사자 간의 의사소통이 체계적으로 왜곡되어 있는 사실에 근거한다. 따라서 비판이론적 시각에서 의사소통의 실제를 분석·파악할 필요가 있다. 덴하트(Denhardt)에 의하면 기술적·합리성에 바탕을 두는 공공조직, 관료제에서는 조직성원과 고객의 관계를 객관화함으로써 행정과정을 비인간화하고, 경색시키며, 인간을 조작되어야 할 대상으로 대하며, 직원들은 상부의 명령에 복종하는 존재로 다루어야 통제력을 발휘할 수 있다고 생각한다. 그 결과로 인간들은 서로 격리되고 상호간에 사무적인 대상 정도로 취급되고, 관리자들은 자기성찰을 경시하게 된다. 또 관료제 안의 소외, 관료제와 시민간의 소외현상이 야기된다.

그 대안으로서 비판행정이론에서는 다음과 같은 것들을 제시한다.

첫째, 효과성이나 능률성과 같은 기술적 관심보다 사회관계의 민주화가 우선해야 한다.

둘째, 공공정책의 형성과 집행을 가치 비판적 입장에서 이해하고 역사적·규범적 상황에서 파악해야 한다. 이렇게 함으로써 관료제 내부와 관료제 외부와의 상호작용에서 자율과 책임의 원천을 발견한다.

셋째, 비판이론은 사회적 자아성찰과 개인적 자기성찰, 다른 한편으로는 개인적 발전과 사회적 발전의 본질적 관계를 주장한다.

넷째, 비판이론에서는 권력과 복종관계로부터 초래되는 소외alienation · 소원estrangement의 원인을 분석하여 조직내외의 의사소통의 개선으로 조직생활의 질을 개선하려 한다.

결국 비판이론에서는 조직·관료제의 모순과 결함을 밝힘으로써 이를 개선하려는 대안을 제시하고 있으나, 아직 이상적이고 실용성 있는 대안을 제시하지는 못하고 있다고 볼 수 있다.

5. 공공선택론적 접근방법

1) 의의

공공선택론은 사회적 선택social choice 또는 집단적 선택collective choice이라고도 불리는 것으로서, 뷰캐넌(J. Buchanan)과 튤록(G. Tullock)등의 현대정치경제학 연구에 힘입어 형성된 행정연구의 한 접근방법이다. 공공선택론은 미시경제이론과 민주정치이론의 주요 가정들을 바탕으로 하여, 정치경제학적 관점을 사용하여 공공재의 공급을 행정학의 주요 대상으로 삼고 공공재의 공급을 위한 의사결정방법과 조직배열을 연구하는 것이다. 오스트롬(V.Ostrom))은 공공선택이론을 공공기관의 산출물인 공공재에 영향을 미치는 다양한 의사결정장치decision-making arrangement에 관한 이론으로 보고 있다.

공공선택이론은 이를 행정학에 접목시키는 데 큰 공헌을 한 빈센트 오스트롬(V.Ostrom))과 엘리너 오스트롬(E. Ostrom)에 의해서 명료하고 체계적으로 정리되었으며, 전통적 행정관을 부정하고 정치경제학적인 시각이라는 새로운 각도에서 정책결정의 행태를 이해함으로써 정책결정현상의 이해와 규범적 차원의 연구에 큰 기여를 하였다(박연호·이종호·임영제, 2018: 73).

2) 주요가정과 주요 특징

(1) 기본가정

공공선택이론에 있어서 주요한 방법론사의 가정은 "방법론적 개인주의"methodological individualism로 요약할 수 있다. 방법론적 개인주의에서는 공익이나 사회가치와 같은 개념을 중시하는 방법론적 전체주의holism와는 반대로 모든 사회현상은 개인의 행동으로 환원될 수 있다고 보기 때문에 개인의 특징에 관심을 가지게 된다.

공공선택이론에서는 분석단위로서의 대표적 개인representative individual의 행태에 관한 다음과 같은 네 가지 전제를 한다.

첫째, 개인들은 이기적self-interested이라는 가정이다. 이기적이라는 말은 자기중심적selfish이라는 말과 구별되어야 하는데, 이기적이라는 전체가 의미하는 바는 각 개인은 의사결정에 영향을 미치는 자신의 선호를 가지며 또한 그러한 선호는 개인에 따라 다를 수 있다는 것이다.

둘째, 개인들은 합리적rational이라는 가정이다. 여기에서 합리성rationality이라 함은 집단 혹은 사회의 구성원들이 의사결정에 앞서 대안 간에 순위를 부여할 수 있으며 순위가 전이성transitivity을 충족시키게 되는 것을 말한다.

셋째, 개인들은 극대화 전략maximizing strategies을 택할 것이라고 가정한다. 극대화전략이란 개인의 선호에 비추어 가장 높은 순이익을 제공해 주는 전략을 말한다.

마지막으로, 대표적인 개인은 자신에게 부여된 정보수준에 관하여 명백한 가정이 언급될 필요가 있으며, 그러한 정보의 수준은 확실성certainty, 위험risk, 불확실성uncertainty의 수준으로 구분된다.

(2) 주요 특징

오스트롬(V.Ostrom)의 견해를 중심으로 공공선택이론의 주요한 특징을 살펴보기로 한다(박연호·이종호·임영제, 2018: 73-74).

첫째, 공공선택이론은 정치경제학적 성격이 강하다. 정책이 산출해 내는 공공재화와 용역public goods and services을 중시하고 그 공공성을 강조하여 사적 경제부분에서의 경제논리를 그대로 적용하는 것을 비판한다. 따라서 공공재화와 용역의 공급은 다양한 의사결정자의 결정에 달려 있음을 강조하고, 장기에 걸친 정치적 실현가능성을 중요시한다.

둘째, 다양한 공공재와 공공서비스를 제공하기 위해서는 이에 맞는 다양한 조직배열이 사용되어질 수 있다. 그러한 조직들은 상호 이익을 도모하기 위한 거래나 계약들을 포함하는 여러 다원 조직적 배열multi-organizational arrangement을 통하여 조정될 수 있다.

셋째, 정책의 확산효과(spill-over effects)를 강조한다. 정책의 긍정적 효과란 정책결정자가 당초에 의도하고 예상한 효과로서 정책을 실현하려고 하는 것들이 현실적으로 이루어지는 것을 말하고, 부정적 효과란 의도하지 않은 부차적 결과가 발생하는 것을 말한다.

공공선택이론을 적용하여 전개되는 연구방향은 크게 다음과 같이 세 가지로 구분할 수 있다.

첫째, 다수결원리, 대의민주주의제도 등 정치체계, 정책결정기구 및 결정방식에 대한 경제학적 분석으로서, 다운스(Anthony Downs)의 정당 간 경쟁에 관한 분석, 애로우(Kenneth J. Arrow)의 투표의 모순과 불가능성의 정리impossibility theory, 블랙

(Duncan Black)의 중위투표자원리, 뷰캐넌(J. MM. Buchanan)과 튤록(G. Tullock)의 헌법적 민주주의 이론 그리고 프레이(Bruno S. Frey)에 의한 정치적 경기순환론 등이 이에 속한다.

둘째, 공공선택이론을 통하여 관료제도의 역할과 기능을 재조명한 것으로서, 니스카넨(William A. Niskanen)과 브레톤(Albert Breton)의 관료제모형이 있다.

셋째, 사회이익집단의 집단행도에 대한 연구로서, 올슨(Mancur L. Olson)과 스티글러(G. Stigler)등의 연구가 있다.

3) 공공선택이론의 평가

공공선택이론은 경제적 합리성을 지나치게 강조함으로써, 인간의 비합리적 측면과 경험 등을 제외시킨 결과 이론적 명제의 타당성을 크게 저해할 수 있다는 비판을 받는다. 그럼에도 불구하고 공공선택이론이 행정학에 공헌한 점을 요약하면 다음과 같다(Weschler, 1982: 289).

첫째, 공공선택이론은 연역적 설명방식deductive explanation을 취하고 있기 때문에, 행정현상에 관한 추론reasoning의 방법을 이해하는데 유용하다.

둘째, 공공선택이론은 행정의 실증적 설명과 규범적 설명을 제공할 수 있기 때문에 행정이론 및 실제의 보완적 해석에 도움을 준다.

셋째, 공공선택이론은 공공재의 전통적인 관념보다는 다소 덜 엄격한 행정행태이론을 제공한다.

행정학에서의 공공선택이론의 유용성은 방법론적 개인주의와 경제적 합리성을 기본가정으로 하여 공공재와 공공서비스의 효율적인 공급을 가져오기 위한 실증적이고 규범적인 설명을 제공함으로써, 행정의 분권화와 탄력성 및 대응성을 제고시켜 민주행정의 실현과 자원배분상의 효율성을 달성할 수 있게 한다는 것이다(박연호·이종호·임영제, 2018: 74).

6. 신제도주의적 접근방법

1) 의의

신제도주의는 1970년대 후반 이후 구미 학계에서 발전하기 시작한 사회과학의 새로운 패러다임이다. 이는 1950년대를 전후해서 수십 년간 영향력을 행사했던 행태주의의 원자적 설명을 반대하고, 역사적 제도학파의 법적·기술적·정태적 설명에도 반대하면서 새로운 설명의 틀을 제시한 것으로 평가받고 있는 접근방법이다(염재호, 1994: 109-33; 정용덕, 1999:3).

신제도주의는 인간의 행위와 사회적 현상을 설명하는 이론적 틀로서의 의미를 지닌다. 신제도주의는 제도를 중시한다는 점에서 구제도주의와 동일선 상에 있지만, 사회현상에 대한 인과관계를 밝히려는 분석적 접근이라는 점에서 행태주의와 방법론적 시각을 공유한다(염재호, 1994: 12-15).

신제도주의는 사회현상을 설명하는 분석변수로서 제도를 중요시한다. 이때 제도는 정부 내 법, 규칙, 절차, SOP 등을 의미하는 수준으로서의 제도와 국가 내 행정부와 의회와의 권력관계 및 집권화 정도를 의미하는 수준으로서의 제도, 그리고 국가와 사회를 규정하는 이념적 규범으로서의 제도를 모두 포함하는 개념이다(Ikenberry, 1988: 226-227).

신제도주의는 행태주의에서 규명하고자 했던 개인의 선호체제와 개인의 행위결과 간의 직선적 인과관계, 그리고 이에 기초한 사회현상의 보편적 인과법칙의 추구에 의문을 제기하며, 선호체계에 따른 행위결과는 역사와 장소의 맥락에 따라 다르게 나타날 수 있다는 점을 지적한다(immergut, 1998: 6-7). 개인의 행위결과는 제도 및 유인의 규칙과 규범을 통해 변화될 수 있으며합리적 선택 신제도주의, 조직의 행위결과는 조직의 절차 및 규칙과 규범을 통해 변화될 수 있고사회학적 신제도주의, 국가의 행위결과는 국가의 제도와 헌법 및 규범을 통해 변화될 수 있다는 점을 명확히 한다(역사적 신제도주의).

[표 5-1] 구제도주의와 신제도주의의 차이

	구제도주의	신제도주의
합리성이 제약받는 원인	기존의 복잡한 이해관계	정당성의 추구
조직이 놓인 환경	지역 사회	조직의 장(field), 부분(sectors) 또는 사회 전체
배태성의 본질 (환경이 조직에 미치는 영향력)	적응적 흡수(co-optation)와 같이 명확하고 구체적인 상태	조직이 세상을 보는 관점 제공, 구성적 입장
제도화의 발생위치(locus)	개별 조직	조직의 장(field) 또는 사회 전체
조직의 역동성	변화 : 제도적 환경에 대한 조직의 적응과정	지속성 : 조직들 간의 동질성과 제도화된 구성 요소들의 안정성 강조

* 자료: 정정길 외(2005: 906)을 수정 정리

2) 신제도주의의 이론적 유형

(1) 합리적 선택 신제도주의

합리적 선택 제도주의는 다음과 같은 공통점을 지닌다(정정길, 2005: 874-875).

첫째, 신고전파 경제학의 완전한 합리성을 가진 행위자에 대한 가정 대신에, 좀 더 현실적이고 포괄적인 개념의 행위자를 상정한다. 예를 들어 윌리엄슨(Williamson)은 사이먼(Simon)의 제한된 합리성을 수용한다.

둘째, 경제적 균형상태보다는 균형에 도달하는 과정에 초점을 두며, 경제체제는 행위자들의 학습을 반영하여 시간이 경과함에 따라 진화하는 것으로 인식한다.

셋째, 경제적 행위의 조화는 단순히 시장메커니즘을 통한 거래로 달성되는 문제가 아니라, 다양한 제도적 구조의 영향을 받기 때문에 이에 대한 분석이 필요하다고 본다.

(2) 사회학적 신제도주의

사회학적 신제도주의는 사회학에서의 조직이론에서 출발한다. 사회학적 신제도주의는 1970년대 범세계적인 경제위기 이후 조직을 합리적이고 통제 가능한 도구로 보았던 베버(M. Weber)의 관료제 모형에 대한 의구심에서 출발했다. 조직이론의 신제도주의는 제도의 형성과정에서 사회적 정당성social legitimacy을 매우 중요하게 생각하며, 제도에 내재화된 규범norm과 신화myth의 역할을 강조하며, 더 나아가 개인이 인지과정을 받아들이는 규칙, 습관, 업무처리과정SOP까지도 제도로서 분석한다.

(3) 역사적 신제도주의

역사적 신제도주의는 정치학에서 1960년대와 1970년대에 이론적 주류를 이루던 집단이론group theory과 구조기능주의structural functionalism에서부터 출발한다. 역사적 제도주의는 국가, 권력, 그리고 역사라고 하는 보다 거시적 주제에 초점을 둔다(Immergut, 1988: 16-17).

즉 역사적 신제도주의는 국가적 행위와 구조적 맥락의 상호작용에 초점을 맞춘다. 따라서 역사적 신제도주의에서는 정치경제적 제도가 집단행위를 구조화하고, 이러한 행위와 구조적 맥락의 상호작용 속에서 특정한 정책결과가 발생한다고 본다. 역사적 신제도주의에서 강조하는 '역사'는 단순한 과거를 의미하는 것이 아니라, 과거의 특정 시점에서 나타난 원인이 현재까지도 영향을 미친다는 역사적 인과관계historical casuality, 특정 시점에서의 선택이 미래의 선택에 지속적으로 제약한다는 경로의존성path dependency, 그리고 사건의 발생시점과 순서timing and sequence가 사회적 결과에 중대한 영향을 미친다는 역사적 과정에 대한 강조를 의미한다.

3) 신제도주의가 행정 연구에 주는 이론적 기여

첫째, 행정과정에 참여하거나 관련되어 있는 개별 행위자들의 상호작용과정의 원인과 과정을 분석하고 설명하는데 많은 도움을 줄 수 있다.둘째, 동일한 제도적 구조를 갖고 집행된 정책이 각기 다른 상황에서 다른 결과를 양산하게 되는 이유를 설명하는 데 기여할 수 있다.

셋째, 행정의 혁신, 유지, 승계, 종결의 과정을 설명하는 데 있어서 매우 유용한 이론적 도구가 될 수 있다.

◈ 심화학습

포스트 모더니즘적 접근방법: 포스트 모더니티 이론

포스트모더니즘은 과학이나 언어, 예술, 그리고 사회와 문화에 대한 합리적 이해를 가능하게 하는 객관적 근거, 궁극적 법칙이나 논리, 또는 구조를 인간의 이성에 의해서 찾아낼 수 있다는 계몽사상적 이성 혹은 합리성에 대한 믿음을 거역하고 보편적 이론이나 사상의 거대한 체제의 해체를 주장하는 경향을 의미한다.

포스트모더니즘은 특징적으로 절대주의적 사고나 신념의 붕괴, 권위주의적 제도나 행동에의 저항, 전체주의적 체제나 지배의 거부를 의미한다. 우리의 삶을 지배하는 지식, 가치, 그리고 제도는 인간경험의 우연성에서 기인한 것이며, 그만큼의 상대성을 지닌다는 것이다. 이러한 경향으로 인한 가치체계의 붕괴는 허무주의를 발생시키고 이기주의와 아노미 현상을 초래 한다는 우려도 있다.

포스트모더니즘은 데카르트 이후의 근대철학에서 선험적 판단의 권위를 의미하는 이성을 신봉하고 진리와 합리성의 절대적 기반이 존재한다고 믿고 있던 근대적 사고에 대한 도전의 형태로 나타난 움직임이다. 그것은, 진리와 합리성은 선험적-절대적 사유의 업적이라기보다는 역사적·사회적 산물이며, 필연적이고 항구적인 것이라기보다는 우연적이고 임의적인 것이며, 주어져 있는 것이라기보다는 인간의 관심과 목표와 삶의 형식에 의해서 성립된 것이라고 주장하는 상대주의적 경향의 사고이다.

요약하자면 포스트모더니티 이론은 거시이론이나 거시설화에 기저하고 있는 모더니즘의 근본주의 인식론을 비판하며, 새로운 경향성으로 분산, 다양성, 분권화, 유연성, 무작위성, 우연성을 중시한다. 또한 과학적·객관적 방법을 통해서는 현실에 대한 지식 획득이 불가능하며, 표상을 통해서만 이해가 가능하다는 입장을 취한다.

☞ **포트트모더니즘을 적용하여 최근에 발생한 행정현상(예: 정부의 여성정책, 안보정책 등)을 선정하여 해석해보고 그것을 바탕으로 토의하시오.**

❖ 사례연구 : 성찰적 비교행정

우리나라는 지속적인 경제성장을 거치면서 원조를 받는 국가에서 원조를 하는 나라로 성장했다. 그리고 현재 우리나라의 국제적 위상이 올라가면서 정부는 개발도상국에 대한 공적 개발원조ODA와 전자정부 지원 등 공공행정 컨설팅 사업을 하고 있다. 한국국제협력단KOICA이 그 중심 역할을 하고 있다.

이러한 국제간 협력사업의 경우 비교행정적 접근이 매우 큰 의미를 지니게 된다. 즉, 단순한 제도 이전이나 이식이 가져올 결과에 대해 신중하게 검토할 필요가 있다는 것이다. 무조건적인 선진국 제도나 문물의 도입은 예상하지 못한 결과들을 가져올 수 있다는 것은 이제 자명한 사실이 아닐까? 한때 서구 우월주의를 경험해 본 적이 있는 우리로서는 똑같은 좌절감을 안겨주는 우遇를 범해서는 안 되지 않을까? 수원국受援國의 문화와 환경에 부합하는 지원을 통해 그 나라 국민들이 가장 필요로 하는 도움을 주는 것이야말로 정책학에서 라스웰이 강조하는 진정한 인간의 존엄성에 부응하는 국제협력사업이 아닐까?

* 자료: 권기헌 (2014: 90)에서 수정·인용

1. 위 사례에서 리그스가 주장하듯이 행정현상은 국가가 처한 행정환경에 따라 다르게 나타나고 있다. 필리핀, 베트남, 인도네시아 등 개발도상국 중 한 국가를 선택하여 그 나라와 우리나라의 행정현상을 비교하고 그 결과를 발표하시오.
2. 가우스Gaus가 《행정에 관한 성찰Reflections on Public Administration》에서 정부 및 행정에 영향을 미치는 환경적 요인으로 제시한 일곱 가지 변수들을 조사하고, 이러한 요인들이 우리나라 행정현상에 미치는 영향을 구체적 사례와 함께 토론하고 발표하시오.

토의 및 발표과제

1. 행태론적 접근방법을 이용한 학술논문article을 다섯 편을 골라 주제, 가설설정, 분석 방법, 가설 검증 결과를 요약하여 발표하고, 행태론적 접근방법의 장단점을 논의하시오.
2. 공공선택론의 주요 가정을 검토하고 본인의 찬반 의견을 정리하여 발표하시오.
3. 역사적 신제도주의에서 제시된 특정 시점에서의 선택이 미래의 선택에 지속적으로

제약한다는 경로의존성path dependency의 사례를 찾아 발표하시오. 또 경로의존성이 가져올 수 있는 부정적 결과에 대해 논의하시오.

4. 포스트모더니티 이론이 행정 현상을 연구하는데 줄 수 있는 장점과 단점한계점을 조사하여 논의하고 그 결과를 발표하시오.

제6장

행정학의 주요 이론은 무엇인가

제1절 행정이론의 전개

1. 정치와 행정의 관계에서 본 행정이론의 발달

1) 정치·행정 이원론과학성 강조

행정학 성립초기에 정치와 행정을 구분하려는 입장을 정치·행정 이원론이라고 한다. 행정학의 탄생으로 간주하는 최초의 논문은 윌슨(W. Wilson)의 1887년 "The Study of Administration"행정의 연구로 보는데, 이 시기부터 1930년대 후반 정치·행정 일원론이 나오기까지의 시기를 행정학이론 발달사에서 정치·행정 이원론이라고 한다.

윌슨(W. Wilson)은 그 당시 기승을 부리던 엽관주의의 폐해대통령 선거에서 이긴 정당이 관료조직을 싹쓸이하던 현상로부터 행정연구의 독자성을 주장하였다. 정치·행정 이원론은 행정을 정치적 성격이 없는 순수한 관리현상으로 파악하였다. 윌슨(W. Wilson)은 "행정의 연구"에서 '행정의 분야는 관리의 분야이며, 행정은 정치의 고유영역 밖에 존재하고 행정문제는 정치문제가 아니다'라고 주장하였고, 화이트(L. D White)는 행정이란 권력현상이 아니라 관리현상이라는 전제하에 행정에 관한 연구는 관리적 측면에서 이루어져야 한다는 점을 "행정학의 입문"에서 강조하였다. 굿노우(Goodnow)는 윌슨(Wilson)의 정치·행정이원론을 구체화시켜 정치를 국가의지 표명으로, 행정을 국가의지의 집행으로 정의하여 정치와 행정의 이원론을 주장하였다.

정치·행정 이원론이 대두된 배경은 다음과 같다.

첫째, 1880년대 당시에 기승을 부리던 엽관주의spoils system를 극복하기 위해 반-엽관주의anti-spoils의 사명을 띠고 미국의 인사법1883년 Pendleton법 제정이 통과되었던 때이다. 따라서 그 당시의 큰 관심은 어떻게 하면 엽관spoils을 방지하고 실적주의merit system를 확립하느냐 하는 데 있었으므로, 행정의 전문성과 중립성을 확보하기 위해서는 부패된 정치로부터 행정을 분리시켜 행정의 독자성을 주장할 필요가 제기되었다.

둘째, 테일러(F. W. Taylor)의 과학적 관리론은 그 당시 행정을 정치적으로 중립적인 비권력적 관리현상으로 정리하는 데 기여하였다.

셋째, 행정기능의 양적 확대와 질적 전문화에 대응하고, 행정의 능률성을 확보하기 위한 행정의 개혁운동1906년 뉴욕시 시정연구회, 1910년 Taft위원회이 광범위하게 전개되었으므로 행정의 독자성과 전문성을 확보할 필요가 있었다.

정치·행정 이원론이 행정에 미친 영향은 다음과 같다.

첫째, 독자적인 과학으로서 행정학 연구의 전문성 확보에 기여하였다.

둘째, 엽관주의를 지양하고 직업공무원제와 실적주의를 확보하기 위한 이론적 근거를 제공하였다.

셋째, 정치·행정 이원론은 공·사행정 일원론을 의미한다. 따라서 공행정과 사행정의 동질성을 강조하는 공·사행정 일원론의 성립에 기여하였다.

2) 정치·행정 일원론기술성 강조

뉴딜New Deal 정책을 거치면서 정치와 행정의 밀접한 연계를 목격하였고 이때는 이미 엽관주의의 폐해로부터도 독자성을 이루었으므로 1930년대 후반부터 화이트(White), 디목(Dimock) 등 여러 학자들이 정치·행정 이원론에 회의를 느끼고 이를 비판하기 시작하였다. 이때 이러한 주제를 단행본으로 엮은 것이 애플비(P. H. Appleby)의 《Policy and Administration 1949》이다.

이와 같이 1930년대 후반부터 일원론이 대두된 이유는 다음과 같다

첫째, New Deal 정책결정에 참여한 학자들의 경험 결과 행정부의 정치적 기능을 이원론으로 정당화할 수 없었다. 본래 이원론도 다분히 반-엽관주의anti-spoils라고 하는 정책적인 의도를 지니고 제기된 것이었는데, 이제 이미 엽관주의spoils도 극복된 것이므로 더욱 이원론을 고집할 필요도 없게 된 것이다.

둘째, 시장실패 현상을 해결하기 위하여 행정부의 적극적 개입이 불가피하였으며, 행

정의 고도 전문화, 기술화 및 위임입법의 증가로 인하여 행정의 재량권과 준입법권, 준사법권이 증대되었으므로 행정과 정치는 분리될 수 없는 것이었다.

이처럼 정치와 행정이 분리될 수 없는 근거는 여러 관점에서 찾을 수 있다.

첫째, 정치와 행정은 모두 정치권력을 내포하고 있으며, 행정은 넓은 의미의 정치과정 속에 내포되어 있다.

둘째, 행정은 재량권, 예산권, 준입법권 등 정책결정 기능과 정치적 기능을 내포하고 있다.

3) 새이원론행정행태론: 과학성에의 재집념

1930년대 후반에 일원론이 제기된 후 행정권의 강화가 지속적으로 이루어지고 있어 누구나 일원론의 입장을 부정하지는 못하고 있었으나, 1940년대 후반에 사이먼(H. A. Simon)이 중심이 되어 가치명제와 사실명제의 분리를 주장하는 새이원론이 제기되었다. 사이먼(H. A. Simon)의 유명한 저술 《Administrative Behavior》행정행태론, 1945가 새이원론의 대표적 저술이다.

새이원론은 행정의 정책결정기능, 즉 정치행정 일원론 자체를 부정하는 것은 아니다. 다만, 행정연구의 과학화를 위하여 논리적으로 가치판단적인 것과 사실판단적인 것을 구분하여, 행정연구의 과학화를 위해서는 사실판단적인 명제만 연구대상으로 삼아야 한다는 주장했다는 점이다이를 논리실증주의라고 한다. 즉, 과거의 이원론이 정치와 행정을 명확하게 이분법적으로 구분한 것이었다면, 새이원론은 정치와 행정이 그 성격상 구분될 수 있는 것은 아니나, 행정연구의 과학화를 위해서는 사실명제만을 연구대상으로 삼아야 한다는 점에서 구분하였다는 점이다. 그래서 새이원론이라고 불린다.

4) 새일원론발전행정론: 기술성의 재강조

1960년대 에스만(M. J. Esman), 와이드너(E. W. Weidner) 등에 의하여 발전행정론이 등장하면서 후진국의 경제·사회발전을 위하여 행정이 정치를 영도해 가야 한다는 입장을 펼쳤는데, 이를 새일원론이라고 한다. 과거의 일원론이 정치우위에 입각한 정치와 행정의 불가분한 관계를 강조한 것이었다면, 새일원론은 행정우위에 입각한 행정영도론이라는 점에서 구분된다. 즉, 에스만(M. J. Esman), 와이드너(E. W. Weidner) 등은 행정과 정치와의 관계에서 전통적인 정치우위론을 뒤집어 행정우위론을 주장하였다(행정영도론). 이러한 주장을 하는 근거는 개도국에 있어서 빠른 발전은 필요하고 이러한 발전을 담당할 가장 응집력 있는 조직력은 행정관료 조직밖에 없다는 것이다.

리그스(F. W. Riggs)는 이러한 주장에 대해 행정이 우월한 입장에서 정치를 영도해가는 경우 권력자에게 가장 중요한 책임성과 정통성의 문제(통칭하여 민주성이라고 할 수 있음)가 발생한다고 주장한다. 후진국의 경우 관료주의는 또 하나의 중요한 가치인 시민의 자유와 권리를 침해하기 쉽다는 우려가 있다는 것이다. 이러한 관점에서 우리는 행정학을 공부함에 있어 한편으로는 국가발전목표의 달성이라는 효율성의 가치와 다른 한편으로는 국가권력에 대한 시민통제 혹은 거버넌스 접근이라는 민주성의 가치가 어느 한쪽으로만 크게 쏠림현상이 일어나지 않도록 해야 한다는 논점을 놓치 말아야 할 것이다.

2. 과학성과 기술성의 측면에서 본 행정이론의 발달

1) 과학성과 기술성의 내용

(1) 과학성의 행정학적 내용

과학의 세 가지 속성은 1) 경험성, 2) 객관성, 3) 재생가능성이다. 과학적 연구방법은 경험이 가능한 연구 자료를 토대로 객관적인 근거를 제시할 수 있어야 하며, 이는 또한 후속연구에서 재생 가능하여야 한다. 과학적 연구방법은 변수 사이의 인과관계를 중시한다. 즉, 행정학의 과학성 문제는 행정현상과 관련하여 어느 정도 인과관계가 검증된 이론체계를 구축할 수 있는가에 관한 것이다. 또한 이는 행정현상을 연구함에 있어 단순한 기술descriptive을 넘어 변수들 간의 관계를 체계적으로 설명explanation하고 예측prediction할 수 있는가의 문제와 관련된다. 따라서 과학으로서의 행정학 연구는 행정현상의 여러 가지 변수 간의 관계를 논리적·실증적으로 구성하는 경험적 이론화의 작업에 역점을 둔다.

행정학의 과학성 문제는 인간 행태에 대한 과학적 연구를 강조하던 행태주의 연구 경향에 의해 주요하게 제기되었다. 행태주의는 제도나 구조보다 인간의 행태에 더 큰 관심을 갖게 되었으며, 가치명제와 사실명제를 엄격히 구분하고 연구 방법에서 과학적 조사 연구의 엄격한 기준을 적용했다. 또한 이론이나 모델을 구성할 때, 논리적 치밀성, 개념의 조작적 정의, 가설의 경험적 검증, 자료의 수량적 처리 등을 강조했다. 이를 논리실증주의라고 한다.

(2) 기술성의 행정학적 내용

기술성의 관점에 서 있는 학자들 입장에서 보면 행정학은 과학이 아니라 기술이다. 즉, 행정현상은 자연과학현상과는 달리 보편성을 지니지 못한 경우가 많으며, 상황과 맥락에 따라 가변적인 경우가 많아 과학이 추구하는 보편적인 이론과 모형을 형성하기가 쉽지 않다는 것이다. 또한 행정학 자체가 실천성을 추구하는 문제해결과 맥락지향의 학문이므로 보편적인 인과관계를 추구보다는 적절성relevance과 실행action이 강조될 필요가 있다는 것이다.

기술성을 왈도(D. Waldo))는 'art' 또는 'professional'이라는 용어로 지칭한다. 행정학의 기술성은 행정의 활동 자체를 처방하고 치료하는 행위를 지칭한다. 사이먼(H. Simon))은 'practice'라는 용어로 지칭하는데, 정해진 행정목표를 어떻게 하면 효율적으로 성취하는가의 방법을 의미한다. 또한, 행정학에서 기술성이란 어떻게how를 중심으로 실용성·처방성을 강조한다(백완기, 1987: 75).

2) 행정이론의 발달: 과학성 vs. 기술성

(1) 과학성의 강조: 정치행정 이원론

윌슨(W. Wilson)이 1887년 "행정의 연구The Study of Administration"을 발표한 19세기 말부터 1930년대 초반까지는 행정학에서 정치행정 이원론이 강조되던 시기이다. 정치행정 이원론은 행정으로부터 정치적인 것, 정책결정적인 것이 배제하고 난 후 행정을 거의 전적으로 순수관리로만 생각하던 시대의 산물이다. 따라서 이때는 행정의 연구를 하나의 원리를 규명하려는 '초기' 과학적 연구가 많이 이루어지던 시기이다.

정치행정 이원론의 대표적 학자는 귤릭(L. Gulick), 어윅(L. Urwick) 등이며, POSDCoRB로 지칭되는 행정의 원리, 즉 기획Planning, 조직화Organizing, 인사Staffing, 명령Directing, 조정Coordinating, 보고Reporting, 예산Budgetting 등에서 나타나는 공통된 행정의 원리를 규명하려고 노력하였다. 이는 또한 조직의 5대 원리인 분업, 조정통합, 계층제, 통솔의 범위, 명령통일의 원리로 표현되기도 했다.

하지만 이때의 원리는 엄밀한 의미에서 가설검증을 거치지 않았기 때문에 엄격하게 과학이라고 부르기에는 한계가 있는 것도 사실이며, 뒤에 행정행태주의를 주장한 사이먼(H. Simon) 등의 학자에 의해 비판을 받게 된다.

(2) 기술성의 강조: 정치행정 일원론

과학성이 무너지고 기술성이 강조된 것은 정치행정 일원론이 대두된 1930년대 후반부터이다. 이의 근본원인은 그때까지 무시되었던, 행정의 정책결정기능 및 이에 내포되는 가치관의 영향, 자유의사로 인한 인간행태의 동태성 및 복합성에 있다. 즉, 뉴딜정책과 같은 대규모 국가정책의 집행경험을 거치면서 행정이 원리현상만으로 실행되는 것은 아니라는 것을 깨닫게 되었기 때문이다. 정치와 행정이 불가분의 관계를 맺게 되는 한 정치는 필연적으로 가치판단의 문제를 내포하게 되므로, 이처럼 가변적 분야를 체계적으로 연구해서 과학화한다는 것은 거의 불가능하기 때문이다. 정치행정 일원론의 대표적 학자로서는 애플비(P. H. Appleby), 디목(M. E. Dimock) 등을 들 수 있다.

(3) 과학성에의 재집념: 신이원론(행정행태론)

초기의 과학성에 대한 신봉이 정치행정일원론자들에 의하여 무너지자 거의 때를 같이하여 1940년대 후반부터 제기된 행정행태론은 과학성을 재강조한다. 사이먼(H. Simon)는 "행정행태론Administrative Behavior"(1945)에서 초기의 소위 과학적 원리의 과학성에 대한 비판을 하고, 그것은 원리라기보다는 검증되지 않은 속설proverb에 지나지 않는다고 비판하면서 논리실증주의에 입각한 행정연구의 과학화를 제안하였다. 사이먼(H. Simon)은 초기의 행정학자들이 내세웠던 원리들은 과학이 아니라, 과학적 방법을 통한 검증을 거치지 않은 피상적 속설proverbs이라고 비판하였다.

사이먼(H. Simon)은 행정현상 중에서 의사결정decision-making이 가장 중요한 연구대상이라고 보았는데, 이러한 의사결정의 주제에서도 가치명제와 사실명제를 논리적으로 분리하여, 사실명제에 대하여 엄격한 과학적 방법에 의하여 검증을 거쳐 과학적 원칙을 도출해야 한다고 주장하였다. 카네기대학을 중심으로 카네기학파를 형성한 사이먼(H. Simon)은 이러한 논리실증주의logical positivism에 따라 비공식집단의 행태, 조직의 의사결정행태 등을 많이 연구했으며, 만족모형, 회사모형, 조직모형, 조직론적 신제도주의 등에 많은 학술적 업적을 남겼다. 대표적인 학자로는 사이먼(H. Simon))과 리그스(F. W. Riggs) 등이 있다.

(4) 기술성의 재강조: 신일원론발전행정론, 신행정론

1960년대 발전행정론이 대두되면서 기술성의 재강조가 나타난다. 후기행태주의와 1970년대 신행정이론도 이러한 경향을 보인다. 행정학이 '실험실의 과학'에만 집착하는 좁은 행태주의에 대해 비판하면서 행정학에서 가치문제, 문제해결지향성, 사회적 형평성, 참여문제와 가치문제의 중요성, 실천성과 처방성 등을 강조하고, 이에 따라 기술성이 재강조된 것이다.

과학적 논문을 중시하는 행정행태론은 방법론을 강조하다보니 좁은 의미의 행태주의에 치중하게 되었으며, 계량적 데이터와 통계기법에 치중하면서 실제적으로 중요한그러나 통계적으로 모형화하기는 어려운, 가령 인권, 형평, 가치의 문제 근본적 사회문제를 경시하였다는 비판을 받게 되었다.

이러한 경향은 후기행태주의로 이어지는데, 1950년대 초기에 라스웰(H. Lasswell)이 제창한 문제해결 지향적 패러다임으로서의 정책학의 발전과 맥을 같이한다. 대표적인 학자로는 에스먼(M. Esman), 와이드너(E. Weidner), 왈도(D. Waldo) 등이 있다.

3. 행정변수의 측면에서 본 행정이론의 발달

행정변수란 행정현상에 영향을 미치는 중요한 요인을 말한다. 이는 행정목표의 달성이나 사회문제의 해결에 있어 성패를 좌우하는 요인이라는 의미이다.

행정변수는 행정인, 행정구조, 행정기능, 가치관과 태도, 문화, 행정환경 등 다양하게 제시되고 있으나, 이를 공통적으로 집약하면 행정의 3대 변수는 행정인, 행정구조, 행정환경이라고 할 수 있다.

1) 과학적 관리론구조

(1) 성립배경

과학적 관리론은 행정을 관리기술체제로 파악하는 이른바 정치행정 이원론 시대의 이론이다. 이는 19세기 말부터 20세기 초에 걸쳐 미국에서 산업혁명에 의한 대량생산체제로 들어섬에 따라 노동의 생산성과 조직의 능률성 향상을 위해 테일러(F. W. Taylor)에 의해 개발된 이론이다.

(2) 주요 내용

1903년 테일러(F. W. Taylor)는 '과학적 관리'scientific management 즉, 시간 및 동작연구time and motion study를 통해 '최선의 방법the one best method'을 발견하여 작업을 수행할 수 있도록 설계하였다. 또한 경제적 성과급을 통해 근로자에게 동기부여를 하면 조직의 생산성이 향상될 수 있으며, 이는 궁극적으로 조직과 노동자 모두에게 좋은 일이라고 간주하였다.

(3) 기여와 한계

과학적 관리론이 행정이론 발달에 기여한 점은 다음과 같다.

첫째, 생산성productivity 증대를 위한 구체적이고 과학적인 방법의 제시를 하였으며,

금전적 보상의 중요성을 부각시켰다.

둘째, 직무분석job analysis을 위한 기초를 제공하였으며, 조직연구에 과학적 방법을 적용하는 계기가 되었다.

그러나 과학적 관리론은 다음과 같은 한계를 지닌다.

첫째, 인간을 경제적인 이익만을 추구하는 존재로 이해하였고X이론적 인간관, 조직구성원들의 인간적·정서적 측면Y이론적 인간관을 고려하지 못했다.

둘째, 노사양측으로부터 불만을 자아냈으며, 비공식집단, 커뮤니케이션, 민주적 리더십의 역할 등의 중요성을 간과하였다.

2) 인간관계론사람

(1) 의의

테일러(F. W. Taylor)의 과학적 관리론이 조직의 비인간화를 초래했다는 비판을 받게 되는 배경 하에서 메이요(E. Mayo), 뢰슬리스버거(F. J.Roethlisberger), 딕슨(W. Dickson) 등 하버드 경영대학원의 교수팀들이, 미국 호오손 공장에서, 공장의 생산성을 결정하는 진정한 요인이 무엇인지를 규명하기 위해 인간관계에 대한 실증적 연구를 전개하였다. 1924년과 1927~1932년에 실시된 연구로서 이를 호손(Hawthorne)실험이라고 하며, 인간관계론 연구의 시발점이 되었다.

(2) 주요 내용

인간관계론 연구가 내린 주요 결론은 다음과 같다.

첫째, 근무의욕은 생리적·경제적 요인에 의해서만 자극을 받는 것이 아니고, 사회적·심리적 요인도 크게 작용한다.

둘째, 비경제적 보상도 생산성을 향상시키는 데 크게 작용하며, 인간관계와 비공식적인 자생집단을 활용하는 것이 중요하다.

셋째, 개인의 사회적·심리적 욕구충족을 통한 만족감이 생산성 향상에 중요하며, 경쟁에 의한 생산보다는 협동에 의한 생산이 더 중요하다.

(3) 기여와 한계

인간관계론은 조직이론의 발달 측면에서 조직 내 인간의 가치를 발견하고 개인의 참여를 유도하여 조직성과를 높이는 데 기여하였다. 특히 행정이론 발달에 기여한 점은 행정의 인간화와 민주화이다Y이론적 인간관. 과학적 관리론에서 도외시한 조직 내 개인의 사회적 관계를 인정하고, 이를 조직 활동의 중요한 요소로 활용한 점이 학술적 기여이다.

그러나 인간의 심리적 성격과 조직 내 사회적 관계를 지나치게 중요시한 나머지 여전히 환경과의 관계를 제대로 취급하지 않았고이때는 아직 행정 생태론적 연구와 비교론적 접근이 등장하기 전이다, 인간의 자율성과 창의성에 역점을 두기보다는뒤에 조직이론에서 보듯이 후기 인간관계론은 자율성과 창의성에 역점을 둔다 고전적 조직과 마찬가지로 조직의 성과 또는 개인의 생산성에 주된 관심을 기울였다는 태생적 한계를 지닌다(이종수·윤영진, 2002: 385-386).

3) 행정행태론사람

(1) 의의

행정행태주의behavioral science approach는 기존의 행정학자들이 제도나 법률에 대한 역사적 제도적 연구에 그치기 때문에 진정한 과학이 아니라고 비판하고, 행정 연구의 주요 본질은 행정 행태에 대한 과학적 연구가 되어야 한다고 주장하였다.

(2) 주요 내용

행정행태주의는 논리실증주의를 강조하던 사이먼(H. A. Simon)에 의해 크게 발전되었다. 그는 《Administrative Behavior》행정행태론, 1945에서 행정현상에 대한 경험적 연구와 방법론적 엄격성을 통해 행정학의 과학화를 기해야 한다고 주장하였으며, 사실명제와 가치명제를 엄격히 구분하여 사실명제에 대한 과학적 연구를 해야 한다고 하여 새이원론의 주창자가 되었다. 사이먼(H. A. Simon)은 또한 행정현상의 핵심은 의사결정과정으로 파악하고, 의사결정에 있어서의 제한된 합리성bounded rationality과 만족모형satisfying model 등 행정연구의 과학화에 많은 기여를 하였다. 카네기 멜론대학에서 인간행태와 인지적 한계에 기초한 과학적 연구에 많은 기여를 하였으며, 사회학적조직론적 신제도주의에 많은 학술적 공헌을 하였다이러한 공로로 노벨 경제학상을 수상하였다.

행정행태론은 사회현상도 자연과학과 마찬가지로 엄밀한 과학적 연구가 가능하며, 사회 현상과 인간행태 역시 관찰 가능한 객관적 대상으로 보고 인간의 주관이나 의식을 배제한 상태에서 과학적 연구를 진행해야 한다고 주장하였다. 특히 인간행태 역시 합리성rationality과 규칙성regularity에 기초한 체계적 연구가 가능하다고 보았는데, 연구과정에서 특정질문에 따른 반응을 통해 파악해 볼 수 있는 태도, 의견, 개성 등도 행태에 포함시키고, 이러한 행태의 규칙성과 인과성을 경험적으로 입증할 수 있다고 보았다. 또한, 가치와 사실을 명백히 구분하여 가치중립성을 지킬 것을 강조하면서, 개념의 조작적 정의를 통해 객관적인 측정방법을 사용하며 자료를 계량적인 방법에 의해 분석할 것을 강조하였다. 이러한 인식론적 근거를 논리실증주의logical positivism라고 한다.

행정학분야에 사이먼(H. Simon)이 있다면, 정치학분야에 기여한 행태론자는 이스턴(D. Easton)을 꼽을 수 있다. 이스턴(D. Easton)은 행태론적 접근방법의 8가지 전제를 제시하였다.

① 규칙성regularity: 정치행정행태에는 일정한 규칙이 있으며, 따라서 그것은 이론화가 가능하다.

② 입증verification: 이론화는 사실을 경험적으로 연구함으로써 입증될 수 있다.

③ 계량화quantification: 사실을 경험적으로 연구하기 위해서는 자료의 계량화가 필요하다.

④ 기술technique: 정확한 분석과 이론의 개발을 위해서는 사회과학 연구방법론, 즉 방법론적 기술이 필요하다.

⑤ 가치value와 사실fact의 구분: 과학적 연구에는 가치판단이 배제되어야 하며 사실명제에 대한 경험적 연구에 한정되어야 한다.

⑥ 체계화systematization: 검증된 가설은 명제이며, 명제가 축적되면 법칙과 이론

이 된다. 지식의 체계화가 이론이므로, 체계화는 과학적 연구에서 중요하다.

⑦ 과학적 이론scientific theory: 순수한 과학적 이론을 발전시키는 것이 행태론의 목적이다.

⑧ 연합학문 접근interdisciplinary approach: 순수한 과학적 이론을 발전시키기 위해서는 연합학문적 통섭이 필요하다.

(3) 기여와 한계

행정행태론은 가치명제를 배제함으로써 행정연구의 과학화에 공헌하였지만, 1960년대 후반 이후 후기행태주의가 등장하면서 비판을 받기 시작했는데, 이는 연구방법의 한계에 대한 비판에서 비롯한다.

① 기술에 지나치게 치중: 행정행태론은 연구방법과 기술에 지나치게 급급한 나머지 행정학의 본질substance을 오히려 놓쳤다는 비판이다. 계량방법론을 지나치게 강조한 나머지 계량화할 수 없는 사회현상에 대한 실질적인 기여가 취약하였다.

② 가치판단배제의 비현실성: 행정학의 궁극적 목적이 인간사회의 개선을 통한 인간존엄성의 실현일진대 행정연구의 대상에서 가치판단을 배제하는 것이 얼마나 적절한 것인가에 대한 비판이다.

③ 연구대상과 범위의 지나친 제약: 행정행태론은 논리적 실증주의의 방법론에 치중한 나머지 연구의 혁신이 일어나지 못했다.

4) 행정생태론환경

(1) 의의

행정현상은 진공vacuum 속에서 이루어지지 않는다. 행정생태론은 행정현상을 사회적·문화적 환경과 제도적 맥락 속에서 연구하려고 한다. 생태란 유기체와 환경과의 상호관계를 말하며, 따라서 행정생태론은 행정과 환경의 상호작용특히 환경으로부터의 영향을 강조하는 연구방법론이다.

행정학에서 생태론적 접근방법Ecological Approach은 1940년대와 1950년대에 이르러 미국이 제2차 세계대전 이후 신생국의 행정현상을 연구하면서 환경에 대한 보다 넓은 시야와 과학화가 요구됨에 따라 나타났다. 즉, 이러한 연구의 출발점은 서구 행정제도가 신생국에서 제대로 작동되지 않는다는 사실을 설명하는 과정에서 생성 되었다. 신생국의 행정 환경이 서구 국가들과 상이하기 때문에 아무리 서구에서 잘 작동되는 제도라고 하더라고 환경과의 상호작용이 다르기 때문에 신생국에서는 제도가 제대로 작동하지 않는다는 것이다. 따라서 행정현상을 설명하고 이해하기 위해서는 각 사회의 환경적생태적 요인을 고려해야 하며, 전통적으로 과학적 관리법과 인간관계론에서 주장하였던 구조적, 인간적 변수만으로는 한계가 있다는 것을 주장한다.

(2) 주요 내용

행정생태론은 1947년 가우스(J. M. Gaus)에 의해 도입되었다. 그는 정치학 및 문화인류학 등에서 발전된 생태론을 차용하여 행정연구에 도입하였는데, 행정에 미치는 환경적 요인으로서 인구, 장소, 과학 기술, 사회 제도, 욕구와 이념, 재난, 가치관 및 태도 등 일곱 가지를 제시하였다.

리그스(F. Riggs1964)는 가우스(Gaus)모형을 좀 더 발달시켜 농업사회와 산업사회라는 비교행정 연구모형을 제시하면서, 행정의 환경변수로서 정치체제, 경제체제, 사회구조, 의사전달, 이념요인 등 다섯 가지를 제안하였다.

(3) 기여 및 한계

행정연구에 있어서 행정생태론의 공헌은 다음과 같다.

첫째, 행정을 문화적 환경적 맥락 속에서 접근함으로써 행정행태의 특징을 보다 더 생생하게 파악할 수 있게 해 주었으며, 행정의 문화적 환경적 차이에 따라 달라지는 행정의 특수성을 파악하게 해 주었다.

둘째, 행정연구에 있어서 정치학, 문화인류학 등 연합학문적 접근에 따른 종합과학적 연구의 중요성을 제시해 주었다.

하지만 행정생태론은 아직 행정을 환경적 요소에 의해 수동적으로 영향을 받는 문화 결정론적 시각에 빠져 있어, 행정의 적극적이고 주체적인 역할을 경시했고

이로 인해 비교행정론이 등장하게 된다, 행정이념 및 엘리트 역할에 따른 미래지향적 사회변동의 기능을 간과**이로 인해 발전행정론이 등장하게 된다**했다는 비판을 받고 있다.

5) 비교행정론**환경**

(1) 의의

비교행정론은 행정생태론에 이어 1950년대 행정의 과학화에 대한 요청으로 등장하게 된 비교론적 연구방법이다. 이때 비교행정이란 보다 체계적인 지식을 창출할 목적으로 서로 상이한 문화적 환경적 맥락 하에서 행정현상과 정책현상을 비교론적으로 연구하는 학문분야이다.

(2) 주요 내용

헤디(Heady1962)는 비교행정의 주요한 이슈를 5가지로 제시하였다.

① 정부행정체계의 비교기준

② 문화적·환경적 제약을 넘어서는 보편타당한 과학적 지식의 도출

③ 개발도상국가의 행정능력 발전을 위한 주요 전망

④ 범문화적으로 공유할 수 있는 적절한 행정구조와 운영방법

⑤ 비교행정이 미래의 행정체제를 변화시킴에 있어 줄 수 있는 정책적 함의 및 시사점

(3) 기능 및 한계

비교행정은 행정의 관심 범위를 확장하였으며, 여러 국가의 행정현상을 비교연구함으로써 행정연구의 과학화에 기여하였다. 비교행정은 초기의 행정생태론보다는 행정과 환경의 상호작용을 강조했다는 측면에서 진일보하였으나, 여전히 행정이념 및 엘리트의 발전행정론적 역할을 간과하였다는 비판을 받았다.

6) 신행정론

(1) 신행정론의 의의

후기행태주의는 1960년대 후반 미국사회의 월남전 실패, 흑인폭동, 소수민족 문제, 마틴 루터 킹 목사와 로버트 케네디 암살 등으로 인한 미국의 사회적 혼란을 해결하지 못하는 학문의 무력함에 대한 반성으로 나타났다. 초기 행태주의는 연구대상의 실증적 연구를 통해 사실의 경험적 분석에는 강하지만 사회가 안고 있는 문제점을 개선하기 위한 실천적 처방이 약한 점이 한계였다. 1968년 미국 미노브룩Minnobrook회의에서 왈도(D. Waldo) 교수의 주도하에 새로운 행정학의 방향 모색을 계기로 행정학에서의 후기행태주의신행정학가 태동하게 되었다. 대표적인 학자로는 왈도(D. Waldo1971), 프레데릭슨(H. G. Frederickson1980), 오스트롬(V.Ostrom)1971 등이 있다.

정치학 분야에서는 이스턴(D. Easton)이 후기행태주의의 연구지향을 촉발시켰는데, 그는 1969년 미국정치학회 회장에 취임하는 '정치학의 새로운 혁명'New Revolution in Political Science이라는 기조연설에서 1) 적절성relevance과 2) 실행action이라는 화두를 제시하였다. 적절성이란 사회과학자가 연구하는 문제가 사회개혁과 관련된 적절한 것이어야 하고, 실행이란 사회과학자의 연구 성과가 정책을 통해 실행되어야 한다는 것이다. 이것은 초기 행태주의에서 소홀히 했던 가치문제, 처방, 참여, 사회적 형평성 등을 강조한 것이다.

(2) 주요 내용

신행정학은 전통적 행정학의 능률지상주의를 탈피해야 하고, 또한 논리실증주의와 행정행태주의의 편협된 과학지상주의에 대해서도 탈피해야 한다고 주장하면서, 참여participation 및 고객중심의 행정customer-oriented administration, 가치 지향적 관리action-oriented administrator, 사회적 형평social equity, 비계서적 조직non-hierarchical organization, 개방체제이론open-system theory 등을 제안하였다.

① 참여 및 고객중심의 행정

신행정학은 참여와 실행을 강조한다. 행정조직은 고객 지향적 행정을 해야 하며,

시민에 대한 대응성과 책무성의 향상을 주장한다. 이를 위해 시민참여의 확대, 행정의 분권화 등을 제시한다.

② 가치 지향적 관리

참여 및 고객중심의 행정 실현을 위해서는 관료가 가치 지향적으로 행동해야 함을 강조하였다. 관료는 수동적 존재가 되어서는 안되며, 사회정의에 민감하고 감수성 있는 가치 지향적 관리가 되어야 하며, 이러한 방향으로의 변화를 위한 교육훈련이 필요하다고 주장하였다.

③ 사회적 형평

행정조직은 사회적 불평등을 제거해야 할 의무가 있으므로 부유층이나 대기업 대신 사회적으로 불리한 소외계층을 위해 봉사함으로써 사회적 형평을 실현해야 한다고 보았다.

④ 비계서적 조직

전통적 조직이론의 계서적 조직으로는 한계가 있다고 보고, 비계서적 조직과 참여를 통해 조직인의 자율성과 창의성이 증진되어야 한다고 보았다. 이를 위해서는 조직발전에 있어서 조직구성원들의 참여가 중요하다고 보았으며, 미래의 환경변화에 대응하는 다양한 형태의 조직에 대한 연구가 필요하다고 보았다. 특히 TFTTask Force Team, 임시조직와 같이 임무가 끝나면 해체되는 조직, Network 조직과 같이 다양한 이해관계와 전문가들이 함께 참여하여 문제를 해결하는 형태의 조직을 제시한다.

⑤ 개방체제 이론

개방체제는 불확실성uncertainty으로 특징 지워지는 바, 신행정론은 이 개방성이 최대한 확보되어야 한다고 주장하였다. 또한, 개방체제에 입각하여 조직의 참여자들에 대한 감수성훈련 등 조직발전Organization Development을 강조하였다.

(3) 기여 및 한계

신행정론은 우리나라와 같이 정치적 책임한계가 불분명하고 관료제에 대한 민주적 통제가 취약한 국가에서는 한계가 있는 것이 사실이다. 특히 관료들의 가치 지향적 행동을 지나치게 강조할 경우 행정의 안정성이 훼손될 우려도 있다.

하지만, 신행정론은 기존의 모든 행정이론을 완전히 부정하는 하나의 확립된 이론체계라기보다는 기존이론과 상호보완의 관계에 서서 기존이론의 문제점을 지적해주는 하나의 반대가설Anti-Thesis이라 할 수 있으며, 신행정론이 제시한 개념과

정신은 공공선택이론, 신공공관리론 등 1970년대 이후 후기산업사회의 행정이론의 발달에 크게 기여하였다.

7) 공공선택론

(1) 의의

빈센트 오스트롬과 엘리너 오스트롬(Vincent Ostrom & Elinor Ostrom1972)은 경제학에서 뷰케넌(Buchanan)과 툴록(Tullock) 등이 확립한 공공선택이론을 행정학에 도입하였다. 대표적 학자로는 빈센트 오스트롬과 엘리너 오스트롬(Vincent Ostrom & Elinor Ostrom 민주행정 패러다임, 1972), 다운스(A. Downs정책결정의 공공선택론, 1960), 니스카넨(Niskanen예산극대화모형, 1971) 등이 있다.

공공선택론은 합리적 선택이론의 경제학적 모형에 기초하여 많은 이론적 공헌을 하였으며, 이러한 경험모형을 토대로 전통적인 관료제적 행정의 비합리성을 비판하였다(이종수·윤영진, 2002: 165-168).

(2) 기본 가정과 특징

① 방법론적 개인주의methodological individualism

제도나 환경 위주의 접근 방법보다 개인중심의 방법론을 취하며, 미시경제학모형에서의 접근방법을 취한다.

② 합리적인 이기주의rationalistic assumption

공공부문의 정책결정과정에 참여하는 개인 역시 자기이익을 극대화하려고 한다고 가정한다. 정치인은 득표의 극대화를 추구하며, 관료는 예산의 극대화를 추구한다.

③ 집합적 결정 중시collective decision-making

공공부문의 의사결정은 집합적 의사결정이며, 이때 거래비용을 최소화하기 위해서는 많은 정보의 제공, 설득과 합의, 정치적 합의 등 민주주의적 방식이 중요하다고 본다.

④ 제도적 장치의 마련 강조institutional arrangement

전통적인 정부 관료제 조직은 정보의 비대칭성information asymmetry과 도덕적 해이moral hazard 현상이 나타난다고 비판하면서 이러한 주인-대리인 문제를 극복하게 해 줄 수 있는 민영화, 민간위탁 등 새로운 제도적 장치가 필요하다고 주장하였다.

⑤ 중첩적인 조직 장치의 강조multiple arrangement

정부의 각 수준에 맞는 분권적이고 중첩적인 다양한 규모의 제도적 장치가 필요하다고 보았다.

(3) 기여 및 한계

공공선택론은 정부 관료제에 의한 정부실패 등의 개념을 제시함으로써 신공공관리NPM의 이론적 기초를 제공하였다. 또한, 개인공무원이 선택하는 상황에서의 개인과 제도적 틀institutional arrangement과의 상호작용을 강조함으로써 합리적 선택 신제도주의 연구에 많은 기여를 하였다. 또한 공공선택론은 시민들의 다양한 요구와 선호에 민감하게 대응할 수 있는 제도적 장치의 마련에 관심을 나타내고 있어 민주행정의 구현이라는 점에서 높이 평가될 수 있다.

그러나 효용극대화를 추구하는 개인에 대한 가정은 비현실적이며, 자유시장의 논리를 공공부문에 도입하려고 하나 그 역시 시장실패로부터 자유롭지 못하다는 고유한 한계가 있다. 즉, 정부와 시장은 엄연히 차이가 있으므로 NPM적 접근을 정부부문에 그대로 적용하기에는 많은 문제점이 있다.

제2절 최신 행정이론

1. 신공공관리론

1) 의의

1980년대 이후 신공공관리론New Public Management: NPM은 민간부문의 시장주의경쟁원리와 고객강조와 민간기업의 관리기법을 결합한 이론이다. 공공선택이론Public Choice Theory, 합리적 선택 신제도주의 이론New Institutional Theory, 주인-대리인 이론Principal-Agent Theory, 거래비용 이론Transaction- Cost Theory 등이 이론적 기초가 되었으며, 특히 경제적 효율성에 초점을 둔 '시장적 정부모형'을 강조하는 이론이다.

2) 주요 내용

(1) 신공공관리론의 주요 원리

신공공관리론New Public Management: NPM은 '노젓기'보다는 '방향잡기'의 관점에서 국가중심 거버넌스의 한 형태라고도 볼 수 있으며(Rhodes, 1996), 이는 오스본 (Osborne)과 개블러(Gaebler)의 '기업가적 정부'Businesslike Government;Entrepreneurship Government 모형을 통해 그 주요 내용이 잘 나타나 있다.

첫째, NPM은 공공부문에 시장원리인 '경쟁'competition을 도입하고, 관료가 사명감mission을 가지고 고객을 최우선시하는 기업가적 정신을 정부에 도입해야 함을 강조한다.

둘째, NPM은 정부운영에 경쟁원리를 도입하고 이에 입각해 최선의 서비스를 고객에게 효율적으로 제공하여 행정의 효과성과 능률성을 극대화할 수 있는 길을 제시한다.

셋째, NPM은 정부운영에 시장원리를 도입하고, 경쟁competition, 권한위임empowerment, 책임accountability 및 성과performance 확보 등을 강조한다.

(2) 신공공관리론과 뉴거버넌스

신공공관리론과 뉴거버넌스는 여러 가지 면에서 큰 차이를 보이고 있다.

첫째, NPM은 경쟁의 원리를 중시하지만, 뉴거버넌스는 시장주의에 입각한 경쟁보다는 신뢰를 기반으로 조정과 협조를 강조한다.

둘째, NPM은 행정기능의 상당부분이 민영화, 민간위탁 등을 통해서 국가로부터 민간에게 이양할 것을 주문하지만, 뉴거버넌스는 국가의 역할을 부정하기보다는 민간의 힘을 동원하고, 네트워크화하여 협동에 의한 공적문제 해결을 중시한다.

셋째, NPM은 국민을 공리주의에 입각하여 국정의 대상인 '고객'으로 보지만, 뉴거버넌스는 시민주의에 바탕을 두고 덕성을 지닌 '시민'으로 본다.

넷째, NPM은 시장논리에 따라 행정의 생산성이나 효율성을 중시하지만, 뉴거버넌스는 구성원 간의 참여와 합의에 기초한 민주성과 신뢰성을 강조한다.

다섯째, NPM은 행정의 경영화에 의한 정치행정 이원론의 성격이 강하지만, 뉴거버넌스는 다양한 구성원의 참여를 중시하므로 행정의 정치성일원론을 중시한다. 즉 이러한 차이의 원인은 뉴거버넌스가 절차적 민주성의 확보 및 시민 중심적 거버넌스의 참여·신뢰·협동에 기초한 네트워크를 중시하기 때문이라고 할 수 있다(권기헌, 2007a; 2007b).

그러나 신공공관리론과 뉴거버넌스 모두 정부역할 축소, 방향잡기의 강조, 행정과 민간의 구분의 상대성, 민관협력 등을 인정한다는 점에서는 이질적이거나 대조적이지는 않다. 정부의 기능을 노젓기보다는 방향잡기에 국한시키려는 의도나 민영화 등 시장주의적 개혁이 결과적으로 정부와 민간의 네트워크 기능을 확대시켰다는 점 등에서 볼 때 신공공관리론은 뉴거버넌스의 토대가 되었다고 볼 수 있다.

(3) 기여 및 한계

신공공관리론은 민간부문의 시장주의와 민간기업의 관리기법을 도입함으로써 새로운 정부혁신의 바람을 일으켰다는 점에서 많은 의의를 지니지만, 행정의 경영화를 지나치게 강조한다는 한계가 있다.

첫째, 고객customer과 시민citizen의 차이에 대한 비판이다. 경영학의 고객과 행정학의 시민은 민주주의의 주체성 및 철학적 근원이 다른 것임에도 불구하고, 신공공관리론은 행정에서의 고객주의에 지나치게 치중했다는 비판이다.

둘째, 민주적 국정관리democratic governance에 대한 통찰의 부족이다. 신공공관리는 정부의 축소 및 관료에 대한 비판의 논거를 제시함으로써 효율성에는 기여했을지 모르나 민주적 정부의 정체성을 간과했다는 비판이다.

셋째, 민주행정의 책임성accountability에 대한 고찰의 결여이다. 신공공관리는 시장과 민간부문의 경영기법을 도입함으로써 민간위탁, 민영화, 책임운영기관 등에 지나치게 의존함으로써 정작 국가행정을 책임질 정부의 문제해결능력과 위기관리능력 등 총체적 조직학습메모리institutional learning memory를 저하시키고 공동화 정부hollow government를 초래하였다는 비판이다(권기헌, 2007a; 2007b).

2. 사회적 자본이론

1) 개념

사회적 자본이라는 용어는 하니판(Hanifan)에 의하여 1916년에 처음 사용되었으며 본격적으로 사회적 자본개념이 출현한 것은 브르디외(Bourdieu1986)가 문화적 자본개념을 사용하기 시작한 데서 비롯된다. 브르디외Bourdieu의 사회적 자본연구의 핵심은 네트워크라고 규정하였다.

콜맨(Colemann1988)은 사회적 자본을 단일한 실체가 아니라 보통 두 가지 이상의 요소가 포함된 복합체라고 보고, 복수의 사회적 자본은 사회구조의 몇몇 측면을 구성하면서 구조 내 행위자의 특정한 행동을 촉진시킨다고 하였다. 즉 사회적 자본은 사회구성원행위자이 가용할 수 있는 특수한 종류의 자원이라고 보았다.

퍼트남(Putnam1993)은 사회적 자본을 공동체의 사회적 생산성에 영향을 주는 사람간의 수평적 단체 내 관계로 보았다. 즉, 사회적 자본이란 상호이익을 추구하고 촉진시키는 네트워크와 규범, 사회적 신뢰와 같은 사회조직의 특징이며, 사회적 자본의 원천으로서 사회적 연계망과 규범, 신뢰 등을 제시하였다.

후쿠야마(Fukuyama1995)는 사회적자본의 핵심을 신뢰라고 분석하였다. 후쿠야마(Fukuyama)는 사회적 자본이 그룹과 조직에서 공동 목적을 이룩하기 위해서 함께 일하도록 하는 사람들의 역량이며, 이 역량은 집단의 회원들 사이에 공유된 신뢰라는 존재가 있기에 가능한 것으로 보았다.

사회적 자본의 개념을 제도까지 포함하는 것으로 확대시킨 학자는 올슨(M. Olson)을 들 수 있다. 올슨(M. Olson)은 사회적 자본이 공식적인 제도를 변화시키고 사람들 간의 복잡한 교환에 있어 협동적인 해결을 위해 친밀한 환경을 구성하는 것이라고 하였다.

이를 종합해보면 사회적 자본이라 함은 경제학에서 사용되는 일반적인 자본의 개념이 확장된 것이며, 일반적인 물적 자원과는 달리 사회 구성원들이 같은 목표를 추구하고 더 효율적으로 달성할 수 있게 하는 원동력이라고 할 수 있겠다. 사회구성원들 간의 신뢰와 협력, 이를 통해 내재화된 규범 등을 포함하는 사회적 자산이라고 할 수 있으며, 이로 인해 네트워크, 협력, 공유, 가치 등을 공통적으로 강조하고 있음을 알 수 있다. 특히 이는 거버넌스적 문제 해결이 강조되고 있는 현재의 사회과학적 흐름과 밀접히 연계된 개념이라고 할 수 있으며, 정부나 기업 혼자만의 힘으로 해결할 수 없는 '사악한 문제'wicked problem가 발생됨에 따라 신뢰와 협동을 통한 문제해결이 중요시되면서 사회적 자본의 중요성 역시 더욱 더 강조되고 있다고 할 수 있다.

2) 내용

사회적 자본에 대한 구성요소 역시 학자들마다 다르게 생각하는 면이 많아 아직 합의되지 않은 상태이다. 그러나 앞서 살펴본 사회적 자본의 정의와 개념에 비춰 생각해본다면 다음의 4가지를 사회적 자본의 구성요소라 할 수 있다. 일반화된 신뢰, 규범 준수 및 호혜성의 믿음, 사회적 참여, 사회적 네트워크이다.

(1) 일반화된 신뢰

일반화된 신뢰는 다른 사람들 일반에 대해 얼마나 신뢰를 할 수 있는가 아니면 조심해야 한다고 생각하는가를 의미한다. 일반화된 신뢰의 수준과 함께 사회적 자본으로서 신뢰를 이야기할 때 중요하게 논의되는 것이 "신뢰의 반경범위"radius of trust이다.(후쿠야마,Fukuyama, 1995). 신뢰의 반경범위란 개인을 기준으로 해서 동심원을 그려 볼 때, 가족이나 친구와 같이 긴밀한 인간적 유대와 연고를 지닌 사람들을 신뢰하는 것은 어찌 보면 당연하겠지만 직장 동료나 이웃 혹은 전혀 모르는 타인에 이르기까지 동심원의 반경범위를 넓혀갈수록 신뢰가 얼마나 낮아지는가의 개념이다(Sztompka Piotr, 1999).

(2) 규범 준수 및 호혜성의 믿음

비공식적인 규범과 규칙에 대한 신뢰와 믿음도 사회적 자본의 축적에 필요하다. 특히 "곤경에 처한 사람을 도와주면 훗날 내가 곤경에 처했을 때 누군가가 나를 도와주리라는" 호혜성reciprocity에 대한 믿음이다. 호혜성이 존재할 때 우리는 타인에 대한 호의와 선의를 베풀 뿐만 아니라, 이러한 호혜성이 타인에게까지 확장되어 선의와 협동의 선순환이 생겨나고 그러함으로써 일반화된 신뢰가 높아질 수 있는 계기가 만들어질 수 있다.

(3) 사회적 참여

사회 구성원들의 자발적인 사회 참여 정도를 말한다. 시민사회에서 구성원들이 서로 긴밀하고 활성화된 네트워크를 유지하면서 적극적으로 자발적인 조직을 만들어 활동함으로써 사회가 유기적으로 통합될 뿐 아니라 긍정적 상호작용을 통해 신뢰를 만들어나갈 수 있도록 한다. 사회적 참여는 신뢰와 호혜성이 바탕이 될 때 활발하게 일어나는 경향이 크지만, 한편 참여가 활성화될수록 사회 전반의 신뢰와 호혜성이 높아질 수 있다.

(4) 사회적 네트워크

사회적 네트워크는 흔히 '인맥'이라 불리는 것과 유사하다. 사회적으로 알고 지내는 사람들 간의 연결망을 나타내며, 그 크기와 형태 및 특징은 개인마다 다를 수 있다. 사회적 네트워크는 크기, 밀도, 다양성 등의 성질을 갖는다. 사회적 네트워크의 크기는 평소 가깝게 지내는 사람들의 수를 의미하며, 사회적 네트워크의 밀도는 한 네트워크에 포함된 다른 사람들 간에 연결이 되어 있는 정도를 의미한다. 다양성은 네트워크 구성원이 연령별, 인종별로 얼마나 다양한가를 의미한다. 한 개인의 사회적 네트워크의 크기가 클수록, 밀도가 높을수록, 다양할수록 사회적 자본이 공고하게 형성되었다고 볼 수 있다.

3) 기능

사회적 자본의 기능은 크게 세 가지 정도로 정리될 수 있다.

첫째, 신뢰를 통해 거래비용을 감소시킬 수 있다. 앞서 말한 것처럼 신뢰도가 높으면 서면계약으로 포괄하기 어려운 사항들을 일일이 체크할 필요가 없는 만큼 거래비용을 감소시킬 수 있으며 법적 분쟁이 발생할 확률도 비교적 낮다.

둘째, 규범을 통해 효과적인 사회적 통제력을 가진다. 공동체안의 개인들이 사회적 규범을 잘 지키고 규범이 강화된다면 따르지 않는 사람들에게 제재를 가할 수 있는 여건이 만들어진다. 또한 도덕성 강화를 통하여 공동체 내에서 업무수행 감시를 강화할 수 있고 규범을 통한 높은 신뢰를 통해 정책의 장기적인 예측가능성을 높여 추진력 있는 정책을 수행할 수 있다.

셋째, 정보소통의 통로기능을 들 수 있다. 정보는 개인 및 집단의 행동을 위한 토대로 사용되는데 사회적 자본이 잘 갖추어진 경우에는 그렇지 않은 경우에 비해서 상대적으로 쉽고 저렴한 비용으로 정보를 획득할 수 있다.

4) 특징

사회적 자본은 일반적으로 비가시성, 사회적 중요성, 다의성 3가지 특성을 지닌다.

(1) 비가시성

사회적 자본의 철도, 도로, 항만과 같은 사회간접자본과는 다르게 눈에 보이지 않는 개념이다. 또한 사회적 자본을 정의하기에는 모호성이 많기 때문에 쉽게 특징을 파악하기도 어렵다. 신뢰, 공동체의식, 유대감, 호혜성, 참여와 같이 추상적이어서 원칙적으로는 계량화하기 어렵다.

(2) 사회적 중요성과 깨진 유리창의 법칙

사회적 자본의 특성은 깨진 유리창의 법칙으로 설명된다. 깨진 유리창의 법칙 Broken Windows Theory은 1982년 제임스 윌슨과 조지 켈링에 의해 만들어진 범죄학 이론으로, 유리창처럼 사소한 것들을 그냥 방치할 경우 더 큰 문제들로 이어진다는 논리이다(M. Levin, 2006). 사회적 자본은 깨진 유리창과 같이 아주 사소해 보일 수 있으나, 사회에 적정수준만큼 존재하지 않으면 사회적으로 큰 혼란과 비효율을 초래한다. 사회적 자본의 대표적인 요소인 신뢰를 예로 들면, 신뢰가 무너진 사회의 경우에 신용을 이용한 금융거래나 투자가 불가능해 경제적 혼란을 초래하기도 하고, 범죄가 급증하고, 신뢰가 없어서 사용해야 하는 계약서와 같은 사회적 비용을 발생시키기도 한다.

(3) 다의성

사회적 자본은 상이한 차원에서 정의할 수 있는 다의적인 개념이다. 개인이나 집단의 수준에서 정의될 수 있고, 나아가서 지역공동체, 전체 사회나 국가 수준에서도 정의될 수 있는 개념이다. 즉, '사유재'의 특성과 '공공재'의 특성을 모두 포함하는 개념이다. 개인의 미시적인 차원에서 정의를 내린다면 사유재의 성격이 강조되고, 거시적 차원과 중범위적 차원에서 정의를 하면 공공재의 성격이 강조되는 개념이다.

5) 한계

(1) 사회적 자본의 역기능

사회적 자본 이론의 내에서도 역기능이 존재하기도 한다(Portes, 1998: 1-24). 사회적 자본에 있어서 신뢰는 가장 기본적인 구성요소이다. 그런데 신뢰의 가장 기본적인 형태는 사람에 대한 신뢰이다. 문제는 낯선 사람의 의도까지 쉽게 믿을 수 있는 사람은 거의 없다. 또한 신뢰는 지속적인 상호작용이 필요하기 때문에 신뢰를 얻기 위해서 많은 시간과 일관성이 필요하다. 따라서 학연, 지연, 혈연 등의 연줄망과 같이 폐쇄적인 이익집단으로 변질될 우려가 많다. 또한 더 나아가 특정인들이 사적 이익을 추구하기 위해 파당을 형성하고 있다면 신뢰는 오히려 해로운 요소가 되기도 한다는 것이다(이재열, 1998).

사회적 자본은 집단구성원들에게 편익을 가져다주는 반면 외부인들의 접근은 차단하고 배제시킨다(박희봉, 2009). 네트워크 구성원들은 사회적 자본에 의해 효율성 증가 등의 혜택을 얻을 수 있지만 네트워크에서 배제된 사람은 그만큼의 손해를 볼 가능성도 생긴다. 또한 네트워크를 기준으로 내부인과 외부인의 구분을 통해 강력한 집단 결속을 이루게 된다면 집단 내의 결속은 탄탄할지 모르지만 사회전체적인 통합을 저해하고 집단 간의 갈등을 유발시킬 가능성도 크다. 즉 좁은 네트워크 사이의 신뢰와 협동수준은 강화시킬지 모르겠지만 지역사회 혹은 국가단위에서의 사회관계를 하락시킬 수도 있는 것이다.

또한 사회적 자본에서 규범 또한 중요 요소 중 하나인데 이 규범이 지나치게 강력해서 개인의 사생활이나 선택, 행동을 제한하는 경우가 발생할 수도 있다.

(2) 측정의 어려움

사회적 자본은 사회적으로 지속가능한 성장의 핵심에 위치하지만, 그 중요성에 비해 개념의 다양성 때문에 측정하기 어려운 한계가 있다. 일반적으로 신뢰나 규범이 사회적 자본을 대표한다고 이해하지만 이외에도 시민의식, 네트워크의 수준, 구성원의 자발성, 소득균형 등 협력을 촉진하는 사회 구조 등 다양한 개념 요소가 존재한다. 또한 사회적 자본은 무형의 자본이기 때문에 그 크기나 범위를 측정하기가 어렵다. 비교적 측정하기 쉬운 신뢰에 대한 데이터를 많이 사용하지만, 주로 설문 조사에 기초하기 때문에 객관적이지 못한 한계가 있다.

6) 한국에의 적용

그렇다면 이 시대에 왜 사회적 자본에 투자해야 하는가. 신뢰의 관계망은 어떤 한 사안에 대한 거래비용을 줄여주고, 하나의 문제를 해결하기 위해서 정보를 공유하고 협력하는 분위기를 만들어주어 궁극적으로는 국가의 경쟁력을 높여준다. 결국은 사람과 사람 사이의 긍정적인 관계망이 하나의 사회적 자산이 된다는 것이다.

또한 사회적 자본의 수준이 높은 국가에서는 그 국민들이 행복하다. 덴마크, 스웨덴, 노르웨이 같은 북유럽 국가들이 그 좋은 예이다. 덴마크의 행복지수에는 신뢰와 협동, 평등이 기반이 됐다는 것을 생각해 보면 사회적 자본의 중요성을 더욱 잘 알 수 있다. 사회적 자본이 잘 정착된 사회의 사람들일수록 정치에 대한 관심이 높으며, 탈권위주의적인 태도가 강하고, 또한 타인에 대한 동조보다는 개인의 개성과 자존감에 대한 존중 경향이 두드러지며, 지역사회의 공동체성에 대한 기대가 높고, 타인과 일반인에 대한 신뢰가 높다는 점에서 바람직한 시민의식의 도덕적 덕목을 두루 갖추고 있다.

더불어, 사회가 복잡해짐에 따라 지역사회가 직면하는 것은 정부, 기업, 그리고 비영리조직이 문제해결을 위해 서로 긴밀하게 협조해야 한다. 따라서 지역사회의 사회자본을 증진시키는 것이 필요하며, 시민사회의 능력을 증진시키기 위해서는 조정과 협동하는 지역 거버넌스를 형성해야 한다(National Civic Laegue 1993; Potapchuk, Crocker & Schechter, Jr. 1997; Smith 1997; Briand 1998; Box 1999; Svara 1999).

이는 우리나라가 고령화 사회를 맞이함에 따라 더욱더 그 의미가 커지고 있다(임우석, 2009). 현재 한국의 노인들의 사회적 자본 가운데 사회적 참여와 네트워크 수준이 매우 낮게 나타나고 있다. 한국사회가 점차 고령화되어 가면서 실버산업이나 실버보험, 국민 연금 등은 비교적 그 추세를 따라간다고 볼 수 있으나, 사회적 자본면에서는 매우 취약하다고 볼 수 있다. 따라서 노인들의 지역사회 행사 등의 참여율을 올리고, 더 나아가 노인들이 스스로 기획하고 진행하는 행사를 개발하는 등 노인들의 참여를 높이면서 노인들 간의 상호작용을 주선하여 사회적 자본을 축적하는 데 도움이 될 수 있도록 해야 한다.

결론적으로, 도덕적이고 신뢰받는 성숙한 공동체로 나아가기 위해서 사회적 자본이 많은 긍정적인 역할을 할 수 있다. 국민들을 다양한 결사체 활동에 참여하도록 유도하며, 다양한 인맥을 기존의 파벌과 대립의 사회분열적인 역할에 동원하기보다는 건강하고 성숙한 집단 간 경쟁의 동원력으로 활용해야 한다.

또한 사회적 자본을 확충하기 위해서는 그 기본이 되는 '신뢰'를 우리 사회에 일상화하는 것이 우선이다. 무작정 서로 신뢰하자고 해서 이뤄질 일이 아니기 때문에 오랜 시간에 걸친 합의와 노력을 통해 신뢰하는 사회의 분위기가 먼저 조성되어야 할 것이다. 이를 위해서는 정부가 먼저 앞장서야 한다. 공공영역에서부터, 정직과 신뢰, 배려와 나눔의 가치를 실현해나가고, 사회적 자본의 확충을 위한 제도적인 뒷받침을 마련해야 한다. 한국의 인맥문화를 학연, 지연, 혈연 등의 좁고 폐쇄적인 관계가 아닌 호혜적이고 긍정적인 측면으로 이끄는 것도 함께 노력해야 할 것이다.

3. 딜레마이론

1) 개념

정책결정이란 다양한 정책대안들이나 가치들 간의 우선순위를 고려하거나 그 중 하나를 선택하는 행위인데, 이 정책대안들이나 가치들이 서로 충돌하여 우선순위priority를 정할 수 없을 경우 정책결정자는 고민에 빠지게 된다. 이러한 상황을 정책학적 관점에서의 딜레마라고 한다.

정책 딜레마는 두 가지 관점으로 구분하여 정의할 수 있다.

첫째, 정책이 가져오는 결과의 관점에서 정책 딜레마를 정의할 수 있다. 정책이 가져오는 결과의 관점에서의 정책딜레마는 "두 개의 가치들이 선택상황에 나타났을 때 어느 한 가치의 선택이 가져오는 기회손실opportunity loss이 크기 때문에 선택이 곤란한 상황"을 의미한다. 여기에서 기회손실이란 정책의 결과를 의미하는데, 두 정책 대안이 가져오는 기회손실이 유사하기 때문에 대안의 선택이 어려워지고 이로 인해 정책 딜레마가 발생한다는 관점이다.

둘째, 정책의 결과와는 관계없이 정책 딜레마를 규정할 수도 있다. 이는 "두 개의 가치들이 상호 비교될 수 없기 때문에 선택이 곤란한 상황"으로 정책 딜레마를 정의하게 되며, 정책의 결과가 아니라 정책 상황의 특성에 초점을 두었다는 특징을 지니고 있다.

상호 비교가 어려운 점에 대한 구체적 의미를 살펴보면 다음과 같다.

첫째, 기술적인 측면에서 상호 비교하기 어려울 수 있다. 한 사람의 가치가 어느 정도의 재화와 화폐단위로 비교될 수 있는지 알 수 없는 경우 등이다. 정책 대안 속에 있는 판단기준 사이의 비교가 불가능할 때 딜레마가 발생하는 것이다.

둘째, 규범적인 측면에서 상이한 가치 간의 비교를 허용하지 않을 수도 있다. 즉, 생명을 재화와 비교하는 것 자체를 허용하지 않을 때가 이에 해당된다.

2) 내용

정책 딜레마의 개념적 구성요소는 크게 두 가지 대안, 대안 간 비교의 어려움, 선택의 불가피성, 큰 기회손실의 발생 등으로 나눠볼 수 있다. 위의 네 가지 구성요소가 동시에 존재하게 될 때 비로소 정책 딜레마가 발생하게 된다.

정책 딜레마의 발생조건은 다음과 같다.

첫째, 대안 간의 연속성이 부정되어야 한다. 연속성이 인정된다면 두 대안 사이에 절충적 대안들이 존재할 수 있기 때문이다. 이론적으로는 모든 대안들 간에 연속성이 존재할 수 있지만, 현실에서는 이러한 대안의 분절성이 많이 발생한다.

둘째, 대안 간 비교 불가능성이라는 조건이 필요하다. 왜냐하면 두 대안의 효용의 크기가 정확히 일치한다면 둘 중 어느 것을 선택해도 무방한 것이 되기 때문이다.

셋째, 두 대안 모두를 선택할 수도, 선택하지도 않을 수 없는 상황 속에서 선택의 불가피해야 한다. 즉, 어느 것도 선택하기 힘든 상황에서 어느 한 대안을 선택해야 한다.

넷째, 큰 기회손실의 발생될 것으로 예측되어야 한다. 기회손실로 인해 한 대안의 선택이 다른 대안의 포기로 인한 효용감소를 가져오게 된다.

3) 특징

딜레마모형이 가지는 특징은 정책결정의 모형 중 크게 세 가지 모형으로서 합리모형, 만족모형, 그리고 쓰레기통모형과의 비교를 통해 살펴볼 수 있다.

앞선 정책결정모형들을 구분할 기준점을 찾자면 그것은 정보의 보유량이다.

첫째, 합리모형은 인간이 이성과 합리성에 입각하여 정책을 결정한다는 이론인데, 그 전제 조건으로는 완전한 정보를 가지고 최선의 대안을 선택할 수 있는 기준이 존재한다는 점이다. 완전한 정보만 있다면 가치들의 우선순위를 정할 수 있고 합리적 판단을 할 수 있다는 것이다.

둘째, 만족모형은 완전한 정보를 가지고 판단한다는 비현실성에 대한 비판으로 만족할 만한 수준에서 판단이 이루어진다는 모형이다.

셋째. 쓰레기통모형은 정책이란 규칙에 의한 것이 아니라 뒤죽박죽 우연히 결정될 뿐이라는 모형이다.

위의 모형들과는 달리 딜레마는 정보의 보유량과는 독립적인 개념이다. 즉, 정보가 많고 적음에 따라서 딜레마가 되는 것이 아니라 그 선택지가 불러오는 기회손실에 관한 문제로서 다루어져야 하는 특징을 지니고 있다. 다음으로 딜레마모형이 가지는 특징은 대안들을 서로 비교할 수 없고 그 중요성이 비슷하다는 점이다. 즉, 두 대안 간의 우선순위를 결정할 수 있는가의 여부가 기존의 정책결정 모형과는 다른 차이점이자 특징이다. 딜레마 모형에 두 대안의 우선순위가 존재하지 않고, 한 대안의 만족은 다른 대안의 불만족과 비슷하기 때문에 선택이 곤란하다. 따라서 어느 대안을 선택해도 만족할 만한 결과를 얻기 힘들다. 또한 서로 비교할 수 없다는 것은 각 대안들의 충돌하는 가치가 어느 것이 더 중요한지 가릴 수 없다는 의미이다.

4) 한계

(1) 정의의 범위문제

딜레마 이론에서 정의하는 딜레마는 그 조건이 매우 까다로워서 실제로 그 정의가 그대로 사용된다면 딜레마 이론 연구 진행에는 많은 어려움이 뒤따를 것이다. 그러므로 현실분석에 있어서는 이론의 정의보다 보다 완화된 개념이 사용되어야 한다는 주장도 나오고 있다. 하지만 이렇게 되면 개념정의는 무척 구체적인 데 반하여, 현실분석에 사용되는 정의는 완화된 정의를 사용하여 자가당착에 빠지는 경우가 발생한다. 즉 이러한 자가당착에 빠지지 않기 위해서는 현실 적용력이 너무나 떨어지고, 정의를 완화하는 것은 기존 이론에 어긋나는 모순이 발생하는 것이다.

(2) 적실성 문제

딜레마 개념은 개인의 인지에 너무 의존하는 개념이라는 점에서 적실성 문제를 가질 수 있다. 즉, 동일한 상황에 대한 판단이 주관에만 맡겨진다는 것으로 이는 과연 그 상황이 딜레마인지 아닌지, 정책결정자가 딜레마를 느꼈는지 아닌지, 대응행동이 과연 딜레마 대응인지 아닌지 등의 문제들에 관하여 비결정성indeterminacy을 초래한다(이종범, 1994). 그러므로 딜레마 개념을 이용한 여러 연구에서 과연 이것이 딜레마 이론에 해당하는 것인지에 대한 적실성의 문제가 대두될 수밖에 없다.

5) 한국에의 적용

딜레마 이론은 단순히 딜레마의 상황이 아니더라도 적용 가능하다. 즉, 어떠한 복잡한 정책 결정과정이라고 하더라도, 결국엔 두 가지 대안 중 하나를 선택해야 하는 상황으로 귀결되기 마련이고, 이 같은 상황에서 결정이 쉽지 않다면 딜레마 이론을 생각해 볼 수 있다. 이처럼, 딜레마 이론은 기존 선택이론이 설명하지 못했던 제3의 영역을 설명해 준다는 점에서 큰 의의를 가지고 있음을 확인할 수 있다.

또한 딜레마 이론을 정책현상 등에 적용함으로써 얻을 수 있는 이점은 기존의 이론이 나타내지 못한 점을 보여줄 수 있다는 점이다. 인간의 결정과정은 합리적인 방향으로 진행된다는 기존의 이론에 비해 현실에서 반드시 그렇지만은 않다. 때문에 딜레마 이론은 정보가 충분함에도 대안을 쉽사리 선택하지 못하는 형태를 보여준다. 일례로 공공시설의 입지결정방식에 따른 정책딜레마가 어떻게 형성되는지에 대하여 연구되고 있기도 하다(김영종, 2006).

우리는 정보가 충분하면 그 정보를 바탕으로 선택하지 못할 이유가 없다고 생각한다. 하지만, 실제로는 정보가 충분하다고 해서 바로 선택을 내리기 쉽지 않은 경우가 많이 있다. 우리가 주목해야 할 부분은 바로 이 부분이다. 기존의 결정을 내린다는 생각, 즉 어떻게 결정이 되는가를 설명하는 행태를 완전히 뒤집어 결정을 내리기 힘들다는 것을 설명하기 위한 딜레마 이론은 앞으로도 많은 연구가 필요한 최신이론이지만, 그 의의는 결코 적지 않다는 것을 알 수 있다.

딜레마 이론의 이 같은 의의 외에도 최신 연구들은 딜레마 이론을 중간집단, 즉 제3섹터라고 불리는 집단에 관한 연구, 변화 및 개혁에 대한 연구에 적용시켜 계속 발전해 나가고 있다.

4. 시차이론

1) 개념

시차 이론은 정책이 실제로 실행되는 타이밍과 정책의 효과가 나타나기까지 그것을 받아들이는 주체들의 학습시간, 정책의 요인들 간 발생 시간순서 등이 그 정책효과를 달리할 수 있음을 의미한다. 시차 이론 또는 시차적 접근time difference approach이란 변화시작의 시간적 선후관계나 동반관계, 변화과정의 시간적 장단長短관계를 사회현상연구에 적용하는 연구방법을 의미한다(정정길, 2005: 64). 즉, 사회현상을 발생시키는 주체개인, 집단, 조직, 사회, 국가 등등의 속성이나 형태가 시간적 차이를 두고 변화되는 사실을 사회현상연구에 적용하려는 연구방법이라고 정의하고 있다(정정길 외, 2005:5).

현실의 정책 또는 제도 도입에 있어 정책의 목표 달성에 타당하다고 생각되는 수단이 집행되었음에도 실제로 기대했던 효과가 나타나지 않고 다른 현상이 나타나 실패한 정책들이 많다. 이와 같은 문제에 대하여 기존의 정책학에서는 정책수단은 원인이고 그로 인해 사회 문제에 영향을 받아 변화된 모습은 결과로서 정책결과라고 바라보았다. 또 그러한 관점에 의해 기초적인 인과법칙 내에서 정책수단을 적절히 발휘하기만 하면 의도했던 정책결과가 나올 것이라고 단순하게 생각하였고, 만약 그러하지 못하다면 정책이 잘못되었거나 수단이 적절하지 못했다고 진단을 내렸다. 또한 해결책으로서 저항 극복에만 초점을 맞추었고, 정책 과정에 있어 중요한 요소인 인과관계와 시간적 요소간의 관계를 따로 떼어서 생각했다. 결국 이러한 상황에서, 새로운 정책의 도입이나 제도의 개혁이 의미 있는 결과를 얻지 못하고 지지부진한 이유를 피상적으로 기득권 세력의 저항에서만 찾았다.

이러한 문제의식 속에서 새롭게 등장한 접근 방법이 시차 이론이다. 시차적 접근 방법은 정책 과정에서의 인과 관계에 시간적 요소가 중요하다는 인식 아래, 앞서 언급한 이들 시차적 요소들이 제도 및 정책변화 과정에 미치는 영향을 분석하는 것이다.

시차 이론은 보다 더 정교하게 정책수단이 적절하게 발휘되었는데도 불구하고 정책이 의도한 결과를 즉각적으로 나타내지 못하는지에 대해 정책 실행의 타이밍, 정책을 받아들이는 주체들의 학습시간, 여러 정책 수단 간의 시간 순서 등의 분석을 통해 보다 타당한 연구를 수행할 수 있도록 도와준다.

2) 내용

시차 이론의 핵심 내용은 제도적 요소들의 도입 선후관계가 달라짐에 따라 그 결과가 엄청난 차이를 보인다는 것이다. 제도의 요소들을 원인변수로 하고, 우리가 의도하는 효과달성을 결과변수로 할 때, 원인변수들의 작동순서가 인과관계 자체를 완전히 좌우한다고 본다. 이는 원인변수들의 작동의 선후관계가 원인변수와 결과변수 간 인과관계에서 결정적인 영향을 준다는 것이다.

또한 시차이론에서는 원인변수와 결과변수의 변화과정과 성숙단계 등 역사적 요인이 이론적 인과관계의 강도뿐만 아니라 방향까지도 변화시킨다는 점을 강조한다. 다시 말해, 결과변수의 변화과정과 성숙단계에 따라 동일한 원인변수에 대해서도 상이한 결과가 나타나며, 동일한 원인변수들도 원인변수들의 변화과정과 성숙단계의 차이에 따라 결과변수에 미치는 영향은 크게 다르게 나타난다는 것이다.

다시 말해 정책이나 제도가 선택하는 수단의 선택시기와 순서, 수단의 조합방법, 그 변화과정에 따라 정책효과가 달라지므로 정책과정 내부에 대해 시간의 차원을 중시하여 정교하게 설계하는 것이 중요하다는 논의를 제기하는 것이다(이달곤, 2005: 145).

이러한 시간적 요소를 중시한 연구들은 제도개혁이나 조직행태를 설명하고 이해하는 데 새롭고 중요한 분석틀을 제시해 주고, 시간과 관련된 일련의 새로운 독립·종속변수에 대한 관심을 제고시키며, 인과관계 추정의 방법론을 더욱 정교하게 해준다는 점에서 그 의의를 찾을 수 있다(정정길·정준금, 2003: 177).

3) 특징

시차 이론의 주요 논리들은 다음과 같다(김상봉·강주현, 2008: 11-12).

첫째, 정책과 제도 수정의 적시성timing을 강조한다. 즉 정책이나 제도의 도입 이후 변화과정상 어느 시점에 변경을 시도하여야 바람직한 결과를 가져올 것인가에 주목한다. 이는 곧 정책이나 제도의 일부를 변경시키기 위한 충격을 어느 시기에 주느냐에 따라 결과가 완전히 달라질 수 있다고 보았기 때문이다.

둘째, 장기long-term와 단기short-term로 변화요소를 구분한다. 제도 도입을 통해 변화시키고자 하는 변수 또는 제도 관련 변수들을 변화에 소요되는 시간의 장단에 의해 구분하는 것이다. 제도관련 변수 중에는 상대적으로 단기간 내에 변화가능한 것이 있는 반면, 변화에 장기간 소요되는 것도 있기 때문이다(정정길·정준금, 2003: 183). 이때 고려되는 시간의 장단에 따라 제도 도입과정에 영향을 미치는 요소들이 다르기 때문에 파악해야 할 변수들이 달라지게 된다.

셋째, 숙성maturation이 필요하다. 정책이나 제도의 도입이 완전히 정착되어 소기의 효과를 얻기 위해서는 일정기간의 숙성을 거쳐야 한다는 것이다. 이때 제도도입의 성공 여부나 효과를 판단하는 경우 제도도입 이후 어느 시점에서 평가를 하느냐에 따라 그 결과는 완전히 달라질 수 있기 때문에 숙성기간을 어느 정도의 시점에서 파악하느냐가 문제가 된다. 따라서 정책이나 제도의 효과는 숙성기간이 어느 정도 경과한 이후에 평가하는 것이 보다 합리적이라고 주장한다.

넷째, 선후관계sequence를 중요하게 여긴다. 행정제도의 개혁이나 새로운 정책의 도입에는 여러 가지 다양한 요소들이 영향을 미친다. 여기에는 제도 내적 요소들도 있고 제도 외적 요소들도 있다. 따라서 제도의 도입과 개혁이 성공하기 위해서는 내용을 잘 구성하는 것과 더불어 이에 영향을 미치는 다양한 요소들의 시간적 배열 내지 우선순위 등을 정밀하게 고려하는 작업이 필요하다는 것이다.

다섯째, 정책일관성과 시계span of time를 고려한다. 정책 실패의 한 원인으로 지적되는 정책일관성 부족은 정책평가에 주목할 만한 기준이 되는데, 정책일관성에 있어 정책목표에 부응하는 집행이 아닌 포기, 중단, 지연, 변질 등으로 나타나는 현상에 대한 연구의 경우에는 일관성의 시간적인 측면을 정책과정과 결합하여 연구해야 할 필요가 있다.

4) 한계

시차 이론에 관한 논의는 현실의 적용 측면에서 몇 가지 한계점을 가지고 있다.

첫째, 시차 이론에서 사용하는 개념들에 대한 객관적인 기준이 부족하다. 시차 이론에서 사용되는 장기와 단기적 관점을 구분할 수 있는 객관적인 기준이 없으며, 어느 정도의 시간이 흐른 것을 숙성기간이라 할 수 있는지, 시간의 흐름에 따라 변하는 주체들의 신념 변화와 같은 문제를 객관적으로 설명할 수 있는 기준의 부족 등 개념들이 연구에 사용될 수 있도록 일관성 있고 종합적, 체계적인 개념정립이 되어 있지 않은 상태이다. 이는 연구자마다 주관적인 시간개념(질적 시간, 김태룡 2007: 446)은 질적 시간qualitative time이란 사람이나 조직에 따라 다양한 해석과 의미를 부여할 수 있는 시간이라고 설명한다.

둘째, 모든 개혁적인 제도도입과 정책추진이 확실한 이론적 토대 위에서 추진되는 것은 아니다. 현실에서는 이론적 토대가 불분명한 구호성 개혁정책들이 다수 등장한다. 일례로 집권 초기에는 많은 문제를 일시에 해결해야 한다는 강박관념에 의하여 성급하게 이뤄진 결정들이 존재할 수 있다. 이처럼 이러한 현상의 원인에는 다양한 요인이 있을 수 있다.

셋째, 개혁추진주체들이 자신들의 능력의 한계를 인지하더라도 이론적 근거가 모호한 정책을 발표하지 않을 수 없는 경우가 많다. 개혁주도세력들은 자신들의 정책의 이론적 근거가 취약하여 문제해결의 실효성이 낮고, 현실적 집행가능성도 낮다는 점을 알면서도 정책을 추진한다. 왜냐하면 당장 문제해결은 힘들더라도 새로운 정부에 대한 국민들의 기대와 믿음을 충족시킬 수 있기 때문이다. 즉, 이는 정책주체들이 정책을 고려할 때 시차적 고려를 계획적으로 하기 곤란한 경우가 현실에서는 많이 존재한다는 것을 의미한다.

넷째, 개혁적 제도나 정책이 도입되어 충분히 효과를 발휘하기 위해서는 시간의 경과가 필요하다. 따라서 도입 초기의 혼란과 반발의 극복이 필요하며, 이를 위해서는 개혁추진주체, 특히, 국정최고책임자와 일반국민들의 지속적인 관심과 정치적 지지가 필수적이다. 그러나 정권출범 초기에 고조되었던 개혁의 열기는 일상적인 업무와 또 다른 정책이슈의 등장 속에 파묻히게 된다. 즉 이는 개혁프로그램의 시차적 고려가 현실 처방적 측면에서 그리 쉽지 않음을 의미한다.

5) 한국에의 적용

시차 이론에 따르면, 행정개혁이나 정책평가의 실패는 사회과학적 인과법칙에서 중요한 비중을 차지하는 시차적 요소에 대한 적절한 고려가 배제되었기 때문에 발생한다고 본다(김준한, 2005). 우리나라에서 정책이 제대로 이루어지지 못하는 이유 중 하나로 사회과학적 인과법칙에서 중요한 비중을 차지하는 시차적 요소에 대한 적절한 고려가 배제된 점을 들 수 있다. 따라서 정책 과정에서 정책들의 원인 변수들 간의 선후 관계나 적시성, 숙성효과, 속도와 안정성 등 다양한 시차적 요소들을 고려해야 한다.

또한 시차이론의 내용에서 중점적으로 얘기한 구성 요소들 간의 상호 모순이 없도록 내적 정합성의 확보가 필요하므로, 모순적인 정책을 집행할 때에는 시대의 흐름 속에 어느 것이 먼저 시행되어야 하는지에 대한 가치 판단을 내리는 현명함이 요구되고 이에 맞게 변화 전략을 시기별로 적절하게 사용하는 것이 필요하다.

더불어 적시성timing에 집중하는 시차 이론의 내용도 연구를 통해 적용가능성을 높일 수 있다. 즉 시간적 차이에서 오는 정책의 실패를 줄이기 위한 방안으로 변화를 추진하는 정책 책임자들의 지적·정치적 능력과 더불어 시간적 우선순위를 고려한 책임성 및 리더십 역시 강조되어야 한다.

정책은 장기적 관점과 단기적 관점이 필요하다. 현재 정부도 장기적인 비전과 단기적인 비전을 세워 정책을 운영하고 있다. 하지만 정책 이슈에 따라 급하게 정책이 집행되는 경우도 존재하며, 대통령이나 국회의원의 경우 제한된 임기 안에 효과를 발생시켜 정치적인 이익을 추구하려는 경향이 있어 단기적인 효과에만 급급하는 경우도 있다고 생각된다. 이럴 경우 장기적 관점이 필요한 정책집행이 단기적인 관점으로 이루어져 결국은 정책의 효과성을 감소시킬 수 있다. 이러한 상황을 고려할 때, 업무완수에 필요한 시차를 고려하는 내용의 연구를 통해 한국에 적용한다면 정책의 효과성을 높일 수 있을 것으로 생각한다.

5. 성찰적 정책모형

1) 개념

성찰적 정책모형이란 단순히 비용과 편익 및 비용과 효과성에 맞춘 기존의 양적측면의 정책분석의 한계를 극복하고 보완하기 위해 나타난 새로운 모형이다. 다시 말해서 양적 측면의 정책분석 요소 외에 질적 측면의 정책분석 요소 중 최상위 가치 분석기준인 성찰성을 고려하여 정책 내용을 인간의 존엄성을 실현시키고 보다 존중하는 방향으로 이끌기 위해 제시된 정책모형이라고 말할 수 있다.

그렇다면 성찰성이란 무엇인가? '성찰적 정책모형'의 개념을 설명하기에 앞서 현대 정책학의 시대정신이라고 할 수 있는 '성찰성'에 대한 논의를 우선적으로 하고자 한다. 성찰성은 라스웰(H. Lasswell)이 주장한 '민주주의 정책학'에 대한 이해에서부터 출발한다고 볼 수 있다. 라스웰의 민주주의 정책학이란 인간의 존엄성의 실현을 토대로 인간 사회를 더 나은 방향으로 진보시키는 것으로 요약할 수 있다. 즉, 가장 중요시 되는 부분이 인간의 존엄성 실현이라고 할 수 있는데, 이때 인간의 존엄성은 '인류공동체적인 휴머니즘에 기초한 인류의 보편적 존엄성'이라고 보아야 한다 (권기헌, 2012: 154).

성찰성이란 개념 또한 크게 다르지 않다. 성찰성은 최상위 가치에 대한 분석이념으로, 정책의 민주적 가치가 꽃 핀 개념이라고 할 수 있다. 이때의 성찰성은 특정 정책이 인간의 존엄성에 대한 실현 여부에 기여하는 정도에 대한 판단과 우리 사회를 좀 더 신뢰받고 성숙된 공동체로 구현하는 데 기여하는 정도에 대한 판단을 모두 포함한다. 인간은 모두가 인격적으로 그리고 육체적으로 존엄하기 때문에, 정책의 실현에 있어 인간을 단순히 도구적 수단으로 바라보아서는 안 될 것이다. 인간의 존엄성은 기본적인 인권의 보장으로부터 나오는 것이기에, 정책의 실현에 있어서도 인간의 기본적인 권리를 보장하는 것이 반드시 필요하며 이를 대변하는 개념이 성찰성이다(권기헌, 2012: 203).

성찰적 정책모형이란 성찰성을 바탕으로 한 정책분석 모형으로 정책의 최종적 실현목표인 인간의 존엄성 실현을 위한 구체적 실현방안으로서 역할을 한다. 앞서 말했듯 성찰성은 정책결정에 있어 최상위의 위치에 있는 당위성 차원의 개념이다. 따라서 성찰성에 대한 명확한 분석이 없이는 본질적으로 올바른 방향의 정책이 나올 수 없는데, 성찰적 정책모형은 성찰성을 기반으로 한 정책모형으로 성찰성에 대한 보다 명확한 분석을 가능하게 한다. 특히 공공가치모형 등에서 강조되는 변혁transformation이라는 개념도 일을 단순하게 잘하는 것보다는 옳은 방향으로의 정책설정을 강조하고 있는데, 이 역시 성찰성의 중요성과 궤를 같이한다고 하겠다.

성찰적 정책모형의 개념을 보다 쉽게 이해하기 위해 찰스 앤더슨(Charles Anderson)이 주장한 '실천이성'과 '민주주의 정책학'에 대한 내용을 생각해 볼 필요가 있다. 민주주의 정책학은 정책과정에 있어서 민주사회의 성찰적 시민들의 보다 많은 참여와 논증, 숙의와 담론을 강조하는 정책윤리와 정책토론을 강조한다. 그리고 보다 바람직한 공공가치와 보다 창조적인 미래를 추구하는 인간 내면의 실천적 이성에 대한 믿음에 기초한 열린 사고와 투명한 윤리는 민주주의 정책학을 실현하는 데 중요한 인식적 토대가 된다(권기헌, 2007: 174). 이처럼 민주주의 정책학이 말하는 내용은 대화와 숙의, 그리고 배려를 중시하는 성찰적 정책모형의 내용을 정확하게 뒷받침해 준다고 할 수 있다.

2) 내용

성찰적 정책모형은 정책분석의 세 가지 기준인 성찰성, 민주성, 그리고 효율성 중에서 성찰성에 초점을 맞춘 정책모형이라고 할 수 있다. 그 구체적 분석내용은 1) 정책의 수요분석: 정책대상집단의 수요에 기반한need-based 정책설계policy design인가?, 2) 정책의 동기분석: 정책동기의 공익성과 정책의 수혜로부터 소외된 집단에 대한 '소통'과 '배려'가 있는가?, 3) 정책대상집단의 자각적 시민의식의 성숙과 민주적 정책네트워크에 대한 참여가 이루어지고 있는가로 요약할 수 있다(문상호·권기헌, 2009: 13-16).

위 내용을 보기 쉽게 표로 나타내자면 다음과 같다.

[표 6-1]

성찰성	인간의 존엄성 실현	〈제1조건〉정책대상집단의 수요에 기반한 정책설계
		〈제2조건〉정책동기의 공익성과 소외집단에 대한소통과 배려
	신뢰받고 성숙한 공동체	〈제3조건〉정책대상집단의 자각적 시민의식과 민주적 정책 네트워크 참여

(1) 정책대상집단의 수요에 기반한 정책설계인가

먼저 정책대상집단의 수요에 기반한 정책설계인가에 대한 내용은 정책수요에 기반한 정책설계는 성찰적 정책이 갖추어야 할 요건 중 수요측면으로부터 요구되는 조건이다(성찰적 조건의 제1조건). 즉 정책분석에 있어 성찰성 기준은 먼저 정책의 수요측면에서 해당 정책이 진정으로 정책대상집단의 필요에 부응하는가라는 물음을 제기할 것을 요구한다. 정책대상집단 전체가 진정으로 해당 정책을 필요로 하고 있는지 혹은 정책대상집단 중 일부만 필요로 하고 다른 일부는 미온적인지, 혹은 이에 더 나아가 반대의 입장을 지니고 있는지에 대한 정책수요조사가 필요하다. 만일 일부주장집단과 이탈집단가 반대하는 정책이라면 반대의 근거는 무엇인지, 그리고 객관적으로 그러한 반대의 근거가 얼마나 타당하고 조정가능한지 면밀히 살필 필요가 있다.

(2) 정책동기의 공익성과 소외집단에 대한 '소통'과 '배려'가 있는가

두 번째로, 성찰적 정책이 갖추어야 할 다음의 요건은 정책의 공급측면에서 요구된다(성찰적 정책의 제2조건). 정책동기의 공익성과 소외집단에 대한 '소통'과 '배려'가 있었는가를 분석하는 단계는 수요가 아닌 '공급'에 초점이 맞춰진 단계라고 보아야 한다. 정책의 공급자가 자신의 이익을 위해 정책을 공급하는 것인지, 아니면 진정으로 정책대상집단의 요구를 받들어 그들의 후생을 증진시키려는 목적으로 정책을 공급하는 것인지를 가려내는 단계라고 할 수 있다. 다시 말해, 실현된 정책의 결과와 정책 공급자의 목적 사이의 연관성을 분석해 내는 것을 말한다. 그리고 여기에 '성찰성'의 개념이 들어오게 되면 정책 공급자에게 '공공의 형평적 유익을 구하는 사회적 조정자'로서의 역할을 할 것을 요구한다. 정책이 시행되면 필연적으로 그 정책의 수혜를 입는 집단과 그렇지 못한 집단이 나뉘게 되는데, 이 때 정책의 실현에 따른 비용을 떠안게 되는 비수혜집단과의 '소통'이 정책과정 중에 있었는지, 그리고 그들에 대한 따뜻한 '배려'가 있었는지를 이 단계에서 확인하고 평가한다고 볼 수 있다.

(3) 정책대상집단이 성찰적 정책을 수용할 의지가 있는가 그리고 고양된 인간의 존엄성과 성숙한 공동체의식을 지니는가

마지막으로, 정책대상집단이 성찰적 정책을 수용할 의지가 있는지 고양된 인간의 존엄성과 성숙한 공동체의식을 지니는지를 묻는다(성찰적 정책의 제3조건). 즉, 신뢰받고 성숙한 공동체 실현의 조건으로서의 정책대상집단의 자각적 시민의식과 민주적 정책네트워크 참여 단계는 정책과정의 합리성이 정책수용자의 입장에서 충분히 납득할 만한지 그리고 정책대상집단이 성찰적 정책을 수용할 의지가 있는지와 그들이 '인간의 존엄성'과 '성숙한 공동체의식'을 지니는지에 대해 묻는 단계이다. 이를 요약해 보자면, 먼저 정책이 앞의 두 조건을 만족한다고 하여도 정책대상집단 중에 무조건적인 반대를 하는 집단이 존재하면 아무리 성찰성이 뒷받침된 정책이라 하여도 성공하기 힘들다는 것이다. 이러한 반대집단은 '자각적 시민의식'이 결여된 상태이며 정책 성공을 방해하는 큰 요인으로 작용하게 된다. 그리고 정책대상집단이 거버넌스에 책임감 있게 참여하는 정부의 파트너로서의 의식을 가지고 있는지도 확인해 보아야 한다. 이는 정부가 정책대상집단을 배제한 채 독단적으로 정책운영을 하지 않는지에 대한 확인을 뜻한다. 또한 현재의 시대가치인 '거버넌스'의 이상은 자각된 시민의식으로부터 나오는 신뢰와 참여를 기초로 하는 사회자본의 토대 위에서 실현가능할 것인데 성찰적 정책모형의 마지막 단계는 이러한 '거버넌스'의 실현에 일조한다고 할 수 있다.

3) 특징

제도가 아무리 정교해도 마음이 뒷받침되지 않으면 실패한다. 발전행정과 신제도주의, 그리고 절차적 민주주의의 한계인 것이다. 그동안 마음은 심리학적인 주제로서 행정학과 정책학에서 본격적으로 다루어지지 못한 측면이 많았다. 하지만 앞으로는 협력적 거버넌스의 성공조건으로서 협력하는 마음과 배려하는 마음, 그리고 여기에 바탕을 둔 문화인자의 문제를 중요하게 검토할 필요가 있으므로 성찰적 정책모형이 의미를 지닌다(권기헌, 2012: 78).

그렇다면 정책수용성에 있어서 성찰성에 기초한 접근은 어떠한 의미를 가지는 것일까? 정책수용이란 주어진 정책에 대해서 정책대상집단이 이를 받아들일 것인가 거부할 것인가의 태도를 결정하는 것으로서 어떤 정책과 국민 사이의 내면적 관계에 대한 주관적 표현이라고 정의할 수 있다.

정책수용성을 고려한다는 것은 효율성 위주의 공급중심 정책학에서 벗어나 성찰성을 정책성공을 위한 최우선 지표로 인식하고 정책수요자의 입장에서 충분히 합리적인지, 정책수용이 가능한지, 결과적으로는 원래의 의도대로 수요자의 자발적 수용에 의한 정책의 효과가 구현될 수 있는지를 주의 깊게 살핀다는 뜻인데 이러한 차원의 평가를 함에 있어서 성찰적 정책에서는 다음과 같은 기준들을 고려한다.

[그림 6-1] 성찰적 정책의 기준

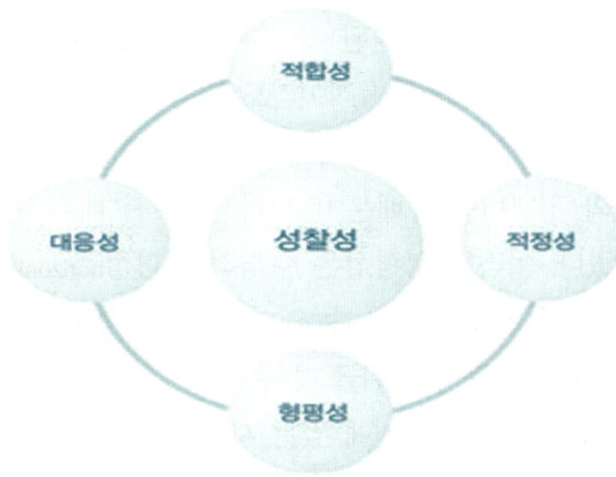

(1) 적합성appropriateness

적합성이란 정책에 내포된 가치성의 정도로서 '특정 정책이 지니고 있는 가치나 비전이 과연 현실적으로 어느 정도로 바람직한 규범성을 지니고 있는가'에 대한 판단기준이다. 좋은 정책은 헌법이념과 시대정신에 부합하는 바람직한 가치성을 지니는 정책이어야 한다. 정책의 가치나 비전이 헌법이념이나 시대정신에 부합하는 바람직한 규범성을 지니는가를 판단하는 정책의 적합성 여부는 정책의 최상위 가치인 성찰성의 가장 중요한 판단기준이라고 할 수 있다.

(2) 적정성adequacy

적정성이란 문제해결의 적정성을 의미하며, 이는 적시와 적절의 의미를 포함하고 있다. 즉 정책에 있어서 시기timing의 적정성과 정책 정도degree의 적정성은 중요한 의미를 갖는다. 좋은 정책은 정책의 타이밍을 놓쳐서는 안 되며, 처방 정도 면에 있어서도 적정해야 하며, 더 나아가 인권·정의·신뢰·성숙이라고 하는 정책의 최상위 가치 측면에서도 적절해야 한다.

(3) 형평성equity

형평성은 사회적 정의와 밀접하게 관련되어 있고 사회 내의 여러 집단 사이에 효과와 비용을 배분하는 것과 관련된 것이다. 소득, 교육기회, 공공서비스 등을 재분배하려는 정책이 효과적이고 능률적이라도 비용과 편익이 불공평하게 배분된다면 저항을 유발할 가능성이 높다. 정책대안의 비교·평가 기준으로서 논의되는 형평성은 "정책효과와 정책비용의 배분이 사회정의로서 배분적 정의에 합치되는 정도"로 정의할 수 있다. 이러한 형평성은 수평적 형평성horizontal equity과 수직적 형평성vertical equity으로 의미를 구별할 수 있다. 수평적 형평성horizontal equity은 "동등한 여건에 있는 사람을 동등하게 취급"하는 것으로 정의되는 반면, 수직적 형평성vertical equity은 "동등하지 않은 여건에 있는 사람들을 동등하지 않게 취급"하는 것으로 정의된다.

(4) 대응성responsiveness

대응성이란 정책집단의 요구·선호·가치의 만족화 정도로서, '특정정책이 어느 정도나 정책수혜집단의 요구·선호·가치 등을 반영하고 있는가를 판단하는 기준'이다. 대응성을 측정하는 것으로는 정책이 시행되기 전에 실시한 시민들의 요구 조사결과와 정책시행 후의 조사결과 간의 차이에 대한 비교측정방법을 들 수 있다. 정책이 시민의 요구·선호·가치에 민감하게 반응한다면 정책의 신뢰성은 제고되며, 이는 궁극적으로 정책의 최상위 가치인 성찰성에 기여하게 된다.

4) 한계

성찰성 차원 세부측정지표는 인간의 존엄성실현, 신뢰받고 성숙한 공동체 실현으로 정책의 성찰성이란 정책의 내용이 궁극적으로 인간의 실체적 존재가치를 존중하는 방향으로 이루어져야 함을 의미하는 것이며, 이를 통해서 우리 사회의 신뢰 구축과 사회 공동체의 실현을 이룩하고자 하는 가치 함축적인 의미라 할 수 있다. 그러나 어떠한 정책이나 프로그램이 인간의 존엄성과 신뢰받고 성숙한 공동체에 기여한 정도가 어느 정도인지는 양적으로 계량화하기가 쉽지 않고 정책의 성찰성 차원의 평가도 사실상 쉽지 않다. 왜냐하면 정책의 최상위 가치를 표현하는 이 차원은 매우 추상성이 높기에 어떤 한두 가지의 측정지표로 대변될 성질의 것이 아니기 때문이다. 따라서 어떤 정책의 경우에는 인간의 존엄성에 대한 평가가 주로 이루어지는 경우도 있고, 어떤 정책의 경우에는 신뢰받고 성숙한 공동체에 대한 평가가 주로 이루어지는 경우도 있게 되는데, 이를 위해서는 향후 심층적인 후속연구들이 필요할 것으로 보인다.

5) 한국에의 적용

사회가 다원화됨에 따라 사회 곳곳에서 갈등이 심화되는 한편 지역이나 계층적 주장들이 정제되지 못한 채 봇물처럼 쏟아져 나오고 있으며, 한편으론 정부나 공공기관의 관점에서도 공직자의 부패나 국민을 생각하는 사명감보다 자신의 편안함과 이익을 우선적으로 추구하는 공직자의 모습도 많은 문제점을 제기하고 있다. 한국이 급격한 사회발전으로 인해 민주화의 성숙이 완전히 자리 잡지 못한 시점에서 성찰성이라는 개념과 성찰적 정책모형은 우리 사회를 다시 한 번 되돌아볼 수 있게 한다는 점에서 그 학술적 의의를 찾을 수 있다.

양극화와 상대적 박탈감이 심화되는 현대 한국 사회에서 '소통'과 '배려' 그리고 '공감'으로 대표되는 성찰성과 그에 기반한 성찰적 정책모형은 충분히 그 규범적 함의를 지닐 것으로 생각된다. 가진 자와 못가진 자 사이에 따뜻한 공감과 이해를 바탕으로 소외받은 정책대상집단과의 상생발전과 공생발전을 고무하고 격려하는 정책은 인간의 존엄성 실현이라는 궁극적 목표에 한 걸음 더 다가갈 수 있게 해 줄 것이기 때문이다.

지금까지 신자유주의의 흐름에 따라 효율성을 최우선적으로 생각하던 정책흐름을 다시한번 되돌아보고 반성하게 만든다는 점 또한 긍정적인 규범적 함의라고 할 수 있다. 과연 무엇이 정의로운 국가로 가는 길인가에 대한 해답을 찾는 과정에서 성찰모형은 새로운 사고의 기제를 제공해 준다는 의미도 있다. 삶에 대한 품격 있는 자세와 성찰, 진정성 있는 의식과 삶에 대한 책임 있는 자세로서의 덕이 필요하며 정부, 국민 할 것 없이 각자가 제자리에서 성찰하고 반성하는 삶의 자세를 가지는 것이 우선적으로 필요하기 때문이다(권기헌, 2012: 162).

하지만 앞서 언급했듯이, 성찰모형의 현실적 한계를 극복하기 위해 보다 심층적인 후속연구가 필요하다고 생각된다. 성찰성의 구체적 기준과 한계, 측정조건과 모형의 정교화와 함께 성찰적 정책모형이 얼마나 광범위한 설명력을 지니는지에 다양한 사례를 토대로 점검해 보는 학술적 후속노력이 필요할 것으로 사료된다.

◈ 심화학습

마크무어의 공공가치모형

공공가치모형PVM: Public Value Management은 기존의 관료제 모형과 신공공관리 모형을 넘어 공공가치를 창조하는 모형이다(권기헌, 2017: 17). 전통적 관료제 모형을 제1세대 정부, 경쟁적 시장가치에 기반을 둔 신공공관리 모형을 제2세대 정부라고 한다면, 마크 무어(Mark Moore, 1995)는 단순한 정부와 시장의 이분법적 접근을 넘어서 공공가치를 지향하는 정부모형을 공공가치 모형이라고 불렀다.

관료제 모형, 신공공관리 모형, 공공가치 모형의 비교

	관료제 모형	신공공관리 모형	공공가치 모형
공익	정치인(행정) (독단적 정의)	고객의 선택 (개별 선호의 집합)	개인과 공공의 선호 (시민 심의에 기초)
성과목표	투입에 초점	투입 및 산출	공공목표의 다양성
책임체계	정부부처를 통해 정치인, 정치인을 통해 의회로의 상향식	성과계약에 의한 상향식, 때로는 시장기제를 통해 고객에 대한 하향식	복합적 책임체계
서비스 전달체계	계층제적 관료제 (명령과 통제)	민간분야 또는 책임운 기관의 활용 (시장기제)	정부 및 민간의 다양한 수단의 조합
서비스 전달방식	정부의 독점 (정부의 일방적 제공)	고객지향적 서비스 (영리의 강조)	다면적 서비스 (공공서비스는 공동체의 중요한 공동자원)
시민참여의 역할	제한적 역할 -선거에의한 간접적 압박	제한적 역할 - 소비자 만족도 등의 형태로만 표시	다면적 역할 (시민, 고객, 납세자 등 핵심 이해관계자)
정부의 역할	최고지도자(대통령) 등 정치적 지시에 따름	성과관리에 치중	네트워크 거버넌스, 신뢰구축, 시민/이용자 선호에 즉각적 대응

*자료: Mark Moore(1905); Kelly & Muers(2002)에서 수정 인용.

공공가치모형을 공익, 성과목표, 책임체제, 서비스 전달체제, 서비스 전달방식, 시민참여의 역할, 정부의 역할을 기준으로 설명하면 다음과 같다(권기헌, 2014: 789-790).

첫째, 공공가치 모형에서 공익public interest은 시민 개개인의 선호이며, 이러한 공익은 시민들의 심의과정을 통해 도출되어야 함을 주장한다.

둘째, 성과목표performance objective는 단순히 투입과 산출만을 고려하는 것이 아니라, 서비스에 대한 만족, 결과, 신뢰, 합법성, 책임성에 이르기까지 다양한 성과를 달성하는 것을 목표로 한다.

셋째, 책임체제dominant model of accountability를 확보하기 위하여 시민은 납세자로서 정부에 대한 감시자이며, 동시에 고객/이용자로서의 역할을 한다.

넷째, 서비스 전달체계preferred service deliverer에 있어 정부, 정부와 직접적인 관련이 있는 공기업뿐만 아니라, 민간기업, 이익집단, 지역공동체 등 다양한 이해관계자stakeholder를 포괄하는 민관협력 형태의 전달체계 구축이 필요하다고 본다.

다섯째, 이러한 맥락에서 서비스 전달방식approach to public ethos이나 정신적 기조에 있어서도 특정 국가기관의 독점은 방지되어야 하며, 공공서비스가 공동체의 중요한 공동자원으로 다뤄져야 한다.

여섯째, 시민의 역할모형role for public participation은 고객·시민·핵심 이해관계자 등 다면적 역할 형태로 존재한다. 즉 다양한 이해관계자들이 결집하고 목소리를 내는 가운데 이러한 이해관계자들의 이익을 조정하고 그 공통분모를 발견해 나가려는 노력을 요구한다.

일곱째, 정부의 역할goal for managers은 관리자로서 서비스 품질을 보장하기 위하여 시민과 이용자 선호에 즉각적인 대처를 하는 것이며, 이에 맞춰 정부의 규제와 권한을 새로 정비하여 신뢰를 구축하는데 관리의 목적이 있다. 따라서 정부는 개방성과 투명성, 그리고 다양한 이해관계자들 간의 균형을 어떻게 이룰 것인가를 고민하는 협력적 거버넌스의 실현이 중요한 과제이다(Kelly & Muers, 2002).

☞ **공공가치모형을 적용하여 최근에 발생한 행정현상(예: 정부의 복지정책, 인권정책 등)을 선정하여 해석해보고 그것을 바탕으로 토의하시오.**

❖ 사례연구

염홍철 대전시장은 1일 "대전형 사회적 자본을 키우겠다."라고 말했다. 염홍철 시장은 이날 오전 시청기자실에서 가진 정례브리핑을 통해 "선진국을 선진국답게 하는 요소는 사회적 자본이다"라며 이렇게 말했다. 이어 "경제성장과 복지확대의 현실적 한계(부족분)를 사회적 자본이 채워줌으로서 경제와 복지 두 마리 토끼를 잡을 수 있다"라고 덧붙였다.

그러면서 "사회적 자본의 확충을 체계화하기 위해 전국최초로 가칭사회적 자본 확충 기본조례 제정을 추진하고 초기의 원활한 사업추진을 위해 전담조직 신설을 검토하겠다."면서 "대전발전연구원 내에 사회적 자본 전문연구센타를 설립해 대전의 사회적자본 분포의 이해와 모니터링 체계 구축, 대전형 사회적 자본 측정지표 개발 및 영향평가제 운영 등을 하도록 하겠다."라고 밝혔다.

염 시장은 또 "시민의 지역사회 참여를 위한 제도적 장치로서 시민단체가 개인이나 기업의 기부금을 통해 설립하여 지역사회의 자원이 개발되고 사용될 수 있도록 운영하는 계룡장학회, 보성장학회, 골프존 문화재단, 대전월드 휴먼브리지 등의 지역사회재단community foundation 조성을 적극 지원 하겠다"라며 "작은 규모로 여러 재단이 설립될 수 있도록 행정적 인센티브를 제공하고, 필요할 경우 관련 조례 제정도 검토하겠다."라고 강한 의지를 표명했다.

아울러 시정의 투명성과 신뢰성 강화를 위해 "약자에 대한 정책성과를 평가하고 관리하는데 기준이 되는 지표를 '대전의 사회지표' 항목에 반영하고 시의 행정적·재정적인 역량을 집중 지원하겠다."라며 약자에 대한 배려를 강조했다.

시민중심의 시정 실현을 위해선 "시민과의 기존의 소통방법을 전면 재검토해 체계화하고 시민단체와의 건전한 파트너십을 형성하며, 소통방법의 다양화와 지속적인 평가 및 관리를 추진하겠다."라며, "시민옴부즈맨, 주민참여예산제 등이 실질적인 효과를 얻도록 개선하고, 시민배심원제 도입을 적극 검토하여 시책창안, 시정운영 등 정책 결정-집행-평가과정에 시민참여를 확대하겠다."라고 말했다.

이와 함께 "일방적 행정서비스 방식에서 벗어나 지역자생단체, 주민자치위원회, 아파트 입주자대표회의 등을 활용하는 '마을자치 활성화'를 추진하겠다."라며 "도시숲 생태 지도 작성, 자전거 타기 좋은 코스, 토요휴무 여가 프로그램 개발 등 시민생활 편의와 관련된 사업 추진 시 관련단체를 통해 추진할 것"을 약속했다.

* 자료: 대전일보 뉴스브리핑 2017. 08. 01일자 기사 요약

정부와 지자체들은 '피할 권리'를 앞세워 금연구역을 늘리고 있는 가운데 흡연자들은 '피울 권리'를 내세워 흡연구역 확대를 주장하고 있다. 8일 서울시에 따르면 지난해 9월 말 기준으로 서울시내 금연구역 25만 4546곳 중 2만 220곳이 광장, 공원 등 실외 금연구역이다. 2012년 실외 금연구역이 3134곳인 것과 비교하면 5년 만에 6.5배나 증가했다.

상황이 이렇다보니 대부분의 지역에서 담배를 피울 곳을 찾아다는 '흡연 난민'들은 금연구역 등을 피해 골목이나 이면도로, 건물 옆에 자체적인 흡연공간을 마련했다. 비흡연자들에게선 간접흡연 피해가 늘고 있다는 호소가, 흡연자들에게선 흡연권이 보장되지 않는다는 불만이 터져 나온다. 흡연자들은 금연구역의 확대는 어쩔 수 없다고 생각하지만 흡연권이 무시되고 있다는 볼멘소리가 나온다. 이들은 흡연권도 혐연권과 같이 인간의 존엄과 행복추구권의 헌법 제10조와 사생활의 비밀과 자유의 헌법 제17조에 의해 보장되어야한다고 주장한다.

지난 6일 오후, 영하 10도까지 떨어진 한파에도 서울시청 인근이나 세종문화회관 뒤편 곳곳에서 담배를 피우는 직장인들이 끊이지 않았다. 25년 이상 담배를 피웠다는 직장인 김모(50) 씨는 "금연구역도 아닌데 괜히 남에게 피해 줄까 봐 눈치가 보인다. 죄인이 된 기분이다. 정부에서 아예 담배 판매를 금지했으면 좋겠다."라고 말했다. 이어 "비흡연자를 위한 정책은 이해가 가지만 흡연자의 권리는 일방적으로 무시만 당하고 있어 불편하다"라며 "몇 년 전 담뱃값을 한꺼번에 올리더니 흡연자들을 위한 예산은 전혀 없는 것 같다. 늘어난 담뱃세 중 일부는 흡연부스를 만드는 데 쓰여야 한다."고 주장했다.

서울시도 흡연시설 설치에 대한 공감대는 형성되어 있지만 실제 시설을 확대하기는 부담스럽다는 입장이다. 서울시 관계자는 "금연정책을 하면서 흡연부스 설치를 권장할 순 없다"면서 "다만 연내 흡연부스 가이드라인을 만들어 철저하게 관리하겠다."라고 강조했다. 한편 지난해 서울시가 보행 중 흡연 금지에 관련한 조례 제정을 검토했지만 '기본권을 침해할 소지가 있다'는 이유로 없던 일이 되면서 흡연자와 비흡연자 간 갈등을 키우기도 했다.

* 자료: 헤럴드경제 2018. 02. 08일자 기사 요약

1. 사례를 중심으로 사회적 자본의 주요 이점은 무엇인가를 정리하고, 이를 확충하기 위한 방안을 논의하고 그 결과를 발표하시오.
2. 정책딜레마의 사례를 추가로 찾아 정리하고, 딜레마의 해결방안을 토의하고 그 결과를 정리하여 발표하시오.

토의 및 발표과제

1. 행정이론의 발달을 정치와 행정의 관계, 행정변수 등을 중심으로 정리하고, 그 결과를 발표하시오.
2. 행정이론의 발달을 제1세대 모형, 제2세대 모형, 제3세대 모형으로 나누어서 정리하고, 토의하여 발표하시오.
3. 제3세대 행정모형을 공공가치모형PVM: Public Value Model, 신공공서비스 모형NPS: New Public Service Model으로 나누어서 정리하고, 각 모형에 해당되는 사례를 정리하여 발표하시오.

제7장

정책이란 무엇인가?

제1절 정책의 의의
제2절 정책유형
제3절 정책환경
제4절 정책과 미래예측
제5절 정책기획

제1절 정책의 의의

1. 정책의 개념과 구성요소

1) 정책의 개념

정책은 연구하는 사람의 시각과 관점에 따라 매우 다양하다. 이중 대표적인 정책의 정의 몇 가지를 소개하면 다음과 같다.

라스웰(H. D. Lasswell)과 카플란(Abraham Kaplan)은 "정책이란 목표가 되는 가치와 실제를 투사해서 얻은 행동계획"이라고 정의하고 있다. 이스턴(David Easton)은 "정책이란 전체사회를 위한 제 가치의 권위적 배분"이라고 정의하였는데, 이는 정책의 공식적·권위적 성격을 잘 표현한 것이라고 볼 수 있다.

드로어(Y. Dror)는 "정책은 매우 복잡하고 동태적인 과정을 통하여 주로 정부기관에 의하여 만들어지는 미래지향적인 행동지침을 말하며 그것은 공식적으로는 가능한 최선의 수단을 통하여 공익을 달성할 것을 목적으로 하는 것이다"라고 말하고 있다. 다이(Dye, 1995)는 정책을 "정부가 하기로 또는 하지 않기로 결정한 모든 것"이라고 간결하게 정의한 바 있다. 이와 같은 다이의 정의는 정책을 정부정책과 동일시한 점과 정책 속에 너무도 많은 것들, 특히 일상적인 업무의 결정까지도 포함하였다는 점이 문제가 될 수 있다. 버크랜드(Birkland, 2001)는 정책을 "사회문제를 해결하기 위한 정부의 결정"이라고 정의하였다. 버크랜드도 다이와 마찬가지로 정책을 정부정책과 동일시하였지만, 차이가 나는 점은 정부정책을 사회 문제를 해결하기 위한 정부의 결정이라고 본 것이다. 즉 버크랜드는 정부정책을 단순한 결정이 아닌 사회문제의 해결을 위한 결정이라고 함으로써 정책의 문제해결 기능에 초점을 맞추었다고 할 수 있다.

이들 여러 학자들의 정의를 종합하여 정책에 대한 정의를 내린다면 정책이란, 정책목표와 정책수단에 대한 공식적 기본지침으로서 권위 있는 정부기관이 내린 결정으로 규정할 수 있다.

2) 정책의 특성

첫째, 정책은 목표지향성이 있다. 정책은 미래의 바람직한 상태를 실현하려는 목표를 지향한다.

둘째, 정책은 수단지향성이 있다. 정책은 목표의 실현을 위한 수단을 강구하는 것과 관련 있다.

셋째, 정책은 변동대응성이 있다. 정책은 사회의 구조, 행태, 가치, 문화 등을 좀 더 바람직한 상태로 변동시키려는 특징이 있다.

넷째, 정책은 문제지향성이 있다. 정책은 사회가 당면하고 있는 문제를 해결하려는 특성이 있다.

다섯째, 정책은 인과성을 가진다. 정책은 바람직한 상태의 실현을 종속변수로 하여, 이를 실현하려는 수단은 독립변수적인 성격을 지니므로 정책수단과 정책결과 사이에는 인과관계의 특성을 지닌다.

2. 정책의 구성요소와 정책효과

1) 정책의 구성요소

(1) 정책목표

정책목표는 정책을 통해 이루고자 하는 미래의 바람직한 상태라고 할 수 있다. 따라서 정책목표는 미래성과 방향성을 가지고 있다. 즉 시간상으로 미래에 도달하고자 하는 상태이며, 그대로 방치할 경우 도달할 수 없는 상태를 정책을 통해 실현하고자 하는 발전 방향성을 가지고 있다.

이러한 정책목표는 정책결정에 있어서 대안선택의 기준이 된다. 또한 정책집행에 있어서 활동지침의 근거역할을 할 뿐 아니라, 정책평가에 있어서 평가기준의 지침 역할을 한다.

(2) 정책수단

정책수단은 정책목표 달성을 위한 수단이다. 정책수단은 국민들에게 직접적인 영향을 미치기 때문에 정책수단의 선택은 정책결정에서 매우 중요하다. 따라서 정책수단은 효과성, 능률성뿐만 아니라 형평성, 대응성 등 여러 가지 평가기준을 충족시켜야 한다.

(3) 정책대상

정책대상집단은 정책의 적용을 받는 집단이나 사람들을 의미한다. 즉 정책집행의 대상이 되는 집단이나 사람들을 말한다.

정책과정에 영향을 미치는 정책대상집단은 다음과 같은 특징을 가진다.

첫째, 정책대상집단의 규모에 따라 정책결과가 달라진다.
둘째, 정책대상집단의 조직화 정도에 따라 정책결과가 달라진다.
셋째, 정책대상집단의 과거경험에 따라 정책결과가 달라진다.
넷째, 정책대상집단에 대한 변화강도에 따라 정책결과가 달라진다.

2) 정책효과

(1) 정책산출

정책산출Policy Ooutput은 정책의 집행으로 나타나는 일차적인 결과이다. 예를 들어, 범죄예방 프로그램에 의하여 적발된 범법자의 수 등과 같이 단기적이고 구체적인 산물이다. 이는 계량적 측정이 비교적 용이하여 정책을 평가하기가 쉽다.

(2) 정책성과

정책성과Policy Outcome란 정책대상자들에게 일어난 변화이다. 성과는 산출보다 다소 계량화하기가 어려운 효과이며, 장기적인 효과이다.

(3) 정책영향

정책영향Policy Impact은 정책의 집행으로 사회에 나타난 변화이다. 예를 들어, 범죄예방 프로그램으로 질서의식이 회복되고 치안상태가 그 이전보다 좋아져 야간에도 마음 놓고 외출할 수 있게 된다면 그것은 정책영향이라고 할 수 있다(노화준, 1995: 10).

3. 정책과정과 참여자

1) 정책과정

정책과정은 연속적이며 순차적인 순환과정으로 볼 수 있다.

제1단계는 정책의제형성단계로 정책요구가 입법부 또는 행정기관과 같은 정부의 기관에 의하여 처리되어질 문제로 되는 것을 의미한다. 정책의제란 정책요구에 대해 정부에서 다루기로 결정한 의제나 이슈를 의미한다. 모든 정책요구가 정책의제가 되는 것은 아니다. 어떤 정책요구는 의제가 되기도 전에 소멸되기도 하고 어떤 것은 수정된 형태로 의제가 되기도 한다. 정책의제형성단계는 문제정의, 정책요구, 의제설정의 세 단계로 구체화된다.

제2단계는 정책결정단계로서 정책의 채택단계와 정책의 합법화단계로 구분할 수 있다. 선정된 이슈가 논의되고 정의되어져서 이슈와 관련하여 형성된 의제로부터 정부가 대처하여야만 하는 것으로 인지된 것에 대하여 정부의 대응방안을 구체화하는 것이 정책입안이다. 이렇게 해서 입안된 정책대안에 대하여 제도상의 결정권한을 갖는 기관이 분석·심의하고, 결정하는 것이 정책결정단계이다.

제3단계는 정책집행단계로서, 주어진 행위 또는 결정에 의하여 행정기관이 집행하게 된다. 정책집행의 단계에서는 재정적 자원, 집행을 위한 법규, 집행에 필요한 인적 자원, 정보자원과 구체적인 계획이 필요하다.

제4단계는 정책평가단계로서, 이 단계에서는 정책의 성공과 실패를 판단하는 정책의 산출, 성과와 영향에 주로 초점을 맞춘다. 정책이 사회 전체의 개선에 어떠한 역할을 하였는가를 평가하기 위해 효과성, 능률성, 형평성, 대응성, 적합성, 적정성 측면에서 평가하게 된다.

제5단계는 정책환류단계로서, 정책환류란 정책영향에 대한 평가결과가 다시 환경이나 정책결정 과정으로 환류되고 학습되는 과정을 말한다. 정책영향에 대한 평가결과로 정책이 효과적이지 못해 실패한 것으로 판단될 경우 정책은 종결되거나 대폭적으로 수정되며, 정책종결이나 대폭 수정에 대한 요구가 다시 환경을 거쳐 정책결정 과정으로 유입되는 것을 정책환류라 한다.

2) 정책과정의 참여자

앤더슨(James E. Anderson)은 정책결정자를 정책결정에 참여할 수 있는 공식적인 권한을 갖고 있는 공식적 정책결정자와 정책결정을 할 수 있는 법적 권한을 소유하고 있지 않은 비공식적 정책결정자로 구분하고 있다.

(1) 정책과정의 공식적 참여자

정책과정은 정치체제의 핵심적 활동으로서 이 과정에서 산출되는 정책이나 정책결과 등은 모든 국민에게 지대한 영향을 미치기 때문에, 국민은 누구나 자신들의 이익을 위하여 이 과정에 참여하고자 하며, 민주적 정치체제에서는 그것이 또한 당연한 것으로 인정되어 있다. 그러나 행정국가화와 정보공개 등 모든 국민이 참여하기에는 너무도 많은 제약이 존재하고 있으며, 간접민주주의하에서는 더욱더 참여의 폭은 좁아지게 마련이다. 대체로 우리나라의 경우는 대통령이나 국회의원, 그리고 행정관료가 정책과정에 공식적으로 참여하고 있다. 미국의 경우에는 사법부도 정책과정에서 커다란 역할을 하고 있다(박연호·이종호·임영제, 2018: 110).

(2) 정책과정의 비공식적 참여자

정책과정에 참여하는 공식적 권한을 지니고 있는 참여자 이외에도 비공식적으로 정책과정에 참여하여 영향력을 행사하는 집단 또는 개인이 있을 수 있는데, 오늘날과 같이 참여를 강조하고 분권화되어 가는 시대에 있어서는 비공식적 참여자의 비중은 계속 증대하고 있다. 상대적으로 주요한 비공식적 참여자는 정당, 이익집단, 일반국민, 전문가와 학자, 언론기관 등으로 볼 수 있다.

제2절 정책유형

정책에 대한 연구관심이 높아져 가고 있을 무렵 연구대상이 되는 정책의 내용분석 및 그 설득력에 관심을 갖고 유용한 유형화를 추구하게 된 것은 비교적 오래된 일이다. 정책의 유형은 어떤 기준으로 그것을 분류하느냐에 따라 여러 가지가 있을 수 있겠다. 그러나 여기서는 널리 알려진 로위(T. Lowi)의 분류, 리플리와 프랭클린(Ripley & Franklin), 알몬드와 파웰(A(lmond & Powell)의 분류를 중심으로 살펴보기로 한다.

1) 로위(Lowi)의 정책유형 분류

로위(T. Lowi)는 분배Distributive, 규제Regulatory, 재분배Redistributive, 구성Constitutional 등의 네 가지 정책유형을 제시하고 있다. 로위는 1964년에 발표한 논문에서는 분배정책, 규제정책, 재분배정책으로 분류하고, 1972년에 발표한 논문에서는 구성정책Constituent Policy을 추가하였다.

(1) 분배정책Distributive Policy

분배정책은 개인, 집단, 기업 및 지역사회 등으로 분할된 특정 부류의 인구에 대하여 서비스 또는 이득을 배분하는 것과 관련된 정책이다. 예로는 사회간접자본의 건설, 보조금의 지급정책을 들 수 있다.

(2) 규제정책Regulatory Policy

규제정책은 개인이나 집단의 행동에 제한을 가하는 것과 관련된 정책으로 강제성을 가진다.

(3) 재분배정책Redistributive Policy

정책에서 가진 자와 안 가진 자 또는 무산계급과 유산계급과 같이 포괄적으로 분할된 인구집단 간 또는 인구계층 간에 기존의 부, 소득, 재산 또는 권리 등의 분포상태를 포함한 조세구조에서 재원을 구하여 그 일부를 저소득층에 교부하거나 저소득층에게 유리한 각종 사회적 급부를 하는 것을 들 수 있다. 형평성 차원에서 이루어지는 누진세 제도, 실업수당 등 사회복지정책이 여기에 해당된다.

(4) 구성정책Constituent Policy

구성정책은 정부체제의 구조와 유지·운영에 관련된 정책으로 정부기관의 신설 및 변경이라든가 선거구의 조정 등을 예로 들 수 있다.

2) 리플리와 프랭클린(Ripley & Franklin)의 정책유형 분류

이들 정책유형 분류의 특이한 것은 규제정책을 좀 더 세분하여 경쟁적 규제정책과 보호적 규제정책의 두 가지 유형으로 분류하고 있다는 점이다.

(1) 경쟁적 규제정책

경쟁적 규제정책은 정부가 특정의 철도회사나 항공회사로 하여금 특정의 DMB나 CATV 채널을 운용할 수 있게 하는 경우처럼, 특정의 재화나 용역을 제공할 수 있는 권리를 수많은 잠재적 또는 실제적 경쟁자 중에서 선택하는 규제정책을 의미한다.

(2) 보호적 규제정책

보호적 규제정책은 최저임금제 및 최대노동시간의 제한, 가격통제 등과 같이 여러 사적 활동에 대한 특정의 규제를 설정하여, 공중을 보호하고자 하는 것을 목적으로 행하는 일반적인 규제정책을 말한다.

3) 알몬드와 파웰(Almond & Powell)의 정책유형 분류

알몬드와 파웰은 정치체제 산출활동의 기능적 특성을 중심으로 추출정책, 분배정책, 규제정책, 상징정책의 네 가지로 정책유형을 분류하였다.

(1) 추출정책

추출정책이란 조세와 병역 등과 같이 국내 및 국외환경으로부터 물적·인적 자원을 추출해내는 정책을 의미한다.

(2) 분배정책

분배정책은 추출정책과는 반대로 사회의 개인과 집단에게 경제적 재화와 용역 등을 분배해주는 정책을 말한다.

(3) 규제정책

규제정책은 금지, 의무, 면허 등과 같이 특정의 인간행동을 규제하는 정책을 의미한다.

(4) 상징정책

상징정책은 정책체제의 정당성에 대한 심리적 신뢰감을 증진시키는 정책을 의미한다. 그 예로는 국경일의 제정 및 준수, 국기에 대한 예의 등을 들 수 있다.

제3절 정책환경

정책 환경이란 정책결정 등 정책의 여러 과정에 영향을 미치는 각종 요소를 말한다. 이처럼 정책과정에 영향을 미치는 정책 환경은 나라마다 다르고, 같은 나라라 하더라도 시대에 따라 다르다. 즉 미국의 정책 환경이 우리나라의 그것과 다르며, 우리나라의 경우라도 서울과 지방 등 지역에 따라 다르며, 그 시기가 1960년대인가 혹은 2000년대 인가 등에 따라 미치는 영향이 다르다는 것이다.

정책 환경이 달라지면 동일한 문제를 해결하기 위한 정책의 내용이 달라 질 수밖에 없다. 예를 들어 미국의 에너지 정책(석유정책)과 우리나라의 에너지 정책석유정책이 다른 데에는 여러 가지 이유가 있겠지만, 그 가운데에서 가장 중요한 이유로 정책의 환경이 서로 다르기 때문이다.

정책에 대한 이해를 높이기 위해서는 정책과정에 영향을 주고 또한 정책과정으로부터 영향을 받는 요소로써 정책 환경에 대한 검토가 꼭 필요하다. 정책 환경은 이 정책과정들 가운데서 첫 번째 과정인 정책의제형성과정 자체가 되며, 정책결정과정에게 영향을 미치거나 반대로 정책결정과정에 의해서 만들어진 정책으로부터 영향을 받기도 한다. 그뿐만 아니라 정책 환경은 정책집행과정이나 정책평가과정에도 영향을 미치는 등 정책의 전 과정에 영향을 미친다.

정책 환경은 정태적인 것이 아니고 동태적으로 항상 변화한다. 정책 환경은 나라에 따라서 다르고 같은 나라라 하더라도 시대에 따라서 상이하다. 그러므로 정책 환경에 대한 적절한 이해가 없으면 그때그때 만들어진 정책에 대해서 정확한 이해가 가능하지 않게 된다.

제4절 정책과 미래예측

1. 미래예측의 의의와 종류

미래예측은 정책의 실패 가능성을 감소시키고 성공률을 높이고자 하는 데 그 목적이 있다. 즉 미래예측은 불확실한 미래를 보다 확실한 미래로 변화시키고자 하는 것이다. 정책은 장래의 불확실성이나 위험Risk을 최소화함으로써 최적의 행동대안을 찾고자 하는 미래예측을 그 기반으로 한다. 여기서 불확실성이란 기획의 행동노선에 영향을 미치는 요인의 예측불가능성을 의미한다. 미래예측Forecasting이란 행정문제에 관한 기존의 정보를 기초로 하여 사회의 미래상태Future State of Society에 관한 실제적인 정보를 산출하는 하나의 절차이다. 이러한 미래예측의 종류로는 투사Projection, 예견Prediction, 추측Conjecture 등이 있다(최신융 외, 2018: 137).

첫째, 투사는 현재까지의 역사적인 경향을 장래로 연결하여 미래를 예측하는 것인데, 미래에 대해 결정론적인 주장을 하며 방법론적 진술이나 유사한 사례를 기초로 이루어진다. 즉 시간을 독립변수로 한 대안의 예측기법으로서 대표적인 것에는 시계열분석, 최소자승경향추정, 지수가중법, 재난법 등이 있다.

둘째, 예견은 명확한 이론적인 가정을 통해 예측이 이루어지며 법칙이나 명제 또는 유추 등의 형식을 취한다. 예측의 본질은 어떤 하나의 관계에 내재하고 있는 원인과 결과를 구체화해 주는 것이며 유사한 과정이나 관계성을 유추하거나 탐색하는 것이다. 그 대표적인 기법으로 선형계획법, 회귀분석, 체제분석, 구간추정, 상관분석 등이 있다.

셋째, 추측은 미래상태에 대한 주관적인 판단이나 직관적인 진술의 형태를 취하는 것인데 정책관련 집단들이 내적인 통찰력Insight이나 창의력, 그리고 묵시적인 지식 등이 미래에 대한 지시적 주장에 동원된다. 결국 이는 주관적 판단에 기초를 둔다는 본질적인 성향을 가지고 있다. 이를 위한 기법에는 의사결정분석, 델파이기법, 브레인스토밍, 목적계획법, 상호영향분석 등이 있다.

2. 미래의 유형

미래예측이 투사, 예견, 추측 등 어떤 형태로 이루어지든 다음과 같은 세 가지 종류의 미래 상태를 추정하게 된다. 이와 같은 미래의 유형은 잠재적 미래Potential Futures, 개연적 미래Plausible Futures, 규범적 미래Normative Futures 등으로 볼 수 있다 (Dunn, 1994: 195~196; 최신융 외, 2018: 138-139).

[그림 7-1] 미래의 세 가지 유형

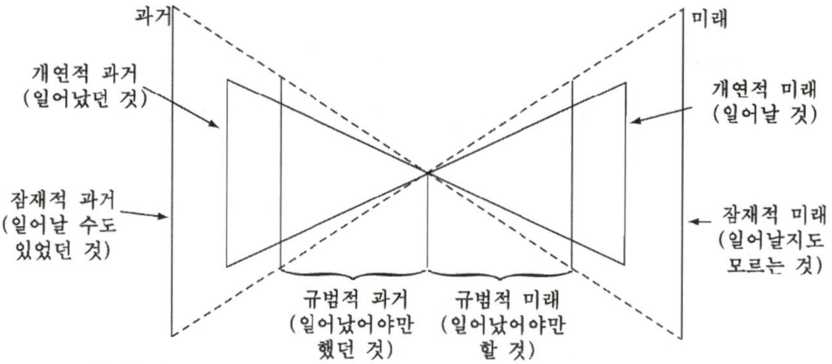

* 자료: Dunn(1981: 143).

첫째, 잠재적 미래란 대안적 미래라고도 하는데 실제로 나타나는 사회상태와 구별하여 나타날 수 있는 미래의 사회상태를 뜻한다. 미래상태는 그것이 실제 나타날 때까지는 결코 알 수 없으므로 수많은 잠재적 미래가 있을 수 있다. 예를 들어 2010년에 우리나라의 인구가 5,500~6,000만 명의 범위내에 있을 것이라면 그 범위가 잠재적 미래인 것이다.

둘째, 개연적 미래는 기획가가 사건들의 진로를 바꾸려고 간여하지 않으면 자연이나 사회의 인과관계에 관한 가정들에 기초하여 앞으로 발생하게 되리라고 믿어지는 미래상이다. 예컨대 현재의 인구 증가추세가 계속되고 인구정책에 큰 변화가 없으면 2010년의 우리나라 인구가 5,800만 명이 된다면 이것이 개연적 미래가 된다.

셋째, 규범적 미래는 그렇게 되는 것이 바람직하다고 생각하는 미래를 의미한다. 즉 잠재적 미래 중에서 분석가의 욕구, 가치, 기호 등의 기준에 일치하는 것을 뜻한다고 생각할 수 있다. 그러므로 규범적 미래는 잠재적 미래의 범위를 벗어날 수 없는데, 예를 들어 2010년의 우리나라 인구가 4,000만 명이나 7,000만 명이 되는 것이 바람직하다고 생각되더라도 이는 잠재적 미래의 범위를 벗어났으므로 이루어지기 어렵다. 이러한 규범적 미래의 구체화는 잠재적 미래와 개연적 미래의 범위를 축소시키므로 이는 곧 특정 목표와 세부목표를 구체화하는 것을 뜻한다.

3. 미래예측에 대한 접근방법

미래예측에 대한 접근방법을 선정하기 위해서 정책분석가는 첫째, 무엇을 예측할 것인가, 즉 예측할 대상Object이 무엇인가를 결정하여야 한다. 둘째, 어떻게 예측할 것인가, 즉 예측을 위한 몇 가지 기초Bases를 선정하여야 한다. 셋째, 선정된 대상과 기초에 가장 적합한 기법Techniques를 선택하여야 한다.

이러한 미래예측기법은 정성적·질적 예측기법추측과 정량적·수량적 예측기법투사·예견으로 크게 구분된다. 전자는 양적인 정보를 구할 수 없거나 불충분할 때 또는 과거의 자료를 이용할 수 없고 새로운 절차·기술의 도입·발견이 필요할 때 주로 인간의 판단과 질적 정보에 의해서 장래의 상황을 예측하려는 것이며, 후자는 자료의 계량적인 수치를 통하여 장래를 예측하려는 것이다. 또한 전자는 관련 정보·자료와 주관적 판단을 종합적으로 고려할 수 있으며 이해가 용이하고 사용이 간편하다는 장점이 있으나 주관이나 편견이 개재될 가능성이 많으며 어떤 규칙성에 입각한 객관적인 설명근거를 제시하기 어렵다는 단점이 있다. 반면 후자의 경우 주관이나 편견이 개입될 소지가 낮다는 장점이 있는 반면, 관련 정보·자료의 종합적 판단이 곤란하고 기법이 복잡하다는 단점이 있다.

1) 정성적 접근방법

정성적 접근방법Qualitative Method은 전문가의 주관적 판단에 근거한 접근방법이라 할 수 있다. 미래예측을 위한 정량적 접근방법이 통계적·계량적 자료에 대한 수량적 분석을 토대로 하는데 비하여, 질적 접근방법은 관계자와 전문가의 주관적 판단에 의존하는 방법을 취한다. 이러한 방법 중에서 델파이기법, 브레인스토밍, 브레인라이팅 등이 대표적인 방법이다.

2) 정량적 접근방법

객관적인 수량적 정보를 바탕으로 하여 미래예측을 하는 모든 접근방법은 정량적 접근방법에 속한다. 정량적 접근방법에 속하는 대표적인 기법으로는 비용편익분석, 비용효과분석, 시계열분석, 회귀분석 등이 있다.

(1) 비용편익분석

비용편익분석Cost-benefit Analysis은 자원배분에 관한 합리적 의사결정을 위한 기법으로써, 여기에서 비용이란 주어진 목표의 달성을 위하여 요구되는 구체적인 자원을 의미한다. 비용편익분석이란 일정한 자원으로 최대의 편익을 얻거나 일정한 편익을 얻기 위하여 최소의 자원을 투입하기 위한 분석기법이라 말할 수 있다(최신융 외, 2018: 147).

비용편익분석과 비용효과분석Cost-effectiveness Analysis은 엄격한 의미에서는 구분이 가능하나 오늘날 비용편익분석과 비용효과분석이라는 두 가지 경제분석의 활용범위가 점차 확대됨에 따라 양자 간의 구분도 점차 모호해지고 있다. 비용편익분석은 투입되는 비용과 산출량의 상관관계를 고려하여 편익이 큰 것을 기준으로 대안선택 여부 혹은 우선순위를 명백히 하는 것을 의미하며, 금액으로 표현하거나 현재가치로 환산된 편익으로 비교·측정하게 된다. 반면 비용효과분석은 각 대안의 소요비용과 그 효과를 측정하는 것이며 효과인 목표의 달성도를 금액 이외의 계량적 척도로서 나타나게 된다. 따라서 비용효과분석이 비용편익분석보다 더 포괄적·질적 분석이라고 볼 수 있다.

(2) 시계열분석

시계열분석Time-series Analysis은 일정한 시간간격을 두고 관측·수집한 자료를 분석하는 미래예측방법으로, 시간의 순서에 따라 관측된 자료를 시계열時計列: Time-series자료라고 부른다. 우리가 자주 접하는 주가지수동향과 같은 것이 시계열자료의 대표적인 예이다. 주가지수동향표는 X축을 시간으로 하고 Y축을 주가지수로 하여 그래프를 그린 것이다. 이런 형태의 그림으로 자료를 표시하면 보는 사람이 과거 자료의 변화 형태를 쉽게 파악할 수 있다(최신융 외, 2018: 156).

시계열분석의 구성요소는 추세Trend, 계절적 변동Seasonal Variation, 주기적 변동Cyclical Variation, 임의변동Random Variation 등으로 구성된다(안상형·이명호, 1995: 640~641).

첫째, 추세란 인구의 증가, 기술혁신, 관습이나 문화의 변화와 같이 장기간에 걸쳐 일정한 방향으로 지속적으로 상승 또는 하강하는 경향을 말한다.

둘째, 계절적 변동이란 동절기에 난방기기의 수요량이 증가한다든지, 여름에 빙과류의 소비량이 늘어난다든지, 봄에 건축자재 매출이 늘어나는 것과 같이 1년을 주기로 하여 반복적으로 발생하는 변동을 뜻한다. 즉 계절적 변동은 매년 같은 시기에 동일 또는 유사한 패턴으로 나타나는 규칙적인 변동요인이므로 예측하기가 상대적으로 쉽다.

셋째, 주기적 변동은 경기동향, 실업률, 재고수준, 이자율과 같이 일정한 주기를 가지고 장기간에 걸쳐 상하로 변동하는 것을 말한다.

넷째, 임의변동은 추세, 계절적 변동, 주기적 변동에 의해서 설명되지 않는 부분으로서 예측이 곤란한 부분이다. 임의변동은 불규칙변동이라고도 하는 것으로 우연한 요인에 의해서 발생하므로 어떠한 패턴도 갖지 않는다.

시계열분석에는 전통적 방법으로 평활법과 분해법이 있는데, 전자에는 이동평균법과 지수평활법이 있으며, 후자는 승법모형과 가법모형으로 분류된다. 또한 비선형시계열에는 진동, 순환, 성장곡선, 쇠퇴곡선, 재난 등 다섯 가지의 유형으로 나눈다.

(3) 회귀분석

회귀분석Regression Analysis은 독립변수가 종속변수에 미치는 영향력의 크기를 측정하여 독립변수의 일정한 값에 대응되는 종속변수의 값을 예측하기 위한 방법이다. 넓은 의미에서의 회귀분석은 상관관계분석의 개념도 포함하고 있으나 일반적으로 회귀분석은 변수 간의 관계식을 알아보기 위한 통계적 분석을 의미한다(한승준, 2000: 316).

단순히 변수들 사이의 관계만을 파악하는 것에 그치지 않고, 그러한 관계를 이용하여 어떤 예측Prediction의 근거로 사용하고자 하는 경우도 있다. 즉 주어진 변수 X와 변수 Y의 관계를 알았을 때, X의 특정 값을 가지고 이에 상응하는 Y의 값을 예측할 수 없을까라는 이러한 질문에 해답을 제공하는 것이 회귀분석을 이용하는 통계방법이다.

즉 회귀분석은 변수들 간의 관계를 알아보기 위한 통계적 분석기법을 말한다. 이때 종속변수, 독립변수가 각각 하나인 모형을 분석하는 경우를 단순회귀분석Simple Regression Analysis이라 하고, 종속변수가 하나이고 독립변수가 2개 이상인 모형을 분석하는 경우를 다중회귀분석Multiple Regression Analysis이라 한다(최신융 외, 2018: 161).

제5절 정책기획 Policy Planning

1. 정책기획의 의의

1) 기획의 개념

귤릭(Gulick, 1939: 13)은 기획을 사업을 위해 설정된 목표를 달성하기 위해 수행되어야 할 일과 이것을 수행하기 위한 방법들을 개괄적으로 창출해 내는 것이라고 정의하고 있다. 또 워터스톤(Waterston, 1966: 26)은 기획을 특정한 목표를 달성하기 위하여 이용 가능한 미래의 방법·절차를 의식적으로 개발하는 과정이라고 정의하고 있다.

기획이란 특정한 목표를 달성하기 위하여 최상의 이용 가능한 미래의 방법 및 절차를 의식적으로 개발하는 과정이다. 따라서 기획이란 장래의 변화를 합리적으로 도모하기 위한 행정의 시도라고 할 수 있다.

기획과 정책, 이 두 용어에 대한 이해는 기획과 정책이라는 두 용어 중 어느 것이 상위개념이며 어느 것이 하위개념이냐에 대한 이해가 전제되어야 한다. 결론적으로 기획과 정책은 현상으로서 동일하며, 다만 용도에 차이가 있다고 보는 것이 타당한 해석이다. 즉, 기획과 정책과의 사이에 제기되는 상·하위개념에 대한 논쟁은 불필요한 것이라는 것이다(나중식, 1995: 208). 기획과 정책을 같은 것으로 보는 근거로서 기획과 정책은 다 같이 목표설정과 그 목표설정을 위한 수단, 혹은 목표와 수단과의 인과관계에 초점을 두고 있다는 점을 들 수 있다.

이와 같이 기획과 정책은 상호 교환적으로 사용되고 있는 용어이며 목표와 수단과의 인과관계에 있는 용어로서 유사한 개념으로 이해될 수 있다. 따라서 단지 기획과 정책은 존재형식과 용도에 따라 차이점을 가진다(신무섭, 2014: 287~288).

2) 정책기획의 필요성

정책기획이 필요한 이유는 여러 가지가 있겠으나, 다음과 같이 네 가지로 요약할 수 있다(박연호, 2003: 436).

첫째, 조직목표의 구체적 실현을 위해서 기획이 필요하다. 행정기획은 사회목적의 구체화를 위한 수단으로서 목표성취행동의 출발점이 된다.

둘째, 행정기능은 그 자체가 기획을 필요로 한다. 기획에 의해서 행동지침이 확립되지 않는다면 필요 불가결한 제반 행정활동 간에 유기적인 조화를 유지할 수가 없다.

셋째, 변동관리의 수단으로서 기획이 필요하다. 다양한 사회변화가 의미 있는 변화로 되기 위해서는 행정이 스스로 사회의 변혁과정을 계획할 필요가 있다. 이것이 변동관리의 적극적 기능이며 행정은 이러한 기능을 통하여 공공의 복지를 향상시키지 않으면 안 된다.

넷째, 합리적 협동행위는 기획을 필요로 한다. 조직의 각 구성원에게 분담된 업무는 통일적 목적 실현을 위한 목적과 수단의 연쇄관계 형성을 바탕으로 하고, 이는 적절한 기획을 통해서 가능한 것이다.

3) 기획의 특성

(1) 미래지향성

기획은 미래지향적이다. 따라서 미래예측과 불확실성의 요인이 기획과정의 모든 국면에 영향을 미친다(김규정, 1999: 464~465).

(2) 목표지향성

기획은 목표지향성을 가진다. 기획은 일단 설정된 목표를 달성하기 위한 수단으로서 현재와 다른 변화를 추구한다.

(3) 의사결정과정

기획은 의식적으로 최적수단을 탐색하고 선택하는 의사결정과정이다. 즉, 목표 달성을 위한 여러 대안을 탐색·비교·평가하여 가장 합리적인 수단을 모색하는 과정이다.

(4) 계속적 준비과정

기획은 계속적 준비과정이다. 기획은 조직이 집행할 일련의 결정을 준비하는 계속적 과정이다.

(5) 합리적 과정

기획에 있어서 가치관 내지 무형적 요인이 관련이 되므로 전적으로 합리적 과정이라고는 할 수는 없지만, 전반적으로 보았을 때 행정기획은 합리적 과정이라고 할 수 있다.

(6) 국민의 동의·지지획득수단

행정기획은 통치에 대한 국민의 동의·지지를 획득하는 수단이다. 즉 기획은 통치의 정당성을 확보하는 수단이다. 기획과정에 널리 사회의 이익이나 지식·기술을 흡수 내지 반영함으로써 기획에 대한 국민의 동의 내지 통치의 정당성 획득 기능은 더욱 효율적일 수 있다.

(7) 정치적 성격

행정기획은 정치적 성격을 띠고 있다. 기획은 현재의 상태를 대폭적으로 변동시키거나 변동을 억제하는 작용을 한다. 따라서 목표설정이나 기준설정에 있어서도 정치적 대립이 불가피하며 대립적 이익의 조정이 필요하게 된다.

4) 정책기획의 절차

(1) 미래의 예측 및 목표의 설정

미래예측의 방법으로는 ① 이론모형에 의한 과학적 방법(계량적 방법), ② 전문가의 지식을 활용하는 브레인스토밍, 정책델파이, 전문가패널, 시나리오기법, ③ 전문가의 직관 및 통찰력에 의존하는 방법 등이 있다.

(2) 정보의 수집 및 분석

정책기획에 관련된 정보와 지식을 수집하고, 해결대상 문제와의 상호관련성을 분석하는 단계이다. 정보를 분석하는 데 있어 제일 중요한 문제는 정확한 데이터를 수집하고 분석하는 것이다.

(3) 대안의 작성 및 평가

정보의 수집과 분석이 끝나면 이를 토대로 여러 형태의 대안을 개발하고 설계하는 과정에 들어가며, 이 단계에서는 광범위한 대안을 탐색하여 설계하는 것이 중요하다.

(4) 최적 대안의 선택

최적 대안의 선택단계에서 중요한 것은 누구의 이익을 위한 것인가에 대한 고려이며, 공익은 이러한 점에서 정책기획을 지도하는 가치기준이 된다.

2. 기획의 수정전략

합리적 기획의 한계성과 문제점으로 인하여 보다 현실적인 기획을 추구하려는 여러 가지 수정전략이 나오고 있는데 이를 설명하면 다음과 같다(김신복, 2001: 118~122; 오세덕 외, 2013: 89-90, 최신융 외, 2018: 31-32).

1) 점진주의 전략

이는 합리적 기획에 가장 상반되는 접근방법으로서, 현재 추진되고 있는 정책대안과 근본적으로 다르지 않고 현상을 약간 개선할 수 있는 제한된 수의 대안을 검토하고 선택하는 것이 가장 타당하다는 처방이다. 이 전략은 합리적 기획의 전제조건이 갖는 비현실성에 대한 비판으로부터 형성된 것이다. 이러한 점진주의 전략은 기획의 실제에서 많이 활용되고 있는데, 가장 대표적인 것이 연동계획제도이다.

2) 연계적 결정 또는 부분적정화 전략

이 전략은 제한된 범위 내에서 계속적인 분석을 수행한다는 점에서 점진주의 전략과 비슷하다. 그러나 점진주의 전략에서는 목표가 사전에 명료하게 설정되어야 한다는 전제마저 부인하는데, 연계적 결정Sequential Decision Making에서는 목표설정의 전제는 받아들인다는 점에서 차이가 있다. 연계적 결정은 정보의 수집·분석능력이 제한된 문제점을 해소하려는 데 주목적이 있다. 즉 엄청난 분석단위를 가진 많은 정보를 동시에 수집·처리하여 결정을 내리는 데 활용하는 것은 사실상 불가능하기 때문에, 일정한 범위 내의 부분적인 정보만 가지고 단계별로 결정을 내려가는 것이 현실적이다. 즉 각 단계에서 최적의 대안을 순차적으로 모색해가는 이른바 부분적 적정화Sub-optimization가 바람직하다는 것이다.

3) 절충탐색 전략

합리적 기획이 지나치게 이상적이라면 그 반동으로 제기된 점증주의 전략은 너무 보수적이고 근시안적이라 할 수 있다. 따라서 이 두 가지를 통합한 제3의 접근방법이 바로 절충탐색 전략이다.

4) 만족화 전략

제한된 합리성Bounded Rationality에 기준을 두려는 전략이다. 즉 최적의 대안이 아니라 주관적으로 만족스러운 대안을 선택하려는 것이다. 이 전략은 사이먼(Simon)의 주관적 합리성철학에 기초를 두고 있다(March & Simon, 1976: 140).

5) 관례화 전략

관례화Routinization 전략은 소규모의 기획과정들을 몇 개의 유형으로 구분하여 기계적·관례적 과정으로 만드는 방법이다. 어떤 형태의 문제들은 그것을 인지하여 관련 요인을 분석하고 대안을 추출하는 일련의 과정이 거의 동일하다. 이 경우에 의사결정을 자동적인 프로그램화하여 투입되는 시간과 노력을 절감할 수 있다는 것이다. 그러나 이와 같은 관례화 전략이 적용될 수 있는 범위는 극히 한정되어 있다. 일상적으로 반복되는 업무나 문제 상황이라 하더라도 완전히 동일한 경우는 거의 없으며, 설령 동일하다고 하더라도 대책이나 해결방안은 끊임없이 개선되어야하기 때문이다.

◈ 심화학습 1

정책분석

1) 정책분석의 개념

정책분석이란 정책결정의 판단을 질적으로 돕기 위하여 정책대안에 관한 여러 가지 체계적인 연구를 행하는 것 을 의미한다. 다시 말해서 주어진 목표를 성취할 수 있는 여러 대안 중에서 가장 효과적이고 능률적인 대안을 선택하도록 하는 과정이 정책분석인 것이다(박연호·이종호·임영제, 2018: 117).

2) 정책분석의 단계

(1) 문제의 분석

정책문제분석은 예비분석과 본 분석으로 나눌 수 있다. 예비분석을 통한 정책문제 여과가 개괄적으로 이루어진 이후, 본 분석에서는 정책결정자와 문제 관련 집단이 추구하는 가치, 문제의 원인과 결과, 문제관련 집단과 문제의 변화 가능성 등을 분석하게 된다.

(2) 목표의 설정

문제의 분석이 이루어지고 나면 목표설정을 위한 분석이 전개된다. 정책목표는 정책(활동)을 통하여 달성하고자 하는 바람직한 상태이며, 정책이 추구하는 미래상이라고 할 수 있다.

(3) 정책대안의 탐색·개발

정책대안의 탐색·개발이란 이미 시행되었거나 현재 시행되고 있어 이미 알려져 있는 기존의 대안들정책목록: Policy Program Repertory 중에서 문제해결을 위한 대안 또는 아이디어를 발견하는 탐색활동은 물론, 전혀 새롭고 창의적인 대안의 개발과 설계활동까지도 포괄하는 개념이다.

(4) 정책대안의 미래 예측

정책대안의 결과 예측이란 대안의 탐색·개발을 통해 만들어진 여러 정책대안이 집행되었을 때 미래에 어떠한 결과가 나타날지에 대하여 예측하는 것을 의미한다.

(5) 대안의 비교·평가

정책대안의 비교·평가란 여러 가지 대안의 상대적 가치를 비교·평가하여 최적대안을 선택하는 과정을 말한다. 던(Dunn, 2005)은 정책대안의 비교·평가 기준으로서 소망성과 실현가능성을 제시하고 있다. 소망성은 효과성, 능률성, 형평성, 대응성, 적합성, 적절성의 여섯 가지 기준으로 세분화되며, 실현가능성은 정치적, 경제적, 사회적, 법적, 행정적, 기술적 실현가능성의 여섯 가지 기준으로 나누어 분석할 수 있다.

☞ 최근의 정부정책(예: 정부의 여성정책, 안보정책 등)을 선정하여 정책분석 단계에 따라 분석해보고 그것을 바탕으로 토의하시오.

◈ 심화학습 2

정책변동

호그우드와 피터스(Brian W. Hogwood & B. Guy Peters)는 정책변동의 유형으로 정책유지Policy Maintenance, 정책종결Policy Termination, 정책승계Policy Succession, 정책혁신Policy Innovation 등의 네 가지 유형을 들고 있다. 이러한 네 가지 유형을 간략히 설명하면 다음과 같다(박연호·이종호·임영제, 2018: 162).

첫째, 정책유지는 현재의 정책을 그대로 지속하는 것으로서, 정책의 기본적 특성을 그대로 유지하는 것이다. 이러한 정책유지는 정책의 기본내용을 대폭 수정하거나 아니면 정책의 종결을 하기 위하여 노력하다가 이것이 반대세력의 저항에 부딪혀 실패하든지, 아니면 합리적 판단에 따라서 현재의 정책을 그대로 유지하도록 결정하는 경우에 발생한다고 보겠다.

둘째, 정책승계는 정책변동 중에서 가장 중요한 것으로서 기존 정책의 목표는 변경하지 않고, 내용의 일부 또는 전부를 변경하는 것이다.

셋째, 정책종결은 현존하는 정책을 완전히 소멸시키는 것으로서 사업과 예산이 완전히 소멸되고 이들을 대체할 정책도 결정되지 않는 경우이다. 실질적으로는 매우 보기 힘들다.

넷째, 정책혁신은 정부가 관여하지 않고 있던 분야에 개입하기 위하여 새로운 정책을 결정하는 것을 의미하는 것으로서, 정책변화가 아니라 새로운 정책결정인데, 정책변화의 다른 유형과 비교하기 위하여 등장시킨 것이다.

☞ 우리나라에서의 정책변동의 실제 사례를 찾아보고 왜 그러한 정책변동이 이루어졌는지를 토의하시오

❖ 사례연구 1

교통에서 부동산·의료까지 4차 산업혁명의 핵심 자원인 빅데이터를 활용해 효율과 부가가치를 높인 국내 사례들을 한자리에서 만날 수 있는 콘퍼런스가 마련된다. 이번 콘퍼런스에서는 특히 빅데이터를 활용해 신사업을 창출하고 사회문제를 해결한 사례들을 집중적으로 선보인다.

교통부문에서는 각종 사고 신고와 기상데이터, 교통정보, 신호체계 등을 활용해 사고위험도 등을 예측하는 모델이 제시된다.

의료 쪽에서는 의료 정보, 환자 거주지 등 데이터를 이용해 주요 질병과 의약품 오·남용, 의료기기 사용 현황 등을 모니터링하는 시스템의 구축 사례가 공개된다. 또 해외 로밍 데이터 등을 활용해 감염병 확산을 방지하는 KT 사업도 소개된다.

부동산 부문에서는 대출 정보, 건축물대장, 토지이용계획, 공시지가, 부동산 취득 현황 등을 활용해 연립주택을 비롯한 소형 공동주택 시세를 주기적으로 생산해낼 수 있는 사업 사례가 발표된다.

이 밖에 국민연금 빅데이터를 활용한 '취약계층 일자리 찾기 서비스', 가스 배관에 부착된 장치로 측정되는 빅데이터를 분석해 누출·파손 등의 위험도를 예측하는 시스템 등도 소개된다. 참석비는 없으며, 참석을 원하는 사람은 홈페이지에서 사전 등록하면 된다. 한편 8일 빅데이터 이노베이션 콩그레스 행사장 주변에서는 한국정보화진흥원 주관으로 중소기업의 빅데이터 활용 사례 발표와 전시, 빅데이터 생태계 확산 세미나 등도 열린다.

*자료: 매일경제 2017.10.31. 일자 기사 요약

우리나라의 빅 데이터 유행이 거품이라는 주장이 제기됐다. 김동환 중앙대학교 공공인재학부 교수는 지난 29일 오후 정보인권연구소가 마련한 강연 '빅 데이터의 진실과 거짓말'에서 "빅 데이터 유행이 시작된 건 정확히 2011년 11월 7일"이라고 말했다. 그는 이 자리에서 빅 데이터 유행의 거품과 이전 정부들의 빅 데이터 정책의 문제점을 지적했다.

김 교수에 따르면 이명박 정부 시절부터 추진된 빅 데이터 활용 정책은 시작부터 문제가 있었다. 그는 "이명박 전 대통령이 2011년 11월7일 제3차 국가정보전략위원회에 참석하고 그날 오후에는 에릭 슈미트 당시 구글 회장과 면담을 가진 후 빅 데이터를 전폭적으로 밀어주겠다고 발표했다"라고 말했다. 그는 그 배경에 10월26일 이각범 당시 국가정보화전략위원회 위원장이 발표한 보고서 '빅 데이터를 활용한 스마트 정부 구현(안)'가 있을 것이라 추측했다.

김 교수는 "보고서에서 '빅 데이터가 왜 중요한지에 대해 두 가지 근거를 들었는데 첫째는 '모방'이고 둘째는 '오해'였다"고 말했다. 이 보고서는 빅 데이터의 활용 가치에 대해 "미래 국가 경쟁력은 '빅 데이터'의 활용에 달렸다"라며 그 근거로 "미국의 대통령 과학기술자문위는 '모든 미국 연방 정부 기관은 빅 데이터 전략이 필요하다'라고 강조"했음을 들었다.

더 큰 오해는 빅 데이터의 기능에 대한 점이었다. 이 보고서는 "분석·예측 시대의 도래로 빅데이터를 활용하는 효율적인 정부 운영을 도모하는 선진국들의 현황으로 볼 때, 빅데이터를 활용하지 못하는 정부는 국제 사회에서 국가 경쟁력 하락의 위험과 대면하게 될 것"이라고 밝혔지만 김 교수는 "지금 인류의 기술로는 미래를 예측할 수 없다"라고 지적했다. 빅 데이터는 과거의 자료들을 수집·분석해서 의미를 도출하는 데에 유의미할 뿐, 미래까지 예측할 수는 없다는 주장이다.

김 교수에 따르면 이 전 대통령의 '빅 데이터' 선언 이후 각 부처는 스마트 국가 구현을 위해 '재난예측시스템', '범죄예측시스템' 등을 포함한 빅데이터 마스터 플랜을 만들었다. 박근혜 정부 때인 2015년, 김포시는 빅데이터 기반 안전도시를 조성하겠다며 주식회사도 설립했지만 "장기간 표류 중"이다. 김 교수는 "그나마 잘 한 게 서울시가 KT 휴대전화 사용자의 빅데이터를 활용해 심야버스 노선을 최적화한 사례"라면서 "이것도 미래 예측 프로젝트가 아니라 과거 일을 분석한 일이었다"라고 말했다. 김 교수는 빅 데이터 거품을 몰고온 것은 지식인들이라고 지적했다. "빅 데이터뿐만 아니라 인공지능, 4차 산업혁명 등은 일련의 거품이고 실속이 없는 것"이라면서 "사람들은 우리나라의 기술 진보가 느려서라고 말하지만 근저에는 지식인들의 천박함과 사이비 근성이 있다고 본다"라고 밝혔다

*자료: 미디어오늘 2017년 12월 02일자 기사 요약

1. 빅데이터를 이용한 미래예측의 사례를 찾아 정리하시오.

2. 위의 두 가지 사례를 읽고 어느 주장이 더 타당성이 있다고 생각하는지 각자의 의견을 정리하여 발표하시오.

❖ 사례연구 2

기획재정부가 발표한 '2017년 가계금융·복지조사' 결과를 보면 지난해 우리나라의 처분가능소득 기준 지니계수는 0.357로 전년보다 0.003 상승해 불평등도가 악화한 것으로 나타났다. 대표적인 소득불평도 지표로 쓰이는 지니계수는 0이면 완전평등, 1이면 완전불평등을 의미한다. 0에 가까울수록 소득분배가 잘 되는 것으로 인식된다. 기획재정부는 지니계수가 악화한 것이 경기 부진과 구조조정, 인구 구조상 소득이 급감하는 노인 비율이 확대되면서 저소득층의 근로소득이 감소했기 때문이라고 밝혔다. 소득 불평등에 대해서는 지속적인 재분배 정책으로 균등화를 꾀해야 한다.

*자료: 디지털타임스 2017년 12월 22일자 기사 요약

1인당 국민소득 3만 달러는 흔히 '선진국 지표'로 불리곤 한다. 전세계 200여개 국가 중 인구가 5000만명 이상이면서 1인당 국민소득이 3만 달러를 넘은 국가는 단 6곳에 불과하다. 올해 이 목표를 달성한다면 우리나라는 '30-50클럽'의 7번째 멤버로 이름을 올리게 된다. 국민소득 3만불 시대를 연다고 해도 그 과실은 모두에게 돌아가지 않는다. 지난해 국민소득은 최근 6년새 가장 큰 폭으로 증가했으나 이중 가계와 기업의 소득 비중은 오히려 줄어들었다. 지난해 국민총처분가능소득GNDI 가운데 가계의 비중은 2016년 56.3%에서 지난해 56.0%로, 기업의 비중은 20.6%에서 20%로 줄어든 반면 정부가 가져간 소득 비중은 23.1%에서 23.8%로 증가했다.

정부 세수는 늘었으나 조세정책으로 인한 소득재분배 효과는 경제협력개발기구OECD 국가 중 꼴찌 수준이다. OECD에 따르면 우리나라의 2014년 세전•세후 지니계수 개선율은 11.4%로 조사대상 33개 국가 중 31위에 그쳤다. 그만큼 조세정책으로 인한 소득재분배 효과가 미미하다는 얘기다. 당시 1위에 오른 핀란드는 개선율이 48.1%에 달했다. 독일42.2%, 프랑스42.0%, 이탈리아36.3%, 영국31.3%, 캐나다26.7%, 미국22.4% 등 주요 선진국의 개선율은 우리나라보다 두 배 이상 높았다.

*자료: 이코노믹리뷰 2018년 3월 28일자 기사 요약

1. 사례를 읽고 재분배정책의 효과를 제고할 수 있는 조건을 조사·정리하여 발표하시오.

2. 재분배정책의 장단점을 논의하고, 재분배정책에 대한 자신의 의견을 정리하여 발표하시오.

토의 및 발표과제

1. 정책의 3대 요소를 제시하고, 구체적인 정책사례를 통해 이를 발표하시오.
2. 정책분석과 미래예측에서 논의되는 정성적 접근방법과 정량적 접근방법을 정리하고, 구체적 사례와 연결하여 토의한 후 발표하시오.

제8장

정책과정은 어떻게 구성되어 있는가?

제1절 정책과정의 개요

정책이 산출되고 실행되는 데 거쳐야 할 일정한 단계적 절차를 정책과정이라고 한다. 여기서 정책은 정책의제설정에서부터 정책결정, 정책집행, 정책평가에 이르기까지 일련의 복잡하고 동태적인 연속 순환 과정을 거친다. 정책과정은 정책결정자가 합리적 정책과정을 운영하기 위해 필요한 지식을 얻는 것을 목적으로 하는 합리적 특성과 이해관계자들의 다양한 가치가 충돌하는 정치적 특성을 모두 가진다.

(1) 제1단계: 정책의제형성단계Agenda Setting stage

정책의제란 정책요구에 대해 정부차원에서 다루기로 결정한 의제나 이슈를 의미한다. 모든 정책요구가 정책의제가 되는 것은 아니다. 어떤 정책요구는 의제가 되기도 전에 사라지는가 하면 어떤 것은 수정된 형태로 겨우 의제가 되기도 한다. 정책의제형성단계는 문제정의, 정책요구, 의제설정 등 세 단계로 구체화된다.

(2) 제2단계: 정책결정단계Policy Making stage

정책결정단계는 정책의 채택단계와 정책의 합법화단계로 구분된다. 먼저 정책채택단계는 정책문제를 해결하기 위해 적절한 정책대안을 선택하는 단계이며, 다음에 선택된 정책대안에 합법성을 부여하는 단계가 정책의 합법화단계이다.

(3) 제3단계: 정책집행단계Policy Implementation stage

정책목표를 달성하기 위해서는 결정된 정책이 집행되어야만 한다. 정책의 집행에는 재정적 자원, 집행을 위한 법, 집행에 필요한 인원 그리고 구체적인 계획이 필요하다. 따라서 정책집행의 단계에서는 행정학의 주요 내용인 조직, 인사, 재무, 정보체계 등을 다루게 된다.

(4) 제4단계: 정책평가단계Policy Evaluation stage

정책평가단계는 정책의 성공과 실패를 판단하는 정책의 산출, 성과와 영향에 주로 초점을 맞춘다. 정책이 사회 전체의 개선에 어떠한 역할을 하였는가를 평가하기 위해 효과성, 능률성, 형평성, 대응성, 적합성, 적정성 측면에서 평가하게 된다.

(5) 제5단계: 정책환류단계Policy Feedback stage

정책환류란 정책영향에 대한 평가결과가 다시 환경이나 정책결정 과정에로 환류되고 학습되는 과정을 말한다. 정책영향에 대한 평가결과로 정책이 효과적이지 못해 실패한 것으로 판단될 경우 정책은 종결되거나 대폭적으로 수정되며, 정책종결이나 대폭 수정에 대한 요구가 다시 환경을 거쳐 정책결정 과정에로 유입되는 것을 정책환류라고 한다.

제2절 정책의제설정

1. 정책의제설정의 의의

정책의제설정agenda setting이란 다양한 사회문제 중에서 특정한 문제가 선택되어 정부가 해결하기 위한 정책의제로서 채택되는 과정이다. 즉 어떻게 해서 하나의 이슈가 정책문제화되며, 또 그것이 다시 정부가 해결하여야만 하는 정책의제로 되는가에 대한 과정을 연구하는 것이다.

정책의제란 특정한 시기에 정치체제가 주목할 만하다고 인식하여 공식적으로 해결하여야 하는 것으로 간주되는 문제로 정의된다. 이러한 정책의제는 정부에 대한 수많은 요구 가운데 정책 결정자가 어떤 대책을 강구하지 않을 수 없다고 느끼는 요구라는 점에서 일반적인 정치적 요구와 구별된다. 이러한 정책의제의 유형은 다음과 같이 구분할 수 있다(박연호·이종호·임영제, 2018: 122-123).

1) 공중의제public agenda와 공식의제official agenda

(1) 공중의제public agenda

공중의제란 일반대중의 주목을 받을 가치가 있으며 정부가 문제해결을 하는 것이 정당한 것으로 인정되는 이슈이다. 콥과 엘더(Cobb &Elder)는 이를 체제적 의제라고 불렀는데, 이것은 공적인 관심의 대상이 되며, 기존 정부권위의 합법적 영역 내에 속하는 문제들이라고 정치체제의 구성원들이 공통적으로 인식하는 이슈들을 말한다.

(2) 공식의제official agenda

공식의제란 정부의 공식적인 의사결정에 따라 그 해결을 시도하기로 한 이슈로서, 콥과 엘더Cobb &Elder가 말하는 정부의제에 해당하는 것으로 권위적인 정책결정자가 적극적이고 심각하게 고려하는 이슈들을 포함하는 구체적인 의제이다. 예를 들어 의회의제congressional agenda, 대통령의제presidential agenda, 행정부의제administrative agenda등이 있다.

2) 실질적 의제와 상징적 의제

(1) 실질적 의제substantive agenda

실질적 의제란 매우 광범위하고 잠재적으로 폭발가능성이 있는 공공정책 이슈이다. 정책문제가 실질적 의제로 되기 위해서는 다음과 같은 세 가지 요소들을 충족시켜야 한다.

첫째, 상당한 양의 공공재에 관한 문제여야 한다.

둘째, 이슈는 시민이나 공공정책결정자의 대내적인 관심을 유발할 수 있어야 한다.

셋째, 어떤 이슈의 해결도 큰 변화에 대한 잠재성을 내포하여야 한다.

이러한 실질적 의제의 대표적인 예로는 경제적 이슈를 들 수 있다. 경제적 이슈는 정책의제를 위해 수많은 실질적 문제를 제기하기 때문인데, 하지만 최근에는 경제적 이슈 이외에도 사회적 문제들을 실질적 정책의제의 중요한 요소들로 간주하는 경향이 생겨났다.

(2) 상징적 의제symbolic agenda

상징적 의제란 상징적 반응에 의하여 해결되어질 수 있는 정책이슈들에 대한 정책의제를 말한다. 미국과 같이 복잡하고 다원화된 사회에 있어서는 실질적 의제가 많은 갈등과 충돌을 유발할 수도 있으므로 실질적인 개선 없이도 문제들을 인식하는 방법으로 상징적 정책을 채택하기도 한다.

2. 정책의제설정 모형

콥과 엘더(Cobb & Elder)는 정책의제 채택의 주도집단을 기준으로 3가지 유형을 분류하였다.

(1) 외부주도형

외부주도형이란 정부바깥에 있는 집단이 자신들에게 피해를 주고 있는 사회문제를 정부가 해결해 줄 것을 요구하여, 이를 사회쟁점화하고 공중의제로 전환시켜 결국 정부의제로 채택하도록 하는 의제설정유형이다. 외부주도형은 다원화되고 민주화된 선진국 정치체제에서 많이 나타나는 유형이다.

(2) 동원형

외부주도형과 정반대로 정부 지도자에 의하여 주도되는 유형이다. 이것은 주로 국가지도자의 지시에 의하여 사회문제가 바로 정부의제로 채택되고, 일반대중의 지지를 얻기 위한 정부의 홍보활동을 통해 공중의제로 확산시키는 정책의제설정유형이다. 동원형은 정부의 힘이 강하고 민간부문이 취약한 후진국에서 많이 나타나는 유형이다.

(3) 내부접근형

내부접근형은 정부기관 내의 관료집단이나 정책결정자에게 쉽게 접근할 수 있는 사람들이 최고 정책결정자에게 은밀히 접근하여 정부의제화하는 경우를 말한다. 내부접근형은 선진국의 경우 특수 이익집단이 비밀리에 정부의 혜택을 보려는 군수·국방정책 등에서 나타나며, 후진국의 경우에는 관료들이 주도하는 경제개발계획 등에서 흔히 나타난다.

3. 정책의제설정 이론

(1) 사이먼H. Simon의 의사결정론

사이먼(H. Simon)의 의사결정활동은 주의 집중intelligence, 설계design, 선택choice이라는 세 가지 국면을 지니고 있다고 보았다. 하지만, 조직과 인간의 인지하는 능력은 한계가 있으므로제한된 합리성, bounded rationality, 많은 사회문제 중 일부만이 정책의제로 채택될 수밖에 없다고 보았다.

(2) 체제이론

이스턴(D. Easton) 등의 체제이론에서는 특정한 문제를 체제 내에 들어오게 할 것인지를 결정하는 것은 문지기gate-keeper의 역할이다. 즉 문지기가 선호하는 문제가 정책문제로 채택된다는 것이다. 여기서 문지기는 구체적으로 공식적 정치제도 속에서 중요한 역할을 수행하는 정책행위자policy actor를 의미한다.

(3) 다원주의론

다원주의론은 정치적 영향력은 사회 각 계층에 널리 분산되어 있으며, 정치권력의 실질적 소재가 다원화되어 있다고 본다. 다원론자들은 일반대중이나 이익집단들이 정책의제설정을 비롯하여 정책과정에서 상당한 영향력을 행사한다고 보며, 이들 간의 견제와 균형의 과정을 통해 민주주의가 이루어진다고 본다.

(4) 엘리트 이론

① 엘리트 이론

엘리트 이론은 정책을 주도하는 세력이 엘리트집단에 편중되어 있으며, 정책은 국민대중의 요구를 반영하는 것이 아니고 엘리트집단의 이해나 가치관을 반영한다고 주장한다. 엘리트 이론에서는 일반대중은 일반적으로 수동적이고 무관심하며 정보에 어두운 존재로 본다. 따라서 엘리트와 일반대중 간의 관계에 있어서 유권자인 일반대중이 엘리트에게 영향을 미치는 것이 아니라, 엘리트가 일반대중에 영향을 미치고 그들을 유도한다는 것이다.

② 무의사결정론

바흐라르(Bachrach)와 바라츠(Baratz)에 의해 제기된 이론으로 신엘리트 이론의 핵심내용이다. 이들은 엘리트들에게 유리한 이슈만을 논의하고 불리한 문제는 거론조차 못하게 봉쇄하는 것을 무의사결정이라고 명명하고, 정책문제의 채택과정에서 엘리트가 권력을 비밀리에 행사하여 자신들에게 불리한 문제는 아예 채택을 못하게 한다고 주장하였다.

제3절 정책결정

1. 정책결정의 의의

1) 정책결정의 개념

정책결정policy making이란 정책문제가 정부로 들어가서 정책의제로 된 후 정부가 이 문제를 해결할 수 있는 대안을 개발하는 것과 관련된 모든 활동이다. 즉 정책결정은 정부기관이 행정목표를 달성하기 위하여 장래의 활동지침을 결정하는 것을 말한다.

2) 정책결정자

정책결정자는 앤더슨(J. E. Anderson)에 의하면 공식적 정책결정자official policy makers와 비공식적 정책참여자unofficial participants의 두 가지로 나눌 수 있다.

(1) 공식적 정책결정자

① 입법부Legislatures: 의회는 중요한 정책을 법으로 성립하기 위해서 협의, 토론, 그리고 표결을 행함으로써 공식적 정책결정자로서의 역할을 수행하고 있다.

② 행정수반The Executive: 정책결정자로서 대통령의 역할이 중요시되는 이유는 무엇보다도 의회가 정보, 시간, 전문성 등의 부족으로 인하여 정책결정자로서의 역할을 충분히 수행할 수 없기 때문이다. 정책결정자로서 대통령이 수행하는 역할의 중요성과 그 범위는 정치체제의 특성이나 국가에 따라서 상이하다.

③ 행정기관Administrative Agencies: 행정기관이 정책결정자로서 중요한 역할을 하게 된 이유는 오늘날 사회가 고도의 복잡성과 전문성을 요구함에 따라 일차적 정책결정자인 국회가 보조적 정책결정자라 할 수 있는 행정기관에 정책결정에 대한 광범

위한 재량권을 위임하게 된 것에 기인한다고 볼 수 있다..

④ 사법부The Courts: 사법부도 정책결정에 있어 매우 적극적이며 행정명령이나 입법부의 법률에 못지않은 영향을 행사한다. 즉 사법부는 사법적 심사권을 가지며 이를 행사하여 각종 법을 해석하는 과정에서 정책을 결정하는 역할을 한다.

(2) 비공식적 정책참여자

① 이익집단interest group: 이익집단은 정도의 차이는 있으나 대부분의 국가에서 정책결정에 중요한 역할을 수행한다. 즉 이익집단은 공통적으로 요구를 표현하고 정책대안을 제시하는 이익표출의 기능을 수행하고 있다.

② 정당political parties: 정당은 정권을 획득하여야 하기 때문에 국민의 지지를 얻기 위해서 국민이 바라는 정책을 제시하여야 하고 정책결정에 관여하게 된다.

③ 개인으로서 시민the individual citizen: 개인으로서 시민이 행사하는 정책참여자로서의 역할에는 정책이나 법안에 대해 투표를 하거나 또는 개인의 다양한 활동을 통해서 정책결정과정에 새로운 아이디어를 투입함으로써 기여하게 된다.

2. 정책결정모형

1) 합리모형

합리모형은 인간의 이성과 합리성에 기초한 모형으로서, 정책결정자가 합리적 의사결정 단계들을 하나하나 의도적으로 밟으며, 합리적·분석적으로 정책을 결정한다고 주장한다. 합리모형의 한계는 다음과 같다.

첫째, 실제 정책결정은 합리모형에서 주장하는 합리적 분석적 결정이 아니라, 직관, 습관 등의 방법에 의하여도 이루어진다는 것이다.

둘째, 합리모형은 바람직하게 정책결정을 할 때 필요한 지식이나 논리를 제공하고 있는지에 대한 의문이다. 린드블롬(Lindblom)과 브레이브룩(Braybrooke)과 같은 점증주의자들은 합리모형이 오히려 불가능한 일을 정책결정자에게 강요함으로써 바람직한 정책결정에 도움을 주지 못한다고 주장한다.

셋째, 합리모형에는 매몰비용과 관련된 한계가 있다. 합리모형에 입각하여 정책결정을 한 기존의 정책이나 사업에 이미 많은 자원이 투입이 된 경우, 더 합리적인 대안이 있어도 과거에 이미 투자된 비용 때문에 합리적인 새로운 대안을 채택하기보다는 기존의 정책을 계속 채택하는 경우가 있기 때문이다(노시평, 2001).

2) 만족모형

사이먼(H. Simon)은 행정행태주의의 주창자로서 새이원론을 주장하였다. 그는 의사결정(정책결정)의 인지과정cognitive process을 연구 대상으로 하여 많은 연구를 하였는데, 실제 조직의 의사결정에서는 최적optimum대안이 아니라, 만족할 만한satisficing 대안을 선택하게 된다는 것을 실증적으로 보여주었다. 그는 합리모형에서 가정하는 의사결정자를 경제인economic man이라고 부르고, 자신이 제시하는 합리성의 제약을 받는 의사결정자를 행정인administrative man이라고 부르면서, 다음과 같은 주장을 하였다(정정길, 2004: 487).

첫째, 경제인은 목표달성의 극대화를 도모하지만, 행정인은 만족하는 선에서 그친다. 즉, 실제 의사결정에서는 만족할 만한satisfactory 또는 그 정도면 괜찮은good enough 대안을 선택한다.

둘째, 대안의 탐색은 무작위적random이고 순차적인sequential으로 이루어지며, 대안의 결과 예측은 만족할 만한 결과를 가져오는 대안을 찾을 때까지 계속된다.

셋째, 경제인은 복잡하고 동태적인 상황을 모두 고려한다고 하지만, 행정인은 실제 상황에서 복잡한 상황을 단순화한 후simplify 대안결과를 예측하게 된다.

3) 점증모형

점증주의를 주장한 학자는 린드블롬(Lindblom)과 윌더브스키(Wildavsky)이다. 점증모형은 '현존의 정책에서 소폭적인 변화만을 가감한 것을 정책대안으로 하여 정책을 결정하는 방법'을 말한다. Lindblom은 정책결정자의 분석 능력 및 시간이 부족하고 정보도 제약되어 있으며, 대안비교의 기준으로 이용할 가치 기준마저 불분명한 상태에서는 현재의 정책에서 소폭적인 변화만을 대안으로 고려하여 정책을 결정한다고 주장한다. 또한 시간이 흐름에 따라 환류되는 정보를 분석하여 분할적·연속적 정책결정을 하는 것이 바람직한 정책결정방법이라고 주장하였다.

4) 혼합탐사모형(Mixed-Scanning Model)

에치오니(A. Etzioni)는 정책결정 과정에서 근본적 정책결정과 점증적 정책결정 두 가지 다 필요하다고 판단하고, 합리모형과 점증모형의 단점을 극복하고 장점을 취하는 혼합탐사모형을 대안으로 내세웠다. A. Etzioni는 정책결정을 크게 두 가지로 나누었는데, 근본적fundamental 결정과 세부적detailed 결정이 그것이다. 근본적fundamental 결정은 합리모형의 포괄성이 지니는 장점을 취하고, 세부적detailed 결정은 근본적 결정의 테두리 안에서 소수의 대안만을 집중적으로 정밀하고 깊이 있는 검토하는 것이 바람직하다는 것이다.

5) 최적모형(Optimal Model)

에치오니(A. Etzioni)와 마찬가지로 드로어(Y. Dror)도 합리모형과 점증모형 양자 모두에 불신을 품고, 일면 양자를 종합하면서 많은 새로운 요소들을 가미하여 규범적 최적모형optimal model을 제시하였다.

드로어(Y. Dror)는 최적모형이 경제적 합리모형과 초합리모형의 결합이라고 설명하면서 최적모형이야말로 합리모형이라고 주장하였다. 경제적 합리모형은 합리모형에 따르는 노력과 시간(비용)이 합리적 결정의 효과보다 작거나 같을 때 합리모형을 적용한다. 초합리모형은 인간의 직관intuition이나 영감inspiration에 기초한 판단을 뜻하는데, 이러한 초합리성은 합리적 과정의 역할을 보완해야 한다고 주장하였다.

드로어(Y. Dror)는 넓은 의미의 정책결정을 크게 세 단계로 나누었는데, 첫째 단계는 초정책결정, 둘째 단계는 정책결정, 셋째 단계는 정책결정 이후 단계이다. 그 중에서도 초정책결정 단계는 최적모형의 가장 큰 특징이며 공헌인데, 이는 '정책결정에 대한 정책결정'으로, 정책결정체계를 하나의 전체로서 관리한다. 즉, '정책결정을 어떻게 해야 할 것인가에 대한 결정'이며, 과연 얼마나 혁신적인 전략을 택할 것인지, 위험회피 전략을 택할 것인지 등을 결정하게 된다.

6) 쓰레기통 모형(Garbage Can Model)

쓰레기통 모형에서 정책결정에 필요한 구성요소로는, 1) 문제, 2) 해결책, 3) 기회, 4) 참여자 등 네 가지가 있다. 이러한 정책결정 요소들은 서로 다른 시간에 통(Can) 안에 들어와서 우연히 한 곳에서 동시에 만날 때 비로소 정책결정이 이루어진다고 본다.

쓰레기통 모형의 가장 큰 공헌 중 하나는 정책결정의 네 요소가 서로 아무런 관계없이 독자적으로 움직일 수 있음을 분명히 밝힌 것이다. 마치 네 줄기의 강물이 따로 흘러가듯이 네 가지의 독자적인 흐름stream이 있다는 것이다. 킹돈(J. Kingdon)은 이러한 쓰레기통 모형을 더욱 발전시켜 정책흐름모형Policy Stream Model으로 발전시켰다.

① 문제의 흐름Problem Stream

정책결정 기회와는 별개로 문제는 독자적으로 흐른다. 정책결정 기회를 만나려면 정책이 의제화되어야 하고, 해결책이 준비되어 있어야 한다. 그런데 정책의제설정은 여러 가지 요인에 의해 영향을 받으므로 정부의제로 성립되는 것이 매우 어렵고 상당한 시간이 걸리므로 그러는 동안 사회문제는 결정기회를 만나지 못하고 혼자서 흘러가는 것이다.

② 해결책의 흐름Policy Stream

정책의제설정되기 전에 보통 정책전문가들은 여러 가지 정책대안과 해결책을 마련하고 이에 대한 토론들이 이루어진다. 즉, 정책공동체는 문제에 대비한 해결책을 준비한 후 문제가 정책의제화되어 정책결정의 기회가 올 때까지 기다리는 것이다. 그동안 정책 해결책은 혼자 흘러간다.

③ 참여자의 흐름Politics Stream

문제가 제기되어 정책결정의 기회가 오면 그때 비로소 정책결정자들이 움직이는 경우가 많다. 그들은 보통 정책의제화되기 전까지는 문제 혹은 해결책에 대해서 잘 모르고 있는 경우가 많다. 즉, 문제, 해결책, 참여자가 각각 독자적으로 흘러가는 것이다.

④ 기회의 흐름

정부의 정책을 결정하는 기회는 무수히 많다. 대통령이나 장관이 결재를 하거나 국무회의를 개최하는 것 등이 이에 해당한다. 그러나 기회가 있어도 사회문제가 정책의제화하지 않았거나 또는 해결책으로서의 정책대안이 마련되어 있지 않으면 문제해결을 위한 결정을 하지 못한다. 따라서 실제로 정책이 이루어지는 경우는 이러한 네 가지 요소가 하나로 만나 결합coupling할 때이며, 이를 J. Kingdon은 '정책의 창Policy Window'이 열린다고 표현했다. Kingdon은 이러한 결합의 계기를 점화사건triggering event이라고 불렀고, 극적 위기나 정치적 사건이 그 역할을 한다고 보았다.

7) 앨리슨(Allison)모형

앨리슨(G. Allison)은 1971년 ≪The Essence of Decision(정책결정의 본질)≫에서 쿠바 미사일 사건을 분석하면서 세 가지의 이론 모형, 즉 합리적 행위자 모형, 조직과정모형, 관료정치모형을 적용하여 정교한 분석을 제시하였다.

[표 8-1] 앨리슨(Allison) 모형

	합리적 행위자 모형	조직과정모형	관료정치모형
조직관	조정과 통제가 잘된 유기체	느슨하게 연결된 하위 조직들의 연합체	독립적인 개인적 행위자들의 집합체
권력의 소재	조직의 두뇌와 같은 최고지도자가 보유	반독립적인 하위조직들이 분산소유	개인적 행위자들의 정치적 자원에 의존
행위자의 목표	조직 전체의 목표	조직 전체의 목표 +하위조직들의 목표	조직 전체의 목표 +하위조직들의 목표 +개별행위자들의 목표
목표의 공유도	매우 강하다	약하다	매우 약하다
정책결정의 양태	최고지도자가 조직의 두뇌와 같이 명령하고 지시	SOP에 대한 프로그램 목록에서 대안 추출	정치적 게임의 규칙에 따라 타협, 흥정, 지배
정책결정의 일관성	매우 강하다 (항상 일관성 유지)	약하다 (자주 바뀐다)	매우 약하다 (거의 일치하지 않는다)

* 자료: 정정길, 2005: 553.

합리적 행위자 모형, 조직과정모형, 관료정치모형을 구별하는 중요한 기준은 정책결정에 참여하는 자들의 응집성이다. 합리적 행위자 모형(Model I)은 정부를 잘 조정된 유기체로 간주하고, 조직과정모형(Model II)은 정부를 반독립적인 하위조직들이 느슨하게 연결되어 있는 집합체로 간주하며, 관료정치모형(Model III)는 서로 독립적인 정치적 참여자들의 집합체로 간주한다.

제4절 정책집행

1. 정책집행의 의의

1) 정책집행의 개념

정책집행이란 일련의 전체 정책과정 가운데 정책결정과 정책평가 단계 사이에서 이루어지는 실천적 단계를 의미한다. 즉, 정책내용을 구체적으로 실현하는 활동을 정책집행이라 할 수 있다. 정책집행은 정책과정에서 볼 때 정책의제설정과 정책결정 이후에 이루어지는 단계이고, 정책결정과 정책평가를 연결하는 고리의 역할을 하는 단계이기도 하다. 종래에는 정책을 결정하고 나면 바로 정책의 효과 또는 영향이 나오는 것으로 가정하였으나, 정책이 어떻게 집행되느냐에 따라 정책의 효과가 나타나게 되므로 정책집행은 실질적 중요성을 갖는 것이다.

2) 정책집행의 유형

정책집행의 유형에 대해서는 여러 학자의 주장이 있으나 여기에서는 나카무라와 스몰우드(Nakamura & Smallwood)의 모형을 중심으로 정책결정자와 집행자의 관계에 국한하여 설명하고자 한다(박연호·이종호·임영제, 2018: 149-150).

(1) 고전적 기술자형classical technocrats

고전적 기술자형의 집행에서는 정책결정자가 집행과정에 대해서 엄격하게 통제를 하는 것을 의미하며, 정책집행자는 약간의 기술적 재량만을 가지고 있을 뿐이다. 한편 이러한 유형의 정책집행이 실패하게 되는 까닭은 정책집행자가 정책에 대하여 정치적으로 반대하기 때문이 아니라 정책을 수행하는 데 필요한 기술적 능력이 부족하기 때문이다.

(2) 지시적 위임형instructed delegates

지시적 위임형은 고전적 기술자형에 비해 집행자가 보다 많은 권한을 위임받아 정책을 집행하는 경우로 집행자들은 목표를 달성하는 데 필요한 여러 가지 행정적 수단을 결정함에 있어서 많은 재량권을 가지게 된다. 그러나 이 유형에서도 정책결정자가 목표를 상세히 지시하며 집행자는 단순히 목표를 수행한다.

(3) 협상형bargainers

협상형은 정책결정자가 목표를 수립하나, 정책결정자와 집행자가 목표나 목표달성을 위한 수단에 관하여 합의를 보고 있는 것은 아니다. 따라서 집행자들은 정책결정자와 목표나 목표달성을 위한 수단에 관하여 협상한다. 이와 같은 협상의 결과는 정책결정자와 집행자간의 상대적인 권력관계에 의해서 결정된다.

(4) 재량적 실험형discretionary experimenters

재량적 실험형은 정책결정자가 구체적인 정책을 결정할 수 없는 경우 집행자에게 광범한 재량권을 위임하게 되는 집행유형이다. 이 유형에 있어서 정책결정자로부터 집행자에게 전폭적인 권한의 위임은 정책의 모호성과 정책을 해결할 기술의 한계에서 기인하며, 또한 이로 말미암아 정책을 보다 구체적으로 정의하고 강구할 책임이 집행자에게로 이전됨을 의미한다.

(5) 관료적 기업가형bureaucratic entrepreneurs

관료적 기업가형은 고전적 기술자형과 가장 대조적인 것으로 정책집행자가 정책결정자의 권력을 장악하고, 정책과정을 지배하는 유형이다. 이 때 집행자는 정보의 독점, 시간, 전문성 그리고 기술 등의 능력과 기업가정신 및 정치적 기술을 발휘함으로써 정책결정과정을 지배하게 된다.

2. 정책집행의 순응과 불응

1) 순응의 개념

정책집행에 있어서 순응이란 정책결정자의 의도나 정책내용에 대해 정책집행자나 정책대상집단이 일치된 행동을 하는 것을 의미한다. 그리고 정책집행상의 불응이란 순응과는 상반된 개념으로 정의할 수 있다.

정책집행에 있어서 순응과 불응의 문제는 이처럼 개념상으로는 명확히 구분되지만 실제에 있어서는 어떤 정책에 대해 완전히 순응하거나 완전히 불응하기보다는 부분적으로 순응하면서도 부분적으로는 불응하기 때문에 이 양자의 구분은 한 연속선상에서의 정도의 상대적 차이로 파악하는 것이 바람직하다.

2) 순응의 원인

(1) 권위Authority

정책이란 사람들이 그 정책이 합리적이고 필수불가결하며 정당한 것이라는 점을 이성적이고 권위 있게 수용함으로써 정책에 대해 순응할 수가 있게 된다.

(2) 합리성reasoned, conscious acceptance

정책에 관련된 사람들이 그 정책이 합리적이고 필수불가결하며 정당한 것이라는 점을 이성적이고 합리적으로 수용함으로써 정책에 대해 순응할 수 있게 된다.

(3) 정부의 정통성legitimacy of government

정책을 집행하는 정부가 헌법에 근거를 두고 합당한 권한이 있는 관료에 의해 정당한 절차에 따라 이루어진 경우 정부는 정통성을 갖게 되며, 이러한 정통성은 정부의 결정이나 정책에 대해 순응을 하도록 하는 원인이 된다.

(4) 개인적 이익selfinterest

개인적 이익은 가장 흔히 볼 수 있는 순응발생요인이다. 다시 말해서 개인이나 집단이 정책을 받아들임으로써 직접적으로 이익을 얻는다고 생각할 경우 정책에 순응하는 경우이다.

(5) 제재의 사용use of sanctions

벌금, 구속 등의 제재가 사람들로 하여금 정책에 대해 순응하도록 할 수 가 있다. 그러나 상당수의 정책이 제재의 사용에 의해서보다는 대상 집단의 자발적인 협조에 의해서 효과적으로 집행된다고 할 수 있다.

(6) 평판reputations

정책대상집단이 사회적 신용과 명예를 중요시하는 경우에는 처벌내용의 경중에 상관없이 정책에 순응하게 된다.

(7) 집행의 기간length of time

어떤 정책이 장기간 지속적으로 집행되면 비록 처음에는 순응하지 않았던 사람이라 하더라도 그 정책에 친숙해지고 습관화되어 순응하게 되는 경우도 있다.

3) 불응의 원인

(1) 가치, 관습 그리고 신념의 차이

정책이나 그 정책의 집행이 정책대상집단의 현존하는 가치, 관습 그리고 신념과 갈등을 일으킬 경우 불응이 발생할 수가 있다.

(2) 선택적 불응

선택적 불응이란 어떤 법이 다른 법보다 개인에게 구속감을 덜 주는 경우 개인이 구속감을 덜 주는 법에 대해 선택적으로 불응하게 되는 것을 말한다.

(3) 집단에의 귀속감

동료와 집단에 대한 귀속은 어떤 상황에서는 순응의 원인이 되기도 하지만 법이나 정부를 무시하거나 위반하는 사람들과 교제하는 경우는 불응의 일탈적 규범을 갖게 된다.

(4) 금전적 탐욕

개인적 이익은 집행에 대한 순응뿐만 아니라 불응의 원인이 될 수도 있는데, 이는 개인이나 집단이 금전적인 탐욕과 같은 이익을 추구하기 위해서 정책의 집행에 불응을 하게 된다는 것이다.

(5) 정책의 모호성

정책에 대한 불응은 법의 애매함이나 모호성, 정책기준의 혼란, 정책대상집단에 대한 정책전달의 실패 등 여러 요인에 의해 야기되기도 한다.

(6) 정책에 대한 순응의 어려움

정책의 내용을 잘 아는 경우에도 이를 준수하기가 어려워 불응이 일어날 수 있으며, 행동을 규제하는 법이나 규칙의 존재에 대한 무지도 불응의 원인이 된다.

4) 순응확보 전략

(1) 교육과 설득활동educational and persuasional activities

행정기관들은 교육 및 설득활동을 폭넓게 활용하는 데, 이는 대상집단에게 정책을 이해시키고 동의를 구함으로써 자발적인 순응을 확보하기 위함이다.

(2) 선전propaganda

행정기관들은 때로는 정책에 대한 순응을 확보하기 위해서 선전방법을 사용하기도 한다.

(3) 정책의 수정 또는 관습의 채택

정책을 집행하는 과정에서 집행기관들은 정책을 수정하거나 관습을 채택함으로써 순응에 기여할 수 있다.

(4) 제재수단의 사용

집행기관의 모든 수단을 사용했음에도 불구하고 순응이 확보되지 않을 경우에는 행정기관이나 법원에 의해서 부과되어지는 제재의 수단을 사용할 수 있다.

(5) 보상수단rewards

정책을 집행하는 기구는 순응자들에게 실제적인 편익을 제공함으로써 순응을 이끌어 내기도 한다. 이런 방법을 동의의 매수purchase of consent라 할 수 있다.

제5절 정책평가

1. 정책평가의 의의

정책평가란 정책이나 사업의 집행결과가 처음에 의도한 정책목표를 실현하였는가에 대해서 종합적·체계적으로 평가하는 활동을 의미한다. 정책평가는 다른 방법들과는 구분되는 몇 가지 특징들을 가지고 있다.

첫째, 정책평가는 정책 사이클cycle 가운데 산출, 성과 및 영향에 초점을 맞춘다.

둘째, 정책평가는 회고적retrospective인 활동이다.

셋째, 정책평가는 정책의 가치value를 따지는 것이기 때문에 단순히 정책이 달성하고자 하는 목적의 성취 여부를 측정하는 것만이 아니라, 정책이 초래한 영향까지도 사정assessment하게 된다.

넷째, 정책평가는 정부의 공공개입public intervention에 대한 주의 깊은 사정careful assessment이다(노화준, 2003: 32).

2. 정책평가의 유형

(1) 총괄평가와 과정평가

정책결과를 평가대상으로 한 것이 총괄평가이며, 집행과정을 평가대상으로 한 것이 과정평가이다. 총괄평가는 정책집행이 끝날 때에 내리는 평가이며, 과정평가는 집행의 도중에 이루어지는 평가이다.

[표 8-2] 정책평가의 유형: 총괄평가와 과정평가

총괄평가 (summative evaluation)	정책집행 후에 과연 의도했던 정책효과가 발생했는지를 확인·검토하는 것 정책효과와 부수효과나 부작용까지 포함하여 정책이 사회에 끼친 영향이나 충격을 확인하려는 사실 판단적인 활동
과정평가 (process evaluation)	정책집행과정에 나타난 집행계획·집행절차·투입자원·집행활동 등을 확인·검토하는 것

(2) 내부평가와 외부평가

정책의 결정·집행을 담당하고 있는 사람들이나자체평가, self-evaluation, 이들이 소속한 조직의 다른 구성원이 행하는 평가를 내부평가라고 하고, 정책의 결정·집행의 담당기관이 아닌 제3자가 수행하는 평가를 외부평가라고 한다.

(3) 예비평가와 본 평가

예비평가는 정책평가의 소망성과 실현가능성을 개략적으로 검토하는 평가성 검토evaluability assessment: 평가성 사정를 말하며, 본 평가는 예비평가 결과 본격적인 평가가 필요하다고 판단된 사업을 대상으로 총괄평가, 과정평가 등을 실행하는 것을 말한다.

3. 정책평가의 논리

정책평가의 목적은 본질적으로 정책목표와 수단 사이에 존재하는 인과관계를 검증하려는 것이다. 정책은 일반적으로 정책목표와 이를 달성하기 위한 정책수단으로 구성되어 있다. 정책을 집행한다는 것은 정책수단을 실현한다는 의미이므로 정책집행이 소기의 효과를 가져왔는가를 판단한다는 것은, 정책수단이 실현되었을 때 소기의 효과를 가져왔는가를 판단하는 것과 같은 의미이다. 이때 검증의 요체는 인과관계에 대한 검증이다.

과학적 정책평가방법은 크게 두 가지로 나누어지는데, 실험적 방법과 비실험적 방법이 그것이다. 실험적 방법은 진실험과 준실험으로 나뉘며, 비실험적 방법은 실험을 사용하지 않은 통계적 방법을 말한다.

4. 평가결과의 활용

1) 평가결과의 활용방법과 영향요인

정책평가의 결과는 정책의 집행상태를 점검하거나 집행전략을 수정 혹은 보완하는데 활용된다. 뿐만 아니라 정책과정상의 책임확보나 정책학의 이론형성에 활용되기도 한다. 평가결과의 활용에 영향을 미치는 요인들을 살펴보면 다음과 같다.

(1) 정책결정자의 요구needs

정책결정자와 사업담당자의 요구와 평가결과가 얼마나 일치하느냐의 정도와 그러한 요구가 평가과정에서 얼마나 어떻게 반영되느냐와 관련된 변수이다. 정책결정자의 요구와의 일치 정도나 반영 정도가 클수록 활용도는 높아진다

(2) 적시성timeliness

평가의 시기가 정책이나 프로그램 결정 시기와 얼마나 일치하느냐와 관련된 것으로서, 활용의 측면에서 시간적으로 적시적일수록 활용도는 높아진다.

(3) 의사소통communication

평가이용자(평가대상사업의 담당자)가 평가과정에서 평가자와 직접적인 의사소통을 하느냐와 관련된 변수로서, 직접적 의사소통의 정도가 높을수록 활용도는 높아진다.

(4) 평가결과의 배포dissemination

평가결과를 처리하는 방법과 관련된 변수로서 평가결과보고서 전체를 공개하느냐, 혹은 요약본을 제시하느냐에 따라 평가결과활용이 다르게 나타날 수 있을 것이다. 요약본을 제시하는 경우 특히 부정적 평가결과에 대한 왜곡이나 누락이 발생할 수 있다.

(5) 적절성의 인식awareness of relevance

평가의 목적이 분명한 경우 평가결과의 활용도는 높아진다.

(6) 평가결과의 발표형식presentation

평가결과를 얼마나 정확하고 알기 쉽게 서술하느냐와 관련된 변수로서, 지나치게 전문적인 용어로 서술한다거나 잘 조직화되어 있지 않은 형태로 서술하는 경우 활용에 방해가 될 수 있다.

(7) 평가이용자의 태도

행정가와 평가자인 전문가 사이의 방법론에 대한 선호도의 차이 등 태도의 문제가 활용도에 영향을 미치게 된다.

(8) 경쟁적 평가결과의 존재

해당 평가결과 외에 다른 소스로부터 나온 평가결과가 존재하고, 그 결과와 상충되는 정도에 따라 활용이 영향을 받게 된다.

(9) 평가방법의 질quality

평가방법론의 질과 관련된 변수로서, 방법론의 엄격성이 돋보이는 경우 활용이 촉진되게 된다.

(10) 평가이용자의 활용 의지commitment to evaluation

평가대상사업에 평가이용자가 얼마나 관심을 가지고 있느냐와 관련된 변수로서, 관심이 높고 활용 의지가 높을수록 활용은 촉진된다.

(11) 평가정책에 대한 옹호 정도advocacy of program and policies

평가결과가 부정적인 경우와 긍정적인 경우 각각 다르게 활용에 영향을 미치게 된다. 부정적 평가결과가 산출되어 나오는 경우 활용은 저해 받을 수 있을 것이다.

2) 평가결과 활용의 최적화 방안

많은 시간과 비용을 들여 수행한 정책평가의 결과는 최대한 활용될 수 있어야 한다.

첫째, 정책평가자의 적실성 있고 올바른 방법으로 평가를 수행해야 하며, 그 결과는 가능한 쉽게 이해될 수 있도록 보고해야 된다.

둘째, 정책평가의 출발단계에서부터 평가결과의 이용자를 참여시키도록 하고, 이용자로 하여금 정책평가에 대한 이해를 증진시켜야 한다. 또한 이용자의 욕구를 파악하고 이를 반영함으로써 평가결과에 대한 저항을 감소시켜야 한다.

셋째, 공정하고 권위 있는 평가담당기관을 설립하고 체계적이고 합리적으로 관리해 나가야 한다. 따라서 평가기관이 독립적으로 운영됨으로써 평가의 비판적 특성을 살리면서도 평가결과가 악용되지 않도록 해야 한다.

제6절 정책변동

정책변동이란 수립된 최초의 정책이 정책집행 과정 중에 또는 집행이 완료되어 이에 대한 평가가 이루어진 후에 최초의 정책목표나 의도, 수단 등에 변화가 생기거나 종결되는 것을 의미한다. 이러한 정책변동을 설명하는 모형들은 다음과 같은 것들이 있다.

1. 정책지지연합모형ACF:Advocacy Coalition Framework

사바티에(Sabatier)와 젠키스-스미스(Jenkins-Smith) 등이 제시하고 있는 정책지지연합모형advocacy coalition Framework은 다음을 기본전제로 하고 있다.

첫째, 정책변화과정을 이해하는 데에는 10년 이상이라는 장기간을 필요로 한다.

둘째, 정책하위체제policy sub-sytem라는 분석단위에 초점을 두고 정책변화를 이해한다. 이것은 종래의 정책결정을 행정기관, 의회위원회, 이익집단의 상호작용으로 보는 견해에서 더 나아가, 정책의 발생, 분할, 평가에 중요한 역할을 하는 언론인, 연구자, 정책분석가는 물론이고, 정책형성과 집행에 있어 능동적인 지위에 있는 정부의 다양한 수준에서의 담당자를 포함한다.

셋째, 다양한 수준의 정부하에서 일하는 모든 행위자들을 정책하위체제로 본다.

넷째, 정책하위체제 내부에는 신념체계belief systems를 공유하는 정책지지연합이 있으며, 이 지지연합들이 신념체계에 입각한 정책을 추진하기 위해 노력하는 과정에서 정책변동이 생긴다.

사바티에(P. Sabatier)가 제시한 정책변동의 요인에는 ① 외부요인, ② 내부요인, ③ 정책학습이 있다. 정책지지연합의 주요 구성요소는 다음의 〈그림 8-1〉에 나타나 있다.

[그림 8-1] Sabatier의 정책지지연합모형

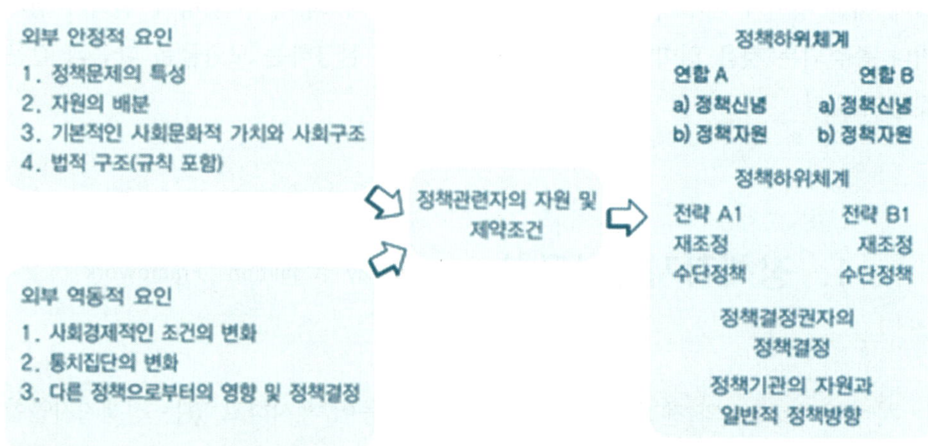

2. 패러다임변동모형 Paradigm Shift Model

패러다임변동모형은 정책의 변동이 한 사회의 패러다임의 변화에 의해 함께 일어난다는 내용을 담고 있다. 사바티에(P. Sabatier)는 핵심적인 신념규범핵심, 정책핵심의 변동이 쉽지 않아 근본적인 정책변동은 잘 이루어지지 않는다고 주장하는 데 반해서, 홀(Peter Hall)은 패러다임 변동에 의한 근본적인 정책변동이 가능하다고 설명한다.

홀(Peter Hall)은 패러다임변동모형을 설명하면서, 1970년부터 1989년까지의 영국의 경제정책이 어떻게 케인즈주의Keynesianism에서 통화주의Monetarism으로 전환했는지를 살펴본다. 홀(Hall)은 정책변동을 정부 예산을 조정하는 것처럼, 정책목표나 수단의 근본적인 변화는 없이 정책수단의 수준만이 바뀌는 1차적 변동, 거시적인 정책목표에는 변화가 없으나 정책수단을 변경하는 2차적 변동, 정책환경, 정책목표 및 정책수단이 급격히 변동한 3차적 변동을 들고 있는데, 여기서 이 3차적 변동을 설명하는 틀로서 홀(Hall)은 패러다임변동모형paradigm shift model을 들고 있는 것이다.

홀(Hall)은 1차적, 2차적 변동은 기존의 정책 패러다임에 영향을 미치지 않는 일반적인 정책형성의 경우를 의미하며, 이 경우에는 정책패턴의 연속성이 유지된다고 하였다. 즉 1차적 변동은 점증주의적 성격을 지니는 것이며, 2차적 변동은 새로운 정책수단의 개발을 의미한다. 그러나 3차적 변동은 기존의 정책패턴의 연속성이 보장되지 않는 단절적인 변동인 동시에, 정책 패러다임의 변화가 초래되는 급격한 변동을 나타낸다고 하였다. Hall은 기본적으로 정책결정자들이 정책문제의 본질을 파악하고, 정책목표와 이를 달성하기 위한 정책수단을 구체화하는 데 있어서 일정한 사고와 기준의 틀 속에서 행동한다고 보았는데, 이러한 사고의 틀을 정책패러다임policy paradigm이라고 불렀다.

3. 이익집단 위상변동모형Reversals of Fortune Model

무치아로니(Mucciaroni)는 1995년 발간된 《위상의 반전: 공공정책과 이익집단》이라는 저서에서, 이익집단의 위상이 어떻게 변화하며, 그에 따라 정책변동이 어떻게 이루어지는가를 고찰하고 있다. 무치아로니(Mucciaroni)는 이익집단의 위상변동을 설명하는 틀로서, 이슈맥락issue context과 제도맥락institutional context이라는 두 가지 개념을 사용한다. 이슈맥락은 정책의 유지 또는 변동에 영향을 미치는 정책요인을 말하며, 제도맥락은 입법부나 행정부의 지도자들을 포함한 구성원들이 특정한 정책에 대하여 지니고 있는 선호의 패턴을 지칭한다. 즉, 제도맥락은 대통령이나 의회 지도자 등 정치체제 구성원들의 선호나 행태가 특정 이익집단의 이익과 주장에 대해서 호의적인가를 의미하는데, 이는 이슈맥락보다 더 비중있게 작용한다.

4. 정책흐름Policy Stream모형

킹돈(J. Kingdon)의 정책흐름모형은 서로 무관하게 자신의 규칙에 따라 흘러 다니는 정책문제의 흐름, 정책대안의 흐름, 정치참여자 및 선택의 흐름 등 세 가지의 흐름이 결합하여 정책변동이 이루어진다는 것이다. 킹돈(Kingdon)에 의하면 1) 지표의 변동, 위기 또는 재난, 환류 등으로 이루어지는 정책문제의 흐름과 2) 정권의 교체, 국회의석의 변화, 국민적인 분위기, 이익집단의 압력 등으로 구성되는 정치의 흐름과 3) 정책체제의 분화 과정, 정책혁신가의 활동, 이익집단의 개입 등으로 이루어지는 정책대안의 흐름이 결합하여 정책의제설정이 이루어지며, 이 세 가지 흐름 중 2개 또는 3개가 결합할 때 정책변동이 이루어진다는 것이다(유훈, 1997: 18-19).

킹돈(J. Kingdon)에 의하면 정책문제, 정치흐름, 정책대안 등은 서로 아무런 관련이 없이 자신의 고유한 규칙에 따라 흘러 다닌다. 그러나 이 세 개의 흐름이 극적 사건dramatic event과 정치적 사건political event에 의해 만나는 경우가 있다. 극적 사건이나 정치적 사건의 발생이 점화장치triggering device 역할을 하게 되어, 세 개의 흐름이 결합하는 현상을 킹돈(Kingdon)은 정책의 창policy window이 열리는 것으로 표현했다. 즉 정책의 창은 정책참여자들이 자신들의 이해관계가 걸린 문제에 정부의 관심을 집중시키거나, 그들이 옹호하는 정책대안을 관철시키는 기회를 의미한다.

[그림 8-2] Kingdon의 정책흐름모형

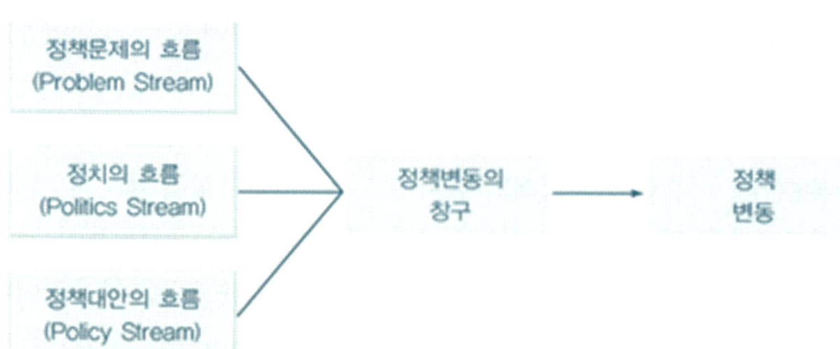

◈ 심화학습

정책품질관리제도

정책품질관리는 정부정책의 품질을 체계적으로 관리, 개선함으로써, 정책실패 및 정책불량품을 방지하는 총체적인 정부의 노력 및 활동을 의미한다. 이러한 정책품질관리제도가 필요하게 된 배경은 첫째, 시민사회 발전, 다양한 이해관계자 요구증대 등 정부 전체의 정책환경이 복잡, 다양하게 변화하였다는데서 그 원인을 찾을 수 있다. 둘째, 정부는 규제영향분석, 환경영향평가 등 부분적이고 제한적인 정책관리시스템을 적용하고 있어, "정책불량품"이 일부 발생하고 있다는 점도 정책품질관리가 필요하게 된 배경으로 지적할 수 있다.

정책기획이 올바로 되기 위해서는 정책추진 전 과정에 걸친 체계적인 품질관리방안을 수립, 시행함으로써, 정책효과가 제고될 수 있는 제도적 기반마련이 필요하다. 이를 위해서는 다음과 같은 점에 유의하여야 한다.

첫째, 정책추진과정에서 불량정책의 사전예방을 위한 최소한의 안전장치를 마련하는데 초점을 두어야 한다.

둘째, 정책품질관리규정과 매뉴얼을 제정하여 정책 프로세스별로 적용할 점검사항과 기준을 제공할 수 있어야 한다.

셋째, 품질관리대상정책 중 모범 또는 불량정책은 평가와 연계하고, 개인별 성과관리에 적극 반영하여야 그 효과가 극대화될 것이다.

효과적인 정책품질관리를 위해서는 품질관리 매뉴얼을 적절히 활용하여야 하는데 매뉴얼의 기대효과는 첫째, 체계적인 정책관리를 통한 「정책실패 예방」 및 「정책품질의 제고」할 수 있으며, 둘째, 정책이력관리를 통한 정책의 「책임성 확보」 및 「성과평가」 자료로 활용할 수 있다는 데 있다.

☞ 우리나라에서의 정책품질관리의 사례를 찾아보고 그것을 바탕으로 유용성과 한계점을 토의하시오.

❖ 사례연구

고용노동부가 파리바게뜨에 제빵 기사들을 직접 고용하라고 한 시한이 오늘까집니다. 이를 이행하지 않을 경우 제빵 기사 1인당 천만 원씩 계산해 과태료를 부과하기로 했습니다. 전국 파리바게뜨 매장에서 일하는 제빵사는 모두 5천3백 명. 고용노동부가 이들의 직접 고용을 이행하라며 본사에 제시한 시한이 오늘 자정입니다. 이때까지 직접 고용이 이뤄지지 않으면 과태료 부과 절차에 들어간다고 밝혔습니다.

〈녹취〉 안경덕고용부 노동정책실장:

"12월 6일부터 불법파견에 대해서는 범죄인지하여 수사에 착수하고 직접고용의무 불이행에 대해서는 과태료 부과에 필요한 절차를 진행할 계획입니다."

과태료는 제빵기사 1인당 천만 원 씩, 총 530억 원에 달할 전망이지만 관건은 본인들의 직접 고용 희망 여부입니다. 직접 고용 반대 의사를 밝힌 제빵 기사는 과태료 부과 대상에서 제외되기 때문입니다. 파리바게뜨 본사는 전체 기사의 70%로부터 직접 고용 반대 의사를 확인했다고 밝혔지만 노조는 강요에 못 이겨 포기 각서를 쓴 것이라며 반발하고 있습니다.

〈녹취〉 파리바게뜨 노조관계자:

"직접 고용 되면 너네 다 단기 계약직에 정리해서 공장으로 보낼 거다 이런 식으로 계속 협박을 하셨거든요."

이처럼 본사와 노조의 주장이 엇갈리면서 정부는 직접 고용 인원을 확인한 뒤 정확한 과태료 규모를 산정하기로 했습니다. 정부가 제빵사들 의사를 확인하기 위해 전수 조사를 실시할 가능성도 있습니다. 이에 맞서 파리바게뜨도 직접 고용 시정 지시에 대한 행정 처분 취소 소송을 이어갈 계획이어서 사태가 장기화될 거란 전망도 나옵니다.

*자료 : KBS뉴스 2017.12.05.일자 보도

1. 위의 정책불응 사례에서 노사 간의 입장을 정리하고, 사측의 불응에 대한 정부의 대응이 적절한지 여부에 대해 논의하고 그 결과를 발표하시오.

2. 정책대상집단사측의 불응의 원인이 무엇인지를 구체적으로 파악하고, 사측 입장이 정당한 것인지에 대해 논의하고 그 결과를 발표하시오.

3. 위의 사례와 유사한 정책불응 사례를 조사하여 각 사례에 대한 찬반 입장을 논의

하고 그 결과를 발표하시오.

4. 정책불응을 극복하고 순응을 확보하기 위한 방법을 조사하고 그 효용성에 대해 논의하시오.

토의 및 발표과제

1. 정책과정에 따른 정보의 역할과 중요성을 논의하고, 그 결과를 정리하여 발표하시오.
2. 자신들이 원하는 정책의제의 채택을 위해 개인 혹은 사회집단이 동원할 수 있는 구체적이며 실천적 방법은 무엇이 있는지를 논의하고 각각의 효용성과 한계점을 정리하여 발표하시오.
3. 합리적이고 창의적인 정책결정을 위한 기법들을 조사하여 주요 절차와 장단점을 정리하여 발표하시오.
4. 우리나라의 정책평가 제도는 어떤 것이 있는지 조사하여 발표하시오.
5. 정책품질관리제도나 유사한 관련 제도의 예를 찾아 그 현황과 성과를 정리하여 발표하시오.

제9장

조직의 설계는 어떻게 할 것인가?

제1절 조직의 의의

1. 조직의 개념과 특징

조직organization의 개념은 학자들의 관점과 접근방법에 따라 다양하게 정의된다. 베버(M. Weber)는 "조직이란 계속적이고 의도적인 특정한 종류의 활동체제"라고 정의하고 있으며, 바나드(C. I. Barnard)는 "의식적으로 조정된 2인 이상의 활동 또는 협동의 체제"로 규정하고 있다. 여기에서는 일단 조직을 "2인 이상의 협동체로서 공동목표를 달성하기 위한 사회적 단위"라고 정의하기로 한다. 조직의 개념을 구성하고 있는 특성을 요약하면 다음과 같다(박연호·이종호·임영제, 2018: 173).

첫째, 조직은 달성하고자 하는 특정한 목표 내지 목적을 가진다.

둘째, 조직은 이러한 목표 내지 목적을 달성하기 위한 복수인의 집단체제이다.

셋째, 조직은 여러 과업을 수행하는 부분요소들로 구성되며, 이들은 상호 의존하면서 상호 작용을 하는 분업체제이다.

넷째, 조직은 사회적 환경 속에서 존재하며, 사회적 환경과 상호 의존된 일종의 사회체제이다.

다섯째, 조직은 사회체제 속의 한 부분체제 또는 하위체제일 뿐만 아니라 자체 내에 여러 하위체제를 가지고 있다.

여섯째, 조직은 목적달성기능, 적응기능, 형상유지기능, 통합기능을 수행하며, 비교적 장기간 존속하는 지속성을 가지고 있다. 현대조직에 있어서는 위와 같은 일반적 특성 외에도 조직의 대규모화, 복잡화, 전문화, 통합성과 계층성, 민주화 등이 일반적인 특성으로 나타나고 있다.

2. 조직의 목표

조직의 목표goal란 '조직이 달성하고자 하는 바람직한 미래의 상태'를 의미한다. 따라서 목표는 조직의 미래상이다. 조직의 목표는 일단 정립되고 나면 그 영향이 크므로 목표를 설정하는 과정에서 조직의 요구, 과거업적, 환경으로부터의 저항 등 다양한 요인을 미리 참작해야 한다. 목표는 조직의 공식적인 이유이며, 조직의 활동은 모두 이 목표에 따라서 행하여진다. 조직의 목표의 유형은 다음과 같은 것들이 있다.

1) 공식적 목표와 실질적 목표

공식적 목표란 그 조직이 공식적으로 내세우고 선언한 목표이며 조직의 직제, 정관 및 책임자의 공표의 형식으로 나타난다. 실질적 목표란 공식적 목표와 관계없이 그 조직이 조직의 행동을 통하여 현실적으로 추구하는 목표이다. 양자는 일치할 수도 있고, 일치하지 않을 수도 있는데, 일반적으로 일치할수록 조직존립의 정당성은 더욱 높이 확보될 수 있다.

2) 상위목표와 하위목표

상위목표는 조직전체의 목표를 말하는데, 일반적으로 추상성을 띠고 있다. 이러한 상위목표를 달성하기 위한 수단적 관계에 있는 것이 하위목표인데, 구체성, 사실성을 띠고 있다. 또한 양자 간에는 이른바 목표의 계층화가 이루어진다. 그런데 조직의 실제운영에 있어서 관리자들은 하위목표에 집착하는 경향이 있는데, 그 결과 목표의 대치현상이 일어나게 된다.

제2절 조직이론의 전개

1. 고전적 조직이론

고전적 조직이론은 1900년대 초반 과학적 관리법의 영향 아래 성립되어 경영 합리화와 능률의 향상을 뒷받침하기 위하여 이루어진 이론이다. 고전적 조직이론에 속하는 유파는 다음과 같은 세 가지로 분류해 볼 수 있다. 첫째는 테일러F. W. Taylor가 주창한 과학적 관리학파이고, 둘째는 귤릭L. Gulick과 어윅L. Urwick 등이 주도한 행정관리학파이며, 셋째는 베버M. Weber의 관료제이론이다. 이러한 고전적 조직이론은 단일가치기준으로서의 능률주의관, 공식적 구조의 중시, 폐쇄체제적 관점, 합리적, 경제적 인간모형 중시, 과학성 추구의 형식성 등을 특성으로 한다(오석홍, 2018: 10-12).

2. 신고전적 조직이론

신고전적 조직이론은 1920년대 메이요E. Mayo와 그의 동료들이 실시한 호손실험Hawthorne Experiment을 계기로 성립된 인간관계론이 핵심이 되고 있다. 과학적 관리론이 인간의 개성이나 잠재력의 평가는 무시하고 기계 및 직무체계에 적응하는 합리적 인간을 전제로 하여 비인간적 합리성, 기계적 도구관 및 비개성화 등의 현상을 초래하였던 것인데, 이러한 견해에 대한 비판적 입장에서 인간관계론이 성립, 발전을 보게 된 것이다. 인간관계론에 의하면 조직에는 어느 조직을 막론하고 자생적 조직이 존재하고 있으며, 그러한 자생적 인간관계가 공식적 권한의 명령체계보다 오히려 직무의 습성이나 태도에 유력한 영향을 미친다는 것이다(박연호·이종호·임영제, 2018: 162).

그러나 신고전적 조직이론은 과학적 관리주의와 능률의 가치를 부정하는 것이 아니라 기존의 영역에 대하여 합리적인 통제 하에 새로운 인간관계론적인 요인을 보완하려는 이론이다. 신고전기의 후반에 이르러서 환경적 영향이 조직에 작용하는 국면을 중요시하여 조직의 환경적 조건, 조직과 환경의 교호작용 등을 연구하는 환경유관론 또는 생태론이 출범되었다. 이러한 신고전이론의 특성은 조직 내의 사회적 능률 강조, 비공식적 요인의 중시, 환경유관론적 관점의 계기 제공, 사회적 인간모형에 입각한 연구, 경험주의의 제창 등을 들 수 있다(오석홍, 2018: 22-23).

3. 현대조직이론

1950년대를 시발점으로 하여 전개된 이론을 현대조직이론으로 분류하는 경우가 일반적이다. 여기에는 행태론에 입각한 조직이론, 체제론에 입각한 조직이론, 관리과학적 접근방법에 의거한 조직이론, 비교조직론, 발전이론, 행동이론 및 상황이론 등이 포함된다. 또 비교적 최근에 전개되기 시작한 이론으로는 조직경제학, 제도이론 및 신제도이론, 자원의존이론, 현상학적 조직이론, 혼돈이론 등을 들 수 있다. 현대조직이론의 전반적 특징은 가치기준의 다원화와 문제선정의 다양화, 분화와 통합, 개방체제론적 입장, 복합과학성, 경험과학성의 제고 등으로 요약할 수 있다(오석홍, 2018: 32-33).

제3절 조직의 구조와 설계

1. 조직구조의 의의와 기본변수

1) 조직구조의 의의

조직구조organizational structure는 조직을 구성하는 각 부문 간의 확립된 관계의 유형으로서 조직 활동의 형태, 기준, 조직부서 간 조정방법 등을 포함하는 개념이다. 그리고 조직의 목표를 달성할 수 있도록 조직구조를 만들고 조정하는 과정이 조직설계organizational design인 것이다(Nelson & Quick, 2008: 356). 조직은 구체적인 환경과 요구에 대응하기 위해 조직구조를 설계하는데(Colquitt, LePine & Wesson, 2015: 511), 조직구조를 설계할 때 고려해야 할 기본 요소는 공식화, 집권화와 분권화, 복잡성을 들 수 있다. 이때 복잡성의 경우 수평적 분화업무전문화와 부서화와 수직적 분화명령계통과 통솔범위로 구분 할 수 있다(오세덕 외, 2018: 369).

2) 조직구조의 기본변수

(1) 공식화

공식화formalization는 조직 내에 규칙, 절차, 지시 및 의사전달이 명문화된 정도로서(Quick & Nelson, 2008: 360; McShane & Glinow, 2008: 435,) 조직 내의 업무가 표준화되어 있는 정도를 의미한다(Robbins & Judge, 2015: 470). 조직은 공식화를 통해서 구성원을 표준화된 절차에 따라 목표 달성의 방향으로 나아가게 된다. 직무가 공식화되어 있다는 의미는 직무 수행자가 이미 규칙에 따라 업무를 수행해야 하기 때문에 개인의 재량권이 낮은 것을 말하고, 공식화 정도가 낮다는 것은 사전에 규정된 절차나 규칙이 적어 구성원들이 상당한 재량권을 발휘하면서 업무를 수행하는 것을 의미한다(이창원·명승환·임영제, 2004: 133).

(2) 집권화와 분권화

집권화centralization란 의사결정권 및 명령지휘권이 조직 내 어느 일부 계층에 집중되어 있는 것을 말한다. 분권화decentralization란 의사결정권과 명령지휘권이 하위계층에 위임되는 것을 말한다(Slocum, Jr. & Hellriegel, 2011: 462). 집권화된 조직에서는 최고관리층이 거의 모든 의사결정을 내리고, 하위계층에서는 최고관리층에서 결정한 사안을 단순히 집행하는 역할만을 수행한다. 권한이 완전히 집중되어 있거나 완전히 분산된 상태란, 조직이 존재하지 않는다는 것을 의미하므로 완전한 집권화나 완전한 분권화란 있을 수 없다(오세덕 외, 2018: 371).

(3) 복잡성

복잡성complexity이란 조직의 분화 정도degree of differentiation를 의미하는데(Osland et.al, 2007: 604), 여기서 분화differentiation란 조직목표의 달성을 위해 구성원과 자원을 과업에 할당하고 업무와 권한을 세분화하는 과정을 말한다(Jone, 2010: 114). 조직의 분화는 부문 간 횡적 분화의 정도를 나타내는 수평적 분화horizontal differentiation와 조직의 계층화 정도를 나타내는 수직적 분화vertical differentiation로 나누어진다(Osland et.al, 2007: 604). 수평적 분화는 조직이 수행하는 업무의 분화를 의미하는데, 이는 업무의 전문화와 연관되어 있다. 수직적 분화는 조직계층의 최상층으로부터 최하층에까지 이르는 계층의 수를 가리킨다.

통솔의 범위와 계층의 수는 상호관계에 있다. 즉 통솔의 범위를 좁게 하면 계층이 늘어나서 고층구조tall structure가 되고 , 통솔의 범위를 넓히면 계층 수가 적어지며 평면구조flat structure가 된다(McShane & Glinow, 2008: 434-435). 오늘날 조직의 일반적 경향은 교통·통신과 정보관리기술의 발달 등으로 통솔의 범위가 넓고 계층의 깊이가 얕은 조직으로 변화되어 가는 추세에 있다고 볼 수 있다. 또한 관리자가 효과적으로 관리할 수 있는 인원의 수는 위로부터의 명령과 아래로부터의 정보전달의 효과성에 크게 의존하고 있으며, 이것이 조직의 계층구조에 중대한 영향을 미친다(오세덕 외, 2018: 380).

2. 조직설계에 대한 상황적 접근

조직설계의 보편적 접근법universal approach은 어떠한 상황에서도 적용 가능한 처방 혹은 명제이다. 따라서 보편적 설계는 조직의 외부환경, 산업, 일하는 방식 등과 같은 요소와는 상관없이 직무와 권한, 조직의 보고체계를 구조화하는 단일의 방법을 제시한다. 그러나 상황적 접근법contingency approach은 조직능률성과 효과성은 다양한 방법에 의해 달성될 수 있다고 본다. 즉 상황의 요구에 적합하게 조직을 설계할 때 조직은 더 효과적이 된다는 것이다(Kinichi & Kreitner, 2008: 387). 상황적 설계에서는 조직의 규모, 기술, 환경, 전략, 권력 등 다양한 상황적 조건변수들이 조직구조를 결정한다(오세덕 외, 2018: 381).

[그림 9-1] 조직구조의 결정모형

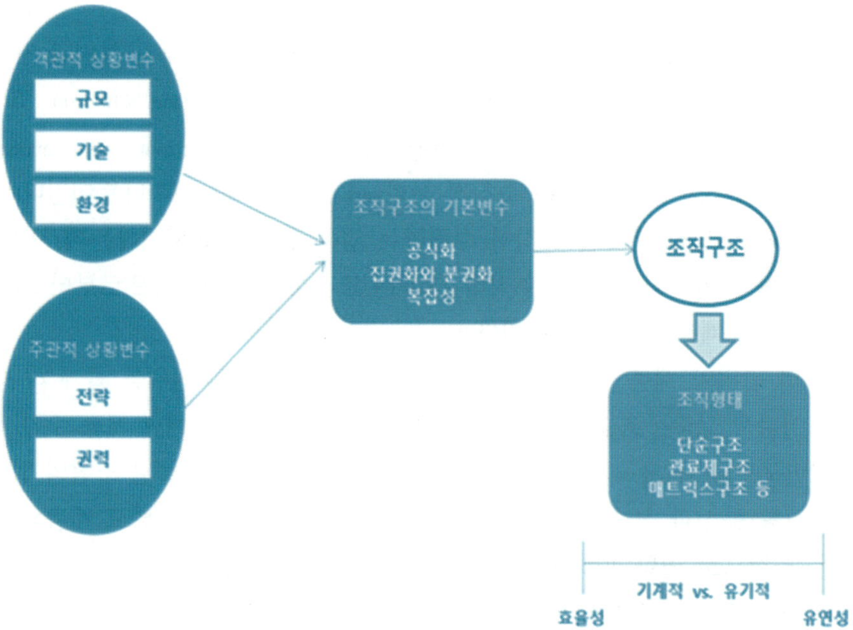

*자료: Colquitt, LePine & Wesson(2015: 519)

1) 조직구조의 상황변수

(1) 규모

조직의 규모는 조직구조에 큰 영향을 미치는 것으로 인식되어 왔다(김인수, 2005: 112-115; 양창삼, 1994: 309-321.)조직 규모는 다양한 방법으로 측정할 수 있다. 조직의 규모는 조직구성원의 총수, 매출액, 대응 고객 수 등 여러 가지 관점에서 측정될 수 있는데, 일반적으로 조직의 규모는 전체 구성원의 수를 의미하는 경우가 많다(Nelson & Quick, 2008: 356).

조직 규모의 증대는 공식화에 영향을 미친다. 조직의 규모가 커질수록 관리자들은 구성원들의 행동을 예측하고 통제하려고 하기 때문에 그들의 행동을 가급적 공식화하려고 한다(Mintzberg, 1979: 233). 조직 규모와 집권화의 정도는 부negative의 관계에 있다고 할 수 있다. 조직의 규모가 커지면 한 사람이 이를 통제한다는 것이 불가능하게 되고, 권한의 위임분권화가 불가피해진다(Hall, 1991: 76). 또한 조직의 규모가 커짐에 따라 조직구조는 복잡해진다. 즉 규모가 커질수록 복잡성이 커져 구조의 분화가 높아진다(박연호·이종호·임영제, 2018: 203).

(2) 기술

기술이란 투입을 산출로 변환시키는 기계적이고 지적인 과정을 의미한다. 기술과 구조와의 관계에 대해서는 많은 연구가 수행되었다. 우드워드(Woodward, 1965)의 연구는 조직이 사용하고 있는 조직기술과 그 조직의 구조는 밀접한 관련이 있으며, 조직의 기술과 구조 간의 적합성이 조직의 효과성을 결정한다는 것이다. 페로(Perrow, 1967)는 부서 수준의 기술과 조직구조의 관계에 초점을 두고 연구를 수행하였다. 그는 부서 수준의 기술이 조직구조에 미치는 영향을 두 가지 차원, 즉 과업 다양성 차원과 문제의 분석 가능성 차원으로 기술을 분류했으며, 이에 따라 조직구조 및 조직목표가 달라진다고 보았다. 페로는 문제의 분석 가능성과 과업 다양성의 두 가지 차원을 이용해서 기술을 일상적 기술, 공학적 기술, 장인기술, 비일상적 기술 등 네 가지로 구분했다(Daft, 2013: 601-603).

[그림 9-2] 부서의 기술과 구조

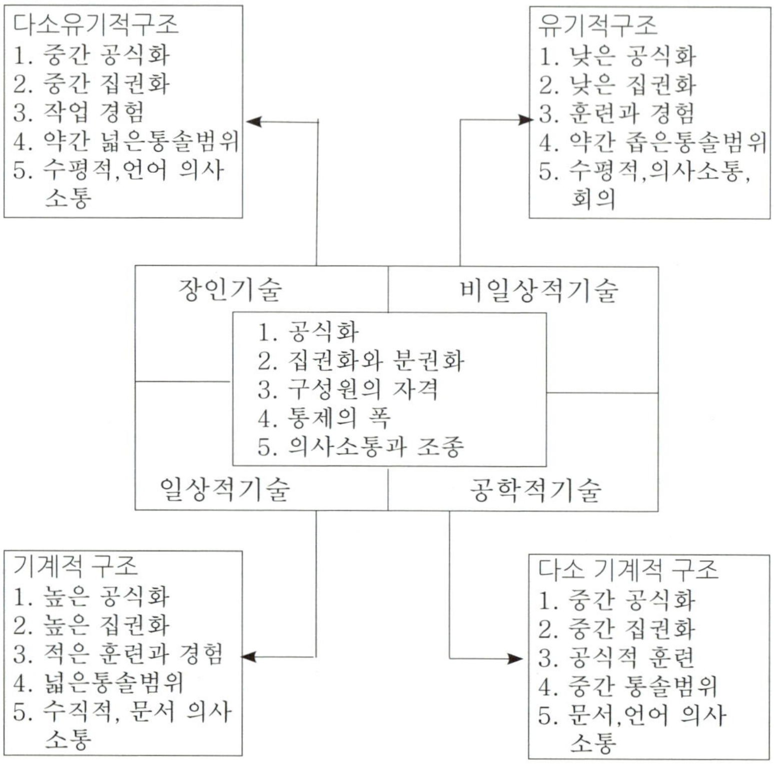

*자료: Daft(2013: 602)

(3) 조직환경

조직환경이란 조직의 경계 밖에 존재하면서 조직 전체나 일부분에 영향을 미칠 가능성이 있는 모든 것이다(Daft, 2013: 136). 환경은 조직이 생존을 위해 필요로 하는 자본, 인적, 물적 자원, 기술적 정보, 시장 등을 제공하여 조직의 생성, 존속 및 성장에 커다란 영향을 미친다. 환경의 불확실성이란 의사결정자가 환경에 관한 충분한 정보를 가지고 있지 못함으로 해서 외부 환경 변화를 제대로 예측하지 못하는 상태를 의미한다. 던컨(Duncan, 1972)은 환경의 불확실성은 두 가지 차원, 즉 정태성-동태성이라는 차원과 단순성-복잡성이라는 차원으로 이해할 수 있다고 설명하며, 조직이 효과적으로 조직목표를 달성하려면 조직환경의 불확실성 정도에 적합한 조직설계가 이루어져야 한다고 제시한다(오세덕 외, 2019: 156).

[그림 9-3] 환경의 불확실성과 적합한 조직설계

		환경의 복잡성	
		단 순	복 잡
환경의 동태성	안정적	**낮은 불확실성** 1. 기계적 조직 (공식적, 집권적) 2. 소수의 변경조직 3. 아주 낮은 분화 아주 적은 통합 방법 4. 생산 지향적	**다소 낮은 불확실성** 1. 기계적 조직 (공식적, 집권적) 2. 다수의 변경조직 3. 낮은 차별화 아주 적은 통합 방법 4. 약간의 계획
	동태적	**다소 높은 불확실성** 1. 유기적 조직 (비공식적, 분권적) 2. 소수의 변경조직 3. 높은 차별화 많은 통합 방법 4. 계획 지향적	**높은 불확실성** 1. 유기적 조직 (비공식적, 분권적) 2. 다수의 변경조직 3. 아주 높은 분권화 아주 많은 통제 방법 4. 포괄적 계획, 예측

*자료 : Daft(2013: 142)

(4) 전략(strategy)

전략은 조직이 목표를 달성하기 위해 경쟁적인 외부 환경과 상호작용을 어떻게 할 것인가에 관한 계획(plan)이다. 목표는 '조직이 원하는 것'이고 전략은 '그것을 어떻게 달성할 것'인가와 관련된 것이다. 포터(Porter, 1985)는 조직의 경쟁전략을 저원가(low cost leadership) 전략, 차별화(differentiation)전략, 집중화(focus)전략으로 제시하였다. 집중화전략은 다시 집중화된 저원가전략, 집중화된 차별화전략으로 구분된다.

(5) 권력power

권력power을 "어떤 사람이나 집단이 다른 사람이나 집단에게 영향력을 미칠 수 있는 잠재적인 능력"으로 정의할 수 있다. 이러한 권력의 정의에서 중요한 것은 권력을 잠재적인 능력potential ability으로 표현했다는 점이다. 즉 다른 사람들에게 영향력을 행사할 능력은 있지만 상황에 따라 그러한 능력을 행사하지 않을 수도 있다는 것이다. 왜냐 하면, 어떤 상황에서는 단지 잠재적인 능력을 갖고 있다는 것이 다른 사람들에게 영향력을 행사하는 데 충분할 수도 있기 때문이다.

3. 조직구조의 유형

1) 기계적 조직구조와 유기적 조직구조

기계적 조직구조mechanistic organizations는 전형적으로 높은 수준의 공식화, 엄격하고 계서적인 명령계통, 고도의 전문화, 좁게 한정된 업무범위, 상명하달식의 의사소통, 의사결정의 집권화, 그리고 좁은 통제범위에 의존하는 구조이다. 효율적이고 예측 가능하며 표준화된 조직이기 때문에 안정적인 환경에 적절하다(Kinichi & Lreitner, 2008: 387). 기계적 조직구조의 대표적인 형태가 관료제적 조직구조이다(Ivancevich, Konopaske & Matterson, 2008: 461).

유기적 조직구조organic organizations는 전형적으로 낮은 수준의 공식화, 약하고 복합적인 명령계통, 낮은 수준의 전문화, 분권화된 의사결정 그리고 넓은 통제범위에 의존하는 구조이다. 유연하고 적응적이며 조직외부에 초점을 맞추고 있으며 역동적인 환경에 적절하다(오세덕 외, 2018: 390; 박연호, 2000: 451-452).

2) 일반적 조직구조

민츠버그(Mintzberg, 1983)에 의하면 조직에는 다섯 가지 기본 부문이 있다.

첫째, 핵심 운영 부문으로 현장에서 조직의 제품이나 서비스를 생산해 내는 곳이다.

둘째, 전략 부문으로서 조직을 관리하는 최고관리층이 있는 곳으로 조직의 전략을 형성한다.

셋째, 중간라인 부문으로 전략 부문과 핵심운영 부문 간을 연결시키는 라인에 위치한 중간 관리자로 구성되어 있다.

넷째, 기술구조 부문은 조직 내의 과업 과정과 산출물이 표준화되는 시스템을 설계하는 분석가들로 구성된다.

다섯째, 지원 스태프 부문으로 기본적인 과업 흐름 외에 발생하는 조직의 문제에 대해 지원을 하는 전문가들로 구성되어 있다.

(1) 단순구조

단순구조는 상대적으로 소규모이고 주로 초창기 조직에서 발견되는데, 일반적으로 복잡하지 않은 기술을 사용한다. 단순구조는 집권화된 유기적인 구조라 할 수 있다.

단순구조의 가장 큰 장점은 단순성에 있다. 즉 ① 단순구조는 신속하고 유연성이 있으며 유지비용이 적게 들며, ② 진취적이고 혁신적이어서 관료제 구조가 회피하는 위험한 환경을 계속적으로 추구할 수 있다.

반면 단순구조는 집권화로 인한 다음과 같은 단점을 가진다. ① 단순구조는 최고관리자에게 전적으로 의존하기 때문에 최고관리자의 건강이나 판단 여하에 따라서 조직의 성패가 좌우된다. ② 구조적인 변화가 필수적임에도 불구하고 최고관리자가 그 변화를 거부하거나 저항하는 경우에는 단순구조의 가장 큰 장점중의 하나인 유연성이 단순구조의 치명적인 부담이 된다. ③ 단순구조에서는 최고관리자의 견제세력이 거의 존재하지 않으므로 최고관리자의 권력남용 가능성이 크다.

(2) 기계적 관료제 구조

기계적 관료제 구조는 전형적으로 단순하고 안정적인 환경에서 적절한 조직구조 형태이다. 기계적 관료제 구조에서는 활동을 가급적 조직 내부에서 완전하게 통제하려 함으로써 작업 흐름을 안정적으로 유지하려고 한다. 또한 작업의 반복성이 높고 표준화를 정착시킬 수 있는 조직에서 찾아볼 수 있다.

(3) 전문적 관료제 구조

전문적 관료제 구조는 수평, 수직적으로 분권화된 조직 형태로서, 복잡하고 안정적인 환경에서 적절한 조직구조 형태이다. 즉 환경이 복잡하면서, 표준화된 지식과 기술 및 운영절차를 사용할 수 있을 정도로 안정되어 있는 경우에 적합하다.

(4) 사업부제 구조

사업부제 구조는 제한된 수직적 분권화 조직 형태로서, 이러한 구조가 형성되기 위한 기본적인 조건은 무엇보다도 고객이나 제품 및 시장의 다양성이다. 이 구조는 상대적으로 안정적인 환경에서 운영되는 대규모의 조직에서 발견된다.

(5) 애드호크라시 구조

애드호크라시는 기계적 관료제 구조와 반대의 속성을 갖는 조직구조로서, 동태적이고 복잡한 환경에 처한 조직에 적합한 분권화되고 유기적인 조직구조이다.

3) 동태적 조직구조

(1) 팀team조직

팀 조직이란 상호 보완적 기능을 가진 소수의 사람들이 공동의 문제해결을 위해 공동의 목표를 설정하는 조직을 말한다. 환경변화에 따른 신속한 대응을 위한 동태적 조직으로 제시된 유형이 팀 조직이다. 팀 조직의 예로는 올림픽 조직위원회가 있다.

(2) 프로젝트project조직

프로젝트 조직이란 임시적 성격을 가진 프로젝트를 해결하기 위해 프로젝트 관리자를 선정하여 과제를 해결하고, 팀이 해체되면 원 소속에 복귀하는 형태의 조직을 말한다. WTO 무역협상단을 예로 들 수 있다. 프로젝트 조직은 팀 조직에 비해 규모도 작고 더 한시성을 띠게 된다.

(3) 매트리스 조직

매트릭스 조직은 행렬조직이라 불리며, 인사·예산·회계 등의 전통적·기능적 조직과 과제별 프로젝트팀을 결합시킨 조직이다. 이는 안정성을 가진 기능적 조직과, 역동성·신축성·전문성을 가진 프로젝트팀의 장점을 입체적으로 활용한 조직이다. 매트릭스 조직에서는 일상적인 행정적 사항은 종적으로 기능조직 관리자의 명령에 따르게 되며, 프로젝트에 관해서는 횡적인 프로젝트 관리자의 명령을 따르게 된다.

매트릭스 조직은 한시적 사업에 신속하게 대처할 수 있고, 인적 자원의 경제적 활용을 통해 융통성과 창의성을 발휘할 수 있는 장점이 있는 반면에, 구조의 이중성으로 책임이나 권한관계가 불명확해질 수 있다는 단점이 있다.

(4) 태스크 포스

태스크 포스task force 역시 가장 폭넓게 이용되는 애드호크러시의 형태이다. 이는 추구하는 목표가 달성되었을 때 해체된다는 점에서 임시조직의 성격을 가지고 있다. 태스크포스가 필요시 되는 이유는 새로운 과업이나 사업계획의 집행이 필요할 때 기존 조직 내의 부서만으로는 감당할 수 없고 여러 부서간의 협조가 요구되기 때문이다.

(5) 프로세스 조직

프로세스 조직이란 조직재설계를 통해 프로세스process를 기본단위로 설계된 조직을 말한다. 여기서 프로세스란 일정한 투입물input을 측정가능한 산출물output로 전환하는 부가가치가 있는 일련의 활동을 말한다. 프로세스 조직의 대표적인 예로는 기업체에서 식료사업부, 영상사업부, 의류사업부 조직을 들 수 있다.

(6) 네트워크 조직

네트워크 조직이란 환경이 제공하는 복잡한 문제를 해결하기 위하여 수평적으로 조직 간의 관계를 네트워크로 형성한 조직을 말한다. 조직과 조직 간의 네트워크 형식을 빌려 조직의 비용절감과 조직 효율성을 극대화한다. 미국 DHL은 네트워크 조직의 좋은 예이다.

제4절 조직변화와 변화주도 리더십

1. 조직변화

1) 조직변화의 의의

조직변화에서 다루는 변화란 계획적, 의도적 변화로서 조직을 현재보다 개선된 상태로 바꾸기 위한 노력이라고 할 수 있다. 이러한 변화의 대상으로는 조직구성원, 기술, 조직구조, 조직업무 등 다양하다. 조직변화와 관련 있는 용어는 조직혁신, 조직개혁, 조직동태화, 조직발전 등을 들 수 있다.

조직 변화의 유형은 속도와 폭 및 조직구성원의 참여 여부 등에 따라 그 유형을 구분할 수 있다(오세덕 외, 2018: 441-442).

첫째, 변화의 속도와 폭에 따라 점진적 변화와 급진적 변화로 구분할 수 있다(임창희, 2010: 376-378). 점진적 변화란 조직전략이나 조직구조 등 근본적인 체제는 그대로 둔 채 환경이 변하는 대로 적응해 가면서 변화를 추구하는 방법이다. 즉, 조직의 균형을 유지하기 위해 지속적으로 개선하는 것이며, 조직의 일부분에서 변화가 발생한다(Daft, 2013: 430). 반면 급진적 변화는 조직의 구조와 전략을 근본적 차원에서 폭넓고 빠르게 변화를 시도하는 방법이다. 업무 프로세스를 근본적으로 바꾸는 리엔지니어링reengineering, 리스트럭처링restructuring, 조직목표나 전략의 개편 등이 여기 속한다고 할 수 있다.

둘째, 변화의 시기에 따라 반응적 변화와 예측적 변화로 구분할 수 있다(김인수, 2007: 480-481). 반응적 변화는 외부 환경 변화나 특정 사건이 일어난 후 이에 대응하기 위한 조직 변화를 의미하며, 사후적 변화로 볼 수 있다. 예측적 변화는 미래에 예상되는 환경 변화에 미리 대비하는 것이 바람직하다는 판단 하에 미래지향적으로 조직을 변화시키는 것으로 사전적 변화라 할 수 있다.

셋째, 변화에 대한 구성원들의 참여 허용 범위에 따라 참여적 변화와 강압적 변화로 구분할 수 있다(임창희, 2010: 379-381). 구성원들의 자발적 참여를 장려하면서 변화를 시도하는 것이 참여적 변화이다. 변화에 대한 필요성과 변화의 대상을 구성원들이 결정하도록 하거나, 구성원 전체에게 토의시키고 변화 과정을 상세히 설명하면서 진행해 나가는 방식이다. 그런데 변화는 관련자들 간의 이해관계의 조정이 필요한 경우가 대부분인데 이 경우 관리층의 권위적인 명령이나 강압적 변화가 더 효과적일 수 있다. 강압적 변화는 이렇게 대폭적인 변화가 요구되고 급진적 변화가 요구될 때 및 구성원들의 이해관계가 충돌하여 이를 대화와 협상을 통해 조정하기가 곤란한 경우 유용하게 사용할 수 있는 방법이라고 볼 수 있다.

2) 조직변화 혁신의 단계

조직변화의 단계에 대해서는 많은 학자들이 다양하게 제시하고 있는데, 레윈(K. Lewin)은 조직변화의 과정을 해빙unfreezing, 변화changing, 재결빙refreezing의 세 단계로 나누어 설명하고 있다. 첫째, 해빙단계는 변화의 필요성을 인식하는 단계로서 변화를 수용할 마음의 준비단계이다. 둘째, 변화단계는 새로운 패턴으로의 변화를 시도하는 단계로서 순종, 동일화, 내면화가 나타난다. 셋째, 재결빙단계는 타인으로부터 새로이 획득한 태도나 지식, 행동이 개인에 고정되는 단계이다.

3) 조직변화의 저항과 극복

조직변화는 언제나 다소간의 저항resistance이 일어나게 된다. 저항원인으로는 ① 기득권에 대한 침해, ② 혁신안 내용의 불명확성, ③ 혁신에 대비할 능력부족, ④ 인정감, 자존심의 손상, ⑤ 혁신성과에 대한 회의 등을 들 수 있다. 변화의 대응전략으로는 다음과 같은 것들을 들 수 있다(박연호·이종호·임영제, 2018: 298-299).

(1) 강제적 전략coercive strategy

혁신주체가 일방적으로 권력을 통해 제재를 가함으로써 저항을 극복하려는 전략이다. 강제적 전략은 저항을 근본적으로 극복하지 못하고 단지 단기적, 피상적으로 저항을 억압하는 데 그칠 뿐이므로 장래에 더 큰 저항을 초래할 위험이 있다.

(2) 규범적, 사회적 전략normative, social strategy

적절한 상징조직과 사회적, 심리적 지원을 통하여 자발적인 협력과 혁신의 수용을 유도하려는 전략이다. 즉 참여기회의 확대, 사명감의 고취와 심리적 불안의 해소, 개혁분위기의 조성 등에 의한 방법이다.

(3) 공리적, 기술적 전략utilitarian, technological strategy

이 전략은 혁신으로 인한 손실을 보상하거나 또는 혁신시기를 고려한 추진이나 실정에 부합되는 인사배치를 함으로써 저항을 극복하려는 전략이다.

조직변화에 대한 저항의 구체적 극복방안으로는 ① 교육과 의사소통 확대, ② 참여와 관여 유도, ③ 촉진과 지원, ④ 협상과 동의 유도, ⑤ 조작과 협력, ⑥ 명백하고 암묵적인 강압 등 다양한 방안이 존재한다.

2. 변화주도 리더십

1) 변화주도 리더십의 의의

리더십이란 조직목표를 달성하는 데 있어 조직 구성원의 자발적이고도 적극적인 노력을 유도하는 것을 의미한다. 리더십leadership은 정부혁신에 있어서 가장 중요한 요소이다. 조직책임자가 어떠한 비전과 목표를 통해 조직의 비전과 목표를 설정하고, 거기에 가치를 부여하며 조직 구성원들에게 동기 부여할 것인가 하는 리더십의 문제는 정부혁신의 핵심 변수이다. 21세기 지식정보사회는 전자정부, 거버넌스, 정부혁신 등 새로운 정부모델을 필요로 한다. 권한의 위임은 물론 잠재력과 창의성 개발이 중요하며, 시민참여와 민주통제가 활성화되어 조직내외적으로 구성원들의 신뢰에 기초한 자발적인 협력을 유도partnership하는 변혁적 리더십Transformational leadership이 강조된다.

2) 변화주도 리더십으로서의 변혁적 리더십

현대적 리더십은 리더Leader와 조직구성원들Followers 사이에 상호작용을 강조한다. 리더와 조직구성원들 사이에 상호작용이 어떻게 이루어지며, 1) 상호작용을 촉진하는 것이 보상과 처벌과 같은 요인인지 자발성인지, 2) 동기부여요인을 물질적·정신적 욕구충족으로 보는지, 아니면 비전과 성과에 대한 이해에서 비롯된 영감inspiration과 같은 다 상승된 동기수준인지, 3) 리더십이 근본적인 변화 없는 적응의 결과인지, 아니면 조직구성원들의 잠재력과 창의성의 발현에 의한 조직신뢰와 문화의 결과인지에 따라 거래적 리더십과 변혁적 리더십으로 구분된다.

쿠너트(K. W. Kuhnert)와 루이스(P. Lewis,1987)는 변혁적 리더십Transformational leadership이란 리더에 대한 조직구성원들의 확고한 믿음을 유발시키고, 리더가 모델이 되며, 조직구성원들의 욕구에 대한 세심한 배려와 적절한 자극을 통해 조직 및 조직구성원들의 성과와 만족도를 제고할 수 있는 방향으로 이끌 수 있는 리더십이라고 하였다.

배스(B. M. Bass, 1990)는 리더십 설문지(MLQ) 개발 등 실증연구를 통해 변혁적 리더십의 네 가지 요인으로 1) 조직구성원에게 비전을 제시하고, 자긍심을 고취하며 존경과 신뢰를 얻게 됨으로써 갖게 되는 카리스마, 2) 조직구성원들 각각에 대한 개별적 고려, 3) 지적 자극, 4) 영감적인 동기부여를 강조했다.

유클(G. Yukl, 1999)은 변혁적 리더십이 1) 보편성의 정도, 2) 리더십을 촉진하는 조건, 그리고 3) 사람들의 전형적인 반응에 있어서 카리스마적 리더십과 차이가 있다고 한다. 변혁적 리더십은 조직구성원들에게 영감을 주고, 개발하며, 활력을 부여한다고 보았다.

지식정보사회에서는 급변하는 시장과 기술의 변화를 인식하고, 이에 대한 지속적 학습과 새로운 지식의 습득이 요구된다. 과거 계층제적 정부 관료제에서는 전문가적 식견을 가진 관료들이 명확하게 부여된 기능을 수행하고, 명령체계를 따라 시민들에게 공공서비스를 제공하기만 하면 되었으므로, 권위적 리더십이나 과업지향적 리더십이 효과성을 발휘할 수 있었다.

그러나 정보와 지식패턴의 다양화, 고차원의 기술과 불확실성의 증대, 시민요구의 다양화 및 증가 등 지식정보사회로의 변화는 정부 관료에게 환경인지능력, 지식창조능력, 고객만족능력과 더불어 정책역량강화에 핵심지식을 갖춘 '지식관료'가 되길 요구하고 있다. 따라서 이들에게 요구되는 리더십은 과거의 단순 과업지향이나 관계지향적인 리더십이 아니라 부하들과 비전을 공유하고 잠재력을 일깨워 창의성을 발휘할 수 있게 만드는 새로운 형태의 리더십이 필요하다. 또한 조직의 학습을 통해 계속적인 지식의 자발적 창출이 가능하도록 지적 자극과 분위기를 조성하며, 부하들에 대한 개별적 배려를 통해 영감적으로 동기부여하는 새로운 형태의 리더십이 필요하다.

현대행정에 있어서 정부혁신의 출발점은 혁신목표를 달성하기 위한 조직구성원들의 잠재력을 고양하는 문제로부터 시작된다. 이를 위해서는 새로운 비전과 미션을 창출하고 기대를 초월하여 성과달성을 추구하는 리더십이 필요한데, 이러한 리더십을 변혁적 리더십이라 부를 수 있다.

변혁적 리더십의 핵심 키워드는 에너지Energy, 동원Mobilization, 자발성Spontaneous Support이다. 변혁적 리더십은 개인적 성향에 관심을 기울이고 새로운 시각을 제시하면서, 조직 구성원의 변화와 변혁을 일으키는 리더십으로서, 안정보다는 변화에 능동적으로 적응하거나 변화를 유도하는 리더십을 의미한다. 변혁적 리더는 카리스마를 가지고, 영감을 이용하며, 조직구성원의 지적 발전을 위한 자극을 준다. 변혁적 리더는 조직구성원 개인적 성향에 관심을 가지며, 조직구성원들의 잠재력을 고양하는 것에 초점을 둔다.

◈ 심화학습

팀조직

팀조직team organization은 태스크 포스task force에 대한 대안적 역할을 수행하는데, 장기간에 걸쳐 팀 구성원들이 특정 업무나 프로젝트를 전담하여 수행하는 프로젝트 팀 형태를 띠게 된다. 팀조직이 등장하게 된 배경을 요약하면, ① 신속한 환경 대응의 필요성, ② 관료주의 병리 현상의 타파 필요성, ③ 업무 수행에 요구되는 새로운 의식과 행동의 변화 등을 들 수 있다(이창원·명승환·임영제, 2004: 187).

팀조직은 다음과 같은 점에서 장점을 발휘할 수 있다.

첫째, 계층의 축소는 신속한 의사결정을 가능하게 하며 팀에 대한 권한 이양을 통해 탄력적인 조직의 유연성을 제고시킬 수 있다.

둘째, 자율팀 조직은 각 팀별로 업무의 실행뿐만 아니라 계획과 통제의 주체가되므로 조직의 간소화를 기대할 수 있다.

셋째, 구성원에 대한 권한 부여로 업무 수행 능력에 대한 창의성을 발휘할 수 있는 기반을 제공하므로 업무 또는 조직에 대한 구성원의 긍지를 높일 수 있다.

팀조직이 정착화되기 위해서는 다음과 같은 기본 요건들이 충족되어야 한다.

첫째, 팀은 과업의 특성에 따라 구성 인원 수를 차별적으로 운영할 수 있지만, 대체로 6~12명 정도의 소수의 사람들로 구성되어야 한다.

둘째, 팀은 보완적인 기능과 능력을 가진 사람들로 구성되어야 한다.

셋째, 팀조직에서는 상위 조직의 전략과 전체 목표를 염두에 두고, 팀 구성원들 간의 협의를 통해서 목표가 설정되어야 한다.

넷째, 팀이 효과적으로 기능하기 위해서는 업무의 배분과 작업 방법, 일정 계획, 문제 해결 방법 등과 같은 제반 업무 수행 방식에 대한 합의가 필요하다.

다섯째, 팀은 구성원들 간의 긴밀한 상호 작용과 협조를 통한 업무 수행을 그 근간으로 하고 있으므로 이러한 팀의 취지가 업무 수행 결과에 대해서는 평가에 반영되어야 한다(이창원·명승환·임영제, 2004: 187).

☞ 우리나라 정부에서 팀조직이 적용되었던 사례를 찾아보고 그것을 바탕으로 팀조직 운영에 있어서의 유용성과 한계점을 토의하시오.

❖ 사례연구1 : 조직문화

세계적 경영컨설팅 기업인 '타워스 페린'(Towers Perrin)이 국내를 포함, 전 세계 1,300여개 기업을 대상으로 실시한 조사에 따르면, 종사자의 70%가 입사 이유로 기업문화를 들었다. 기업명성과 안정적인 급여 못지않게 기업문화가 기업의 경쟁력으로 급부상하고 있음을 보여준다.

*자료 : 경향신문, 2004. 1.11일자 기사 요약

현대산업개발이 일과 가정이 양립할 수 있는 기업문화를 만들고 있다. 여성인력 확보와 경력단절을 막기 위해 임산부(임신 12주 이내 또는 36주 이후 여성 근로자)와 육아기 자녀를 둔 직원(만 8세 이하 또는 초등학교 2학년 자녀가 있는 남녀 근로자)에게 '근로시간 단축제도'를 사용하도록 하는 데, 근로시간 단축제도를 사용하는 근로자는 하루 6시간만 근무하면 된다. 육아휴직 등의 사유로 휴직 중인 경우, 인사평가에서 중(B)을 부여해 평균 이상의 고과를 산정해줌으로써, 인사평가 불이익을 받지 않도록 제도적으로 뒷받침하고 있다. 휴직에 따른 업무 공백이 생기지 않도록 신규직원 채용 시 육아휴직자 근무 부서에 우선 배치하고 있다. 지난 8월부터는 자녀 양육을 위한 유연근무제도를 실시하고 있다. 자녀 양육을 위해 출퇴근 시간 조정이 필요한 본사 직원을 대상으로 시차 출퇴근제를 운영하고 있어 직원들은 여러 선택지 중에서 본인에게 편리한 출퇴근 시간을 선택할 수 있다. 근태 분석을 통해 현장직원에게까지 확대할 예정이다. 현대산업개발은 직원들의 장기 연차사용도 권장하고 있다. 근무일 기준 10일 연속 연차를 사용하면 호텔·쇼핑몰에서 사용 가능한 50만원 상당의 포인트를 지급하는 휴테크 제도를 시행 중이다

*자료 : 조선일보, 2017.11.30.일자 기사 요약

❖ 사례연구2 : 조직변화

삼성전자가 2017년도 인사에 따른 조직개편을 단행했다. 큰 폭의 조직개편은 없었지만 4차 산업을 공략하기 위한 연구조직 통합, 신설 등이 진행됐다. 삼성전자 관계자는 "최근 다양한 산업 영역의 융복합화와 업계의 합종연횡 등 빠르게 변화하고 있는 산업 환경에 대응하고 미래 먹거리 발굴을 가속화할 예정"이라고 설명했다. 삼성전자 관계자는 "지난 5월 조직개편을 이미 실시한 점을 감안해 이번에는 조직변화를 최소화하고 소폭의 보직인사만을 단

행했다"라며 "세트부문은 안정적 사업운영 기조를 유지하기 위해 소폭의 보직인사만 단행했다"라고 말했다

* 자료: 아시아경제, 2017. 11.22일자 요약

서울주택도시공사SH공사가 미래 먹거리를 찾는 미래전략실을 신설하고 도시재생사업 부서 강화를 골자로 하는 조직개편을 단행했다. 이번 조직개편은 공간복지 실현과 스마트시티 조성 등 4차 산업혁명 환경에 선제적으로 대응하기 위해 단행됐으며, 공사를 공간복지 전문기관, 첨단 스마트 시티로 도시재생을 선도하고자 하는 경영철학이 반영됐다. 공간복지와 스마트시티를 실현할 도시공간사업본부, 미래전략실을 신설했고, 도시재생사업 실행조직도 확대했다. 도시재생 등 전문가 양성을 위해 인력관리HRM와 인력개발HRD을 통합 운영하는 인재개발처가 신설됐다. 또한 부서 간 협업 활성화와 업무 및 사업 조정 기능 강화, 적극적인 쌍방향 소통 확대 등을 위해 기존 기획경영본부 산하의 기획조정처와 소통홍보처가 사장직속의 기획조정실과 홍보실로 개편됐으며, 촘촘한 주거복지 실현을 위해 중앙주거복지센터가 신설됐다. 신설된 중앙주거복지센터에 17명, 시민펀드 조성 등 임대주택 금융상품 개발에 리츠 관련 전문가를 포함한 3명, 청년•신혼부부 임대주택 공급에 6명 등 이번 조직개편으로 늘어나는 인력 대부분을 주거복지기능 강화에 할애했다.

* 자료 : 국토일보 2018 .03. 10일자 요약

1. 위의 사례연구 1에 제시된 기업의 조직문화의 변화 내용을 장단점을 중심으로 평가하고 그 결과를 정리하여 발표하시오.
2. 급속히 변화하는 환경에 대응하기 위한 여러 조직의 개편내용을 정리하고, 장단점을 논의하시오. 또 정보사회에 보다 효과적으로 대응하기 위한 조직변화의 방법에는 어떠한 것들이 있는지를 논의하고 그 결과를 발표하시오.

토의 및 발표과제

1. 조직구조는 왜 서로 다르며 기계적 조직구조와 유기적 조직구조의 차이점은 무엇인지를 실제 사례를 찾아 정리하고 토의하시오.

2. 민츠버그Mintzberg가 제시한 다섯 가지 조직구조 유형의 실제 사례예: 정당, 학교, 종교 조직 등를 찾고 그 특성을 정리하여 발표하시오.
3. 자신이 속한 조직대학, 학과 등에 영향을 주는 환경적 요인들과 기술적 요인을 찾아 정리하고, 구체적으로 어떤 측면에서 영향을 주었는지를 긍정적 측면과 부정적 측면으로 나누어 토의하시오.
4. 자신들이 잘 알고 있는 조직의 문화예: 소속 학교, 학과 등에 대해 토의하고 그 결과를 발표해보시오.
5. 구성원들이 변화에 저항하는 이유와 이의 극복방안을 사례를 들어 구체적으로 제시하시오.

제10장

인사행정이란 무엇인가?

제1절 인사행정의 의의와 변천과정
제2절 중앙인사기관
제3절 공직구성의 형성
제4절 인사행정의 과정
제5절 공무원의 행동규범

제1절 인사행정의 의의와 변천과정

1. 인사행정의 개념

인사행정Public Personnel Administration은 정부조직에 필요한 인적 자원을 동원하고 관리하는 기능이다(오석홍, 2000: 3). 즉 유능한 인재를 행정조직에 유치하여, 인간적 가치를 존중하면서 능력발전을 계속적으로 도모하고 높은 근무의욕을 유지시킨다. 따라서 개인의 목적과 조직의 목적의 균형·조화를 실현하여 조직의 활력을 최고도로 발휘시키는 것이라고 할 수 있다. 정부가 있는 곳에서는 언제 어디서나 정부에 참여하는 사람들을 동원하는 문제가 생겨난다. 그러므로 인사행정의 역사는 국가의 역사와 출발을 같이 하는 것이라 할 수 있다. 또한 현대사회의 행정에서는 양적·질적으로 변화하고 있는 현대행정기능을 수행할 인적자원을 확보하고 관리할 필요가 있다. 적극적인 의욕과 동기를 가진 유능한 인적자원이 행정의 장기적인 효율성을 결정적으로 좌우한다는 점에서 인사행정의 전략적 중요성을이 인식하여야 한다.

2. 인사행정의 변천과정

1) 엽관주의獵官主義

(1) 엽관주의의 의의

엽관주의Spoils System란 복수정당제가 허용되는 민주국가에서 선거에서 승리한 정당이 정당활동에 대한 공헌도와 충성심의 정도에 따라 공직에 임명하는 제도를 말한다. 엽관주의는 19세기 초 영국과 미국에서 민주정치의 발달에 따라 관료기구와 국민과의 동질성을 확보하기 위한 수단으로 발전하였다. 영국에서는 엽관주의보다 더 넓은 개념인 정실주의가 발달하였다. 정실주의는 일단 공직에 임용되면 종신적 성격을 띠어 신분이 보장되는데 반하여, 미국이 처음으로 도입한 정실주의는 선거에서 승리한 정당이 모든 관직을 전리품처럼 임의로 처분할 수 있는 제도를 의미하며, 정권교체와 함께 공직의 광범한 경질이 단행된다는 점에서 차이가 있다.

(2) 장점

① 엽관주의는 특권적인 정부관료제를 일반대중에게 공개함으로써, 민주정치의 발달과 행정의 민주화에 공헌한다.

② 엽관주의는 민주정치의 발전에 기여할 수 있다. 엽관주의는 정부관료제의 정치적 대응성을 높이고 민주정치의 기초가 되는 정당제도를 유지하는 데 보탬이 되기 때문이다(오석홍, 2000: 28).

③ 집권정치인들이 공무원들의 높은 충성심을 확보할 수 있어, 공무원들을 보다 효과적으로 통솔할 수 있다.

④ 국민에 의하여 선출된 정치지도자의 국정 지도력을 강화하여 줌으로써, 국민의 지지를 받는 선거공약이나 공공정책의 실현을 용이하게 해 준다.

(3) 단점

① 엽관주의는 소수의 간부에 의한 정당의 과두적 지배를 촉진하여 공직의 사유화·상품화 경향을 야기함으로써 매관매직이나 뇌물 수수 등의 정치적·행정적 부패를 초래한다.

② 사회가 복잡해지고 다원화되어 감에 따라 행정 업무의 처리에도 전문성과 능률성이 요구되기 시작하였으나 엽관주의는 능력 이외의 요인을 임용기준으로 삼음으로써 이러한 변화에 대응하지 못하고 행정의 비능률성을 야기하게 된다.

③ 행정의 무책임성을 조장한다. 공직의 임용은 물론 그 후의 지위유지나 발전이 정당의 특수 이익이나 목적과 집권자에 대한 개인적 충성심에 달려 있었으므로 공무원들은 국민전체의 공익을 실행하는 데는 노력하지 않음으로써 행정의 무책임성을 조장하였다(김재기, 1999: 457).

④ 자본주의가 발달하고 사회가 다원화되어 감에 따라 정당의 국민대표성이 약화되어, 더 이상 특정한 정당이 국민의 전체적인 이익을 대변하기를 기대할 수 없게 된다.

2) 실적주의實績主義

(1) 실적주의의 의의

실적주의Merit System는 사람의 능력·자격·실적을 기준으로 정부의 공무원을 모집하고 임명·승진시키는 인사행정체제를 말한다. 실적주의는 엽관주의에 대한 비판에서 출발하였다. 엽관주의는 정치적·사회적 환경이 변화함에 따라 많은 부작용을 낳게 되었으며, 이것들이 실적주의의 수립 요인으로 작용하였다. 실적주의 수립의 또 다른 요인은 자본주의 발달과 산업화에 따른 국가 기능의 양적 확대와 질적 분화 현상이다. 산업화 이후 사회·경제적 환경의 규모가 확대되고 복잡성이 증가함에 따라 19세기 중엽까지 작용하던 자본주의의 자율적 조정 기능이 상실되기 시작하였으며, 이에 따라 국가의 개입에 대한 사회적 요구가 증대하였다. 이러한 사회적·경제적 변화는 사회문제를 처리하는 데 필요한 전문성의 증대도 동시에 요구하였다. 그러나 엽관주의에 의하여 구성된 관료제는 이러한 요구에 효율적으로 대응할 수 없었으며, 따라서 더욱 안정적이고 능률적이며 전문성이 있는 관료제에 대한 필요성이 제기되기 시작하였다.

현대적 의미의 실적주의는 영국에서 1855년과 1870년의 제1, 2차 추밀원령에 의해 뿌리내리기 시작했고, 미국에서는 1881년 가필드(J.M. Garfield)대통령의 암살과 1883년 펜들톤 법(Pendelton Act)의 제정을 계기로 확립되었다. 한국에서는 1949년 국가공무원법 제정에 의해 공식화되었다.

이러한 실적주의는 정치적 당파성이나 혈연·지연·학연·인종·종교 등 귀속적 요인과 같은 임용기준을 거부하고, 개인의 능력이나 실적을 중요한 임용기준으로 삼는다. 또한 실적주의의 주요 구성요소는 공직취임의 기회균등, 능력·자격·실적 중심의 공직임용, 불편부당한 정치적 중립성 요구, 공무원의 신분보장, 중앙인사기관의 권한 강화, 과학적·객관적 인사행정 등을 포함한다.

(2) 장점

① 실적주의는 실적을 기준으로 공무원을 임용하므로 공직 취임의 기회 균등이라는 민주적 요청을 충족시켜 주며 행정능률성의 향상에 기여한다.

② 공무원의 정치적 중립을 요구하기 때문에 행정의 공공성을 보장한다.

③ 공무원의 해고로부터 공무원의 신분을 보호하여 주기 때문에 행정의 안정성과 계속성을 유지하고, 나아가 전문적인 직업공무원제의 수립에도 도움을 줄 수 있다.

④ 시험에 합격하지 못하면 정치적으로 연줄이 닿는 사람이더라도 공무원이 될 수 없으므로 정치적 부정을 일삼는 사람이나 무자격한 사람들을 배제할 수 있다. 따라서 실적주의는 공무원의 자질향상과 업무능률의 향상에 기여할 수 있다(오석홍, 2000: 32).

(3) 단점

① 실적주의는 반엽관주의에 지나치게 집착함으로써 인사행정을 소극적·경직적·비능률적으로 만들었다.

② 공무원의 권익 보호를 위한 실적제의 여러 장치들은 인력의 탄력적운영을 어렵게 하고 행정의 대응성을 약화시킨다(박천오, 2000: 32).

③ 강력한 신분보장으로 인하여 실적주의는 정치지도자들이 직업공무원에 대한 통제력을 유지하는 데 커다란 장애 요소로 작용하고 있다.

④ 실적주의의 과학적 인사방법들은 그 타당성이 의문시된다. 실적주의에 있어서 실적은 그 내용이 무엇이든 객관적인 측정이 가능함을 전제로 하고 있지만 그러한 측정의 타당성이 불분명하다는 것이다(Carter, 1989: 312).

3) 직업공무원제

(1) 직업공무원제의 의의

직업공무원제Career Civil Service System란 우수한 젊은 인재들을 공직에 유치하여, 그들이 공직에 근무하는 것을 명예로 인식하고 정년퇴임 시까지 장기간에 걸쳐 성실하게 근무하도록 조직·운영되는 인사제도이다(강성철 외, 1999: 370). 즉, 현대행정의 고도의 전문화·기술화 및 책임행정의 확립, 재직자의 사기양양을 위해 중립적·안정적 제도의 요구에 부응하여 나온 인사제도이다. 따라서 공직이 유능하고 젊은 남녀에게 개방되어 매력 있는 것으로 여겨지고, 업적과 능력에 따라 명예롭고 높은 직위에 올라갈 수 있는 기회가 부여되어 있어 일생의 보람 있는 직업으로 생각되도록 하는 조치가 마련되어 있는 제도를 말한다.

직업공무원제는 일반적으로 행정의 정치적 중립성 유지를 통해 행정의 안정성·계속성·독립성을 확보하고, 정권교체로 인한 행정의 공백상태를 방지하여 국가의 통일성과 항구성을 유지하는 제도적 장치로서 요구된다. 이러한 직업공무원제가 갖는 특징은 다음과 같다(Mosher, 1982: 151-156).

첫째, 직업공무원제는 공무원의 장기 근무를 장려하므로 학교를 갓 졸업한 젊고 유능한 인재를 공직에 유치하고자 많은 노력을 기울인다.

둘째, 직업공무원제는 공무원들을 채용할 때 채용 당시의 직무수행 능력보다는 장기적인 발전 가능성이나 잠재력을 더 중요시한다. 이를 위해 직업공무원제는 공무원의 교육훈련과 경력 발전에 많은 관심과 노력을 기울인다.

셋째, 직업공무원제에서는 공무원이 오랜 기간에 걸쳐 공직에 근무하면서 여러 분야에서 다양한 경험을 쌓게 되므로, 직위분류제에서 요구하는 전문가적 행정가보다 폭넓은 시각과 안목을 가진 일반행정가의 양성이 유리하다.

넷째, 직업공무원제는 원칙적으로 조직의 최하위 직급으로 채용되어 장기간에 걸쳐 근무하면서 단계적으로 상위 직급까지 승진하도록 운영되기 때문에, 조직의 중간계층에서의 신규채용은 원칙적으로 허용되지 않고 상위직의 대부분은 내부승진에 의하여 채워지는 폐쇄형 임용체제이다.

(2) 장점

① 공직에의 장기 근무를 격려하기 때문에 공직 근무를 평생의 직업a life work으로 인식하는 경향이 강하며, 따라서 공직을 하나의 전문직업 분야로 확립하는 데 유리하다(강성철 외, 1999: 40).

② 공직에 대한 직업적 연대의식을 갖게 하여 공직에 대한 자부심과 일체감을 강화하며, 높은 수준의 봉사정신과 행동규범을 유지하는 데 도움이 된다.

③ 공무원의 능력 발전이 폭넓게 이루어지므로 정책결정 및 행정관리 기능을 담당하는 고급 공무원의 양성에 유리하다.

④ 직업공무원제는 공무원의 신분을 강하게 보장하는 관계로 정권의 교체에도 불구하고 행정의 일관성과 연속성을 유지할 수 있다(박천오 외, 2000: 44).

(3) 단점

① 공무원집단이 특권화 내지는 관료주의화 할 우려가 있다. 이는 관료에 대한 민주적 통제를 곤란하게 하는 민주주의적 이념에 반하는 현상이다(김재기, 1999: 481).

② 공직의 분위기가 침체되어 공무원의 전반적인 질적 수준이 저하될 우려가 있다.

③ 공무원에 대한 신분 보장은 외부 환경의 급격한 변화에 신속하게 대응하지 못하고 무사안일에 빠지거나 변화에 저항적인 관료적 병리현상을 초래할 수 있다.

④ 학력과 연령에 관한 요건을 엄격히 규정하여 모집대상의 범위를 제한하는 것은 공직취임의 기회를 균등하게 해야 한다는 민주주의적 요청에 어긋나는 것이다(오석홍, 2000: 45).

4) 대표관료제

(1) 대표관료제의 의의

행정을 집행하는 관료조직은 관료 스스로 소수의 이익에 봉사하려는 경향뿐만 아니라 관료조직의 구조 자체로서도 사회 각 계층의 이익을 대변하지 못하고 있다. 특히 지역이기주의·지역연고주의에 의한 임용차별은 국민통합을 저해하고 정치행정체제의 정당성을 위협하므로 관료의 충원방식에서 사회 각 계층출신 등의 이익을 대변할 수 있도록 인사행정의 대표성을 확보할 필요가 있다.

대표관료제Representative Bureaucracy란 그 사회를 구성하는 모든 주요 집단으로부터 인구비례에 따라 관료를 충원하고, 그들을 정부관료제 내의 모든 계급에 비례적으로 배치함으로써 정부관료제가 그 사회의 모든 계층과 집단에 공평하게 대응하도록 하는 제도라고 정의할 수 있다. 즉 정부관료제가 그 사회의 인적 구성을 반영하도록 구성함으로써 관료제 내에 민주적 가치를 주입하려는 의도에서 발달된 개념이다.

(2) 장점

① 정부관료제의 대표성 강화

대표관료제의 인적 구성이 사회 각계각층을 비례적으로 대표한다는 것 자체가 민주적인 가치에 부합하는 충분한 의미를 지닌 것이다. 나아가서 그러한 인적 구성요소가 능동적인 대표작용을 한다면 광범한 토대 위의 균형 잡힌 견해가 정부관료제 안에서 형성될 수 있다. 그리하여 정책형성과 집행의 과정에서 상이하거나 또는 상충되는 이익이 균형 있게 고려될 수 있다(오석홍, 2000: 35-37).

② 내부통제의 강화

오늘날 외부통제만으로는 증대하는 관료제를 효과적으로 통제하지 못하며, 행정의 책임성과 대응성이 충분히 확보되지 못하는 실정이다. 즉 공무원들은 자기 출신집단의 가치와 이익에 대한 심리적 책임을 지려 하기 때문에, 서로 견제하고 타협하여 통제를 강화하고 책임성을 확보하게 된다.

③ 기회균등의 적극적 보장

대표관료제는 모든 사회집단의 실질적인 기회균등을 적극적으로 보장하는 데 기여한다. 특히 혜택받지 못한 불우한 소수집단들에게 기회균등을 적극적으로 보장하고 그들의 임용 및 승진을 돕는다. 이러한 일련의 효과는 정부의 정당성을 높이는 데 기여하고 사회적 통합에 기여한다(오석홍, 2000: 38).

④ 실적주의의 폐단 시정

실적주의적 원리에 입각한 임용시험들이 차별의 결과를 빚었다. 왜냐하면 그러한 시험들이 평가대상으로 삼는 지식, 기술 등을 배울 수 있는 기회가 사회 집단간에 불평등하게 배분되어 있기 때문이다. 이에 반해 대표관료제는 사회집단들의 필요성에 역점을 두고 이들을 통합할 수 있게 된다. 실적주의적 장치의 차별효과를 제거하기 위해 대표관료제가 필요하다(김재기, 1999: 472).

(3) 단점

① 실적주의 원리의 손상

인사행정의 실제에서 대표관료제의 원리에 따라 우대 받는 사람 때문에 보다 우수한 실적평가를 받은 임용후보자가 탈락되는 경우, 실적주의와 대표관료제원리가 상충하는 양상이 빚어진다.

② 가치관 및 태도의 변화

대표관료제는 정책결정시 공무원의 태도가 공직에 들어오기 전에 형성되어 재직 중 변하지 않는다는 것을 전제로 하고 있으나, 공직에 들어온 후에 태도 그 자체가 변할 수 있으며 새로운 직장의 준거틀에 적응할 수도 있다.

③ 행정의 전문화와 능률화의 저해

대표관료제를 구성함으로써 행정의 전문적인 능력과 자격이 없거나 미흡한 인사들이 공무원이 되고 그에 따라 행정의 전문화와 능률화를 저해할 가능성이 있다.

④ 역차별의 문제

할당제는 역차별Reverse Discrimination의 문제를 야기한다(김재기, 1999: 474). 할당제가 실시되면 좀더 우수한 능력을 지닌 개인이 단지 그가 종래에 혜택을 받아오던 집단의 출신이라는 이유만으로 신규채용이나 승진에서 불이익을 받는 경우가 자주 발생하게 된다. 이러한 현상은 명백히 기회균등의 원칙에 어긋나는 것으로 역차별이라는 비판을 받는다.

⑤ 책임성 확보의 불확실

대표관료제의 채택에 따라 행정의 책임성이 확보된다는 보장이 경험적으로 입증되지 않았다. 오히려 폐쇄적인 귀속집단의 이익을 위해서 관료들이 활동하는 경우는 행정의 전체적 책임을 확보하기 어렵게 만들며, 관료제의 통제를 위해서 대표관료들의 권한을 강화시키는 모순을 나타낼 수도 있다.

⑥ 인구비례의 산정 곤란

공무원 수의 구성에 있어서 인구비례의 정태적 균형을 유지하기는 기술적으로 매우 어렵다. 관료조직은 동태적인 것이어서 직원이 끊임없이 들어오고 나가며 내부 이동을 하기 때문이다.

제2절 중앙인사기관

1. 중앙인사기관의 의의

중앙인사기관은 정부의 인사기능을 담당하고 인사정책을 수립하며 그 집행을 총괄하는 인사관리기관이다(박동서. 1998). 즉 정부의 인사행정을 총괄하는 중앙정부의 인사기관이며 오늘날 각국의 예를 볼 때 전정부적인 인사관리를 통합적으로 수행하는 중앙인사기관을 두고 있지 않은 나라도 있으나, 대개는 이를 두고 있는 것이 일반적인 경향이다.

중앙인사기관은 인사행정에 있어 정치적 요소로부터 정실적 요소를 배제하고 인사행정의 독립성과 일관성을 확보하기 위한 목적으로 설립되었다. 대부분의 경우 중앙인사기관을 설치했던 이유나 동기는 국가마다 다르지만, 대체로 다음과 같은 목적에서 설립되었다고 할 수 있다(오석홍, 1993: 93).

첫째, 엽관주의 및 정실주의를 배제하고, 인사관리의 정치적 중립성과 공정성을 보장하기 위해서이다.

둘째, 인사행정상의 할거주의를 방지함으로써 인사행정의 전정부적 통일성을확보하기 위해서이다.

셋째, 인사행정의 전문화와 기술발전을 위해 인사행정의 능률성과 효과성을 제고할 수 있다.

넷째, 정부 인사정책의 변화 및 개선을 위한 조치를 취하거나 이를 정부 최고책임자와 입법부에 권고하기 위해서이다.

다섯째, 인사행정이나 정책에 대한 세력집단의 요구를 정당하게 반영할 수 있으며, 국가의 인사정책을 위하여 이들 세력집단의 지원을 확보할 수 있기 때문이다.

그러나 현대 중앙인사행정기관은 행정기능의 확대·강화에 따라 공무원의 양과

질적인 면에서 과거와 비교해 볼 때 규모가 커지고 업무가 복잡해짐으로써 정치적 중립성의 보장이나 단순한 기능의 통합보다는 적극적인 관리도구로서의 역할을 더 중요시하게 되었다. 이러한 측면에서 중앙인사기관은 인사관리상 요구되는 전문성과 기술의 도입, 보급 및 활용과 인사관리의 과학화, 정부의 인적자원의 관리에 대해 최종적인 책임을 지고 있는 행정수반에 대한 인력관리수단의 제공, 전정부적인 인사행정에 대한 관련이익집단들의 합법적인 이익의 통합과 반영 및 그들의 지지동원 등으로 인해 점차 그 기능이 확대되고 있는 추세이다. 따라서 현대의 중앙인사기관은 유능한 인적자원의 확보에서부터 이들의 능력발전을 위한 계획의 수립과 근무의욕을 증진하기 위한 동기부여 및 개인의 성취문제에까지 다양한 인사정책을 수립하고 기능을 수행하고 있다.

2. 중앙인사기관의 성격 및 조직형태

1) 중앙인사기관의 성격

(1) 독립성

중앙인사기관의 독립성은 임원의 신분보장, 자주적인 조직권, 예산에서의 자주성을 최소한으로 유지하는 것을 의미한다(박동서, 1992). 중앙인사기관이 독립성을 추구하는 것은 공무원의 인사와 관련하여 정치권력의 정실 개입과 신분상의 부당한 처사를 극복하기 위한 것이다. 즉 정치적 중립성을 유지하고 공정성을 확보하며 공무원의 권익을 보호하기 위한 것이다.

(2) 합의성

합의성이란 의사결정구조가 기관장의 단독적 결정의 형태인가(단독제), 혹은 다수

위원의 합의에 의하여 결정합의제되는가의 문제이다. 의사결정방식에 관련된 것으로 의사결정의 신중성과 공정성이 중요할수록 합의제를 택한다. 일반적으로 독립성이 있는 인사기관은 합의제 결정방식을 택하고 있으며 3인 이상의 홀수 위원으로 구성된다.

(3) 집권성

집권성은 인사기능이 중앙인사기관에 얼마만큼 집중되어 있느냐 하는 정도를 말한다. 인사권한 배분에서의 집권성은 조직이론에서 집권화·분권화의 논리와 비슷하다. 인사기능의 집권화와 분권화의 문제는 중앙인사기관과 정부의 각 행정기관의 관계에서 논의되므로 상대적 개념이라 할 수 있다. 어느 나라의 경우나 중앙인사기관을 최초로 설립하였을 때는 대개 인사기능의 집권화를 꾀하였다. 따라서 인사관리의 통일성을 확보하고 공평성을 높이며, 실적주의를 확립하는 데에는 집권화가 효과적이다. 그렇지만 행정규모가 비대하고, 정부의 실적제도가 안정된 곳에서는 분권화에 대한 요청이 크다고 할 수 있다.

2) 중앙인사기관의 조직형태

중앙인사기관의 조직형태는 독립성과 합의성을 기준으로 구분되는 것이 일반적이다. 즉 중앙인사기관이 행정수반으로부터 얼마만큼의 독립성을 가지고 있는가와 의사결정이 단독 기관장에 의해 이루어지느냐, 혹은 위원회 형태의 집단적 의사결정 방식에 의해 이루어지느냐에 따라 조직형태를 분류할 수 있다.

[표 10-1] 중앙인사기관의 조직형태

합의성 / 독립성	합의성	단독성
독립성	독립합의형	독립단독형
비독립성	비독립합의형	비독립단독형

3) 중앙인사기관의 기능

(1) 집행기능

중앙인사기관의 집행기능은 여러 가지 인사업무활동을 인사법령에 따라 집행하는 것을 말한다. 임용, 직위분류, 인사이동, 교육훈련, 근무성적평정, 보수, 연금, 사기관리 등 인사행정에 관한 구체적 사무를 수행하는 기능이다.

(2) 준입법기능

중앙인사기관의 준입법기능은 의회에서 제정한 법률의 범위 내에서 인사행정의 전반에 걸친 규칙을 제정하는 것을 말한다.

(3) 준사법기능

중앙인사기관의 준사법기능은 위법 또는 부당한 처분을 받은 공무원이 제기하는 소청을 재결하는 기능을 말한다.

(4) 감독기능

감독기능 혹은 감사기능은 각 부처의 인사행정을 통제·지도하기 위하여 각 부처인사기관의 인사업무를 조사·평가하고, 업무의 위법성 또는 부당성을 시정조치하고, 관계공무원을 징계 처리하는 것을 말한다.

(5) 보고 및 권고적 기능

보고 및 권고적 기능은 행정에 대한 최고책임자인 행정수반이 행정의 전반적 관리를 효율적으로 수행할 수 있도록 그를 보좌하는 기능을 말한다.

제3절 공직구조의 형성

공직구조를 분류하는 방법은 일반적으로 사람을 중심으로 공직구조를 형성하는 계급제와 직무를 중심으로 공직을 구조화하는 직위분류제로 구분된다. 이러한 공직의 형성은 인사행정의 관리수단을 강구하는 중요한 토대가 된다(강성철 외, 2000).

1. 계급제와 직위분류제

1) 계급제

계급제Rank-in Person는 공무원이 가지는 개인적 특성을 기준으로 공무원 집단을 구분하여 계급을 형성하는 제도를 말한다. 군대의 경우 계급에 따른 군인의 분류가 가장 전형적 계급제의 예다. 계급제는 직위가 내포하고 있는 직무가 아니라 공무원 개인적인 특성에 따라 공직을 종적으로 구분하여 계층화시키고 수준별로 행정업무를 담당하게 하는 인간 중심적 제도이다. 따라서 계급제는 공무원 개인의 신분상의 지위나 자격에 중점을 두고 공직구조가 형성되므로 특정 계급에 공무원을 임용한다.

계급제의 장점은 인력활용의 융통성 제고, 공무원의 신분안정 및 개인의 장기적 경력발전에 기여, 단체정신과 조직에 대한 충성심을 확보하는데 유리, 조직설계 변동과 장기적인 행정발전 계획에 적응의 용이성, 조정능력을 갖춘 관리자의 육성에 유리하다는 것 등이다. 계급제의 단점은 행정전문화의 한계, 인사행정에 합리적 기준이 부재, 직무지향적 동기유발의 어려움, 계서제상의 각 계층이 상호배타적 긴장을 조성, 각 계층의 구성원들이 집단이익의 옹호에 집착하게 한다는 것 등이다.

2) 직위분류제

직위분류제Position Classification는 직위[1]를 중심으로 각 직무의 난이도와 책임성의 정도에 따라 직급별, 등급별로 분류하여 관리하는 제도이다. 이러한 직위분류제는 미국에서 발달하였으며 캐나다, 필리핀, 호주, 뉴질랜드 등에서 시행되고 있다. 직위분류제도는 제도는 사람을 중심으로 하여 공직구조를 형성하는 계급제와 달리 직무의 특성이나 차이를 중심으로 하여 구조를 형성하는 직무 지향적 제도이다(Stahl, 1983: 183-184).

직위분류제는 직무담당자인 공무원의 개인적 능력이나 자격을 기준으로 공직구조를 형성하기보다, 직위가 지니는 직무를 분석하여 적합한 지식과 기술, 능력을 가진 사람을 임용하는 제도이기 때문에 동일 직무에 대한 동일 보수를 지급하는 보수체계의 형평성을 강조한다. 그리고 이러한 직위분류제는 분류된 직위에 적합한 인물을 임용하는 것이므로 공무원의 장기근무와 경력발전을 통해 내부 임용되는 폐쇄형이 아닌 외부 인사의 임용이 자유로운 개방형에 속한다(강성철 외, 1996: 148).

직위분류제의 장점은 노동의 전문화·조직설계의 체계화를 촉진, 직무와 인간의 적응 촉진 및 직무 중심적 동기유발을 지지, 책임 명료화·갈등예방·합리적 절차 수립에 유리, 인사행정에 합리적 기준을 제공, 인사행정의 용어통일에 기여하고 직원관계와 대외적 공공관계의 유용한 정보를 제공 등이다. 반면에 직위분류제의 단점은 인간경시의 분위기를 조성할 가능성, 조직설계와의 연계 때문에 끊임없이 재 적응시켜야 하는 문제가 존재, 인력활용에 대한 제약 가능성, 조정능력을 지닌 관리자의 양성에 한계, 무미건조한 직무설계로 인한 권태감과 소외감 조장 가능성 등을 들 수 있다.

---

1 직위의 분류에 사용되는 주요 개념을 살펴보면, ① 직위position: 한 사람의 근무를 요하는 직무와 책임 ② 직급class: 직무의 종류, 곤란성과 책임성이 유사한 직위의 집단 ③ 직렬series: 직무의 종류가 유사하고, 그 책임과 곤란성의 정도가 상이한 직급의 군 ④ 직군group: 직무의 성질이 유사한 직렬의 군 ⑤ 직류sub-series: 동일한 직렬 내에서의 담당분야가 동일한 직무의 군 등이 있다(유민봉, 2002: 99).

[표 10-2] 계급제와 직위분류제의 특성 비교

구분	특성	
	계급제	직위분류제
경계간의 이동성	계급/계급군 간의 수직적 이동이 곤란	직무의 성격이 다른 직무와의 수평적 이동 곤란
전문성 요구	일반행정가	전문행정가
충원	폐쇄형	개방형
신분보장	강함	약함
인사이동	탄력적	경직적
직업공무원제 확립	기여	장애
공무원의 시각	종합적	부분적
행정의 전문화	장애	기여
보수의 형평성	낮음	높음
인사관리(교육훈련, 승진, 평가, 보상 등)	연공서열 중심	능력 및 실적 중심

* 자료: 유민봉, 2002

3) 계급제와 직위분류제의 조화

계급제와 직위분류제는 각각의 장단점을 지니고 있기 때문에 어느 제도가 비교우위에 있다고 단정 짓기 힘들다. 지금까지 공공부문의 인력관리체계에 대해서는 주로 이분법적인 시각에 치중되어 왔다고 볼 수 있다. 그럼에도 불구하고 현실은 어느 제도를 채택하건 간에 한 제도만을 전적으로 채택하고 있는 경우는 거의 없고 부분적으로 상호 보완하여 채택하고 있는 것이 일반적이다.

2. 우리나라 공무원의 구분

우리나라 공무원은 헌법기관인 입법부·행정부·사법부·헌법재판소·중앙선거관리위원회 공무원 등으로 나누며, 행정부 공무원인 경우 정부기관의 차원에 따라 국가공무원과 지방공무원으로 구분된다. 그리고 실적주의와 직업공무원제의 적용 여부에 따라 경력직과 특수경력직 공무원으로 구분된다.

경력직 공무원은 실적과 자격에 의해 임용되고 그 신분이 보장되며 평생토록 공무원으로 근무할 것이 예정되는 공무원으로 일반직, 특정직공무원으로 구분된다. 특수 경력직 공무원은 경력직 공무원 이외의 공무원으로 실적주의와 직업공무원제의 획일적 적용을 받지 않으며 보수와 복무규율의 적용은 받는 공무원이다. 이는 다시 정무직, 별정직으로 나누어진다.

제4절 인사행정의 과정

1. 공무원의 임용

1) 임용의 의의

임용은 정부조직의 빈자리에 사람을 구해 배치하는 활동이다. 즉, 결원을 보충하는 활동이다. 임용은 외부로부터의 임용신규채용, Selection from Outside the Service과 내부로부터의 임용Selection from Inside the Service으로 나누어진다. 공무원 임용령에서도 "임용이라 함은 신규채용·승진임용·전직·전보·겸임·파견·강임·휴직·직위해제·정직·복직·면직·해임 및 파견을 말한다"라고 규정공무원 임용령 제2조 1항함으로써, 임용의 의미를 외부임용뿐만 아니라 내부 인사 운용과 해직까지 포함하는 의미로 사용한다.

정부조직 바깥에서 사람을 선발하여 쓰는 외부임용은 신규채용을 의미한다. 신규채용의 방법으로는 공개경쟁 채용과 특별채용의 두 가지가 있다. 공직에의 임용 기준을 개인의 실적, 즉 업적, 능력, 자격에 두는 실적주의 제도아래서는 공개채용이 원칙이며, 특별채용은 특수한 직무 분야에서와 같이 공개경쟁 채용이 부적절한 경우에 제한적으로 시행된다.

이미 공무원으로 근무하고 있는 사람들을 정부조직 안에서 움직여 빈자리를 메우는 내부임용의 방법은 여러 가지가 있다. 공무원을 수평적으로 이동시키는 전직·전보·파견·겸임, 수직적으로 이동시키는 승진·강임·직무대리 등이 포함된다. 휴직·직위해제·정직·면직·해임 및 파면과 복직도 내부임용에 포함된다.

2) 개방형임용제

개방형 임용제는 공직을 민간에게 개방하는 제도이다. 즉 개방형 임용제란 "정부기관의 어떤 직위를 담당하게 될 사람을 임용함에 있어, 그 기관에 소속되어 있는 내부 직원만을 고려 대상으로 한정하지 않고, 정부 내 다른 기관 소속 공무원과 정부 밖에 있는 민간인들에게까지 해당직위를 개방하여 적격자를 선발하는 제도"이다.

폐쇄형 임용제 하에서는 5급 직위, 7급 직위, 9급 직위 각각을 수행하게 될 사람들을 공개경쟁시험을 통해 선발하여 해당직위에 임용한 다음, 이들만을 대상으로 한 내부 순환보직이나 승진절차를 통해 그 외의 다른 직위들이 충원되어진다. 반면, 개방형 임용제 하에서는 정부 내 모든 직위가 폐쇄형 임용제도로 충원된 사람들뿐만 아니라 정부 내의 다른 기관 소속 공무원이나 정부 밖의 민간인을 대상으로 한 경쟁을 통해 충원된다.

개방형 임용제의 의도는 공직의 개방에 따라 외부전문가나 경력자에게 공직의 문호를 개방하여 새로운 지식과 기술, 아이디어를 받아들임으로써 공직의 침체를 막고 공직을 새로운 기풍으로 진작하여 행정의 효율성을 높이려는데 있다. 따라서 개방형 임용제는 직위분류제를 채택하는 나라에서 그 필요성이 크다.

3) 고위공무원단

(1) 의　의

고위공무원단(SES: Senior Executive Service)이란 정부의 실·국장급 공무원을 개방과 경쟁을 통해 역량을 강화하고 능력을 발전시켜, 범정부적 시야의 글로벌 스탠더드를 갖춘 국가 핵심인력으로 양성하고자 하는 인사관리제도이다. 이는 정부의 주요 정책 결정 및 관리에 있어서 핵심적 역할을 담당하는 실·국장급 공무원을 범정부적 차원에서 적재적소 활용하고, 개방과 경쟁을 확대함으로써, 정부의 정책관리능력을 획기적으로 향상시키려는 취지에서 도입되었다(황인수 외, 2004: 11).

[그림 10-1] 고위공무원단제도의 핵심요소

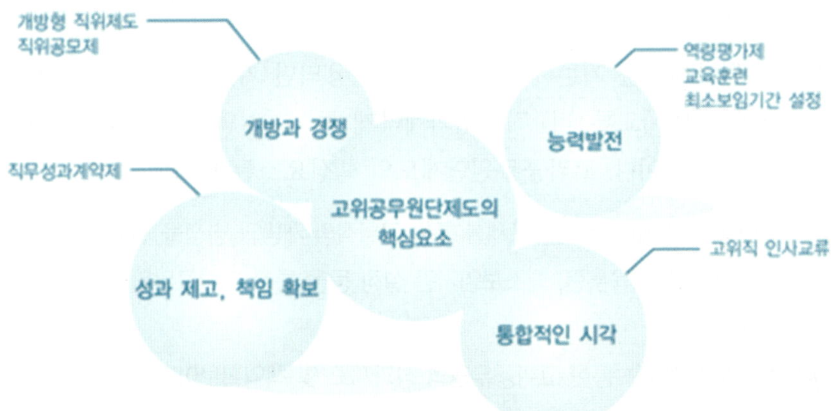

(2) 배 경

정부는 실·국장급 공무원을 범정부적 차원에서 적재적소에 활용하고, 직무와 성과중심의 인사관리로 정부의 경쟁력을 제고하기 위해, 고위공무원단제도를 2006년 7월 정식으로 출범시켰다. 고위공무원단제도를 도입하게 된 배경은 다음과 같다.

㈎ 고위공무원의 체계적 육성

고위공무원이 국정운영의 핵심이고 매우 중요한 국가 정책적 결정에 관여함에도 불구하고 그동안 체계적으로 육성·관리되지 못했다.

(나) 부처 이기주의 폐해

과거 부처이기주의 조직문화가 팽배해 있어 폐쇄적인 고위직 임용으로 거시적인 안목이 필요한 고위공무원의 시야가 매우 협소하였다.

(다) 전문성 제고 기회 부족

계급제적 특성이 강한 우리나라 직업공무원제하에서는 잦은 순환보직이 이루어지므로 업무수행의 전문성을 제고할 기회가 매우 부족하였다.

(3) 제도의 핵심 요소

고위공무원단제도는 기존에 개별적으로 운용되던 가) 직위공모제, 나) 개방형 임용, 다) 고위직 인사교류, 라) 직무성과계약제 등 4가지의 제도들을 통합적 시각에서 운용하는 제도이다. 고위공무원단제도의 핵심요소는 다음과 같다.

첫째, 개방형 직위제도·직위공모제를 통한 고위직의 개방과 경쟁을 제고한다.

둘째, 역량평가제, 교육훈련, 최소보임기간 설정 등을 통한 고위공무원의 능력발전을 도모한다.

셋째, 직무성과계약을 통한 고위공무원의 성과제고 및 책임확보이다.

넷째, 고위직 인사교류를 통한 통합적인 시각을 가진 고위공무원의 양성이다.

(4) 유용성 및 한계

(가) 고위공무원단제도의 유요성은 다음과 같다.

① 고위공무원의 체계적 관리

고위공무원은 국가 운영 전반에 있어 매우 중요한 정책적 결정과 임무를 수행하므로, 고위공무원단으로 통합하여 집중적이고 체계적으로 관리하는 것이 바람직하다.

② 고위공무원의 전문성 제고

고위공무원단 소속 공무원은 최소보임기간을 보장받게 되어, 특정 직무에 대한 전문적인 지식과 능력을 축적할 수 있는 시간이 주어지므로 전문성을 제고할 수 있다.

③ 고위공무원의 책임성 제고

고위공무원단 운영은 엄격한 인사관리와 성과관리를 통해 공직의 책임성을 확보하는 데에도 유용하다.

(나) 고위공무원단제도는 다음과 같은 한계를 가진다.

① 조직문화 및 제도와의 갈등

고위공무원단은 고위직 공무원들을 통합적으로 관리하는 제도이므로 기존의 폐쇄형 임용체계 및 연공서열 문화와의 갈등이 우려되는 제도이다.

② 직업공무원제 요소의 약화

고위공무원단은 개방형 임용을 기본적인 임용체계로 운용하게 되므로 직업공무원제에서의 신분보장과 서로 상충하게 된다.

③ 정실임용 가능성

고위공무원단은 부처 내 인사권의 자율성을 더욱 확대하기 때문에 장관에 의한 정치적 정실임용의 우려가 있다.

(5) 발전 방안

고위공무원단제도가 위에서 살펴본 한계를 극복하고 제대로 정착하기 위해 가장 중요한 것은 관련 주체들의 인식 변화와 정착 노력이다.

① 점진적 제도 변화

조직의 문화는 오랜 기간 형성되어 온 것으로 쉽게 변할 수 있는 것이 아니므로 점진적으로 구성원들에게 이해를 시키고 수용하도록 하는 노력이 필요하다.

② 객관성·투명성 확보

직무평가의 객관성·투명성을 확보함으로써, 능력 있는 공무원이 보다 책임 있고 중요한 직위를 맡아 직무를 수행할 수 있도록 해야 한다.

③ 성과와 적절한 보상의 연계

미국, 영국 등의 고위공무원단 제도가 기대했던 만큼의 성과를 내지 못한 대표적인 이유 중 하나는 성과와 적절한 보상이 연계되지 못해서였던바, 성과와 보상의 유기적 연계가 필요하다 할 것이다.

2. 공무원의 교육훈련

1) 교육훈련의 의의

교육훈련Education and Training이란 공무원에게 직무 수행 상 필요한 지식과 기술을 연마시키고 가치관과 태도를 발전 지향적으로 개선하고자 하는 인사 기능이라 할 수 있다. 과거에는 교육훈련의 의미를 협의로 해석하여 공무원이 담당하고 있는 특정 직무의 수행에 직접 필요한 지식과 기술의 향상을 위한 활동으로 여겨 왔으나, 교육훈련의 필요성이 확대되고 그 성격이 변화됨에 따라 그와 같은 한정적인 정의는 통용될 수 없게 되었다(Nigro & Demarco, 1979: 479). 따라서 오늘날 공무원 교육훈련의 의미는 직무 수행에 직접 필요한 지식과 기술의 연마뿐만 아니라 잠재적인 능력을 종합적으로 개발하는 활동을 포함하는 광의의 뜻으로 사용된다.

2) 교육훈련의 목적 및 내용

교육훈련의 목적은 공무원으로 하여금 정부의 목표달성에 기여할 수 있는 능력을 개발하여 조직의 성과Performance를 향상시키는데 있다. 즉 교육훈련은 공무원의 단기적 또는 장기적 성과를 향상시키기 위하여 이에 필요한 자질과 능력을 개발하는 것을 목적으로 한다. 일반적인 교육훈련의 목적은 세 가지 측면에서 살펴볼 수 있다(박천오 외, 2000).

첫째, 정부활동에 대한 지식의 증진을 들 수 있다. 이러한 지식은 공무원의 자질과 밀접한 관련이 있는 요소로서 일반지식과 전문지식, 정부운영의 일반적 개념과 전문기능에 대한 개념을 포괄한다.

둘째, 능력과 기술의 향상을 들 수 있다. 능력과 기술은 조직의 성과와 직접적으로 관련이 있는 과업의 수행방법과 기술, 문제분석과 해결능력 및 기법을 의미하며 이는 공무원 개개인의 지식과 경험에 기반을 두고 있다.

셋째, 동기와 대인관계의 향상을 들 수 있다. 동기와 대인관계는 직무에 대한 공무원의 태도와 집단구성원 간의 상호작용을 의미한다. 공무원의 동기와 대인관계는 그의 지식, 능력 및 기술이 보다 큰 성과를 거두도록 만드는 심리적 또는 행동적 요소라고 할 수 있다.

3. 공무원 평정

1) 근무성적평정의 의의

근무성적 평정Performance Evaluation or Appraisal은 조직 구성원의 개인적 능력과 가치 그리고 근무성적을 평가하는 것을 말한다. 평가 결과는 보수·승진·배치전환·교육훈련 등의 인사행정에 반영된다. 구성원의 직무수행 능력을 측정하여 인사에 반영하는 근무성적 평정제도는 피평정자의 동기유발을 통하여 조직 전체의 생산성을 높이고자 하는 데 주된 목적이 있다.

2) 근무성적 평정의 목적과 과정

(1) 근무성적 평정의 목적

① 공무원의 능력발전과 능률향상 및 윤리관 확립

근무성적 평정제도는 개인적 차원에서는 공무원 개개인이 파악하기 힘든 자신의 장·단점을 감독자, 동료, 하급자 및 고객 등이 지적해줌으로써 공무원의 능력발전을 도와줄 수 있다. 조직 차원에서는 감독자와 부하 간에 근무상황에 대하여 솔직한 의견교환을 통해 근무의 개선책을 강구함으로써 근무능률을 향상시키고, 감독자와 부하간의 의사전달, 상호 이해의 증진 및 사기진작을 도모하여 공직사회의 풍토를 개선하는데 기여할 수 있다.

② 인사관리의 평가기준 확보

근무성적평정을 통하여 공무원의 임용, 능력발전 및 능률향상을 위한 각종 인사행정의 기술이 타당한지의 여부를 평가하는 경우 그에 필요한 자료와 증거를 확보할 수 있다. 또한 시험의 효용성을 높이기 위해 타당성을 측정하는 경우에는 시험성적과 근무성적평정의 결과를 비교할 수 있다.

③ 공정한 인사행정 기준 확보

공무원의 승진·승급·감원 순위의 결정, 포상과 징계에 관한 결정 및 집행에는 객관성과 공정성이 요구되며 근무성적평정은 이러한 요구를 충족시킬 수 있는 근거를 제공하여 준다(박연호, 1998: 266).

3) 다면평가제도

인사 평가 시 여러 사람을 평정자로 참여시킴으로써, 평가에 참여하는 소수에 의한 주관과 편견을 줄이고 객관성과 공정성을 높이는 제도이다.

(1) 인사의 공정성 확보

우리나라 인사상 문제점으로 자주 지적되는 혈연, 지연, 학연 등 정실인사를 방지하는 차원에서 필요하다

.

(2) 다수의 평가자 참여

다면평가제도에서 평가자로 참여하는 사람은 평정대상자의 상사, 동료, 부하 및 고객 등으로서 다양한 관점에서 평가를 가능하게 한다.

다면평가제도는 다음과 같은 유용한 점이 있다.

첫째, 평가가 객관적이고 공정하게 이루어진다.

둘째, 조직 내외의 모든 사람들과 원만한 인간관계를 증진시키려는 강한 동기부여가 된다.

셋째, 자신의 장·단점을 여러 사람에게서 환류 받음으로써 자기역량 강화의 기회가 많아진다.

그러나 다음과 같은 한계점을 가지고 있다.

첫째, 능력보다는 인간관계를 주로 평가하여 인기투표로 전락할 가능성이 있다.
둘째, 상사와 부하 간의 갈등 소지가 있다.
셋째, 부처이기주의가 나타날 수 있다. 특히, 통합된 부처의 경우에는 능력보다 출신 부처에 따라 평가하여 감싸주기식 평가가 일어날 수도 있다.

4. 보수체계와 성과급제도

1) 보수체계의 의미

보수체계란 보수지급항목보수종류의 구성을 말한다. 어떤 종류의 보수를 어떻게 배합하느냐에 따라서 보수체계의 모습이 결정된다. 보수제도 운영의 실제에 있어서 여러 가지 종류의 보수를 설정하지 않을 수 없기 때문에 보수의 종류를 배합하는 문제, 즉 보수체계를 형성하는 문제가 제기된다. 보수관리에 있어서 보수체계를 입안하는 문제는 보수의 수준을 결정하는 문제에 못지않게 중요하다. 보수체계는 조직이 처해 있는 내외의 사정과 필요를 반영하고 보수정책의 기본방향에 부합하는 것이라야 한다.

보수체계를 설계할 때 선택·배합할 수 있는 보수의 종류는 대개 형식적 기준에 따라 일차적으로 분류하지만, 이때에도 실질적 분류기준의 고려가 전혀 배제되는 것은 아니다. 그리고 실질적 분류라는 것도 결국 형식적 분류에 의한 보수항목의 성격을 분석하는데 쓰이는 것이므로, 보수체계를 설명할 때에는 형식적 분류와 실질적 분류가 함께 고려되어 지는 것이다.

보수의 실질적 분류에 기준이 되는 것은 바로 보수의 대내외적 격차수준을 결정하는 기준이기도 하다. 보수결정기준에 따라 분류한 보수의 주요 유형은 다음과 같다.

첫째, 근무한 시간에 따라 지급하는 보수이다. 시간급, 일급, 주급, 월급, 연봉 등이 그 예이다.

둘째, 일하는 사람의 지식·기술 등 능력에 따라 지급하는 보수가 있다. 이것은 사람을 기준으로 한 보수, 능력에 기초한 보수 등 여러 가지의 이름으로 불리어지고 있다.

셋째, 직무수행실적 또는 성과에 따라 지급하는 보수가 있다.

넷째, 담당하는 직무와 곤란성과 책임성에 따라 지급하는 보수가 있다. 이것은 기대역할에 대한 보수이다.

다섯째, 생계유지의 필요에 따라 지급하는 보수가 있다.

여섯째, 직원의 근무기간 또는 선임순위에 따라 지급하는 보수가 있다.

일곱째, 직원의 계급과 신분을 기준으로 지급하는 보수이다.

여덟째, 직원의 발전적 성향과 개혁노력을 기준으로 지급하는 보수가 있다.

이러한 일반적인 보수유형분류는 기본급의 종류와 부가급의 종류를 실질적으로 분류할 때 준거의 틀이 된다.

2) 성과급제도

성과급제도Pay-for-Performance System는 직무수행의 실적을 보수결정의 기준으로 삼는 제도이다. 이것은 측정 가능한 직무수행실적 또는 직무수행의 결과에 보수를 직접적으로 연결하는 제도이다. 이 제도 하에서는 직원의 직무수행성과수준과 그의 보수 사이에 직접적인 관계가 설정된다.

성과급은 보수가 갖는 직무수행동기유발기능을 강화하기 위해서, 그리고 보수를 관리도구화하기 위해서 고안한 것이다. 이러한 제도입안의 취지를 살릴 수 있으려면 보수관리의 융통성과 재량성이 높아야 한다. 성과급제도는 유연한 보수관리제도와 밀접한 관계가 있다.

성과급은 명확한 성과 지향적 목표가 설정되고 그에 대한 직무수행실적이 측정될 수 있는 직무에 대해서만 효과적으로 적용할 수 있다. 그리고 직원의 직무수행노력과 직무수행성과 사이의 인과관계가 확인될 수 있어야 한다. 직무의 표준화 수준과 독자성, 비교가능성이 높고 일의 흐름이 안정적인 것도 성과급의 효율성을 높이는 조건이다.

직무수행의 업적이나 성과에 따라 지급하는 보수의 역사가 결코 짧은 것은 아니다. 그러나 성과급에 대한 처방적 강조는 근래 들어 특별한 관심사로 부각되고 있다. 성과급에 대한 이론적 강조 그리고 그 실천적 세력 확산의 이유는 다음과 같다.

첫째, 민주적 형평관념의 확산을 들 수 있다. 성과급은 맡은 직무의 실천을 대상으로 하는 보수이며, 조직에 대한 공헌의 가능성보다 실제적 공헌 내지 실현된 공헌을 기준으로 하는 보수이기 때문에 형평성구현을 보다 실질화할 수 있다고 한다.

둘째, 업무성과에 금전적 보상을 결부시킴으로써 직무수행동기, 즉 사기를 높이고 생산성을 향상시킬 수 있다는 기대이론의 가설, 처우의 형평성에 대한 인식이 동기수준에 영향을 미친다는 형평이론의 가설, 그리고 외적 유인에 의해 바람직한 직무행태를 강화할 수 있다는 학습이론의 가설이 크게 영향을 끼쳤다.

금전적 보상 이외에도 직무동기의 유발에 작용할 수 있는 요인은 많다. 보수가 유일하거나 또는 가장 강력한 동기유발의 유인은 아니라도 하나의 유인이 될 수 있다면, 그것을 직무동기유발전략에 유효하게 활용해야 한다. 보수라는 유인을 직무수행의 실적에 따라 분배할 때 동기유발효과가 가장 커진다고 하는 일련의 이론들은 성과급제도의 입지를 강화하는데 기여하였다.

제5절 공무원의 행동규범

1. 공직윤리와 부정부패

1) 공직윤리의 개념 및 특징

일반적으로 윤리倫理란 사람이 지켜야할 도리를 뜻한다. 사회생활을 하는 사람들의 무엇을 어떻게 해야 할 것인가의 준거를 제공하는 것이 윤리라고 말할 수 있다(오석홍, 2000: 565). 이러한 관점에서 공직윤리란 공무원이 그가 담당하고 있는 행정업무를 수행하는 데 있어 마땅히 지켜야 할 도리이며, 국민 전체에 대한 봉사자로서 행정이 추구하는 공공목적을 달성하기 위해 준수해야 하는 행동규범Code of Conduct을 의미한다.

현대의 행정국가에서는 행정기능이 양적으로 확대되고 질적으로 전문화됨에 따라 공무원의 자유재량의 범위가 크게 확대되고, 방대한 자원의 배분권을 행사하게 되어 그들의 결정이 국민생활에 지대한 영향을 미치고 있으며, 이에 상응하여 공무원 윤리의 중요성이 커지고 있다. 즉 행정의 기본목표인 국민의 삶의 질을 향상시키기 위해서는 공무원의 윤리가 올바로 확립되어야 한다(이종수, 윤영진, 2000: 171).

즉 공직윤리란, 공무원의 신분을 가진 사람이 그의 공적인 행정업무와 관련하여 지켜야 할 가치기준이며, 공무원이 국민 일부의 봉사자가 아니라 국민 전체에 대한 봉사자로서 공익을 추구하여야 한다는 것을 의미한다. 물론 사회윤리와 유리되어 존재하는 것이 아니므로 공직자만의 문제는 아니다. 공무원이 마땅히 지켜야 할 공무원의 윤리는 물론 공무원이 입안하여 집행하는 정책의 내용이 윤리적이어야 한다는 의미도 있다.

2) 공직윤리의 내용

공무원에게 요구되는 공직윤리의 내용은 그 사회가 처한 시대적 상황이나, 나라마다 달리하고 있는 이데올로기, 행정문화 등에 따라 달라진다. 또한 민간조직과 구별되는 정부조직의 특수성 때문에 공무원들의 직업윤리는 민간조직종사자의 직업윤리와는 다르게 높은 수준의 윤리와 엄격한 행동규범의 준수가 요구된다.

일반적으로 공직윤리는 소극적 측면으로 청렴성·공정성 등 최소한의 행동규범으로서 부정부패를 방지하고 권력남용과 무사안일을 타파하는 것을 의미한다. 반면 적극적 측면으로는 행정목적의 효과적 달성을 위한 행동규범으로서 공익성과 봉사성을 강조하는 것을 말한다.

우리나라 공무원에게 요구되는 공직윤리의 내용은 국가공무원법상의 공무원 복무규정과 공직자윤리법, 그리고 취임선서나 복무선서 및 공무원의 윤리헌장과 신조 등에서 찾아볼 수 있다(이종수, 윤영진, 2000: 172).

헌법 제7조에서는 공무원은 국민전체에 대한 봉사자이며, 국민에 대하여 책임을 진다고 규정하고 있으며, 국가공무원법의 공무원복무규정은 ① 성실의무, ② 복종의무, ③ 직장이탈금지의무, ④ 친절·공정의무, ⑤ 비밀엄수의무, ⑥ 청렴의무, ⑦ 영예 등의 수령규제, ⑧ 품위유지의무, ⑨ 영리의무 및 겸직금지, ⑩ 집단행위금지, 정치운동 금지 등을 규정하고 있다. 공직자윤리법에서는 ① 고위공직자의 단계적 재산등록, ② 외국인의 선물 신고, ③ 퇴직공무원의 취업제한 등을 규정하고 있으며, 공직자윤리법은 4급 이상(특정분야는 6급 이상)의 모든 공직자와 이에 상응하는 공직유관단체 임원들은 재산을 등록해야 하며, 1급 이상의 중앙부처 공무원과 공직유관단체 임원들은 재산을 등록하고 이를 공개하도록 규정하고 있다. 한편 공무원 윤리헌장은 충성과 봉사, 그리고 창의를 강조하는 행동규범을 천명하고 있다.

3) 공직윤리의 확보방안

(1) 공무원의 가치관 전환

공직윤리가 제대로 확보되기 위해서는 무엇보다도 윤리의 실현주체인 공무원 개개인의 높은 윤리의식이 선행되어야 한다. 공직윤리를 저해하는 가장 근본적인 요인은 관료들의 관존민비官尊民卑, 관직사유관官職私有觀과 같은 공무원들의 권위주의적 가치관과 전근대적인 행태에서 찾아볼 수 있다(강성철 외, 1998: 436). 이러한 저해요인을 제거하여 공무원의 윤리의식을 제고하고 전문지식을 향상시키기 위해서는 공무원들에 대한 가치관 전환훈련 및 능력발전을 위한 각종 교육훈련이 행해져야 한다. 또한 공무원의 비능률을 제거하고 창의성과 적극성을 발휘할 수 있도록 적절한 보상을 제공하고 동기를 부여하는 리더십의 발휘도 병행하여야 한다.

(2) 제도적 장치의 강화

내부 통제장치의 미비, 불합리한 인사관리, 과도한 정부규제와 비현실적인 엄격한 규제기준 등의 제도적 기반들은 공직윤리의 확보를 어렵게 하는 요인이 된다. 이러한 제도적 저해요인의 개선을 통해 공무원들의 공직윤리를 확보할 수 있어야 한다. 이를 위해서 우선 제도적 장치를 강화하여야 한다. 우리나라는 국가공무원법이나 공직자윤리법 등에서 공직윤리를 규정하고 있지만, 이러한 규정들이 선언적 의미 이상의 현실적 규제력을 가지고 있지 못하다. 따라서 구조화된 부정부패를 일소하기 위해 엄격한 법적 규제장치 및 내부고발자를 보호하는 장치가 마련되어야 한다. 또한 현실과 괴리된 법령의 이중적인 규제기준을 현실에 맞게 재조정하여 부정의 소지를 원천적으로 봉쇄하고, 통제중심의 행정관행도 민간주도의 민주사회에 걸맞게 지원중심의 봉사행정으로 바뀌어야 한다. 이와 함께 공무원의 근무여건 개선과 행정정보의 공개 등도 고려되어야 한다.

(3) 행정 환경의 개선

공무원의 의식과 제도적 요인이 개선된다고 하더라도 이를 둘러싼 행정환경이 변화하지 않는다면 공직윤리의 발전을 생각하기 힘들다. 정치발전 수준이 낮아 공무원의 정치적 중립이 확보되지 못하고, 정치적·사회적 불안으로 인하여 공무원의 신분이 불안해지며, 사회구성원들의 의식이 지식정보화 사회에 뒤떨어져 전근대적 생각을 고집한다면 공직윤리의 확보가 어렵게 된다. 공직윤리의 확보를 위한 행정환경의 변화를 위해서는 공무원은 물론 일반국민의 가치관도 변화되어야 하며, 선거, 이익단체의 활동, 여론의 형성 및 매스미디어의 활용 등을 통하여 공개와 참여를 통한 정책결정을 도모하도록 한다. 또한 국민고충처리위원회와 같은 옴부즈만 ombudsman제도가 활성화되어야 한다.

4) 공무원 부패의 개념

공무원의 부패란, 학자들에 따라 다양하게 정의되는데 가장 대표적인 이론은 하이덴하이머(Arnold J. Heidenheimer)의 이론을 들 수 있다. 하이덴하이머는 공직중심의 정의Public Office-centered Definition, 공익중심의 정의Public Interest-centered Definition, 시장중심의 정의Market-centered Definition로 공직부패를 범주화한다(Heidenheimer, 1970).

공직중심의 정의는 공직자가 사적 이익의 추구를 위해 공직을 남용하는 행위를 말하는 것으로 가장 흔히 쓰이는 공직부패의 개념이다. 공익중심의 정의는 대단히 포괄적인 해석이 특징인데, 공직자가 업무수행과정에서 공익을 위반하는 행위는 모두 부패라는 것이다. 반면에 시장중심의 정의는 공직자와 시민 간에 발생하는 일종의 거래현상으로서 부패를 파악하는 입장이다.

우리나라에서는 부패를 개념화함에 있어 하이덴하이머의 정의 중 공직중심의 정의의 관점에서 설명하는 것이 일반적이다. 이러한 측면에서 볼 때 공무원의 부패란 공무원이 자신의 직무와 관련하여 직·간접적으로 부당한 이득Private Regarding을 취하거나 취하려고 기도하는 행위를 말한다. 즉 공무원이 사리사욕을 위하여 공직에 부수되는 공권력을 남용하거나 공직의 영향력을 직·간접적으로 행사하여 법규를 위반하는 경우 또는 공무원으로서 기대되는 의무의 불이행 등을 총칭한다.

5) 부정부패의 원인과 대책

공무원의 부패를 유발하는 요인들은 많고 복잡하며 포괄적으로 연관되어 있다. 행정권력, 공무원과 고객, 행정조직, 환경적 조건 등에 관한 여러 가지 요인이 공무원의 부패요인에 복합적으로 작용한다. 이러한 원인은 정치적 차원, 행정적 차원, 사회문화적 차원에서 여러 가지가 있을 수 있으나 대체로 ① 공무원의 전근대적인 가치관과 직업윤리의 타락, ② 내부통제장치의 미흡, ③ 행정처리절차의 저급한 제도화, ④ 현실과 괴리된 이중적인 규제기준, ⑤ 정부주도 경제개발의 경험과 규제중심의 행정, ⑥ 부적절한 보수와 불합리한 인사제도, ⑦ 시민의 낮은 정치의식 수준과 외부통제의 미흡과 같은 것을 들 수 있다.

부정부패를 방지하기 위해서는 이러한 다양한 부패의 원인을 제거하여야 한다. 부패를 근본적으로 억제하기 위해서는 처벌 위주의 사후적인 조치보다는 원인 제거를 위한 사전적인 예방 노력이 더 중요하다. 또한 ① 행정절차의 간소화, ② 연고주의의 불식, ③ 제도의 정비, ④ 통제장치의 강화와 적법한 법 기능의 강화, ⑤ 언론의 활성화와 정치기능의 강화, ⑥ 직업윤리의 확립, ⑦ 부패방지를 위한 기구개혁, ⑧ 국민 전체의 의식개혁과 사회적 풍토의 정화, ⑨ 권력자의 부패일소 의지와 권력자 본인과 주변의 정화 노력 등이 함께 작용해야 한다.

2. 공무원의 정치적 중립

1) 정치적 중립의 의의

공무원의 정치적 중립이란 역사적 의미를 지닌 개념으로써 나라마다 역사적 사정에 따라 그 내용을 달리하고 있다. 즉 19세기 이래 정치적으로 자유민주주의를 성공적으로 실천하는 국가일수록 공무원의 정치적 중립을 먼저 요청하여 이를 제도화하였고, 현대에 와서는 발전도상국에서 더욱 절실히 요구되고 있다.

원래 행정의 정치적 중립에서 그 근거를 두는 공무원의 정치적 중립은 정치와 행정의 관계에서의 정치행정이원론에서 출발했다고 볼 수 있다. 다시 말해서 정치는 국가목적의 설정과 이의 정책화 분야이고 행정은 이의 집행 분야로서 마치 목적과 수단의 관계를 가지는 것으로 파악된다. 그런 점에서 공무원의 정치적 중립이란 행정의 안정성, 공정성, 능률성을 유지하려는 데서 비롯되었다고 볼 수 있다.

이러한 공무원의 정치적 중립이란 부당한 정당적 정실이나 당파적 정쟁Partition Politics에 대한 중립을 뜻한다(오석홍, 2000: 593). 이것은 공무원이 일당일파의 이익에만 편중하거나 부당한 정치적 압력에 굴복함이 없이, 불편부당한 입장에서 자기의 직무를 성실히 수행해야 한다는 것을 말하는, 공무원의 행정 규범으로서의 정치적 중립이고, 공무원에 대한 모든 인사관리에 있어서 정치적인 상태가 제외되어야 한다는 인사관리의 원칙으로서의 정치적 중립을 의미한다.

2) 정치적 중립의 필요성 및 한계

(1) 정치적 중립의 필요성

공무원의 정치적 중립을 공무원의 행동규범으로 규정하는 것은 공무원이 정파적 목적에 그릇 이용되는 것을 막아 공무원으로서의 본분을 지킬 수 있게 하고 공무원집단을 안정된 중립적 세력으로 만들어 민주적 정치체제의 균형을 유지하며 정치적 집권세력의 교착에도 불구하고 행정의 계속성과, 전문성 그리고 공정성을 유지하기 위함이다.

정치적 중립의 필요성을 주장하는 근거는 다음과 같다.

첫째, 민주국가에서 공무원은 정권을 위한 사용인이 아니라 국민전체의 봉사자로서 공익을 옹호하고 증진하는 임무를 수행하므로 불편부당해야 한다.

둘째, 정치적 개입에 의한 낭비와 부정부패를 방지하고, 관료제에 대한 국민의 신뢰를 확보해야 한다.

셋째, 행정의 안정성과 지속성을 확보하기 위해서 정권교체와 관계없이 업무를 수행하여야 한다.

넷째, 공무원집단이 안정된 중립적 세력으로 기능함으로써 정치체제 내의 세력균형을 도모하여야 한다.

다섯째, 신분보장을 위해 직무수행의 능률성을 확보해야 한다.

(2) 정치적 중립의 한계

엽관주의의 폐해를 극복하고 행정의 능률성과 전문성, 그리고 공정성을 확보하기 위해서는 정치적 중립을 공무원의 행동규범으로 하는 것은 당연하다. 그러나 민주주의 정치체제에서 공무원들의 정치활동 제한은 다른 한편에서는 특정 집단의 정치적 자유만을 제한하는 것이 되어 불공평하다는 비판을 불러일으키고 있다. 이러한 논점은 주요 근거는 다음과 같다.

첫째, 공무원에 대한 참정권의 제한은 민주정치의 원리와 모순된다. 정치적 중립은 공무원의 정치적 기본권 보장을 침해하고, 공무원을 정치적 무능력자로 만들 수 있다. 또한 정당정치를 근간으로 하는 민주정치에서 정당정치의 발전과 정당인의 자질향상을 위해서는 우수한 인적자원인 공무원들의 정당가입이 바람직하다.

둘째, 공무원의 정치참여를 제한하는 것은 공무원집단의 이익이 경시되는 결과를 초래할 수 있고, 중하급 공무원들의 정책형성 참여기회 및 대내외적 의사표현기회를 넓혀주는 참여적 관료제Participatory Bureaucracy의 발전을 저해한다.

셋째, 공무원에 대한 정치적 중립의 엄격한 요구는 공무원들의 이념적 무관심을 초래하고 정부관료제를 국민의 요구에 민감하게 대응하지 못하는 폐쇄집단으로 만들 우려가 있으며, 관료제의 책임회피·무사안일Invisible Party을 야기한다.

넷째, 현대행정국가에서 행정에 대한 공무원들의 자율적 책임 등 행정책임을 강조하면서 정치적 활동을 제한하는 것은 논리적으로 모순이다.

다섯째, 공개경쟁에 의한 공무원 충원은 특정집단, 가령 중산층 이상의 사회경제적 배경을 가진 사람들 중심으로 이루어져 실질적인 정치적 중립이 가능한가의 문제가 제기되고 있다.

3. 공무원단체公務員團體

1) 공무원단체의 의의와 특성

공무원단체Public Employee Organizations란 공무원들이 자주적으로 단결하여 근로조건의 유지 개선과 복지 증진, 기타 경제적·사회적 지위향상을 목적으로 조직하는 단체로 정의할 수 있으며, 광의의 공무원단체에는 여러 목적을 지닌 다양한 공식단체 뿐만 아니라, 비공식 집단과 자생 집단까지 포함되겠으나 좁은 의미의 공무원단체는 공무원 노동조합Public Servant Union을 의미한다(강성철 외, 1998: 458).

이러한 공무원 단체는 다음과 같은 특징을 지닌다.

첫째, 사기업체와 달리 정부는 전체국민을 대표하므로 공공서비스영역에서 노사문제해결을 위한 궁극적 권한은 전체국민이 가지며, 이는 공무원단체와 관련된 협상과 합의의 내용 및 의미에 커다란 영향을 미친다.

둘째, 보수를 포함한 공무원의 근무조건은 법령에 정해지므로 공무원단체는 행정기관의 관리층보다는 의회 쪽에 더 많은 관심을 갖게 된다. 또한 정부 측이 일방적으로 규칙을 정하므로 이러한 여건에서 공무원단체가 관리층과 협상을 통해 해결할 수 있는 영역은 아주 제한되어 있다.

셋째, 정부의 의사결정권한은 사기업보다 훨씬 광범위하게 분산되어 있어 공무원단체는 교섭상대를 확인하기가 쉽지 않다.

2) 공무원단체의 기능 및 활동내용

(1) 공무원단체의 기능

공무원단체는 공적 업무를 수행하는 공무원들의 단체 활동을 통하여 국민다수의 이익에 부정적 영향을 미칠 수 있다. 또한 공무원의 신분보장을 지나치게 강조하고 선임위주의 인사원칙을 내세움으로써 실적주의 인사원칙을 저해할 수 있다는 등의 역기능을 가지고 있어 종래에 우리나라에서는 그 자체의 존립을 인정하지 않으려는 태도가 강하였다. 그러나 이제는 좀더 적극적으로 행정의 발전이라는 측면에서 과연 공무원 단체가 어떠한 기능을 할 수 있는지 살펴볼 필요가 있다.

첫째, 공무원 단체는 공무원의 권익증진, 의사전달의 통로가 된다. 즉 공무원단체는 집단으로서 공무원들의 이익을 표시하고 그들의 의사를 관리층이나 입법부에 전달함으로써 그들의 입장을 용이하게 파악할 수 있도록 하여 쌍방의 의사결정에 도움을 준다.

둘째, 공무원단체는 공무원들의 참여감·성취감 등을 증진하게 되며, 이러한 과정을 통해 공무원들의 사기를 높일 수 있고 행정능률의 향상 등에 도움을 줄 수 있다.

셋째, 공무원 단체는 행정의 민주화 기능을 수행할 수 있다. 또한 공무원단체는 관리층과 대화와 협상을 통하여 상호이해의 증진과 관리층의 횡포를 통제함으로써 대내행정의 민주화와 행정발전에 기여할 수 있다.

넷째, 공무원단체는 실적제의 강화 기능을 수행할 수 있다. 초기에는 공무원 단체 활동과 실적제가 대립하는 측면도 있었지만, 현재는 두 제도가 양립하여 경제적인 편익의 증진, 고충처리의 문제, 승진·휴직·전보·교육훈련은 주로 공무원단체가 활동하며, 채용과 승진은 실적제가 지배함으로써 오히려 상승효과를 기대하고 있다.

다섯째, 공무원단체는 올바른 직업윤리의 확립과 부패방지에 기여한다. 공무원단체는 공무원들이 직업적인 행동규범으로부터 이탈하는 것을 막는 사회적 견제작용을 하고, 직업윤리 확립과 지질향상을 위한 교화활동을 전개할 수 있다. 나아가 공무원단체는 전문직업화를 통한 자율통제효과를 통해 부패방지에 기여할 수 있다.

여섯째, 공무원단체는 압력단체의 기능을 수행할 수 있다. 공무원들은 공무원단체를 통하여 그들의 집합적인 의사를 개별적인 관리자, 단위행정기관, 행정부, 입법부, 사법부 및 국민들에게 표시할 수 있다. 이러한 과정을 통하여 공무원단체와 정부는 서로의 입장을 원활하게 파악, 전달할 수 있어서 쌍방의 정책결정에 도움을 줄 수 있다(이종수, 윤영진 외, 2000: 508).

(2) 공무원단체의 활동내용

공무원들이 단체를 결성하고 그들의 권익을 옹호하기 위해, 즉 급여·근로조건 등 인사관리의 개선을 요구하기 위하여 단체적으로 행동하는 활동은 각 나라에 따라 특색이 있다. 아예 그 결성부터 금지하고 있는 나라가 있는가 하면, 민간의 노동조합처럼 보편화된 현상으로 이해하는 나라도 있다. 그러나 대부분의 나라에서는 행정조직이 민간과는 구별되는 특수성을 인정하고 공무원단체의 조직과 활동에 다소 제약을 가하는 것이 일반적이다.

공무원단체의 활동내용은 공무원단체의 권리인 근로권勤勞權과 관련하여 생각할 수 있다.

첫째, 공무원단체를 구성할 수 있는 권리인 단결권이다. 단결권이란 근로자가 근로조건의 유지·개선, 기타 경제적 지위의 향상을 도모하고 사용자와 대등한 입장에 서기 위해 단체를 결성하여 이에 가입할 수 있는 권리를 말한다.

둘째, 관리층과 근로조건 등에 대해 협의할 수 있는 단체교섭권Right of Collective Bargaining이다. 단체교섭이란 공무원이 근로 조건을 스스로 향상시키기 위하여 공무원단체를 통하여 관리층과 대등한 입장에서 교섭하는 단체 활동을 말하여 이러한 권리를 단체교섭권이라고 한다.

셋째, 공무원의 쟁의행위를 말하는 단체행동권이다. 공무원의 단체행동권이라 함은 공무원의 근로조건에 대한 단체교섭이 순조롭게 진행되지 않아 분쟁상태가 생긴 경우 태업怠業, 파업, 직장폐쇄 등을 할 수 있는 권리를 말한다.

3) 공무원단체의 효과적 운영방안

공무원단체는 역기능보다 순기능의 측면을 더 많이 내포하고 있는 현대인사행정제도 중 대표적인 관리도구 중의 하나이다. 따라서 극히 일부의 공무원에게만 불합리한 기준에 의거, 극히 제한적인 노동기본권을 부여하는 것은 많은 문제점을 안고 있다. 다만 공무원에게 노동기본권을 보장하는 데 특별한 제한이 필요하다면 이것은 공무원이라는 신분 때문이 아니라 공무원이 담당하는 직무 성질상의 특수성 때문이라고 보아야 한다. 즉 공무원이 담당하는 직무의 내용이 얼마나 공공적이며 공익과 공공질서 유지에 관련되느냐에 따라야 할 것이다(박동서, 1991: 384). 또한 공무원단체에 대한 부정적·소극적 인식을 극복함과 동시에 기존의 공무원단체 역시 사회적 책임과 자기규제의 중요성을 인식해야 한다.

그러므로 우리나라에서는 그간 공무원단체에 대해서 엄격하게 제한하였으나 사기앙양과 참여적 관료제를 확립하기 위해서 그 적용범위를 합리적으로 선택하여 최소한 단결권을 통한 단체구성은 허용하는 것이 바람직하다. 다만 그 전제조건으로는 ① 민주적 참여가 활성화되고 합리적인 사고방식이 지배되는 사회적 여건이 조성되어야 하며, ② 정부관리층과 공무원노조 사이에 상호신뢰와 협조적인 관계가 형성되어야 하고, ③ 압력단체로서의 정치활동에 대해서는 어느 정도 제약이 불가피하다고 할 것이다.

◈ 심화학습

공무원 부패방지를 위한 과제

① 부패 개념의 확장

부패의 방정식은 주는 부패와 받는 부패 양변으로 구성되는 것이지 받는 부패만 있는 것은 결코 아니다. 즉 스스로 뇌물을 주거나 제안하여 공직자들로 하여금 부패에 가담토록 유인하는 일반 국민들이나 기업 등의 행태에 대해서, 이를 부패 행위의 공동 정범으로 받아들여 공무원의 범죄에 대한 처벌에 상응하는 엄격한 처벌을 하는 것이 필요하다. 달리 말한다면 부패는 공직자들 의식만 바뀌면 되는 것이 아니라 일반 국민들의 의식 또한 바뀌어야 해결의 기미가 있다고 하겠다. 이 과제에 대해서는 특히 시민사회가 담당해야 할 과제가 크다는 사실을 유념해야 할 것이다.

② 부패행위신고의 활성화

내부비리제보 또는 공익제보Whistle blowing란 한 집단구성원이 내부에서 저질러지는 부정과 비리를 외부에 알림으로써, 공공의 안전과 권익을 지키고 국민의 알 권리를 보호하는 행위를 말한다. 내부자는 부정행위를 정확히 목격할 수 있으며 증거에 접근이 용이하고 지속적 감시가 가능하기 때문에, 내부비리 제보자에 대한 보호는 부정부패를 방지하고 적발하는 데에 커다란 역할을 담당한다.

일부에서는 내부고발은 고자질이나 밀고를 혐오하는 전통적 가치와 관련하여 결코 보호받을 만한 가치가 없는 것이라는 주장이 있다. 그러나 조직이나 동료에 대한 의리, 그것도 부정한 사실을 은폐함으로써 지켜지는 의리보다는 국가나 사회, 내부에 그러한 비리가 없다고 믿는 일반시민들에게 대한 의리가 우선한다고 보아야 한다. 특히 공무원의 경우는 상사나 조직에 대한 봉사자가 아닌 납세자인 시민들에 대한 봉사자이다. 따라서 상관이 불법한 일을 시키거나 그러한 일을 관여하는 것을 보면, 납세자인 시민들에게 반드시 알려주어야 할 의무가 있다.

모든 국민은 자신의 안전과 권익에 대한 위협을 '알 권리'가 있다. 따지고 보면 한 집단의 내부에서 벌어지는 비리를 외부 사람은 알 길이 없다. 내부인이 외치지 않으면 그 비리는 영원히 비밀에 싸이기 마련이다. 그러므로 동료 간의 인정을 뿌리치고 보다 큰 이익을 위해 자신의 곤란함을 각오한 채 의로운 목소리를 내는 내부고발자는 마땅히 사회가 보호하고 지원해 주어야 한다.

③ 부패방지법의 실효성 제고

이미 부패방지법은 제정되었지만 법이 실제로 적용되는지는 별개의 문제이다. 정치인들이 정치자금에 관한 법률을 준수하지 않는다는 세간의 평가에도 불구하고 어떤 정치인도 제대로 처벌받지 않았다는 비판을 반면교사로 삼아야 한다. 따라서 시민사회는 앞으로 이 법률에 따라 신고자들에 대한 보호와 보상이 이루어지는지, 비위 면직자들에 대한 취업이 제대로 제한되고 있는지 등에 대해서 국민들과 더불어 엄격한 감시활동을 전개해야 한다 특히 신고자들에 대해 무언의 압력과 집단따돌림 등의 사례들이 나타날 때 이들을 보호하도록 적극적인 조처를 촉구하며 또한 이 점에서 국민들의 의식의 개혁을 위해 노력해야 한다.

④ 국가적 반부패 시스템 구축

이제 우리 사회에도 부패로부터 자유로운 맑고 깨끗한 사회를 이룩하기 위한 장기적인 국가적 부패통제 전략, 이른바 "국가적 반부패 시스템"National Integrity Systems 이 마련, 실행되어야 한다. 이러한 과제를 달성하기 위해서 시민사회는 부패방지위원회가 제 기능을 담당할 수 있도록 참여하며 협력하고 또 비판, 견인해 나갈 필요가 있다. 나아가 일반 국민들이나 기업, 단체 등에서 이에 상응하는 교육과 훈련, 실천이 이어지도록 민의 자발적이며 창조적인 활동을 선도해 나가야 한다. 반부패국민연대가 그동안 기업윤리 문제나 반부패 교육의 중요성 등을 강조해온 것도 바로 이 까닭이다.

부패방지법만으로 반부패 성공을 담보할 수는 없다. 부패 친화적 사회문화를 어떻게 반부패 사회문화로 대치해 나갈 수 있는지에 대한 고민 없이 또 다른 한두 가지 법제 마련으로 부패 문제를 해결할 수도 없다. 오직 공직사회, 기업 영역, 그리고 시민사회가 국민들과 더불어 개인과 사회의 종합적인 의식 변화와 아울러 유형무형의 부패통제 장치가 작동하는 효율적인 국가적 반부패 시스템 구축을 위해 최선의 노력을 다할 때 그 성공의 실마리를 찾게 될 것이다.

☞ **최근 우리나라 공공부문에서의 부패사례를 찾아보고 부정부패를 근절 혹은 최소화할 수 있는 방안을 토의하시오.**

❖ 사례연구 1

대전시 공무원들의 시장 선거 개입 행위가 위험수위를 넘고 있다. 9일 대전시 선거관리위원회는 대전시 본청 소속 A 사무관이 최근 자신이 이사로 있는 지역 공공기관 축구연합회 모임에서 사전에 섭외한 B 시장 후보가 들러 인사를 하도록 소개한 것으로 조사됐다고 밝혔다.

선관위에 따르면 A 사무관은 지난달 24일 서구 둔산동의 한 식당에서 30여 명의 공공기관 축구 동호인 관계자가 조 추첨을 위해 모인 자리에 특정 시장 후보가 오도록 한 뒤 우연히 들린 것처럼 가장해 인사를 시킨 것으로 나타났다. 선관위 관계자는 "디지털 포렌식 조사 결과, A 씨가 모임 이전에 해당 후보 캠프 선대본부장과 통화한 사실이 확인되는 등 선거 개입 행위가 인정돼 대전시에 기관 통보할 예정"이라고 말했다.

반면 A 사무관은 "모임 사실을 미리 파악한 후보 측이 자발적으로 찾아온 것"이라고 혐의를 부인했다. 이와 함께 대전시 한 고위간부가 부하 직원들에게 "무조건 모 후보를 찍어라"고 특정 후보 지지를 부탁했다는 소문도 나돌고 있다. 급기야 이재관 대전시장 권한대행이 최근 간부회의 석상에서 "공직자들의 선거개입 행위에 대해 일벌백계하겠다."고 공개 경고하는 일까지 발생했다.

시의 한 관계자는 "유력 후보에게 줄을 대려는 일부 해바라기성 공무원들이 묵묵히 일하는 다수 공직자의 얼굴에 먹칠을 하고 있다"고 지적했다.

*자료: 문화일보 2018년 5월 9일자 기사 요약

1. 공무원의 정치적 중립의 훼손 사례를 조사하여 정리하고, 정치적 중립이 왜 필요한지를 토의하시오.

2. 우리나라에 공무원의 정치적 중립을 확보하기 위한 방안을 해당 사례와 함께 조사하여 발표하시오.

❖ 사례연구 2

전국공무원노동조합공무원노조이 노동조합 설립신고증을 교부받았다. 지난 2009년 조직을 재편하는 과정에서 해직자가 조합원으로 있다는 이유로 노동부로부터 법외노조 규정을 받은 지 9년만이다. 29일 고용노동부는 공무원노조가 지난 26일 제출한 노조 설립신고서를 검토해 설립신고증을 교부했다고 밝혔다. 이로써 공무원노조는 합법적인 노조명칭 사용, 단체교섭 및 단체협약 체결, 노조전임 활동 등 공무원노조법에 따른 법적보호를 받게 됐다.

문재인 정부 출범 이후 공무원노조는 합법화를 위한 내부 설득과 동시에 고용노동부와 6차례 실무협의를 진행해 왔다. 공무원노조는 지난 24일 열린 정기대의원대회에서 '해직자의 조합원 자격을 중앙집행위원회에서 심사한다**규약 제7조 2항**'는 규약을 77.1%의 찬성으로 개정하면서 노조를 합법화하기 위한 준비를 하고, 6번째 노조 설립신고서를 제출했다. 앞서 제출한 5번의 설립신고는 모두 반려됐다.

향후 공무원노조와 정부의 교섭에도 관심이 집중된다. 공무원노조는 대한민국공무원노동조합총연맹**이하 공노총** 등 제공무원단체들과 함께 2009년 정부교섭을 시작했지만, 노조 지위를 상실하면서 교섭에서 빠졌다. 이후 중단됐던 공무원과 정부 간의 교섭은 지난 10월 공노총이 정부에 재개를 요청하면서 다시 시작됐다. 공무원노조는 공노총과 협의해 교섭위원회를 구성하고 빠른 시일 내 교섭에 참여한다는 방침이다.

김주업 공무원노조 위원장은 "16년 전 권력의 시녀이기를 거부하고 참 행정 실천으로 민중의 공무원이 되겠다는 공무원노동자의 선언은 공직사회의 새로운 지평을 여는 역사적 사건이었다."라며 "100만 공무원의 대표조직을 불법으로 폄훼하고, 노조활동 자체를 원천봉쇄한 보수정권의 탄압에도 물러섬 없이 투쟁해 왔다"라고 말했다. 이어 "설립신고 쟁취는 '국민의 공무원으로, 100만 공무원의 공무원노조'를 만들어가기 위한 과정"이라며 대정부교섭을 통해 ▲노동조건 개선 ▲정치·경제·사회적 지위향상 ▲**노조 건설과정에서 발생한** 해직자 명예회복·원직복직 ▲노동기본권과 정치기본권 보장 등을 관철시켜 내겠다고 강조했다.

김영주 고용노동부장관은 "문재인 정부 출범 후부터 공무원노조 등 법외노조의 합법화를 위한 노력을 지속적으로 했고, 전공노도 어려운 여건 속에서 합법화를 위한 노력을 기울여 왔다"며 "공무원노조가 공직사회 내부의 건전한 비판자로서 개혁을 견인하고, 공공부문에서 상생의 노사관계를 정착하는데 크게 기여하기를 바란다"라고 말했다.

*자료: 참여와 혁신(http://www.laborplus.co.kr) 2018년 3월 29일자 기사 요약.

고양시 공무원 노조가 사라진지 10여년 만에 다시 부활한 것으로 13일 확인 됐다. 고양시 공무원 노동조합은 이달 초 일부 직원들의 참여 속에 발기인 대회를 가진데 이어 최근 고용노동부 고양지청으로 노조 설립서를 받고 본격적인 노조 활동에 나설 것으로 알려졌다. 고양시 공무원 노조는 설립과 함께 내부 통신망과 직원 개인 메일을 통해 "공무원의 인격권 추구, 열악한 근무환경 개선, 부패방지와 청렴한 공무원 조직체계 구축"등 노조 필요성과 타당성을 설명하며 노조원 공개 모집에 나섰다.

고양시 공무원 노조는 도내 31개 시·군 가운데 유일하게 노조가 없었다. 한편 고양시 노동조합은 노조원 모집에 이어 임원과 대의원 구성 등 조직망을 갖추고 빠르면 2개월 이내 대대적인 출범식을 갖는다는 방침이다.

*자료: 경인일보 2018년 4월 13일자 기사 요약

1. 공무원 노조의 필요성 여부에 대한 자신의 입장찬성 혹은 반대을 정리하고 왜 그렇게 생각하는지를 논의하시오.
2. 공무원 노조 활동의 허용범위는 어디까지가 적당한지를 외국의 사례를 찾아 정리하고, 자신의 견해를 발표하시오.

토의 및 발표과제

1. 공무원 분류제도에서 계급제와 직위분류제를 비교 정리하고, 이를 토의한 후 발표하시오.
2. 우리나라 개방형 임용제도의 문제점과 개선방안에 대해 토의하여발표하시오.
3. 공무원 노동조합의 찬반논리를 설명하고 한국에서의 발전방안에 대해 토의하여 발표하시오.

제11장

재무행정이란 무엇인가?

제1절 재무행정의 의의

1. 재무행정의 개념

재무행정이란 국가·지방자치단체·기타 공공기관에서의 물적 자원의 조달·관리·운용을 위한 구상과 계획 및 행위를 의미한다. 재무행정에 관한 체계적인 연구는 19세기 말 미국에서 행정학이 독립된 학문분야로 태동하면서 조직관리, 인사행정, 재무행정이 행정학의 3대 분야로 설정되면서부터이다.

초기의 재무행정 연구는 예산조직과 과정 및 절차에 국한하였다. 그러나 그 후 정치·경제·사회적 환경의 급속한 변화와 여러 학문적 관점에서의 행정학 연구 및 지식의 축적으로 오늘날 재무행정의 연구대상은 매우 다양하며 그 범위 또한 확대되었다. 즉 재무행정은 제도의 개혁에 초점을 두는 행정관리적 접근, 제도의 조작 및 활용에 관심을 갖는 정치행태적 접근, 경제모형에 따른 올바른 선택을 주장하는 재정학적 접근, 회계실무의 기술을 강조하는 정부회계적 접근 등이 서로 복합적으로 영향을 미치면서 연구영역이 다양성을 띠고 있다. 이러한 관점에서 재무행정이란 정치적 환경과의 긴밀한 연계 속에 중앙정부, 지방자치단체, 기타 공공조직이 사회로부터 물적 자원을 동원하고 배분하며 동시에 이러한 활동을 어떻게 하면 효율적으로 관리·운용 할 수 있는가와 관련된 기술적인 문제를 포함하는 일체의 활동을 의미하게 되었다.

그럼에도 많은 학자는 재무행정의 핵심적인 분야가 국가의 세입과 세출을 다루는 정부예산의 관리라는데 인식을 같이 하고 있다. 특히 세출예산을 중심으로 전개되는 예산과정의 각 단계별 절차와 의사결정과정에 관한 심층적인 분석 및 대안 제시는 재무행정 연구의 근간을 이루고 있다. 여기에서는 재무행정의 기초적인 과제를 연구하는 입장에서 우리나라 예산과정을 중심으로 예산일반론, 예산과정, 예산결정론, 예산개혁론 등을 살펴보기로 한다.

2. 정부예산 연구의 필요성

정부예산의 가장 상식적인 의미는 정부활동을 위한 자금이다. 그러나 학술적으로는 그 개념이 다소 포괄적이다. 즉, 단순히 예산의 수지적收支的 관점에서 출발하여 정부의 각종 사업과 활동의 효율적 관리 및 이를 위한 기획 기능까지 포함하게 되었다. 이와 같이 예산 개념이 확대됨에 따라 정부예산에 관한 체계적인 연구가 요구되는데 그 이유는 다음과 같다.

첫째, 예산의 규모가 급증하고 있다. 대개의 경우 GNP 대비 30% 이상을 차지하는 예산 규모는 국민경제에서 공공부문의 역할을 확대하면서 예산의 중요성을 인식케 한다.

둘째, 예산은 정부정책의 우선순위를 나타낸다. 수많은 정책의 입안과정에서 예산은 정책의 실질적인 선택 및 그 집행방법을 결정한다.

셋째, 정부의 책임성과 관련된 문제로서 예산과정은 국민이 정부활동을 감시하기 위한제도적 장치를 제공한다.

넷째, 예산결정은 매년 반복되는 정부활동으로 비교적 안정적인 환경에서 고정된 참여자들이 관여하고 있다. 따라서 예산결정과정은 정부의 정책결정에 대한 연구에 매우 유용한 사례를 제공한다.

다섯째, 예산은 행정부와 의회의 관계뿐만 아니라 행정부 내 각 부처 간의 관계에 중대한영향을 미친다.

여섯째, 정부예산은 행정부 내 각 부처의 관리자들이 그들의 사업계획을 수립하고 집행하는 과정에서 산하기관의 업무를 조정하며 통제하는 데 활용된다.

3. 정부예산에 대한 다면적 관점

와낫(Wanat, 1978)은 정부예산에 대한 관점을 다음의 일곱 가지로 구분하고 있다. 즉, 자원배분으로서의 예산, 과정으로서의 예산, 게임으로서의 예산, 서류와 기술적 도구로서의 예산, 의식儀式으로서의 예산, 정치로서의 예산, 정책 표현으로서의 예산 등이다.

1) 자원배분으로서의 예산

이는 국민경제에서 정부예산의 역할 또는 기능과 관련된 포괄적인 문제를 중요시하는 관점이다. 현대 국가에서 자원배분은 두 가지 체제에 의존하고 있는데 하나는 시장체제이고 다른 하나는 정부에 의한 집권적 통제체제이다. 시장체제는 주로 자본주의 국가에서, 그리고 집권적 통제체제는 주로 사회주의 국가에서 활용되고 있다. 그러나 자본주의 국가에서도 예산을 통한 정부의 활동은 대부분 통제체제의 성격을 띠게 되는데, 그것은 시장의 실패를 보완하여 국민의 공공복리를 증진하기 위해서이다. 세입세출예산 규모의 결정은 공공부문과 민간부문간의 자원배분 결정이며, 예산내용의 결정은 공공부문 내의 자원배분 결정이다. 예산규모와 내용의 결정은 국민경제에 커다란 파급효과를 미친다.

2) 과정으로서의 예산

또 하나의 관점은 예산과정의 각 단계와 관련된 구조, 기구, 절차, 그리고 누가 무엇을 언제 하느냐에 초점을 두는 관점이다. 첫 번째 단계인 예산편성에서는 행정부가 국가의 종합적인 예산안을 준비한다. 두 번째 단계인 예산심의에서는 의회가 국민을 대표하여 행정부가 제출한 예산안을 심의하고 확정한다. 세 번째 단계인 예산집행에서는 행정부가 입법부의 의도에 따라 예산을 집행한다. 그리고 마지막 단계인 결산 및 회계검사에서는 예산집행이 제대로 이루어졌는지를 검사하고 의회의 최종 승인을 얻는다. 이러한 예산과정에 대한 연구는 재무행정의 기본 골격으로 여겨지기 때문에 뒤에서 상세히 다루도록 한다.

3) 게임으로서의 예산

이는 예산과정에 관여하는 주요 참여자들의 역할과 행태를 중심으로 이들 간의 상호작용에 관심을 집중시키는 관점이다. 참여자들은 '그들의 지지자가 누구이며 어떻게 구성되어 있는가,' '그들의 역할이 예산의 삭감자 또는 국고수호자 입장인가 아니면 예산의 소비자 또는 주창자 입장인가', '그들의 배경이 전문적인가 정치적인가' 등에 따라 행태 유형이 다르게 나타난다. 이를 바탕으로 예산편성과 예산심의의 주요 참여자들의 행태를 분석하게 된다.

예산편성에서는 행정수반, 중앙예산기관, 중앙부처 및 하급 행정기관 등의 관계자들이 주요 참여자가 된다. 이 가운데 행정기관의 예를 들면 행정기관은 예산사업을 수행하는 기초적인 단위이기 때문에 한정적이고 동질적인 수혜자 집단의 지지를 받고 있다. 따라서 관계자들은 이러한 수혜자들의 요구에 대응하며 기관의 지속적인 성장을 위해 예산을 소비해야 한다는 입장을 고수하며 또한 담당업무에 관한 전문성도 매우 높아 예산요구에 있어서 누구보다도 적극적 입장을 취한다.

4) 서류와 기술적技術的 도구로서의 예산

이는 예산서豫算書의 중요성을 강조하는 관점이다. 예산서는 모든 행정기관을 통일적으로 비교할 수 있도록 일정한 체계에 따라 작성되어야 하며, 각 행정기관의 사업을 시간적 차원에서 비교할 수 있도록 일정 기간의 예산자료가 포함되어야 한다. 예산서는 의회의 심의를 받기 위해 준비되지만 더욱 중요한 것은 행정기관의 관리 및 운영에 큰 영향을 미친다. 따라서 예산서의 형태는 예산개혁과 밀접하게 관련되어 있다. 대표적인 예산서의 형태는 품목별예산, 성과주의예산, 기획예산, 영기준예산 등이 있으며 이에 대해서는 뒷부분의 예산개혁론에서 자세히 살펴보기로 한다.

5) 의식儀式으로서의 예산

이는 예산의 점증성과 비통제성 때문에 예산결정을 형식적이며 관례적이라고 보는 관점이다. 즉 예산결정 과정을 제도와 절차에 의한 참여자들의 상징적 활동으로 여기면서 예산의 도구적 기능에는 한계가 있다고 본다. 예산은 일반적으로 점증적 성격을 띠고 있다. 행정기관은 전년도보다 증액된 예산을 요구하게 되고 편성과 승인단계에서 이 요구액은 부분적으로 삭감된다. 그러나 최종적으로 확정된 예산은 전년도 예산에 비해 증가된 규모로 나타난다. 예산규모가 점진적으로 팽창하는 원인 중 하나가 예산에서 상당 부분을 차지하고 있는 비통제성 경비의 자연적 증가이다. 비통제성 경비는 사업의 성격상 매년 정규적인 예산과정을 통해 행정부나 의회가 통제할 수 없는 경비로서 이미 법률로 제정된 사업에 대한 의무적 지출이 그 대표적인 예가 된다.

6) 정치로서의 예산

예산결정은 예산과정 참여자들의 역할과 행태를 중심으로 하여 전개된다. 그러나 그 외에 당파성, 예산요구 내용, 전략, 일반 수혜자들의 요구 등 다양한 요인도 큰 영향을 미치게 된다. 행정수반이 의회의 다수당에 속하느냐 소수당에 속하느냐에 따라 예산심의에 있어 행정부와 의회의 갈등 정도가 다르게 나타나게 된다. 또한 국민적 관심을 끄는 사업이나 비통제성 경비의 지출 등에 대한 예산요구는 비교적 쉽게 승인될 가능성이 크다. 그리고 예산확보를 위해 예산요구액을 부풀리는 전략을 세울 수 있다. 그러나 요구액이 지나치게 많을 경우 행정기관의 신뢰성이 손상될 수 있다는 점을 감안해야 한다. 또한 특별한 상황에서는 예산과정의 주요 참여자들의 상호작용보다 일반 수혜자들의 공공 서비스에 대한 요구가 세출예산을 결정하는데 중요한 요인이 될 수도 있다. 이러한 다수의 요인이 복합적으로 작용하여 예산결정이 이루어지게 된다.

7) 정책 표현으로서의 예산

정부활동의 규모, 성격 및 우선순위 등은 예산과정을 통하여 구상되고 분석되며 평가된다. 행정수요의 급증에 따라 정부활동 범위가 확대되면서 공공부문의 비중도 높아지고 있다. 이를 실증적으로 분석하기 위해서는 예산의 규모와 내용이 매우 중요한 자료가 된다. 따라서 GNP에서 차지하는 예산의 비중을 분석함으로써 공공부문과 민간부문 사이의 자원배분이 어떻게 이루어지고 있으며 또한 정부가 얼마만큼 그리고 어떻게 성장하고 있는지를 알 수 있다. 또한 정부의 세출예산은 실제로 정부가 수행하는 사업의 성격과 그에 대한 우선순위를 보여준다. 다년간에 걸친 기능별 세출예산에 대한 분석은 특정시기의 특정분야에 대한 정부의 관심과 방향을 나타낸다. 그리고 이러한 분석은 국가 간의 비교 분석에도 활용될 수 있다.

제2절 예산 일반론

1. 예산의 원칙

예산의 원칙이란 예산을 운영하는 과정에서 지켜야 할 규범이나 준칙을 말한다. 이 원칙은 입법부 중심의 예산원칙과 행정부 중심의 예산원칙으로 나눌 수 있다. 입법부 중심의 예산원칙은 전통적 예산원칙으로 행정부에 대한 입법부의 통제에 초점을 둔다. 반면, 행정부 중심의 예산원칙은 현대적 예산원칙으로 행정부의 재량권을 확대하는 데 초점을 둔다.

1) 입법부 중심의 예산원칙

입법부 중심의 예산원칙들은 행정부에 대한 입법부의 재정통제에 주안점을 둔 것으로 예산규모가 작고 예산운용이 비교적 단순했던 시대에 적합하다. 따라서 현대국가의 예산운용에는 이 원칙들에 대한 예외 규정이 불가피하게 나타나고 있다.

(1) 예산 공개publicity의 원칙

예산의 전 과정과 내용이 국민에게 공개되어야 한다는 원칙으로서 행정의 투명성과 민주성을 제고하는데 필수적이라 할 수 있다.

(2) 예산 명료clarity의 원칙

예산의 내용은 대다수의 국민이 이해할 수 있도록 분명하고 일목요연하게 작성되어야 한다는 원칙으로 예산공개의 원칙을 보완하는 성격을 지닌다. 예산의 수입과 지출을 합리적 기준에 의하여 분류하여 수입의 원천과 지출의 용도를 분명히 함으로써 예산의 전반적인 내용을 한눈에 알아볼 수 있도록 구성해야 한다는 것이다.

(3) 사전 의결prior authorization의 원칙

사전의결의 원칙이란 예산집행은 반드시 의회의 심의나 승인을 전제로 해야 한다는 것으로 많은 국가에서 이 원칙을 헌법에 규정하고 있다. 우리나라에서도 정부는 예산안을 편성하여 회계연도 개시 90일 전까지 국회에 제출하여야 하며, 국회는 이를 회계연도 개시 30일 전까지 의결하도록 헌법에 규정하고 있다. 이 원칙에는 예산의 의결이 있기 전에 반드시 예산편성이 선행되어야 한다는 예산사전편성의 원칙이 포함되기도 한다.

(4) 예산 엄밀accuracy의 원칙

이 원칙은 예산과 결산을 가능한 한 일치시켜야 한다는 것이다. 세입예산과 세출예산은 어디까지나 추정액이기 때문에 결산에서 이들을 일치시킨다는 것은 쉽지 않다.

(5) 예산 한정limitation의 원칙

이 원칙은 행정부가 예산을 집행하는데 지켜야 하는 일정한 한계를 의미하는 것으로 지출 기간, 목적, 금액에 적용된다. 따라서 모든 지출은 승인된 기간인 1회계연도 내에 행해져야 하고, 특정목적에 할당된 예산은 그 목적에만 사용해야 하며, 예산액 이상 또는 예산에 계상되지 않은 지출은 허용되지 않는다는 것이다.

(6) 예산 단일unity의 원칙

정부의 재정활동 규모와 내용을 명백히 파악하기 위해서는 예산의 계상計上을 단일한 회계로 처리해야 한다는 것이다.

(7) 예산 통일non-affection의 원칙

국가의 모든 세입은 국고에 납입되고 모든 세출은 국고로부터 지출되도록 하여 특정한 세입을 특정한 세출에 구속되도록 해서는 안 된다는 것으로 국고통일의 원칙이라고도 한다. 이러한 원칙은 국가재정의 전반적 관리와 통제를 보다 용이하게 하기 위한 것이다.

(8) 예산 완전comprehensiveness의 원칙

정부의 모든 세입과 세출은 예산에 빠짐없이 계상하여야 한다는 원칙이다. 우리나라 예산회계법은 이 원칙에 의해 예산총계주의를 따르고 있다. 즉, 한 회계연도의 모든 수입을 세입으로 하고 모든 지출을 세출로 하여 이를 모두 예산에 계상하도록 하고 있다.

2) 행정부 중심의 예산원칙

현대국가에서 행정기능이 확대·강화되고 복잡해짐에 따라 예산운영 면에서도 전문성, 계획성, 능률성이 강조되고 있다. 이에 따라 행정부 중심의 예산원칙이 제기되었는데 이에 대한 스미스Harold D. Smith의 견해를 살펴보면 다음과 같다.

(1) 행정부 사업계획 수단executive programming의 원칙

정부예산은 행정부 사업계획의 실천적 도구이다. 예산이 뒷받침되지 않는 사업계획은 전혀 의미가 없기 때문에 예산과 사업계획은 불가분의 관계에 있다. 따라서 예산운용은 행정부의 국가운용에 대한 사업계획을 효과적으로 수립하고 집행하는데 중점을 두어야 한다. 즉 예산에 대한 입법부의 통제적 관점보다는 행정부의 사업 계획적 관점을 더 강조해야 한다는 것이다.

(2) 행정부 재량executive discretion의 원칙

현대정부는 격변하는 환경에 적절히 대처하기 위하여 예산집행에 있어 적극적인 입장을 취하여야 한다. 즉, 단순한 합법적 절차에만 의존하지 말고 사업의 목표 달성을 추구하는 효과성을 증진하도록 노력하여야 한다는 의미이다.

(3) 보고reporting의 원칙

예산과정은 정부 각 기관으로부터 제출되는 재정 및 업무에 관한 정확한 보고에 기초하여야 한다. 입법부와 행정부는 세입징수, 지출원인행위, 지출, 공무원 고용, 각종의 사업, 목표의 달성도 및 기타 관련사항에 관하여 올바른 정보를 제공받음으로써 예산의 심의•편성•집행과 관련된 활동을 원활히 수행할 수 있게 된다.

(4) 적절한 수단구비the principle of adequate budget tools의 원칙

정부는 예산운용에서 요구되는 조직, 인력, 제도 등과 같은 적절한 수단을 구비하여야 한다는 것이다. 즉, 전문 인력을 갖춘 중앙예산기관의 설치, 기관별 예산집행에 대한 감독권의 보유, 예기치 못하는 상황에 대처하기 위한 준비금 및 예비비 제도 등을 갖추어야 한다.

(5) 다원적 절차multiple procedures in budgeting의 원칙

현대정부는 일반 행정, 다년간의 건설 및 개발사업, 공기업 등 매우 다양한 활동을 수행하고 있다. 이러한 활동들이 각각의 특성에 맞게 효율적으로 관리되기 위해서는 다원적 예산절차가 필요하다.

(6) 시기 신축성flexibility in timing의 원칙

예산은 경기변동이나 여타의 환경변화에 따라 사업의 집행시기를 적절히 조절할 수 있도록 운용되어야 한다. 또한 특수사업을 수행하기 위해서는 1회계연도 원칙에 집착하지 말고 장기적인 안목에서 예산의 신축적 운용이 필요하다.

(7) 예산기구 협력성collaboration of budget organization의 원칙

효율적인 예산운영을 위해서는 중앙예산기관과 각 부처 예산담당기관의 적극적인 정보의 상호교류 및 협력이 필요하다는 것이다. 그뿐만 아니라 각 부처 예산담당기관간의 수평적 교류도 활발히 이루어져야 할 것이다.

(8) 행정부 책임executive responsibility의 원칙

현대정부는 예산을 통해 다양한 행정활동을 효과적으로 수행하기 위해 상당한 재량권을 갖게 된다. 그러나 이 재량권은 책임성을 전제로 한다는 점에서 행정부 책임의 원칙은 중요한 의미를 지니게 된다. 따라서 행정부는 스스로 모든 책임을 진다는 자율 통제적인 입장에서, 부여받은 재량권을 적극 활용하여 행정활동의 궁극적인 목표달성을 위해 노력해야 할 것이다.

2. 예산의 종류

회계별 구분인 일반회계와 특별회계, 예산의 수정여부에 따른 본예산, 수정예산, 추가경정예산, 그리고 예산 불성립시의 예산 집행 방법으로 잠정예산, 가예산, 준예산 등에 관하여 설명하기로 한다.

1) 일반회계 예산과 특별회계 예산

(1) 일반회계 예산

일반회계 예산은 순수한 의미의 정부예산으로 재원은 주로 조세수입에 의존하고 있으며 순공공재의 생산을 위한 예산이다.

(2) 특별회계 예산

특별회계 예산은 특수한 목적을 수행하기 위해 일반회계와 분리하여 별도로 경리, 운용하는 예산이다. 세입은 주로 자체수입, 일반회계 및 특별회계로부터의 전입금 등에 의존하고 있다.

2) 본예산, 수정예산, 추가경정예산

(1) 본예산

본예산은 행정부가 최초 편성한 예산으로 당초 예산이라고도 하며, 이는 예산의 변경을 전제로 하는 개념이다. 즉, 입법부에 제출된 예산안은 추후 불가피한 사정으로 변경되기도 하는데 변경되기 전의 예산을 의미한다.

(2) 수정예산

수정예산은 의회에서 본예산이 의결, 확정되기 전에 여러 가지 상황변화에 따라 본예산의 내용을 변경하고자 할 때 사용하는 예산이다.

(3) 추가경정예산

추가경정예산은 이미 의회에서 의결, 확정된 예산의 내용을 변경하고자 할 때 편성되는 예산이다.

3) 준예산, 잠정예산, 가예산

(1) 준예산

현행 헌법에 따르면 준예산은 예산이 회계연도 개시일까지 의결되지 못할 경우 ①헌법이나 법률에 의하여 설치된 기관 또는 시설의 유지·운영, ② 법률상 지출의무의 이행, ③ 이미 예산으로 승인된 사업의 계속을 위한 경비를 전년도에 준하여 지출할 수 있는 제도이다.

(2) 잠정예산

잠정예산은 회계연도 개시 전까지 예산이 부득이한 사유로 의회를 통과하지 못하는 경우 일정 금액의 한도 내에서 예산의 국고지출을 허용하는 제도이다. 이러한 예산의 임시 집행을 위해서는 반드시 의회의 의결을 필요로 하고 있다.

(3) 가예산

가예산은 잠정예산과 유사한 제도로서, 1948년부터 1960년까지 우리나라 헌법에는 "부득이한 사유로 예산이 의결되지 못한 때에는 국회는 1개월 이내의 가예산을 의결하고 그 기간 내에 예산을 의결하여야 한다."고 규정하고 있었으며 이에 근거하여 1955년까지 가예산을 편성하여 운용하였다.

3. 예산의 분류

1) 예산분류의 의의

예산분류budget classification는 세입과 세출예산의 내역을 일정한 기준에 따라 체계적으로 배열하는 것을 의미한다. 정부 예산은 그 규모가 방대하기 때문에 적절한 분류를 통해 체계화시키지 않을 경우 예산의 성격과 운용방법을 규명하기 어렵다. 예산의 분류방법은 그 목적에 따라 다르다. 즉 이상적인 단일의 분류방법은 존재하지 않으며 어느 한 목적에 적합한 분류방법은 다른 목적에는 적합하지 않을 수도 있다. 이러한 예산의 분류목적과 방법을 버크헤드(Burkhead)의 견해를 중심으로 정리해 보기로 한다.

(1) 사업계획의 수립 및 예산심의의 수단

예산은 정부의 정치·경제·사회적 이념 또는 철학에 바탕을 둔 사업계획이므로 이러한 사업계획을 명백히 할 수 있는 방향으로 분류되어야 한다. 이러한 분류에 따라 작성된 정부 사업계획은 당연히 입법부의 예산심의에도 도움을 준다. 이러한 목적으로 분류되는 방법이 기능별 분류와 조직별 분류이다.

(2) 효율적 예산집행의 수단

예산은 집행이 용이하도록 분류되어야 한다. 예산을 집행하는 공무원은 할당된 예산액과 책임에 대한 명확한 인식이 있어야 한다. 예산 집행에 유용한 분류방법으로 대표적인 것은 품목별 분류이다.

(3) 회계책임의 확보 수단

예산은 회계책임을 명확히 하도록 분류되어야 한다. 세입의 징수, 지출원인 행위, 현금출납 등의 업무가 제대로 수행되도록 하기 위해서는 이에 적합한 예산분류체계가 있어야 할 것이다. 이러한 목적으로 분류되는 것이 품목별 분류이다.

(4) 경제 분석의 수단

예산은 국민소득, 고용, 소비, 소득재분배, 자본형성 등에서 국민경제에 미치는 효과가 매우 크므로 이를 파악하고 분석하는데 도움을 줄 수 있도록 분류해야 한다. 이를 위한 분류방법이 경제성질별 분류이다.

4. 예산분류 유형

예산분류는 통제를 강조하느냐 관리 및 계획을 강조하느냐에 따라 통제 지향적, 관리 지향적, 계획 지향적 분류방법으로 구분할 수 있다. 통제 지향적 분류 방법에는 조직별 분류와 품목별 분류가 있다. 이들은 예산과정에서의 통제성을 중시하는 것으로 책임소재를 명확히 하거나 지출대상을 세분화하는 방향으로 예산을 분류한다. 관리·계획 지향적 분류방법에는 기능별 분류, 사업계획별 분류, 활동별 분류와 경제성질별 분류를 포함하게 되는데 이들은 정부가 수행하는 사업을 중심으로 이에 대한 계획수립 및 관리와 경제 분석에 유용한 분류방법이다.

1) 통제 지향적 분류방법

(1) 조직별 분류

조직별 분류는 예산을 편성하고 집행하는 정부의 조직단위에 따라 분류하는 방법으로 예산의 분류방법 중 가장 오래되고 기본적인 분류방법이다.

(2) 품목별 분류

품목별 분류는 지출의 대상에 따른 분류방법이다. 품목별 분류는 급여, 여비, 시설비 등 지출의 대상을 세분하고 그에 따라 금액을 배정함으로써 예산집행에 있어서 유용이나 부정을 방지하는데 적합하며 또한 회계책임을 명확히 할 수 있다. 그러나 이 분류는 지출대상의 세부적 용도에 관심을 둠으로써 정부사업의 내용을 밝히기가 어렵고 예산집행의 신축성을 저해할 우려가 있다.

2) 관리 지향적, 계획 지향적 분류방법

예산편성을 단순한 통제 중심에서 벗어나 관리 지향적으로 편성할 것인가, 계획 지향적으로 편성할 것인가에 따라서 예산의 성격이 달라진다. 가령, 최근에 강조되고 있는 신성과주의 예산, 산출 중심예산을 넘어서 경제계획과 보조를 맞추는 예산분류로 까지 진화하는 것이 세계적인 추세이다.

(1) 기능별 분류

기능별 분류는 정부의 주요 기능에 따라 예산을 분류하는 것으로 주로 세출예산에 대한 분류방법이다. 정부의 주요 기능이란 국방, 교육 등과 같은 것으로 이러한 기능에 따른 예산분류는 정부가 무슨 활동을 하는지 그리고 그 활동을 수행하기 위해 얼마만큼의 예산을 지출하는지에 대한 이해를 용이하게 한다.

(2) 사업계획별 분류

사업계획별 분류는 기능별 분류와 활동별 분류의 중간 분류이다. 예산편성에서 사업계획은 기본적이며 필수적인 요건이다. 따라서 이 분류를 통해 국가 기능에 따른 거시적인 기능별 분류와 세부적 활동에 따른 미시적인 활동별 분류를 의미 있게 연계시킬 수 있다면 예산운용은 체계성과 일관성을 갖추게 되고 그에 따른 효과도 극대화시킬 수 있을 것이다.

(3) 활동별 분류

활동별 분류는 이미 언급한 사업별 분류를 구체적인 활동으로 세분한 분류로서 예산안의 편성, 회계업무, 예산집행상황의 보고를 용이하게 한다.

(4) 경제성질별 분류

정부의 정책결정이 경제활동의 수준과 내용에 미치는 영향을 분석하는데 활용되는 경제성질별 분류는 세입•세출예산을 항목의 경제적 성격에 따라 경상계정과 자본계정으로 구분하여 분류하는 방법이다. 따라서 이 분류는 거시적 관점에서 예산이 국민소득의 기본적 요인에 어떠한 효과가 있는지를 파악하는데 도움을 주는 유익한 자료가 된다.

제3절 예산과정

정부예산론에서 가장 핵심적인 부분은 예산과정으로, 예산의 편성·심의·집행·결산 및 회계검사로 구분된다. 예산의 편성과 집행은 행정부가 그리고 예산의 심의는 입법부가 맡으며 결산 및 회계검사 결과는 입법부에서 승인 절차를 거치게 된다.

1. 예산의 편성

예산의 편성이란 정부가 사업계획을 수립한 다음 선정된 사업계획에 자금을 배정하는 과정이라 할 수 있다. 근대 예산제도의 발달과정에서 행정부제출 예산제도가 정착되면서 예산편성은 행정부의 책임하에 이루어지고 있다. 국가의 권력구조에 따라 다소의 차이는 있지만, 행정부에서 편성된 예산안이 입법부의 심의과정에서 수정되는 정도가 별로 크지 않다는 점에서 예산편성은 매우 중요하다.

우리나라에서 예산편성은 대체로 다음과 같은 단계를 거쳐 진행된다. 첫째는 각 중앙관서의 장이 다음 년도의 신규 및 주요 사업계획서를 제출하는 단계이다. 둘째는 중앙예산기관의 장이 국가재정운용계획을 수립하고 각 중앙관서의 장에게 예산편성지침을 하달하는 단계이다. 셋째는 각 중앙관서의 장이 그들의 사업을 결정하고 예산을 요구하는 단계이다. 넷째는 중앙예산기관이 각 중앙관서의 예산요구서를 사정하고 확정하는 단계이고, 마지막은 정부예산안이 확정되는 단계이다.

2. 예산의 심의

예산의 최종결정권은 국민의 대표기관인 의회가 가지고 있다. 의회의 예산심의는 국민의 다양한 이익을 정부예산에 반영하는 정치적 과정인 동시에 행정활동의 내용과 책임을 구체화하는 과정이다. 의회의 예산심의 형태는 국가에 따라 차이를 보이고 있는데 몇 가지를 살펴보면 다음과 같다. 우선 국가형태에서 내각책임제 국가인 경우 예산이 담고 있는 정책을 심의하게 되어 예산액이 수정되는 경우는 거의 없다. 만약 의회가 행정부 예산을 부결하거나 예산액에 수정을 가하면 이는 내각에 대한 불신임으로 간주된다. 반면 대통령중심제 국가에서는 정책과 각 항목별 예산액까지 세밀하게 심의하게 되어 큰 폭은 아니지만 행정부 예산안에 대해 수정이 가해진다.

예산의 성립형태에 있어서도 예산을 법률의 형식으로 통과시키는 국가가 있는가 하면 단순히 예산의 형식으로 통과시켜 예산을 법률보다 하위 효력을 갖게 하는 국가도 있다. 미국, 영국 등이 전자에 속하고, 우리나라, 일본 등은 후자에 속한다.

우리나라의 예산심의 절차는 정부수립 이래 일관성을 지니지 못한 채 여러 차례 변화를 겪어 왔다. 제4, 5공화국(1973-1987)에서는 국회의 국정감사가 잠시 중단되었고, 제4공화국부터는 예산심의 기간이 3개월에서 2개월로 단축되었으며, 제5공화국 초기에는 상임위원회의 예비심사제도가 폐지되기도 했다. 현재 우리나라 예산심의 과정은 국정감사 및 시정연설, 예비심사, 종합심사, 본회의의 의결의 순으로 이루어지고 있다.

3. 예산의 집행

1) 의의와 과정

예산집행은 국가의 수입 및 지출과 관련된 모든 행위를 의미한다. 예산집행에는 두 가지 목표가 있는데 하나는 입법부의 의도를 구현하는 것이고 다른 하나는 집행상의 신축성을 유지하는 것이다.

우리나라의 예산집행은 각 중앙관서별로 예산이 배정됨으로써 시작된다. 각 중앙관서에서는 배정받은 예산을 각 하급기관에 재배정하고, 이를 근거로 담당기관에 의해 수입과 지출이 행해진다.

2) 예산집행에서의 신축성 확보

현대사회가 동태적으로 움직임에 따라 예산집행에서의 신축성 확보가 매우 중요한 이슈로 등장하고 있다.

(1) 예산의 이용과 전용

세출예산은 기관機關, 장章, 관款, 항項, 세항細項, 목目으로 분류되는데 이들을 예산과목이라 한다. 이 가운데 기관機關, 장章, 관款, 항項을 입법과목이라 하며, 세항細項, 목目을 행정과목이라 한다. 예산의 이용이란 입법과목간의 상호 융통을 말한다. 이는 원칙적으로 허용되지 않지만 예산 집행상 필요에 의하여 미리 예산으로서 국회의 의결을 얻었을 때 기획재정부 장관의 승인 하에 상호 융통 할 수 있다.

예산의 전용이란 행정과목간의 상호 융통을 의미한다. 각 중앙관서의 장은 대통령령이 정하는 바에 의하여 기획재정부 장관의 승인을 얻어 예산을 전용할 수 있다.

(2) 예산의 이체

예산의 이체란 정부조직 등에 관한 법령의 제정, 개정 또는 폐지로 인하여 그 직무와 권한에 변동이 있을 때, 예산목적은 변경함이 없이 예산집행에 관한 책임소관을 변경하는 것을 말한다.

(3) 예산의 이월

예산의 이월이란 당해 회계연도 예산의 일정액을 다음 회계연도에 넘겨서 사용하는 것을 말하며 회계연도 독립의 원칙의 예외가 된다. 이월에는 명시이월과 사고이월이 있다.

(4) 계속비

계속비란 완성에 수년을 요하는 공사나 제조 및 연구개발사업 등에 있어 그 경비의 총액과 연부액年賦額을 정하여 미리 국회의 의결을 얻고 그 범위 내에서 수 년도에 걸쳐서 지출할 수 있는 예산을 말한다. 이 제도는 특정 사업을 계속적이고 일관성 있게 추진할 수 있도록 하기 위한 것으로 회계연도 독립의 원칙에 위배된다.

(5) 예비비

예비비란 예측할 수 없는 예산외의 지출 또는 예산초과지출에 충당하기 위하여 세출예산에 계상되는 예산을 말한다. 예산외 지출이란 예산에 계상되지 아니한 새로운 경비의 지출을 의미하며, 예산초과지출이란 예산에 계상된 금액보다 초과된 지출을 의미한다.

(6) 추가경정예산

추가경정예산은 예산 성립 후에 생긴 사유로 인하여 이미 성립된 예산을 변경하는 것을 말한다. 본래 추가경정예산은 예상하지 못한 사태로 인하여 변경된 예산이 필요할 때 국회에 상정하는 것인데, 거의 매년 1-2회 사용하고 있고, 때로는 본예산의 편성이나 심의과정에서 삭감된 부분을 부활시키기 위한 수단으로 이용되기도 하였다.

3) 예산집행의 특징

예산집행의 특징은 다음과 같다.

첫째, 예산의 낭비가 심하다. 관료적 사고방식에 따르면 배정 받은 예산을 다 쓰지 않을 경우 행정기관은 당연히 해야 할 일을 하지 않은 것으로 간주되어 업무수행 능력이 과소평가된다. 설사 예산의 절감요인이 발생했다고 할지라도 다음 회계연도의 예산이 그 만큼 삭감될 가능성이 커지기 때문에, 일단 배정 받은 예산은 회계연도 내에 모두 지출하려는 노력을 하게 된다. 배정 받은 예산의 완전 소모는 예산집행에서 나타나는 매우 보편적인 현상일지라도 예산의 남용은 억제되어야 한다.

둘째, 추가경정예산의 타당성 문제이다. 예산운용의 탄력성을 부여하는 추가경정예산은 그 효용성이 매우 크지만 자칫 남발할 경우 재정팽창을 초래할 가능성이 높다.

셋째, 예산집행과정에서 공무원의 부정·부패가 발생할 가능성이 크다. 특히 세입예산의 세금징수과정에서 발생하는 부조리는 단시일 내에 근원적으로 해결될 수 없을 정도로 매우 심각한 상황에 이르고 있는데, 우선은 법령의 정비를 통해 형식주의를 제거하면서 세제의 공평성을 높이는 방안을 강구해야 할 것이다.

[그림 11-1] 예산집행의 신축성 확보방안

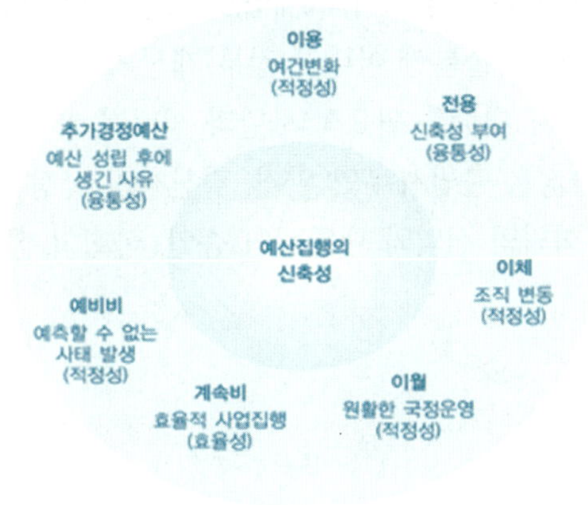

* 자료: 권기헌(2009: 359)

4. 결산 및 회계검사

행정부는 회계연도가 끝나면 그동안 집행된 예산에 대한 결산을 한다. 결산이란 1회계연도 내에 있어서 세입예산의 모든 수입과 세출예산의 모든 지출을 확정적인 계수로 표시하는 것을 의미한다. 그리고 예산집행에 대한 사후적 평가인 회계검사는 행정부에서 제출한 결산보고를 대상으로 이루어진다.

감사원은 우리나라의 회계검사기관으로 국가의 세입•세출의 결산, 국가 및 법률이 정한 단체의 회계검사와 행정기관 및 공무원의 직무감찰을 위하여 대통령 소속 하에 설치되어 있다. 감사원의 회계검사 방법은 주로 서면검사와 실지검사에 의존하고 있다. 서면 검사는 각 기관 또는 단체가 제출한 장부나 증빙 서류 등을 통해 감사하는 것이다. 반면 실지검사는 필요에 따라 직원을 현지에 파견하여 감사하는 것을 의미한다. 따라서 실지감사는 서면감사를 보완하는 성격을 지니고 있다.

감사원은 회계검사를 통하여 국가의 세입•세출 결산을 확인한다. 감사원의 회계검사는 정부의 수입과 지출뿐만 아니라 정부 재산의 취득, 보관, 관리 등도 포함한다. 감사원의 회계검사 대상은 필요적 사항과 선택적 사항으로 구분되어 있다.

우리나라의 결산과정은 출납사무의 완결, 결산서의 작성 및 제출, 감사원의 결산검사 및 확인, 국무회의의 심의와 대통령의 승인, 국회의 심의·의결의 순으로 진행된다.

제4절 예산결정 이론

정부예산은 어느 국가에서든지 정책의 최우선순위를 반영하는 문서로서 사회자원의 동원과 배분에 관련된 의사결정의 집합체이다. 따라서 예산결정은 예산의 내용과 구조를 중심으로 조직의 재정상태, 목적과 수단관계, 그리고 가치배분의 순위를 결정하는 것이라 할 수 있다. 예산결정 이론은 이러한 예산결정 현상을 설명하고 예측하기 위한 체계적인 견해를 의미한다. 여기서는 추구하는 합리성의 기준에 따라 총체주의와 점증주의로 구분하여 살펴보기로 한다.

경제적 합리성을 기본 이념으로 하는 총체주의는 체계적이고 규범적이며 결과지향적이다. 이 이론은 자원을 배분할 때 따라야 할 논리, 방법, 절차 등을 설정하고 비용과 편익의 비교분석을 통해 효용을 극대화하는 방향으로 결정하는 것으로 예산결정 결과에 주안점을 둔다.

반면 정치적 합리성을 기본 이념으로 하는 점증주의는 부분적이고 실증적이며 과정 지향적이다. 이 이론은 예산결정이 실제로 어떻게 이루어지고 있는가에 초점을 맞추어 누가 또는 어떤 환경적 요인이 예산결정에 어떻게 영향을 미치는가 등을 기술하고 설명하는데 그 목적을 둔다. 따라서 예산결정은 정치과정인 동시에 관료과정으로 인식한다.

1. 총체주의

1) 의의

총체주의는 근원적 접근 혹은 종합적 접근이라 불리며 예산결정에 있어 목표달성을 가장 중요시한다. 목표달성을 위해서는 우선 목표를 분명하게 설정하고 목표달성을 위한 가능한 모든 대안을 탐색한 다음, 이 가운데 목표달성과 관련하여 효용성이 가장 큰 대안을 선택하게 된다. 따라서 총체주의에서 예산결정은 합리적이며 분석적인 단계를 거쳐 이루어지며 경제학의 한계효용, 기회비용, 최적화 개념 등이 활용된다. 따라서 총체주의는 예산결정에 있어 전년도 답습주의에 의존하지 않고 문제 해결과 관련된 모든 대안과 그리고 이를 비교 검토할 수 있는 완전한 지식과 정보를 얻을 수 있다는 가정에 바탕을 두고 있다.

2) 특징

총체주의적 예산결정은 다음의 단계로 이루어진다. ① 조직체가 직면한 문제를 진단하고 확인하며, 목표를 구체적이고 분명하게 정의한다. ② 목표 달성을 위한 가능한 모든 대안을 탐색하고 분석하여 각 대안이 초래할 결과를 예측한다. ③ 각 대안들의 비용과 편익을 평가하고 비교한다. ④ 설정된 기준에 의해 목표달성을 극대화하는 대안을 선택한다. ⑤ 선택된 대안이나 사업에 예산을 배정한다. 이러한 총체주의의 특징으로 자주 거론되는 것은 다음과 같다.

첫째, 총체주의에서는 사회의 가치 또는 목표가 분명히 인식될 수 있다. 그리고 이들 간의 우선순위도 용이하게 확인될 수 있다고 본다.

둘째, 총체주의에서는 목표와 수단 혹은 가치와 사실이 구분될 수 있다고 본다. 따라서 목표와 수단은 인과관계에 따라 체계화시킬 수 있다. 이것은 목표의 명확한 정의를 통해 가능하다.

셋째, 총체주의에서는 설정한 목표를 달성하기 위한 가능한 한 모든 대안을 탐색할 뿐만 아니라 이들의 상호비교, 그리고 목표에 부합되는 대안선정이 최선의 결정이라고 여긴다.

넷째, 총체주의에서는 비용편익분석, 체제분석, OR 등 다양한 분석기법을 활용하여 목표달성 및 대안선정을 체계적이고 종합적으로 검토한다.

3) 비판

첫째, 총체주의에서는 인간의 문제해결능력에 한계가 있음에도 불구하고 체계적이며 종합적인 분석을 강조함으로써 예산결정자가 전지전능하다는 것을 전제로 하고 있다.

둘째, 대부분의 경우 현실 문제는 정치적·사회적 속성을 지니고 있음에도 불구하고 총체주의는 지나치게 기술적·경제적 합리성을 강조한다.

셋째, 총체주의에서 강조하는 모든 대안의 탐색과 평가 그리고 이들 간의 비교·분석은 시간과 비용이 과다하게 요구된다.

넷째, 총체주의는 여러 가지 대안 중에서 최선의 대안 선택을 강조하나 이를 평가하기 위한 기준이 없는 경우가 많다.

2. 점증주의

1) 의의

점증주의는 예산결정에 있어서 T년도 예산을 기준으로 하여 T+1년도 예산을 배정하는 것이다. 따라서 예산결정은 총체주의에서 주장하는 바와 같이 기존의 사업들이나 예산항목을 체계적으로 검토하고 이에 대한 대안을 발굴하는 방식으로 이루어지지 않는다는 것이다. 대신에 기존의 예산을 토대로 새로운 예산의 규모와 내용이 결정되며, 그에 따라 나타난 결과는 기존예산에 대비한 소폭의 증가 또는 감소한 상태가 되는 것이다. 따라서 점증주의적 예산결정은 인간의 인식능력은 한계가 있으며 예산결정 구조가 안정적이라는 전제하에 이미 정해진 절차에 따라 결정자간의 상호 조정과 타협을 통해 기존의 예산결정에 약간의 변화를 가하는 것이다. 기존의 결정을 존중한다는 점에서 보수성을 띠고 있는 반면 현실성이 매우 높은 예산결정 방법이라고 볼 수 있다.

2) 특징

점증주의는 총체주의와는 달리 목표를 설정하고 이와 관련된 모든 대안을 탐색하는 것이 아니라 주어진 조건하에서 개발된 몇몇의 대안만을 대상으로 한다. 즉 대안은 제한적으로 고려되며 또한 한정된 결과에 따라 비교 검토된다. 그리고 이러한 대안의 비교는 연속적으로 진행되면서 대안의 결정은 합의를 통해 이루어진다. 따라서 총체주의에서 강조하는 목표수단의 체계화나 이를 위한 고도의 분석기법 활용이 대폭 줄어들게 된다. 이러한 점증주의의 특징을 살펴보면 다음과 같다.

첫째, 점증주의적 예산결정은 전년도 예산을 기초로 한 소폭의 증감으로 나타난다. 즉 기반base과 공정한 몫fair share이라는 개념에 근거하여 예산액이 연도별로 급증하거나 격감하지 않는다는 것이다. 여기서 기반이란 T년도 예산수준이 큰 변화 없이 T+1년도에도 허용되리라는 기대이며, 공정한 몫이란 예산배정이 이러한 기대에 부합되는 것이다.

둘째, 점증주의에서 예산결정은 계속적, 분할적으로 이루어진다. 그렇게 되는 이유는 예산내용이 매우 복잡하다는 점, 예산결정과정에 참여하는 행위자 및 기관이 다양하다는 점, 그리고 예산은 여러 단계를 통해서 결정되기 때문에 어느 한 단계에서의 결정이 지배적일 수 없다는 점이다.

셋째, 점증주의 예산결정은 제한된 분석을 활용한다. 인간 능력의 한계로 인하여 예산과정에서는 목표와 수단, 대안의 결과 등을 완전히 분석하기가 불가능하기 때문이다. 따라서 T+1년도의 예산결정은 T년도 예산을 기준으로 하며 계속적, 분할적 방법으로 이루어진다.

넷째, 점증주의적 예산결정은 참여자의 합의를 중시한다. 올바른 정책의 채택은 그 정책에 대한 동의에 달려 있다는 것이다. 따라서 예산과정에서 협상과 타협은 무엇보다 중요하며 이를 통해 예산결정에서 발생할 수 있는 오류를 점진적으로 수정해 나아가게 된다.

3) 비판

첫째, 점증주의적 예산결정에서 의미하는 소폭의 변화가 학자들에 따라 기준연도 대비 10%이상에서 30%이내로 되어 있어 이에 대한 견해 차이가 크다. 더욱이 분석 대상이 기관이냐, 예산총액이냐 혹은 사업 및 정책이냐에 따라 점증의 정도가 다르게 나타나기 때문에 특정한 비율을 일률적으로 적용하는 데에도 한계가 있다.

둘째, 점증적 예산결정은 보수적 성향을 띠고 있기 때문에 혁신적이지 못하다. 과거의 경험을 중시함으로써 진취적 입장에서 새로운 방향을 제시하는 결정이 이루어질 수 없다는 것이다. 더욱이 협상과 타협을 통한 계속적, 분할적 예산 결정은 참여자의 영향력이 대등하지 못할 경우 특정이익을 대변하게 된다. 따라서 기존의 체제를 고착화시키는 결정으로 이어질 가능성이 크다는 것이다.

셋째, 점증적 결정방법은 비교적 안정적인 사회에 적합한 모형이다. 드로어(Dro)r에 의하면 이 모형이 성공적으로 적용되기 위해서는 현행정책의 결과가 대체적으로 만족할 만한 수준이어야 하며 또한 당면한 문제의 성격이나 이를 해결하기 위한 수단과 방법이 안정성을 지녀야 한다고 주장하고 있다. 따라서 급격한 변동을 겪고 있는 국가에는 적합치가 않다.

넷째, 점증주의는 기본적으로 미시적·상향적 예산결정 방법이기 때문에 국가의 재정정책의 변화를 분석하는데 한계가 있다. 미시적·상향적 예산결정 방법에서는 각 부처와 중앙예산기관의 사정관이 중요한 역할을 담당하면서 각 부처의 예산요구, 사업계획, 전년도 예산과의 차이 등이 주 관심 대상이 된다. 따라서 예산은 각 부처의 예산요구에서부터 시작하여 위로 올라가면서 결정된다.

미국에서는 그 동안 계획예산제도, 목표관리MBO, 영기준예산제도 등의 도입을 통해 예산개혁을 추진해 왔지만 이와 같은 미시적·상향적 예산결정 방법만으로는 정부가 재정위기에 대처하는 현상을 올바르게 설명할 수 없게 되었다. 따라서 이에 대한 대안으로 거시적·하향적 예산결정 방법이 부각되고 있는데 이 방법에서는 행정수반과 그 참모진 그리고 중앙예산기관의 장이 중요한 역할을 담당하면서 예산총액, 중기재정계획, 각 분야별 예산배분비율, 예산의 대 GNP 비율, 경제전망 등이 주 관심사가 된다. 따라서 예산결정은 행정수반과 중앙예산기관이 주도권을 장악하고 위에서부터 아래로 내려오는 방식을 따르게 된다.

제5절 예산제도와 예산개혁

1. 예산개혁의 의의

예산개혁이란 예산과정을 합리적으로 개선하려는 일련의 노력으로 그 결과에 따라 기존의 예산제도가 대폭적으로 보완되거나 전혀 새로운 예산제도가 등장하게 된다. 이러한 예산개혁은 주로 재원의 경제적 활용에 그 초점을 맞추고 있지만,

지나치게 경제적 합리성을 추구할 경우 예산의 정치적 측면을 간과하게 되어 예산개혁 운동은 많은 난관에 봉착하게 된다.

예산개혁 이론의 대표적인 학자인 쉬크(Allen Schick)는 미국의 예산제도 발달과정의 분석을 통해 예산기능이 단계적으로 변천되면서 이에 상응하는 새로운 예산제도가 나타나고 있다고 설명하고 있다. 즉 시대적 상황에 따라 예산 기능이 통제, 관리, 계획기능으로 바뀌게 되는데 미국의 경우 1920년대까지는 통제기능이 1950년대까지는 관리기능이, 1960년대부터는 계획기능이 강조되면서 각각의 기능에 적합한 예산제도로 품목별 예산제도, 성과주의 예산제도, 계획예산 제도가 등장했다는 것이다. 이러한 예산의 통제, 관리, 계획기능을 1970년대 중반부터 대두되기 시작한 감축기능과 함께 살펴보기로 한다.

1) 통제기능

통제기능은 예산의 편성과 집행에 관련된 절차나 방법 등 비교적 협소한 문제에 초점을 맞춘다. 따라서 예산과정에서 사업의 내용이나 성과보다는 지출대상이 무엇이며 이를 어떻게 관리하느냐에 주된 관심을 두게 된다. 행정기관은 품목에 따라 예산을 편성하고, 행정수반이나 의회가 결정한 지출한도를 엄격히 지켜야 한다. 그리고 이를 통제하고 감시하기 위한 다양한 보고절차가 마련된다. 이러한 기능에 적합한 예산제도는 품목별 예산이다.

2) 관리기능

관리기능은 예산과정에서 사업의 수행방법이나 실적에 관심을 둔다. 즉 지출되는 비용으로 사업의 성과를 최대한 높이기 위해 인적·물적 자원을 적절하게 배치하고 이를 측정하기 위한 성과지표의 개발에 노력한다. 따라서 통제 위주의 예산에서는 경시되었던 사업이나 업무를 중시하면서 이에 대한 분석을 통해 예산배정이 이루어진다. 한마디로 관리기능은 주어진 사업을 어떻게 하면 가장 능률적으로 수행하느냐에 초점을 맞추게 되는데, 이러한 기능은 성과주의 예산제도에 의해 구현될 수 있다.

3) 계획기능

계획기능은 단연도 예산에 중·장기적 계획을 연계시킴으로써 예산을 통한 효율적인 자원배분을 중시한다. 즉 장기적인 관점에서 조직의 목표를 확인하고 그 목표를 달성하기 위한 사업을 선정하며 이를 수행하기 위한 가용자원을 발굴하고 배분하는 데에 역점을 둔다. 따라서 정부가 예산운용을 통해 수행하는 사업의 목표가 무엇이며 그 사업의 수행으로 인한 파급효과가 어떤지를 분석함으로써 예산에 대한 매우 폭 넓은 시야를 갖고 있다. 이 기능은 사업의 효과성을 중요시한다는 점에서 사업의 능률성을 강조하는 관리기능과는 뚜렷이 구분된다. 계획예산제도는 이러한 기능을 수행하는 예산제도이다.

위의 세 가지 기능은 예산과정에서는 물론 일반 행정과정에서도 자주 언급되는 기능으로, 각각 개별적이며 독립적이라기보다는 서로 긴밀하게 연관된 기능으로 보아야 할 것이다. 단지 상황적 변화와 요구에 따라 특정기능이 다른 기능보다 강조되는 것이다. 따라서 예산의 기능은 통제라는 매우 제한적인 기능에서 관리, 그리고 계획기능으로 확대되고 있는 것으로 보아야 할 것이다.

4) 감축기능

감축기능은 1970년대 중반 석유파동으로 세계 경제가 침체되고 저성장 시대를 맞이하면서 정부예산의 규모를 축소해야 한다는 불가피한 상황에서 등장하였다. 따라서 이 기능은 일반 행정 분야에서 조직의 축소 내지는 폐지를 통한 생산성 제고에 관심을 보이는 계기를 만들었다. 이러한 관점에서 예산의 감축기능은 전년도 답습주의적 예산운용관행에서 벗어나 기존사업에 대한 전면적인 재검토를 통해 우선순위를 정하고 이에 근거하여 예산을 편성하는 영기준예산제도의 도입을 촉진하였다.

예산의 감축기능은 저성장 시대의 예산운용에 적절하다는 점에서 위의 통제, 관리, 계획 기능처럼 보편성을 지닌 뚜렷한 기능으로 볼 수 있을지는 의문이 제기될 수 있다. 즉, 감축기능은 예산운용에 관한 전반적인 방향설정에 관련된 것으로서 위의 3대 기능과 같은 수준에서 대등하게 비교되기 어렵다는 지적이다. 그러나 감축기능은 기존의 예산현상에 대한 새로운 시각을 제시하면서 영기준 예산제도의 도입을 가능케 했다는 점에서 나름대로 큰 의미를 지니고 있다고 볼 수 있다.

2. 품목별 예산제도(Line Item Budget System)

1) 의 의

품목별 예산제도(line item budget system)는 예산의 편성을 정부가 구입·지출하는 품목별로 하는 예산편성제도이다. 우리나라의 예를 들면, 예산과목인 장·관·항·세항·목이 있는데, 이 중 목이 품목에 해당하는 것으로서, 급여·연금·수당·여비 등 수십 목으로 나누어져 있다(박동서, 1978: 320).

2) 배 경

품목별 예산제도는 미국에서 1907년에 뉴욕 시에서 행정의 절약과 능률을 증진시키기 위해 처음 도입하였다. 이는 입법부가 행정부를 극도로 불신하고 고도로 통제하여, 행정관료의 자유재량 여지를 최대한 억제하고자 하던 시대의 산물이다.

3) 유용성

(1) 예산집행상 부정 방지

품목별 예산제도는 지출대상을 보수·여비·시설비 등의 품목별로 세분함으로써, 예산 집행 시 담당 관료들의 부정부패 소지를 크게 줄일 수 있다.

(2) 예산심의와 회계검사 용이

정부 전체의 보수·여비·시설비 등 품목별 지출총액을 밝혀줌으로써, 예산심의와 회계검사를 용이하게 한다.

(3) 행정권의 남용 방지

품목별로 세세하게 지정된 금액으로 인해 행정권의 남용이 발생할 우려를 거의 원천적으로 봉쇄하는 효과를 가져올 수 있다(Schick, 1971: 22-23).

4) 한 계

(1) 조직의 목표 파악 곤란

품목별 예산제도는 조직에 필요한 각 항목에 의한 예산의 배분이 이루어지므로, 조직의 목표나 사업계획의 파악이 곤란하게 된다.

(2) 경직적 예산 운용 초래

품목별로 너무 세세하고 엄격하게 배분된 예산으로 인해 예산 운용상 신축성이 거의 없다는 문제점이 있다. 따라서 예산집행상 신축적이고 효율적으로 대처해야 할 상황에 직면하더라도 적절한 대응을 할 수 없게 된다.

3. 성과주의 예산제도(Performance Budget System)

1) 의 의

성과주의예산제도(PBS)에서는 투입요소를 중심으로 단위원가(unit cost)×업무량=예산액으로 예산책정을 하는 예산제도이다. 모셔(Mosher, 1954)는 성과주의 예산제도는 활동별activity로 양적으로 표시한 업무단위를 선정하여, 단위원가를 기준으로 예산을 과학적·합리적으로 편성함으로써, 집행성과를 측정·분석·평가할 수 있게 하는 예산제도라고 정의한다(Mosher, 1954: 81-82).

2) 배 경

성과주의예산제도(Performance Budget System)는 1912년 미국 Taft위원회에서 처음 제시되었고, 1949년의 제1차 후버위원회가 성과주의 예산제도의 개념과 기법을 일반화시킨 뒤, 1955년 제2차 후버위원회가 예산이 프로그램으로 구체화되어야 한다고 주장함으로써, 성과주의 예산제도는 새로운 예산제도로 발전되었다.

우리나라에서는 1961년 국방부에서 도입을 시도하고, 농림부와 보사부가 그 뒤를 따랐으나, 성공적으로 제도화하지 못하고 실패하여 1964년부터 중단되었다.

3) 내용 및 특징

성과주의예산은 사업이 제공하는 서비스의 양은 업무측정단위를 기준으로 측정되며, 업무측정단위당 원가가 계산되는 예산제도이다. 단위원가와 예상업무를 예산과 비교하여 사업의 성과를 측정할 수 있기 때문에 성과주의예산이라고 한다.

성과주의예산은 사업을 단위로 예산을 편성하고 성과를 측정하는데, 사업예산의 총액만이 승인되어 집행기관의 자유재량에 맡겨지고, 구체적인 지출에 대한 간섭을 배제하고 집행기관은 목표달성의 책임을 지는 것이 성과주의예산의 기본정신이다. 이는 우리나라에서 도입한 총액배정·자율편성(Top-down) 예산제도의 정신과도 통용되는 부분이다.

하지만 성과주의예산(PBS: Performance Budget System)은 산출(output)의 총 가치를 측정하기보다는 산출에 투입된 업무단위와 단위원가를 기준으로 예산편성을 하므로 엄밀한 의미의 산출중심 예산제도라고 할 수는 없는 한계가 있었다. 이에 따라 산출의 총 가치를 예상하여 정책의 우선순위를 정하고, 자산의 실시간 감가상각과 동태적 자산측정을 허용하는 산출예산제도(NPBS: New Perfor- mance Budget System)로 진화하는 추세이다.

우리나라에서도 재정경제부는 2006년 5월 26일 품목별 예산과목 기준으로 결산하던 방식에서 사업성과(산출물) 중심으로 결산하는 방식으로 개정하는 국가재정운용체제의 변화에 관한 법률을 입법예고함으로써, 산출예산제도에 대한 도입기반을 마련하였다.

우리나라 정부는 실제운용에 있어서도 국가재정운용계획을 5년 단위로 편성하고 있는데, 여기에서는 산출의 총 가치를 예상하여 정책의 우선순위를 정하고, 자산의 실시간 감가상각과 동태적 자산측정을 측정한다는 측면에서 산출예산제도(New Performance Budget System)의 한 형태로 간주할 수 있다.

4) 장점 및 한계

(1) 장 점

첫째, 정책별 예산·재원의 배분 및 집행을 합리화시킬 수 있다.
둘째, 예산집행의 신축성을 높일 수 있다.
셋째, 사업별로 통제가 가능하며, 행정성과의 향상을 기할 수 있다.

(2) 한 계

첫째, 사업별 업무 단위가 정해지고 동시에 단가가 계산 가능하여야 하는데 실제로 단가 측정은 매우 어려운 일이다.
둘째, 세출에 대한 통제가 품목별 예산보다는 상대적으로 약화될 수밖에 없다.
셋째, 계획예산에 비해 성과주의예산(Planing Programming Budgeting System)은 무엇을 할 것인가와 같은 정책우선순위의 문제를 초점으로 하는 것은 아니다(박동서, 1978: 324). 따라서 구체적인 개별적 사업만 나타나 있지, 전략적인 목표의식은 결여되어 있다.

4. 계획예산제도(Planing Programming Budgeting System)

1) 의 의

계획예산제도(Planing Programming Budgeting System)는 장기적인 계획(planning)과 단기적인 예산(budgeting)을, 실시기획(programming)을 통해 유기적으로 연결시킴으로써, 예산배분에 관한 정책결정을 합리적으로 실행하는 예산제도를 말한다.

계획예산제도(Planing Programming Budgeting System)는 Plan→ Program→Program subcategory→Program element라고 하는 여러 단계의 사업구조를 가지고 있

다. 계획예산제도는 기본계획을 짜고 거기에 예산을 배정하기 전에, 먼저 부처별로 기본목표를 정하고, 그에 따라 중장기 계획과 사업계획을 달성할 수 있는 최적대안을 선택하고 거기에 예산을 우선적으로 배정하는 방법이다.

2) 배 경

계획예산제도(Planing Programming Budgeting System)를 도입하게 된 원인을 살펴보면 다음과 같다(박동서, 1978: 326).

첫째, 경제분석의 중요성 증대이다.

둘째, 새로운 정보기술 및 전자정부의 발전이다. 이러한 변화들은 정책결정에서 객관적 분석의 적용을 확대할 수 있게 하였다.

셋째, 기획과 예산 간의 일치요구이다. 현대행정하에서는 행정기능에 있어 발전기획이 매우 중요한 요소로 등장하였고, 이러한 기획이 예산과 연계되어 강력하게 추진될 필요성이 대두되었다.

계획예산제도는 미국 케네디 대통령 당시에 국방예산에 처음 도입되었고, 이후 1965년 존슨대통령에 의해 전 연방정부에 적용되었으나, 1971년 9월 닉슨 대통령 시절 미 관리예산처(OMB)의 지시에 의해 공식적으로 종결되었다.

우리나라에서는 1971년 군특명검열단에 PPB위원회가 설치되었고, 1974년 한국군 전반에 적용하기 위한 계획이 수립되고 국방부와 각 군에 추진기구가 설치되면서 본격적으로 시작되었으나, 1975년 미국 닉슨행정부에서 PPB가 MBO로 대체된 것 등에 영향을 받아 중단되었다(박영희·김종희, 2006: 388-389).

3) 특 징

계획예산제도의 특징은 다음과 같다.

첫째, 계획예산제도는 목표의 구조화, 체계적인 분석, 재원 배분을 위한 정보 체제 등을 강조하는 예산제도이다.

둘째, 계획예산제도의 중요성을 강조하는 가장 큰 이유는 효과성에 있다. 정부가 정해진 목표를 달성하기 위하여 각종 정책이나 사업을 수행하는 데 절약과 능률을 기하는 것도 중요하지만, 그것보다 예산사업을 수행하여 소기의 목표를 달성하는 효과성이 무엇보다 중요하기 때문이다(신무섭, 2001).

4) 장점 및 한계

(1) 장 점

계획예산제도(Planing Programming Budgeting System)가 지니는 장점은 다음과 같다.

첫째, 국가목표를 보다 정확하게 파악할 수 있게 해준다.
둘째, 국가목표 중 가장 우선적인 것을 파악할 수 있게 된다.
셋째, 국가목표를 실현하는 가장 효율적인 수단의 분석을 가능케 한다.

(2) 한 계

성과주의예산은 능률성·관리성을 띤다면, 계획예산제도는 정책우선순위의 분석이라는 관점에서 보다 효과성·장기성을 띤다. 계획예산제도의 한계를 살펴보면 다음과 같다(박동서, 1978: 329).

첫째, 목표설정은 가치판단적인 것이기 때문에 계량화하기가 어렵다.
둘째, 예산당국 및 행정공무원의 분석적 능력이 요구된다.
셋째, 집권화에 대한 우려를 들 수 있다. 계획예산은 모든 정보를 최고책임자 주변의 참모들에게 집중하게 만든다.

5. 영기준 예산제도Zero-Base Budget

1) 의 의

영기준 예산제도(Zero-Base Budget)란 이전 회계연도의 예산에 구속받지 않고 정부의 모든 사업에 대하여 전면적인 검토를 하는 예산제도를 말한다.

2) 배 경

영기준 예산제도(Zero-Base Budget)는 미국에서 1972년 카터 주지사에 의해 조지아주에 우선 도입되었고, 대통령 당선 후 1977년 연방정부의 예산제도로 채택되었다. 우리나라는 1983년도 예산에 이 제도를 적용한 적이 있으나, 현재는 사실상 사용되지 않고 있다.

3) 특징 및 내용

영기준 예산제도는 다음과 같은 특징을 갖는다.

첫째, 영기준 예산제도는 기존 사업이나 새로운 사업을 구분하지 않고 모든 사업을 엄밀히 분석하고 사업의 정당성을 전면적으로 검토하는 예산제도이다.

둘째, 영기준 예산편성은 단위사업의 단위(decision unit) 선정, 단위사업 분석표(decision package)의 작성, 단위사업 분석표의 우선순위 결정(ranking) 순으로 이루어진다.

셋째, 영기준 예산편성은 정보들을 정책결정 패키지별로 조직하는데, 핵심은 예산요구서를 작성할 때 '단위사업의 단위(decision unit)'를 작성하도록 요구하는 것이다. 모든 부서는 기본수준 패키지, 현재 서비스 패키지, 개선된 패키지라는 세 가지 패키지를 준비해야 한다.

넷째, 모든 정책결정 단위로부터의 패키지들은 수요에 따라 정책의 우선순위가 결정(ranking)된다.

4) 장점 및 한계

(1) 장 점

영기준 예산제도는 다음과 같은 장점을 지닌다.

첫째, 자원의 효율적 배분과 예산절감을 가져올 수 있다.
둘째, 정책결정과 계획기능의 개선에 이바지한다.
셋째, 신속한 예산조정 등 변동 대응성의 증진에 기여한다.

(2) 단 점

영기준 예산제도의 단점은 다음과 같다.

첫째, 예산의 빈번한 변경이 오히려 더 많은 비용을 초래할 수 있다.
둘째, 경직성 경비가 많을 경우 효용이 떨어지게 된다.

6. 자본예산제도Capital Budget System

1) 의 의

자본예산제도란 예산을 경상예산과 자본예산으로 각각 구분하여 운영하는 제도이다. 이때, 경상적 지출은 경상적 수입(조세)에 의해 충당하고, 자본적 지출은 자본적 수입으로 충당하되 부족하면 공채발행으로 충당하여 운영하도록 하는 제도를 말한다.

2) 배 경

자본예산제도는 본래 스웨덴에서 1937년 처음으로 도입되었고, 미국에서는

1930년대 공황을 배경으로 1940년대에 확립되었다. 현재의 우리나라 정부 예산에는 일부 자본예산적 요소가 포함되어 있다. 현행 일반회계는 경상예산적 성격이 강한 반면에, 특별회계는 자본예산적 성격이 있기 때문이다. 하지만, 자본예산제도가 정식으로 도입된 것은 아니다.

3) 특 징

자본예산제도는 전통적인 균형예산의 관념에서 벗어나 자본예산의 적절한 운용으로 불경기의 극복 또는 공공사업의 확충을 위하여 활용되는 제도이며, 경기불황시에는 공채를 발행하고, 적자예산을 편성하여 경기가 회복된 후에는 흑자예산으로 상환케 하는 제도이다.

4) 장점 및 한계

(1) 장 점

자본예산제도를 활용하면 다음과 같은 장점이 있다.

첫째, 재정의 기본 구조를 이해할 수 있게 된다.

둘째, 불경기의 극복과 일자리 창출이 용이해진다. 자본예산은 경제성이 있는 대규모 자본사업을 주된 대상으로 하기 때문에 유효수요를 유발하는 효과를 가져온다.

셋째, 수익자 부담원칙에 충실하다. 국공채란 투자의 효과가 장기간에 걸쳐 발생하는 사업인 경우 세대 간 부담의 형평을 기하도록 하기 때문이다.

(2) 한 계

자본예산제도가 가진 한계는 주로 자본계정에 대한 잘못된 운용으로 인해 나타나게 된다.

첫째, 무리한 지출의 정당화 논리로 악용될 수가 있다. 재정적자가 발생한 경우 이를 은폐하고 정당화하는 수단으로 악용될 소지가 있다.

둘째, 정치적 필요에 의한 자본계정의 불합리한 남발로 인해 인플레이션 유발을 초래할 수도 있다.

7. 예산개혁의 장애요인과 극복

예산개혁은 품목중심의 품목별예산 제도에서 출발하여 사업중심의 성과주의, 계획예산, 그리고 영기준예산 제도로 점차 진행되어 왔다. 이 과정에서 품목별 예산제도는 새롭게 등장하는 예산제도로부터 많은 비판과 도전을 받아 왔지만 그 존재의 가치는 계속 유지되고 있다. 그 이유는 예산제도의 기본인 통제적 측면을 중시한다는 점과 함께 점증주의적 의사결정 방식에 따라 예산의 정치적 측면을 수용하고 있다는 점이다. 이러한 관점에서 예산개혁에 있어서 정치적 측면을 경시해서는 안 된다는 전제하에 새로운 예산제도를 성공적으로 도입하는데 극복해야 할 장애요인을 살펴보기로 한다.

첫째, 보수적인 관료들의 변화에 대한 저항이다. 예산개혁은 일반 행정개혁과 마찬가지로 기존의 예산운용의 절차와 관행을 발전적으로 변화시키기 위한 노력이라고 할 수 있다. 보수 세력들은 변화를 거부한다는 일반적 속성에 비추어 볼 때, 그들의 저항에 적절히 대처하기 위한 자원 및 전략이 마련되어야 할 것이다.

둘째, 예산개혁에 대한 의회의 무관심이다. 의회의 주 관심은 행정부에 대한 통제에 있는 만큼 새로운 예산제도의 도입은 의회의 큰 관심을 끌지 못하고 있다. 행정부가 사업 중심의 새로운 예산제도를 도입하더라도 의회는 예산심의에 있어 품목별 통제에 집착하는 것이 일반적인 경향이다. 따라서 의회의 예산심의 방법과 절차가 개선되어야 할 것이다.

셋째, 새로운 예산제도의 조급한 도입이다. 새로운 예산제도는 정치적 인기를 얻기 위해서 혹은 시대적인 유행에 따라 사전준비와 검토가 충분히 이루어지지 않은 상태에서 무분별하면서도 전면적으로 도입·실시하는 경우가 많다. 이렇게 채택된 예산제도는 결코 성공적으로 정착될 수 없다. 따라서 예산개혁의 목표를 명확히 하고 이의 달성과정에서 제시되는 한계점과 그 극복방안에 대한 신중한 검토가 전제되어야 할 것이다.

◈ 심 화 학 습

복식부기 및 발생주의 회계제도

복식부기 및 발생주의 회계제도는 행정고시 5급 공채 등 공무원 시험에서 자주 등장하는 주제이다. 복식부기는 단식부기에 대응되는 개념이며, 발생주의는 현금주의에 대응되는 개념이다. 단식부기는 채권, 채무 등을 대상으로 발생된 거래의 한쪽 면만을 기록하는 방식이며, 복식부기는 왼쪽차변: 자산과 오른쪽대변: 부채에 이중으로 기록하는 회계기록 방식을 말한다. 복식부기 회계제도는 경제주체의 재정 상태와 운영실적을 거래가 발생한 시점발생주의에서 거래의 인과관계를 복식부기에 기장하는 회계처리방식이다.

현금주의cash basis는 현금이 유입되면 수입으로, 현금이 유출되면 지출로 인식하는 기준인데 반해, 발생주의actual basis는 경제주체의 경제적 자원의 변동에 따라 거래가 발생한 시점transaction에 자산, 부채, 비용을 인식하는 기준이다.

복식부기제도의 목적을 살펴보면 다음과 같다.

첫째, 재정의 효율성과 건전성을 확보한다. 복식부기제도는 발생주의 인식기준에 기초하여 자산 및 부채의 종합관리를 통해 재정 상태와 운영실적을 파악할 수 있게 한다.

둘째, 재정의 회계책임성을 보장한다. 복식부기제도는 정부의 재정 상태를 종합적으로 파악할 수 있게 해준다.

셋째, 재정의 투명성을 확보할 수 있게 해준다.

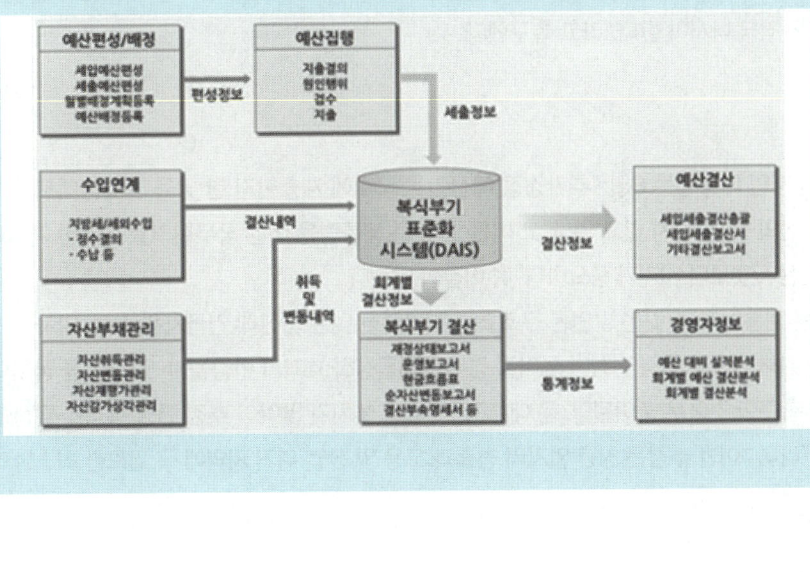

2007년 10월 제정된 국가회계법은 새로운 회계제도의 시행을 위해 국가회계법과 국가재정법에 중복·분산되어 있는 결산 관련 규정을 체계적으로 정비할 필요에 따라 2008년 12월 31일부로 관련 규정을 최종 정비하였다. 정부는 이에 근거하여 2009년 1월 1일부터 발생주의 및 복식부기 회계제도를 시행하고 있다.

☞ 우리나라에서의 발생주의 및 복식부기제도 사례를 찾아보고 그것을 바탕으로 그 유용성과 한계점을 토의하시오.

❖ 사 례 연 구

송하진 전북지사는 9일 "현대조선소 폐쇄와 GM군산공장 가동 중단 등으로 어려움을 겪고 있는 군산경제 회복을 위해서 가장 시급한 것은 국회에서 진통을 겪고 있는 추가경정 예산이 처리돼 예산이 지원돼야 한다."라고 밝혔다.

송 지사는 이날 오전 10시 전북도의회 기자실에서 기자간담회를 열고 "정부가 군산지역을 산업위기 대응 특별지역과 고용위기 지역으로 지정한 후 이와 관련된 예산 1천억 원이 이번 추경에 반영됐다"라고 전제하며 "추경예산이 빠른 시일 내에 통과되지 않으면 골든타임을 놓칠 수 있다."라고 강조했다. 송 지사는 이어 "지금 기회를 놓치면 회사가 부도난 후 돈이 나오면 뭐하냐."라며 "군산경제를 염려한다면 전북의 다수당인 민주평화당이 추경이 편성될 수 있도록 적극 나서야 한다."라고 촉구했다.

* 자료: 전북도민일보 2018. 05. 09.일자 기사 요약

문재인 대통령은 8일 "추가경정 예산안을 국회에 제출한지 한 달을 넘겼는데도 국회에서는 심의 한 번 하지 않고 있다"고 비판했다. 문 대통령은 이날 국무회의를 주재한 자리에서 "추경은 무엇보다 시기가 중요하다"며 이같이 밝혔다.

문 대통령의 이 같은 발언은 구조조정 직격탄을 맞은 군산에 긴급자원 편성, 일자리 창출 등을 위해 필요한 추경 편성이 늦어질 경우 경기활성화 효과가 반감될 수 있는 만큼 국회의 결단을 촉구한 것으로 풀이된다. 문 대통령은 "때를 놓치지 않아야 추경 편성 목적을 달성할 수 있다"라며 "이번 추경은 청년 일자리 창출과 고용 및 산업 위기 지역에 꼭 필요한 최소한의 사

업을 편성한 것"이라고 강조하기도 했다.

* 자료: 노컷뉴스 2018. 05. 08.일자 기사 요약

정부는 2500억 원의 목적예비비를 포함한 3조 9000억 원의 추가경정 예산안추경을 지난해에 이어 두 번째로 편성했다. 목적이 뚜렷해야 할 추경에 예비비를 포함한 추경편성에 벌써부터 국회협상용이라는 말이 나오고 있다.

정부는 구조조정 지역인 경남과 전북, 울산지역에는 1조 원을 투입하고, 청년일자리 대책에 올해 청년 일자리 예산과 맞먹는 2조 9000억 원을 투입 5만 명의 청년고용 창출이 목표다. 하지만 지방선거와 개헌, 한미 FTA 등이 실타래처럼 엉킨 국회통과가 만만치 않을 전망이다. 정부는 5일 오후 정부서울청사에서 열린 임시국무회의에서 이런 내용을 담은 추경 예산안을 의결하고 다음날 6일 국회에 제출하기로 했다.

김동연 경제부총리 겸 기획재정부 장관은 이번 추경편성 배경에 대해 "청년 4명 중 1명은 체감실업률 기준 사실상 실업상태로, 2021년까지 유입되는 에코 세대 39만 명을 그대로 방치할 경우 재난 수준의 고용위기 상황이 예견된다."고 설명했다. 김 부총리는 "구조조정이 가속화해 구조조정 밀집지역의 실업률은 2배 이상 상승했고, 향후 진행 상황에 따라 지역경제의 생산·고용 위축 등 추가적 위기 가능성이 크다"면서 "이런 청년·지역 고용위기를 극복하기 위해 즉시 시행을 해야 하는 시급한 핵심사업을 3조 9000억 원 규모의 추경편성을 통해 뒷받침 하겠다."고 말했다.

* 자료: 에너지경제 2018. 04. 05.일자 기사 요약

1. 추가경정예산의 필요성과 장단점을 정리하고, 단점을 보완할 수 있는 방안을 조사하여 발표하시오.

2. 추가경정예산 외에 예산의 신축적 집행을 용이하게 해주는 제도는 어떤 것들이 있는지를 조사하고 이의 장단점을 정리하여 발표하시오.

토의 및 발표과제

1. 예산제도에 있어서 품목별 예산, 성과주의 예산, 계획 예산에 대해서 비교하고, 이들 간의 장단점에 대해서 정리하여 발표하시오.
2. 예산개혁의 장애요인에 대해서 정리하고, 우리나라에서의 극복방안에 대해서 발표하시오.

제12장

지방자치란 무엇인가?

제1절 지방자치의 의의
제2절 지방자치단체
제3절 지방자치단체의 권한
제4절 지방자치단체장과 지방의회
제5절 지방자치와 자치재정

제1절 지방자치의 의의

1. 지방자치의 개념

지방자치란 "일정한 공간을 바탕으로 지역주민들이 지역의 문제와 욕구를 지역주민 스스로 또는 대표자들로 구성된 공공단체를 통하여 해결하고 처리하는 것"이라고 할 수 있다. 이러한 개념에는 주민자치와 단체자치라는 두 가지 요소가 포함되어 있다.

여기서 주민자치는 주민이 스스로 또는 주민이 선출한 대표자에 의하여 사무를 처리하는 행태, 즉 지방정치의 참여를 의미하는 것이다. 단체자치는 국가로부터 독립적인 법인격의 지위를 받아 일정한 범위 내에서 자율적인 권한을 행사하는 법률적 의미의 자치를 말한다. 따라서 지방자치는 민주주의 이념을 실현하는 장으로 지역주민의 참여를 바탕으로 하며, 단체자치를 통하여 주민자치를 실천하는 것을 그 이상으로 한다.

결론적으로 지방자치란 "일정한 지역을 기초로 하는 단체가 그 지역 내의 사무를 자주재원을 가지고 당해 지역주민의 의사와 책임하에 자주적으로 처리하는 과정"이라고 정의할 수 있다.

이와 같은 지방자치의 개념적 요소를 정리해 보면 다음과 같다.

첫째, 일정한 지역과 주민을 전제로 하는 구역의 문제로 일정한 지역을 바탕으로 한다는 것은 국가의 영토와 같은 의미로 지방자치단체가 자신들의 영향을 미칠 수 있는 일정한 공간 범위가 있다는 것이고, 이러한 공간 속에서 살아가는 주민들이 존재한다는 것이다.

둘째, 자치권의 문제로 이는 국가의 주권에 해당하는 것으로 지방자치단체와 주민은 법률이 정하는 범위 내에서 중앙정부로부터의 자유로운 상태에서 자기들이 하고자 하는 일들을 독립적으로 처리할 수 있는 권한을 갖는다는 것이다.

셋째, 자치사무의 문제로 지방자치단체는 국가사무와 구별되는 자치단체의 사무가 있다는 것으로 자치단체의 사무에는 국가로부터 위임받은 위임사무 외에 지방자치단체의 고유한 사무인 자치사무가 존재한다는 것이다.

넷째, 자치기관의 문제로 국가의 대의정치의 필요성에 의하여 중앙정부가 존재하는 것과 같이 주민 스스로 직접적인 정치참여는 많은 한계와 비효율성을 야기하므로 주민들의 일정한 절차를 걸쳐 주민들의 뜻에 따라 탄생하는 자치기관인 지방의회와 자치단체장, 공무원 등이 존재한다는 것이다.

다섯째, 자주재원의 문제로 이는 국민의 세금에 의해 조성되는 국가 예산과 같은 의미로 지방자치에는 자치단체 스스로 재원을 마련하는 자주재원과 국가로부터 지원을 받는 의존재원이 존재한다.

2. 지방자치의 필요성

1) 지방자치의 효용성

지방자치는 현대국가의 주요한 기능 중의 하나로 대부분의 국가에서 지방자치의 효용성을 인정하고 있으며, 이러한 제도가 제대로 기능을 발휘할 수 있도록 하는 것이 국민의 당연한 의무이자 권리라고 할 수 있다.

(1) 정치적 효용

지방자치의 정치적 효용은 이데올로기 또는 가치 체계와 관련된 효용성이라고 할 수 있다(최창호, 1999: 64).

첫째, 민주주의를 구체화하는 데 기여한다. 민주주의의 기본적인 요소인 국민의 정치 참가는 국정에 관한 참가뿐 아니라 지방정치에 대한 참가가 동시에 필요하다.

둘째, 정치 참가의 훈련장으로 기여한다. 국민은 지방자치에의 참가로 공공적 생활의 훈련을 거침으로써 자유, 자치의 중요성을 깊이 인식하고 또 창조에의 의욕과 능력을 높일 수 있다.

(2) 행정적 효용

행정적 측면에서의 효용성은 절차 또는 수단과 관련된 효용성이라 할 수 있는데, 이를 살펴보면 다음과 같다.

첫째, 주민에 의한 통제가 용이하다. 중앙정부의 행정에 비하여 지역적 이해관계가 밀접해서 직접적인 주민 통제가 용이하고 주민의 대표인 의회와 언론에 의한 감시도 구체화 될 수 있어 중앙 및 지방행정에 대한 통제력을 확보할 수 있다.

둘째, 지역 내의 종합행정이 용이하다. 지방자치는 일정한 지역 안에서의 종합행정의 실시를 위하여 필요하다. 따라서 지방자치단체는 지역행정을 종합적으로 파악하여 지역 주민의 생활을 전체적으로 향상시킬 책무가 있고, 집행 체제도 의회의 감시하에 자치단체의 장이 행정을 통합할 수 있다.

셋째, 창의적이고 실험적인 행정이 용이하다. 지방자치단체가 새로운 정책을 창안하여 실시해 본 결과를 분석·비교·평가하거나 전국적 단위에서 실시하기 곤란한 정책을 실험적으로 일부 자치단체에서 실시하여 그 결과를 사전에 점검함으로써, 정책피해의 최소화와 개선점을 발견할 수 있다.

(3) 경제사회적 효용

경제사회적 측면에서의 지방자치의 효율성은 지방자치 실현의 파급적 효용성의 성격이 강하다고 할 수 있다.

첫째, 경제적 효용으로는 자원 배분의 효율성이 극대화될 수 있고, 소비자 선호성을 구현할 수 있으며, 지역 실정에 맞는 특수산업을 발전시키는 데 용이하다.

둘째, 사회적 효용으로는 지역주민으로 하여금 지역 간의 경쟁성과 창의성을 제고할 수 있고, 주민들의 주체의식과 책임의식 함양에 기여할 수 있다. 나아가 지역의 특성화를 통한 지역적 개성의 고양, 자긍심 향상에 기여할 수 있다.

2) 지방자치와 민주성과의 관계

(1) 관계긍정설

지방자치와 민주성의 관계긍정설에 대한 논의를 소개하면 다음과 같다.

첫째, 중앙집권에 따른 자유권 상실을 방지하는 역할에 관한 논의이다. 근대 민주주의가 국가와 사회의 이원적 대립의 논리에 입각하여 국가가 권력을 제한하는 이른바 제 한의 원리에 기초하여 성립하였듯이, 지방자치도 국가의 권력을 제한하는 제한의 원리에 기초를 두고 성립한 것이다. 따라서 대중적 민주주의가 결국 권력 집중 현상을 초래하고, 이를 통하여 사회구성원의 자유권을 위협할 수 있다는 우려를 지방자치를 통하여 방지할 수 있는 것이다.

둘째, 민주시민의 교육 및 양성에 기여할 수 있다는 논의이다. 지방에서의 민주적 선거와 민주적 사무처리의 경험은 그대로 전국적인 민주주의의 발전에 밑거름이 되는 것이다(최창호, 1999: 62). 따라서 지방자치는 주민들의 정치·행정에의 참여 기회를 확대 하고 민주적인 정치·행정의 의식과 행태 및 능력의 향상을 도모하게 하는 등 민주주의의 산 교육장의 역할을 수행해 나갈 수 있다는 것이다.

(2) 관계부정설

지방자치와 민주성의 관계부정설에 대한 논의를 소개하면 다음과 같다.

첫째, 지방자치가 권한 집중을 제한할 수 있다는 원리에 대한 반박이다. 즉, 권력의 전제화를 방지하는 방파제로서의 민주적인 의의가 충분히 인정될 수 있지만, 중앙정부가 이미 상당 부분 민주적 구성과 운영이 이루어지고 있는 현대에 와서는 지방자치가 민주성을 확립하기 위하여 필요하다는 논의는 그 의미가 퇴색될 수밖에 없다는 것이다.

둘째, 지방자치가 민주시민의 교육의 장으로서 역할을 한다는 논의에 대한 반박이다. 지방자치가 민주주의 실험실이 된다는 것은 상당 부분 추측에 불과하고 오히려 지역적 이익에 지나치게 중시하여 배타주의와 분리주의를 배우는 역효과를 낳을 수 있다는 것이다. 또한 분권화된 참여 체제로 인하여 전체적 이익보다는 분파적 이익만을 고려하게 되고 전국적 차원의 사회목표를 간과하는 경향이 강해지기 쉽다는 점과, 지역이기주의 경향이 나타날 수 있다는 점 등과 같은 지방자치의 효율성 저해 요인을 가져올 수 있다는 것이다.

제2절 지방자치단체

1. 지방자치단체의 의의 및 역할

지방자치단체란 국가로부터 법인격과 자치권을 부여받아 국가 내의 일정한 지리적 범위, 즉 일정 지역을 관할구역으로 하고 그 구역 내의 모든 주민을 구성원으로, 그 구역 내의 모든 사람 및 사물에 대하여 관련법이 정한 범위 내에서 권한을 행사하는 공공단체를 의미한다. 이것은 일정 지역을 관할구역으로 한다는 점에서 국가중앙정부와 달리 지역단체로서의 특성을 지니며 국가와의 관계에서 국가의 지방행정기관하부 행정기관과는 달리 법률적 권리 의무 주체가 되는 법인이라는 점, 그리고 관할 구역 내의 모든 사람 및 사물에 대하여 규제를 하고 세금을 부과하는 등의 강제력을 행사할 수 있다는 점에서 일반 사법인과 구별된다고 할 수 있다(김병준, 2000: 69).

지방자치단체의 역할과 기능을 살펴보면 다음과 같다(안용식 외, 2000: 89-90).

첫째, 지방자치단체는 재화나 서비스를 제공하는 역할을 수행할 뿐만 아니라 지방선거라는 정치적 과정에 의해서 구성되는 제도이다. 지방자치단체는 서비스 제공자로서 지역주민의 욕구에 대응해 나가면서 지역의 전체적인 차원이나 국가공공정책의 틀 안에서 지역주민의 요구를 상호 조정해 나갈 수 있어야 한다.

지방자치단체가 사용할 수 있는 자원은 무한정 존재하는 것이 아니라 한정되어 있기 때문에 희소한 자원을 합리적으로 배분하기 위해서는 서비스의 제공을 공공정책이라는 기준에 따를 수밖에 없다(Leach, Stewart & Walsh, 1994: 4-5).

둘째, 지방자치단체에 의하여 제공되는 재화나 서비스는 수요에 의하여 공급되기보다는 필요에 의하여 공급된다. 즉, 시장에서는 소비자와 판매자의 개념이 명확하게 설정될 수 있으나, 지방자치단체의 활동에서는 양자의 관계를 명확하게 설정하기가 근본적으로 어렵다.

셋째, 지방자치단체는 지역적 일체감을 바탕으로 하는 법인체로서 지역의 문제를 총체적으로 해결해야 하는 과제를 부여받고 있으며, 다목적 조직으로 수많은 조직, 집단, 개인과 접촉을 시도한다. 지방자치단체는 이러한 지역적 기반에서 지역의 공공문제를 효율적·합리적으로 해결해 나가는데, 그 결과에 대해서는 반드시 공공적 책임을 져야 한다(Leach, Stewart & Walsh, 1994: 6-7).

2. 지방자치단체의 종류

1) 보통지방자치단체

보통지방자치단체는 존립 목적이나 수행하는 기능이 일반적인 성격을 지니는 지방자치단체를 의미한다. 즉, 교통·환경·주택·복지 등 지역주민의 생활과 관련된 사무 전반에 대해 종합적인 권능을 갖는 지방자치단체이다. 시·도와 시·군·자치구들이 이에 해당된다. 흔히 특별시·광역시·도를 광역자치단체라 부르고, 시·군·구를 기초자치단체라 부른다. 이들 자치단체는 적어도 법 이념적으로는 다 같이 자신의 관할구역 내에서 지방자치를 실현하기 위한 일반적 지방단체이며, 주민 복지의 향상과 행정의 민주화라는 공통의 존립 목적을 위하여 존재하는 보통지방자치단체를 의미한다.

2) 특별지방자치단체

특별지방자치단체는 말 그대로 수행하는 사무나 권능이 특별한 지방자치단체를 말한다. 보통지방자치단체와 달리 상수도 관리, 하천관리, 소방, 교육 등 특정한 기능을 수행하는 경우가 대부분이다. 국가와 상급 지방자치단체, 단수 또는 복수의 지방자치단체 등 다양한 주체에 의해서 설립되며, 때로는 주민과 이해관계자들의 주도로 설립되는 경우도 있다(김병준, 2000: 71).

3. 지방자치단체의 계층

지방자치단체의 계층으로는 단층제single-tier system 또는 중층제 내지는 다층제multi-tier system로 나타난다. 단층제라 함은 지역적 사무를 처리하는 제일선의 지방자치단체가 국가와 바로 연결된 경우를 말하고, 중층제라 함은 그러한 제일선의 지방자치단체와 국가 사이에 또 다른 층의 지방자치단체가 존재하는 경우를 말한다.

중층제를 이루는 경우 2층의 구조를 이루는 것이 보통이겠으나 국가에 따라서는 3층 또는 4층의 다층이 되는 일도 없지 않다. 이와 같이 중층제가 이루어지는 경우 계층상 제일 아래에 있는 제일선의 지방자치단체를 제1차적 지방자치단체 또는 기초자치단체라 부른다. 그리고 국가와 기초자치단체 가운데 위치하게 되는 지방자치단체를 중간자치단체 혹은 제2차적 지방자치단체로 부르기도 하고, 소속 기초자치단체보다 넓은 지역을 관할한다는 의미에서 광역자치단체로 부르기도 한다(김병준, 2000: 70).

지방자치단체의 계층구조별 장단점을 중층제의 장단점 중심으로 살펴보면 다음과 같다.

첫째, 광역적인 대규모 사업 및 사무를 처리하는 데 능률적이다.

둘째, 기초자치단체의 기능을 보완해 주고, 국가에 비하여 기초자치단체를 더 철저하게 감독할 수 있다.

셋째, 국가와 기초자치단체 간의 원활한 의사 전달을 위한 효과적인 중재 역할을 할 수 있다. 다음은 중층제의 단점단층제의 장점으로 첫째, 행정의 중첩 현상으로 낭비와 지연 요소가 많다.

넷째, 광역자치단체는 대개 그 구역 안에 서로 성격이 다른 도시단체와 농촌단체, 그리고 인구·재정 능력 등이 상이한 많은 자치단체를 포괄하게 되는데, 상위 자치단체는 각 단체나 지역의 특수성과 개별성을 충분히 고려하지 아니하고, 그 구역 안의 모든 공공사무를 획일적으로 처리하기 때문에 각 지역의 특수성이 희생되는 경우가 많다는 점이다.

다섯째, 국가와 기초자치단체 간의 의사전달 지연 및 왜곡을 야기할 수 있다.

제3절 지방자치단체의 권한

1. 중앙과 지방자치단체의 관계

국가와 지방자치단체 간의 관계는 정부 간 관계intergovernmental rela-tions: IR의 한 형태로서 국가의 통치 유형에 따라 달라진다. 라이트(Wright: 1988: 16-28)는 중앙정부와 지방정부 간의 관계유형을 분리형, 내포형, 중복형의 세 가지 유형으로 나누고 있다.

첫째, 분리형을 채택하는 국가의 지방자치단체는 원칙적으로 중앙정부로부터 분리되어 있으며, 중앙정부와 대등한 관계에 있다. 분리형은 중앙정부와 광역자치단체 간의 기능 영역이 명확히 구분되어 있으며, 지방정부의 자치권의 범위가 넓다. 그러나 기초자치단체는 광역자치단체 내에 위치하는 점이 특징이다. 중앙정부와 지방정부는 상호 독립적이며 지방정부는 중앙정부로부터 권력적 통제와 감독을 받지 않는다. 분리형을 채택하는 국가에서는 중앙정부와 지방자치단체 간에 갈등의 소지가 적다.

둘째, 내포형을 채택하는 국가에서는 중앙정부에서 광역자치단체로, 기초자치단체로 내려가면서 권한 또는 기능의 범위가 점점 줄어든다. 중앙정부는 기능과 권한을 내놓지 않으려 하고, 지방자치단체는 기능 영역과 권한을 확대하려고 노력을 기울이는데, 그것은 라이트에 의하면 마치 관료들 간의 권한다툼과 유사하다(Wright, 1988: 43-44). 내포형은 행정조직이 행정수반으로부터 말단 기관에 이르기까지 계층적 구조로 되어 있으므로 지방자치단체는 중앙정부의 일선 기관화하여 중앙정부의 강력한 통제·감독을 받는다.

셋째, 중복형을 채택하는 국가에서는 공공 기능의 많은 부분이 중앙정부와 지방자치단체에 중복되어 있어서 자치권은 그만큼 제한적이며, 중앙과 지방은 상호의존적이다. 중복형에서는 중앙과 지방간의 협상bargaining과 교환, 합의 등이 매우 중요한 메커니즘이 되고 있다. 중앙정부는 지방자치단체에 보조금grants-in-aid을 지급하거나 전문지식 및 기술 지원을 하는 반면, 자치단체는 중앙정부의 정책이나 사업을 집행하는 데 협조하게 된다. 이러한 교환관계에 의하여 자원이나 영향력이 중앙정부와 지방자치단체 간에 이동하게 되며 역동적이 된다.

2. 지방자치단체의 자치권

1) 자치입법권

자치입법권이란 자치에 관하여 일반·추상적인 규정을 제정하는 권한 또는 지방자치단체가 지방자치에 필요한 법규를 스스로 정립하는 권능을 뜻한다. 자치입법권은 조례 제정과 규칙 제정권으로 구별되며, 이러한 제정권을 통하여 조례와 규칙이 제정되며, 조례와 규칙을 자치법규라고 한다.

조례는 지방자치단체가 법령의 범위 안에서 그 권한에 속하는 사무에 관하여 지방의회의 의결로 제정하는 법을 말한다. 규칙이란 지방자치단체장이 법령 또는 조례가 위임한 범위 안에서 그 권한에 속하는 사무에 관하여 제정하는 자치법규이다.

2) 자치조직권

자치조직권은 지방자치단체가 그 기구·정원·보수·사무분장 등을 자신의 조례나 규칙을 통하여 자주적으로 정하는 권능을 뜻한다. 자치조직권은 헌법과 지방자치법에 의하여 자치사무를 담당하기 위한 지방정부조직과 그 구조에 관하여 지방자치법을 중심으로 규정하고 있으며, 특히 지방자치법 제4조에서 "지방자치단체를 폐치廢置·분합分合하거나 그 명칭 또는 구역을 변경할 때"에는 관계 지방의회의 의견을 듣게 하고 있고, "자치구가 아닌 구와 읍·면·동의 명칭과 구역을 변경하거나 폐치·분합할 때에는 행정자치부 장관의 승인의 얻어 당해 자치단체의 조례로 정한다."라고 규정하고 있다.

3) 자치행정권

자치행정권은 자치단체가 주민들을 위하여 필요한 일들을 자주적으로 처리할 수 있는 권리와 능력을 뜻한다. 지방자치단체장은 법률이 정한 바에 따라 부단체장과 하부 행정기관의 기관장을 포함한 공무원을 제청·임명할 수 있다.

4) 자치재정권

자치재정권은 지방자치단체가 자치사무를 처리하는 데 필요한 경비를 자주적으로 거둘 수 있는 권능과 거두어들인 재원을 자주적으로 관리할 수 있는 권능이다. 즉, 지방자치단체의 조세권에 기초하여 세금을 부과 징수하고, 거두어들인 재원을 자치단체가 자치사무를 효율적으로 처리하기 위하여 자주성을 가지고 예산을 편성·집행하는 권능이 바로 자치재정권이라고 할 수 있다.

3. 지방자치단체의 사무

지방자치사무는 지방자치기관을 통하여 처리할 필요가 있는 지역주민들의 욕구·기대·요구와 관련된 일을 말한다. 지방자치단체는 여러 가지 기능을 수행하는 바, 지역공동체의 견해를 표명하는 일, 중앙정부에 대한 완충 역할, 지역주민들이 필요로 하는 서비스를 제공하는 일, 정치과정에 주민들이 참여할 수 있게 하는 일, 중앙정부의 행정적 부담을 덜어 주는 일 등이 모두 지방자치사무에 해당된다. 이러한 지방자치 사무를 그 속성에 따라 크게 나누자면, 정치적 역할과 행정적 역할이 있다(Byrne, 1985: 65). 여기서 지방자치 사무가 갖는 특성을 살펴보면 다음과 같다(김영기, 1997: 170-171)

첫째, 지방자치사무는 지방자치단체의 사무를 가리킨다. 중앙정부의 일선기관이 수행하는 사무를 제외한 지방자치적 분권의 본질이 확인되는 지방 고유의 사무를 의미한다.

둘째, 지방자치사무는 지방자치권에 바탕을 두고 이루어지는 사무이다. 지방자치권은 비록 중앙정부가 제정한 헌법과 법률에 의하여 수여되는 권리뿐만 아니라 권리 행사에 상응하는 자기 책임이 부여된다.

셋째, 지방자치사무는 궁극적으로 국가 전체적인 맥락을 고려하지만, 우선 그 지역주민의 욕구와 기대, 요구를 해결하기 위한 것으로서 지역성을 가지며, 그들의 복지 증진을 본래의 목적으로 하는 사무들이다.

넷째, 지방자치사무는 자치기관에 의하여 이루어지는 사무이다. 지방자치단체의 핵심 운영주체인 자치단체 행정기관, 지방의회 등과 같은 지방자치기관에 의한 자치사무가 수행된다.

제4절 지방자치단체장과 지방의회

지방자치단체장집행기관과 지방의회의결기관는 지방자치기관으로서의 핵심적인 역할을 수행하고 있는데, 이를 구체적으로 설명하면 다음과 같다.

1. 지방자치단체장의 지위와 권한

1) 지방자치단체장의 지위

지방자치단체의 장은 지방자치단체의 목적을 구체적으로 그리고 적극적으로 실현하는 최고집행기관으로서, 해당 자치단체를 대표하며, 교육·학예사무를 제외한 지방자치단체의 일반적 집행 업무를 통할한다. 지방자치단체의 장은 또한 중앙정부또는 상급자치단체가 직접 또는 그 직속의 지방행정기관특별지방행정관서을 통하여 처리하는 사무를 제외하고는 원칙적으로 중앙정부또는 상급기관의 지방행정사무를 수임·처리하는데, 그 역할을 지위라는 구분으로 나누어 설명해 보기로 한다.

첫째, 지방자치단체의 대표로서의 지위이다. 지방자치단체의 장은 외부에 대하여 그 자치단체를 대표하는 지위에 있다.

둘째, 지방자치단체의 집행기관장으로서의 지위이다. 지방자치단체장은 그 자치단체의 사무고유사무 및 단체위임사무를 집행하는 최고책임자로서의 지위에 있다.

셋째, 중앙정부또는 상급 자치단체의 하급지방행정기관으로서의 지위이다.

넷째, 정치지도자로서의 지위이다. 정당의 추천에 의하여 자치단체장이 되는 경우 정당의 중앙당과 지구당의 소속원, 즉 정치지도자가 되는 것이고, 정당에 관여하지 않을 경우에도 지방정치의 정치지도자의 지위를 갖게 된다.

2) 지방자치단체장의 권한

(1) 자치단체의 대표 및 사무통할권

자치단체의 장은 그 자치단체를 대표하고 사무를 통할한다. 여기서의 대표란 자치단체의 장의 행위가 그 자치단체의 행위로서 효과를 발생하는 것을 말하고, 사무통할이란 자치단체의 사무 전반에 대하여 종합성과 통일성을 확보하는 것을 말한다.

(2) 사무의 관리집행권

지방자치단체장은 자치단체의 사무와 법령에 의하여 그 단체의 장에게 위임된 사무와 법령에 의하여 중앙정부또는 상급 자치단체로부터 위임받은 사무를 처리한다.

(3) 소속행정청·관할자치단체에 대한 지도감독권

지방자치단체의 장은 그 관할구역 안에 있는 각급 행정청과 자치단체를 지도·감독한다.

(4) 소속 직원에 대한 임면 및 지휘감독권

지방자치단체의 장은 소속 직원을 지휘 감독하고, 법령이 정하는 바에 의하여 그 임면, 교육훈련·복무·징계 등에 관한 권한을 가진다.

(5) 규칙 제정권

지방자치단체의 장은 법령 또는 조례가 위임한 범위 안에서 그 권한에 속하는 사무자치사무·국가사무에 관하여 규칙을 제정할 수 있다.

(6) 지방의회에의 발안권

지방자치단체의 장은 지방의회에 조례안 및 예산안을 제출하며, 기타 지방의회의 의결 사항에 관하여 의안을 제안하는 권한을 가진다.

(7) 지방의회에 대한 견제 권한

지방자치단체의 장은 지방의회와의 관계에서 의회 임시회의 소집 또는 소집 요구, 의회 부의 안건의 공고, 의안 및 예산안의 발의, 조례의 공포, 선거일의 공고, 재의 요구 및 제소 등, 선결처분권을 가질 수 있다.

지방자치단체의 장의 권한은 매우 광범위하지만 그 권한의 행사에는 다음과 같은 일정한 제약이 따른다.

① 법령과 조례에 의한 규제

지방자치단체의 장도 법령과 조례의 범위 안에서, 그 법령과 조례가 정하는 방법과 절차에 따라서 사무를 처리하여야 한다.

② 감독기관에 의한 통제

지방자치단체의 장은 그 자치사무에서는 감독기관의 조언·권고 및 감사를 받고, 위임사무에서는 그 감독기관의 지도·감독 및 감사를 받으며, 그 위법 또는 현저히 부당한 명령과 처분에 대하여 시정명령 및 취소·정지 조치를 당하고, 특히 위임사무의 관리 및 집행에서는 직무이행명령 및 대집행 조치를 당하는 등 통제를 받는다.

③ 지방의회에 의한 견제

지방자치단체의 장은 지방의회의 조례·예산·결산의 의결, 중요 정책의 심의, 행정감사 및 조사, 질문·자료제출 요구 등에 의하여 견제를 받는다.

④ 정치적 통제

지방자치단체의 장은 정당의 공천을 받아 주민에 의하여 선출되었으므로, 실질적으로 정당의 지원과 통제를 받으며, 주민의 의사를 따라 정책을 수립·집행하여야 하고, 중앙의 정책과 기본 방침을 준수·실천하여야 한다.

⑤ 재정적 제약

지방자치단체는 언제나 그 재정적 제약으로 인하여 중앙정부 또는 상급 자치단체의 재정적 지원을 받지 않을 수 없기 때문에, 지방자치단체의 장은 그 재정력의 한계에 따르는 제약과 그 재정 지원을 받음에 따르는 여러 가지 제한을 받게 된다.

2. 지방의회의 권한과 역할

지방의회는 주민 가운데서 선거를 통하여 선출된 의회 의원을 구성 요소로 하는 합의체이며, 지방자치단체의 중요한 의사결정을 수행하는 기관이다. 지방자치단체의 기관구성을 어떤 형태로 하느냐에 따라 약간의 차이가 있지만 현행 지방자치법에 규정된 지방의회의 중요한 권한을 들어보면 의결권, 행정감시권, 청원수리권, 자율권 등으로 나눌 수 있다.

1) 의결권

지방의회의 의결권은 지방의회의 본래적 기능인 동시에 의회 권한의 중심이 된다. 조례의 제정 및 예산의 결정과 같은 중요한 결정이 의결권의 내용을 이루고 있다(김학로, 2000: 140-141). 지방의회의 의결 사항으로 현행 지방자치법 제39조에 규정된 것을 살펴보면 다음과 같다.

① 조례의 제정 및 개폐

② 예산의 심의·확정

③ 결산의 승인

④ 법령에 규정된 것을 제외한 사용료·수수료·분담금·지방세 또는 가입금의 부과와 징수

⑤ 기금의 설치 운용

⑥ 대통령령으로 정하는 중요 재산의 취득·처분

⑦ 대통령령으로 정하는 공공시설의 설치·처분

⑧ 법령과 조례에 규정된 것을 제외한 예산의 의무 부담이나 권리의 포기

⑨ 청원의 수리와 처리

⑩ 외국 지방자치단체와의 교류협력에 관한 사항

⑪ 기타 법령에 의하여 그 권한에 속하는 사항

기타 법령에 의하여 그의 권한에 속하는 사항도 대단히 광범하다. 가령, 지방자치단체의 폐치·분합, 명칭·구역 변경에 대한 의견 제출권, 의원 징계, 지방채 발행 및 채권의 관리, 예산의 추가경정의 확정, 계속비의 설정, 예비비의 지출, 일시차입금, 지방세의 감면 등에 관한 사항이 여기에 해당한다. 또한 지방의회는 위의 사항 이외에도 개별법이나 조례가 정하는 바에 의하여 지정된 사항을 의결하는 기능을 가진다.

이러한 광범위한 의결권을 통하여 지방의회 의원들은 결정권을 행사하지만 다음과 같은 점에서 의결권 행사에 제약을 받고 있다.

첫째, 집행기관의 자율적인 사무의 범위가 조세법률주의, 죄형법정주의 그리고 이에 근거한 법률 유보 문제 등으로 좁기 때문에 지방의회가 의결권을 행사할 수 있는 범위 자체가 원천적으로 제약을 받고 있다.

둘째, 상위 자치단체장과 행정자치부 장관의 거부권인 재의 요구권과 중앙정부 및 상위 자치단체의 지도·감독권으로 인하여 심한 제약을 받는다.

셋째, 재정력이 약하고 세원의 개발과 세율의 인상에 관한 권한이 지방의회에 없으므로 재정 부담을 수반하는 새로운 사업의 결정 권한에 제약을 받는다.

2) 행정감시권

지방의회는 당해 지방자치단체의 사무를 감사하거나 그 사무 중 특정 사안에 관하여 지방의회의 의결로 조사할 수 있으며, 감사 또는 조사를 위하여 필요할 때에는 현지 확인을 하거나 서류의 제출과 지방자치단체의 장 또는 보조기관의 출석·증언이나 의견 진술을 요구할 수 있다. 지방의회는 지방행정기관의 사무처리에 관하여 그 전반적인 집행 상황을 점검하기 위해서는 감사권을, 특정 사업에 대한 조사가 필요할 때는 조사권을 발동하여 현지 확인, 서류 제출, 출석 증언 및 의견 진술의 방법을 동원하여 지방자치단체의 집행부를 감시·통제할 수 있다.

지방의회의 행정감사 및 조사권은 다음과 같은 방식이 있다.

첫째, 자치단체 집행기관을 상대로 출석요구권을 행사하는 방식이다. 지방자치단체의 장이나 관계 공무원은 지방의회나 그 위원회의 요구가 있을 때는 반드시 출석해야하는 의무가 부과되어 있다. 물론 이 경우 단체장은 관계 공무원으로 하여금 자신을 대리케 할 수는 있다.

둘째, 자치단체 사무처리 상황에 대한 파악 및 조사권을 행사하는 방식이다. 지방의회가 선임한 검사위원을 통하여 집행기관의 회계 기록의 검사를 할 수도 있다. 그러나 지의회의 조사권은 기관위임사무 이외의 자치단체의 고유사무에 대해서만 조사할 수 있으며, 단체장에 대한 불신임권은 인정되지 아니한다.

3) 청원수리권

지방의회는 주민으로부터의 청원을 수리하고 심사·처리하는 권한을 가지고 있다. 청원은 국민의 권익을 구제함은 물론 법률의 제정이나 개폐를 요구할 수도 있어 국민이 정치 과정에 참여하는 수단인 동시에 권리 구제 수단으로서의 중요성을 가지고 있다.

4) 자율권

지방의회는 지방의회의 내부조직, 의원의 신분, 회의 및 징계에 관한 회의규칙 등을 스스로 결정할 수 있는 자율권을 가지고 있다. 지방의회의 자율권은 내부조직권, 의사자율권, 의원신분 심사권 등이 있다.

제5절 지방자치와 자치재정

자치재정이란 지방자치단체가 자기사무를 수행하는데 필요한 경비를 충당하기 위해 자주적으로 재원을 조달 관리하는 기능을 의미하는데, 이는 지방자치의 본질을 보장하기 위한 핵심요건이다. 자치재정의 구성요소로는 다음과 같은 것들을 들 수 있다.

1) 자주재원

자주재원에는 지방세와 세외수입이 있다.

(1) 지방세

지방세는 지방자치단체가 스스로 징수하는 조세이다. 우리나라는 현재 17개 지방세목을 가지고 있는데, 취득세, 등록세, 면허세, 주민세, 재산세, 자동차세 등 12개 세목의 보통세와 도시계획세, 지방교육세 등 5개 항목의 목적세로 이루어져 있다.

(2) 세외수입

세외수입은 각종 사용료, 수수료, 사업장수입, 이자수입 등 경상적 수입과 관년도수입, 잡수입, 부담금, 융자금, 지방채, 기부금, 재산매각수입 등 임시적 수입으로 이루어져 있다.

2) 의존재원

(1) 지방교부세

지방교부세는 지방자치단체의 재정력을 보전하기 위해 중앙정부가 사용용도를 정하지 않고 교부하는 일반재원을 말한다.

(2) 국고보조금

국고보조금은 국가적 이해관계 혹은 국가와 지방자치단체 간의 이해관계가 있는 사업을 대상으로 하여 국가가 지출용도를 구체적으로 지정하여 교부하는 특정재원을 말한다. 우리나라 국고보조금은 부담금, 교부금, 보조금 형태로 구분된다.

◈ 심 화 학 습

우리나라 광역행정 방식

우리나라 지방자치법에는 지방자치제의 상호간의 관계를 '자치단체 상호간의 협력과 분쟁 조정', '사무의 위탁', '행정협의회 및 지방자치단체 조합', '지방자치단체 장 등의 협의체' 등에 관한 언급을 통하여 광역행정의 법적 근거를 규정하고 있다.

지방자치단체는 다른 지방자치단체로부터 사무의 공동처리에 관한 요청이나 사무처리에 관한 협의·조정·승인 또는 지원의 요청을 받으면 법령의 범위에서 협력하여야 한다. 지방자치단체 상호 간이나 지방자치단체의 장 상호 간 사무를 처리할 때 의견이 달라 다툼(이하 "분쟁"이라 한다)이 생기면 다른 법률에 특별한 규정이 없으면 행정안전부장관이나 시·도지사가 당사자의 신청에 따라 조정할 수 있다. 다만, 그 분쟁이 공익을 현저히 저해하여 조속한 조정이 필요하다고 인정되면 당사자의 신청이 없어도 직권으로 조정할 수 있다. 또한 지방자치단체의 장이나 지방의회의 의장은 상호 간의 교류와 협력을 증진하고, 공동의 문제를 협의하기 위하여 전국적 협의체를 설립할 수 있다.

1) 행정협의회

행정협의회는 지방자치단체간의 특정사무를 공동으로 처리하기 위하여 설치하는 협의기구라고 할 수 있다. 2개 이상의 지방자치단체가 하나 또는 둘 이상의 사무를 공동으로 처리할 필요가 있을 때에는 규약을 정하여 그 지방의회의 의결을 거쳐 시·도는 행정안전부장관의, 시·군 및 자치구는 시·도지사의 승인을 받아 지방자치단체조합을 설립할 수 있다. 다만, 지방자치단체조합의 구성원인 시·군 및 자치구가 2개 이상의 시·도에 걸치는 지방자치단체조합은 행정안전부장관의 승인을 받아야 한다. 지방자치단체의 행정협의회는 그 성격에 따라 다음과 같이 분류된다(안용식 외, 2000: 548).

첫째, 광역계획 및 집행협의회이다. 이는 광역에 걸친 종합적인 계획을 공동으로 수립하고 집행하기 위한 협의회이다.

둘째, 특수 행정 수요충족협의회로 이는 특정한 행정수요가 발생하였을 경우 이를 충족하기 위하여 설립되는 협의회이다.

셋째, 공공시설 공동설치협의회로 지방자치단체 간에 공공시설을 공동으로 설치하기 위하여 마련된 협의회이다.

넷째, 행정정보 교환협의회로 행정을 수행하기 위하여 필요한 각종의 행정정보를 상호 교환하기 위하여 설치하는 협의회이다.

다섯째, 행·재정업무 조정협의회로 지방자치단체 간에 행·재정 업무를 조정하기 위하여 설치하는 협의회이다.

2) 지방자치단체조합

지방자치단체조합은 2개 이상의 지방자치단체가 하나 또는 둘 이상의 사무를 공동으로 처리하기 위하여 설립하는 법인으로 행정협의회와는 달리 법인격을 갖는다. 우리나라 지방자치법에서는 2개 이상의 지방자치단체가 하나 또는 둘 이상의 사무를 공동으로 처리할 필요가 있을 때에는 규약을 정하여 그 지방의회의 의결을 거쳐 시·도는 행정안전부장관의, 시·군 및 자치구는 시·도지사의 승인을 받아 지방자치단체조합을 설립할 수 있으며, 지방자치단체조합의 구성원인 시·군 및 자치구가 2개 이상의 시·도에 걸치는 지방자치단체조합은 행정안전부장관의 승인을 받아야 한다고 규정하고 있다.

☞ **우리나라에서의 행정협의회와 지방자치단체조합의 사례를 찾아보고 그것을 바탕으로 그 유용성과 한계점을 토의하시오.**

❖ 사 례 연 구

자유한국당의 대구·경북 6·13 지방선거 후보 공천이 불공정과 사천私薦 논란을 빚으면서 역대 최악이란 오명을 쓸 전망이다. 후보 결정의 기준과 원칙이 없었고, 지지 후보를 둘러싼 지역구 국회의원과 공천관리위원회의 갈등이 전례 없이 심각했다. 일부 지역은 경선 과정에서 여론 조작 의혹까지 불거졌다. 더불어민주당과 바른미래당도 공천 후유증으로 몸살을 앓고 있긴 마찬가지다.

각 정당의 공천파동은 최상의 인물을 후보로 낙점하지 못한다는 한계 외에도 유권자의 정치혐오를 증폭시킨다는 점에서 사안이 가볍지 않다. 정치혐오는 정치 무관심을 불러오고

'묻지마 투표'의 악순환으로 이어질 개연성이 커진다. 지방선거에서 정당이 후보 공천에 깊숙이 개입하는 순간 지역주민은 허상虛像으로 전락하고 풀뿌리 민주주의는 퇴행한다. 지방의원과 지방자치단체장의 중앙정치 예속은 가속화된다. 전국정당의 지방선거 후보 공천권 행사가 지방분권 및 지방자치의 본령까지 훼손한다는 의미다. 이 밖에도 소모적 정쟁, 고비용 선거구조, 공천 헌금 등 정당 공천의 부작용과 후유증은 일일이 열거하기 어려울 정도다.

지방선거 정당 공천의 부정적 요인들을 한꺼번에 날리는 해법이 없지는 않다. 바로 정당 공천 폐지다. 광역단체장은 몰라도 기초의원·기초단체장은 정당 공천을 폐지하는 게 맞다. 2006년 제4회 지방선거 때부터 도입된 기초의원·기초단체장 정당 공천제도는 공당을 통한 유능한 인재 발굴과 책임 있는 지방자치 구현을 목표했다. 하지만 도입 당시의 그럴듯한 취지는 사라졌다. 지방선거 공천은 정당의 당세 확장 수단으로 변질됐고, 기초의원·기초단체장은 해당 지역구 국회의원의 하수인 노릇에만 충실했다.

* 자료 : 영남일보 2018. 05. 08. 기사 요약

시의원은 민원을 해결하는 해결사일까? 도시를 운영하는데서 자치권의 범위 내에서 규범국가적 범위에서는 법률, 여기서는 조례을 제정하고 도시가 움직여 갈 길을 정하는 중요한 역할을 한다. 아울러 우리 사회의 정당정치에서 하부구조를 차지하는 주춧돌이라 할 수 있다. 민의를 반영해 정당의 입장을 만들어 가는데서 수렴되는 민의 전달에 있어서 중요한 역할이 주어진다. 시민과 당원을 일상적으로 접하는 기초의원, 그리고 광역의원과 지방자치단체장과 국회로 이어지는 중앙정치까지 정당정치에서 권능과 역할을 가지고 의사수렴의 통로로 기능하는 기초적인 단위라 할 수 있다.

현실은 다르다. 선거 때마다 겪는 고충 중 하나가 있다. 수많은 후보자 중에 아무개가 그 지역에 출마한 어떤 후보인지 구분하는 것도 쉽지 않다. 평화동의 경우 시의원 정수 4명에 9명의 후보가 출마했다. 여기에 도의원 후보자가 2명 있다. 시장과 도지사, 그리고 교육감 후보까지 망라하면 찍어야 하는 선택지에 수십 명이 오를 것이다. 선거운동의 상징인 옷 색깔까지 푸른색 일색인 지역 정치의 현실에서 보자면 누가 누구인지 알 길이 막막하다.

마침 같은 자리에 있던 인후동 이 모 씨는 해당 지역구가 아닌 다른 지역구 모 도의원에게 겪은 경험을 빌어 "처음에 시민들에게 나서서 말했던 약속을 지키는 사람, 말에 대한 신뢰를 기준으로 선택하고 싶다. 선거에 느닷없이 나와서 거창한 이야기를 하고는 잘 보이지도 않는 경우를 보았다. 심지어 약속을 헌신짝처럼 버리는 경우를 많이 봤다"라고 비판했다.

현실적으로 지방의원 선거의 경우 정당과 주변의 권유가 가장 중요한 선택의 기준이 될 것이라고 모두 예측한다. 동행취재에 앞서 설문조사에 응답한 67%는 정책공약을 우선 평가 대상이라고 실제 투표소 장막 안에선 어느 정도 참조가 되는지는 판단하기 어렵다.

* 자료 :새전북신문 2018. 05. 08. 기사 요약

1. 지방자치단체장과 지방의회의원의 정당 공천이 주는 장단점을 논의하고, 정당공천에 대한 자신의 견해를 정리하여 토의하시오.
2. 지방선거에서 후보에게 투표하는 자신의 기준을 정리하고 그 이유를 구체적으로 제시하시오.
3. 지방자치단체장과 지방의회의원이 지역사회에 미치는 영향을 조사하고 사례와 함께 발표하시오.

토의 및 발표과제

1. 지방자치에 중요한 요소 중 하나는 자치재정이다. 우리나라 지방자치단체의 자주재원과 의존재원의 비중을 살펴보고, 지방자치단체의 자주재원을 늘리기 위한 방안을 토의하고 발표하시오.
2. 지방자치단체의 구성형태는 3가지 유형으로 구분할 수 있다. 우리나라 지방자치단체는 어떤 유형에 속하는지 토의하고, 구체적 사례를 들어 발표하시오.

제13장

행정책임을 확보하기 위한 행정통제는 어떻게 할 것인가?

제1절 행정책임이란 무엇인가

1. 행정책임의 의의와 기준

행정책임은 행정통제의 기준이 되며, 행정통제를 통해 행정책임은 실현된다.

행정책임은 그 수준에 따라 첫째, 도의적 책임responsibility, 둘째, 대응적 책임 responsiveness, 셋째, 법적 책임accountability으로 나눌 수 있다.

현대행정국가에서 행정권은 국민의 생활의 질의 향상을 위하여 입법부나 사법부보다도 우월한 권력을 행사한다. 또한 행정기능의 질적 변화 및 고도의 전문화로 인해 의회가 통법기구화되어 행정재량권이 확대되었고, 이로 인해 행정권의 남용이 발생할 가능성이 높아졌으므로 행정책임의 중요성은 더욱 증대되었다.

행정책임의 기준은 법령에 명문화된 규정이 있는 경우에는 우선적으로 명문의 규정을 준수해야 한다. 즉 합법성을 따르게 되는 것이다. 하지만 보편적인 기준으로는 공익, 국민의 기대, 조직의 정책목표 등을 기준으로 적용하게 된다. 따라서 종합적인 행정책임의 기준으로는 합법성, 민주성, 형평성, 성찰성, 공익, 신뢰성, 효율성 등의 행정이념을 들 수 있다.

2. 행정책임의 이론

행정책임에 관한 이론으로서는 1930년대에서 1940년대에 걸쳐서 행하여진 프리드리히(C. J. Friedrich)와 파이너(H. Finer)의 이론적 논쟁이 대표적이다(박연호, 2001: 744-745).

프리드리히(Friedrich, 1940)는 현대행정국가에 있어서 행정책임은 이미 단순히 기존 정책의 집행에 대한 책임이라고만 생각할 수 없는 포괄적인 것이며, 전통적인 의회나 법원에 의한 통제만으로는 그것을 확보할 수 없다고 주장하였다. 그는 전문가 집단이나 시민과의 대응관계 속에서 행정인의 도덕moral에 역점을 두고 행정책임의 확보를 고찰하고 있다.

프리드리히 이론에 대하여 파이너(Finer, 1941)는 행정인은 어디까지나 대중이 선출한 대표자들에게 책임을 져야 한다고 주장한다. 또한 이들 대표자들은 행정인의 행동지침을 기술적으로 가능한 한 상세히 결정하여야 한다고 말하고 있다. 파이너는 프리드리히와의 주요 차이점으로서, 자기는 책임을 정치가와 행정인 누구를 막론하고 파면까지 시킬 수 있는 시정 및 처벌제도하고 인식하고 있으나, 프리드리히는 전문적인 표준에 따르거나 또는 충실해야 한다는 것 이외에는 대체로 처벌받는 일이 없는 책임감으로서의 책임을 강조한다는데 있다고 한다. 즉 프리드리히는 내부통제를, 파이너는 외부통제를 강조하고 있는 것이다. 또 양자 간의 불일치는 기본적으로 책임을 확보하기 위한 관료제에 대한 통제에 있어 어디에 강조점을 두고 있는가의 문제로 보인다(정우일, 1995: 145).

3. 행정책임의 유형

1) 도의적, 대응적, 법적 책임

도의적responsible 책임은 공무원의 직무행위가 도덕적 규범을 위반했을 때 묻는 책임을 의미한다. 이는 국민의 수임자受任者로서 따르는 광범위한 민주적·정치적·도의적 책임이다.

대응적responsive 책임은 국민이나 고객의 요구, 이념, 가치에 대한 대응성에 대한 책임이며, 법적accountable 책임은 의무를 이행하지 않았을 경우 법률상의 제제를 수반하게 되는 책임을 의미한다.

2) 내적 책임과 외적 책임

내적 책임이란 행정조직 또는 공무원이 상급기관, 상관 등에 대하여 지는 책임이며, 외적 책임이란 행정조직 또는 공무원이 입법·사법·국민 등의 외부적 환경에 대해 지는 책임을 의미한다.

4. 행정책임과 행정통제의 관계

공무원이 자신의 역할에 대하여 충분히 인식하고 있고, 자율적이고 능동적으로 책임 있는 행정을 실현해 나갈 수 있다면 통제의 문제는 불필요하다. 즉, 행정책임이 스스로 확보되면 행정통제는 불필요할 것이다. 그러나 현실에서는 공무원의 자율적이고 능동적인 책임의 이행에만 의존할 수 없으므로 책임을 확보하기 위한 통제가 필요하다. 즉, 행정책임과 행정통제는 동전의 양면과도 같은 관계에 있다고 할 수 있다. 행정책임과 행정통제에 대해서 표와 그림으로 정리하면 다음과 같다.

[표 13-1] 행정책임과 행정통제

항목 환류	행정책임	행정통제
의 의	* 행정평가 기준의 준수책임	* 행정책임 확보수단
중요성	* 행정의 고도화로 인해 행정재량권 확대 * 행정의 성찰성·민주성·효율성 확보	*행정의 고도전문화⇒행정책임의 약화 ⇒ 행정통제 필요성 증대 *행정재량권 확대(위임입법, 예산권 확대) ☞ 행정통제의 필요성 증대
기 준	* 행정이념: 공익, 민주성, 형평성, 성찰성, 신뢰성, 효율성, 합법성 등	* 행정책임 - 도의적 책임 - 대응적 책임 - 법적 책임
유 형	* 도의적·대응적·법적 책임 - 도의적 책임: 공무원의 도덕적 규범 위반 시 묻는 책임 - 대응적 책임: 국민의 요구·이념·가치에 대한 책임 - 법적 책임: 공무원의 위법 시 묻는 책임	* 내부통제 - 정책 및 기획에 대한 통제 (대통령실, 국무총리실 등) - 인사 및 예산에 대한 통제 (행정안전부, 기획재정부) - 행정절차법을 통한 통제 - 기획과 업적의 심사분석 (국무조정실의 심사분석) - 직업적 윤리(자발적 통제): 가장 효과적 - 감사원의 회계감사·직무감찰·성과 감사 * 외부통제 - 사법통제 (법원·헌법재판소에 의한 통제) - 입법통제 - 민중통제 (선거, 이익집단, 정당·언론·여론에 의한 통제) - NGO에 의한 통제 - 정책공동체의 의한 통제 - 주민참여에 의한 통제 - 옴부즈만 제도
양자관계	* 행정책임이 스스로 확보되는 경우 행정통제는 불필요하나, 현실에서는 이러한 책임에 의존할 수 없게 하는 요인이 존재 ☞ 책임 있는 행정을 담보할 수 있는 행정통제가 필요 (동전의 양면과 같은 상호 밀접한 관계)	

* 자료: 권기헌(2009: 456)에서 수정

[그림 13-1] 행정책임과 행정통제

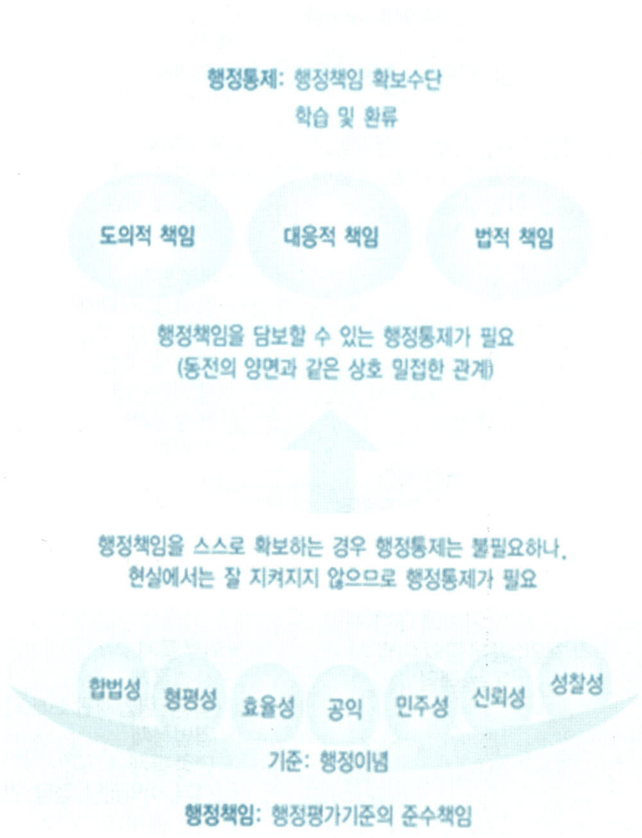

* 자료: 권기헌(2009: 457)에서 수정

제2절 행정책임을 확보하기 위한 행정통제

1. 행정통제의 의의

행정통제는 행정책임을 확보하는 수단으로서, 행정이 당초 목표대로 수행되고 있는가를 확인하고, 올바르게 이루어지지 않는 경우 학습을 통해 다음의 정책결정 과정에 환류feedback하는 기능을 말한다. 행정통제는 1) 통제기준의 설정, 2) 성과 관찰, 3) 성과와의 비교평가를 통해 환류 및 학습하는 과정으로 이루어진다.

행정통제의 중요성을 살펴보면 다음과 같다.

첫째, 행정인의 전문성·기술성의 증대로 인해 외부인이 행정의 내용을 잘 모르는 경우가 늘어났으므로 행정책임을 확보하기 위한 행정통제의 필요성은 증대되었다.

둘째, 행정인의 재량권 확대 및 예산권의 증대로 인해 행정통제의 중요성은 증대되었다.

셋째, 행정권력의 우월성과 경제계의 예속화로 인해 행정통제의 중요성은 증대되었다. 현대 행정국가가 등장하면서 행정부가 사회 모든 분야에 관련된 정책에 실질적으로 관여하게 되었는바, 이러한 행정 권력의 집중·강화 현상은 민주주의를 위배하는 행위를 할 위험성이 높아졌다(박동서, 1978: 489).

2. 행정통제의 기준과 요건

1) 행정통제의 기준

행정통제는 행정책임을 확보하기 위한 것이다. 민주국가에서 행정책임은 그 수준에 따라 첫째, 도의적 책임responsibility, 둘째, 고객의 여망에 부응해야 하는 대응적 책임responsiveness, 셋째, 법적 책임accoutablity으로 나눌 수 있다. 또한 행정책임의 기준으로는 행정이념에서 살펴보았듯이, 민주성, 형평성, 성찰성, 공익, 신뢰성, 합법성, 효율성 등 행정이념을 들 수 있다.

2) 행정통제의 요건

행정책임을 효과적으로 확보하기 위한 행정통제의 요건은 다음과 같다.

(1) 통제의 적합성

통제의 적합성이란 통제의 목적에 알맞은 적합한 통제수단을 선택하는 것을 의미하며, 따라서 최선의 통제수단의 선택문제는 행정인, 행정체제, 행정환경의 특성을 종합적으로 고려해야 한다.

(2) 통제의 신축성

통제는 시행 과정에서 예기치 못한 상황이나 오류 등 통제목적에 부적합한 요인이 발생할 수 있으므로 통제과정의 신축성flexibility이 필요하다.

(3) 자율성 및 적극성의 조화

강력한 행정통제는 민주주의 사회의 목적에 부합되지만 정도가 지나치면 행정의 자율성과 창의성을 저해할 가능성이 있으므로 자율성과 적극성의 조화와 균형이 필요하다.

3. 행정통제의 과정

1) 통제기준의 설정

통제기준control criteria의 설정은 행정통제 실시를 위한 첫 단계로서, 목표 이행에 대한 판단, 성과에 대한 판단, 측정 및 평가의 근거를 제공한다. 이러한 기준은 통제의 목적에 맞게 설정되어야 한다.

2) 성과와의 비교·평가

통제의 두 번째 단계로서 성과와 관련된 자료와 정보를 수집·분석을 한 후 통제의 기준과 비교함으로써 기준과의 편차 유무를 확인·판단하는 단계이다.

행정통제의 기준과 비교되는 행정의 내용은 행정의 산출output, 성과outcome, 영향impact을 들 수 있다. 산출output은 가시적·계량적 단기 산출지표를 의미하며, 성과outcome는 비가시적·비계량적 성과지표를 포함한다. 영향impact은 행정의 실시결과 초래된 사회의 장기적 변화까지를 고려한 가장 장기적 지표를 의미한다.

3) 환류 및 학습feedback & learning

통제과정의 마지막 단계로서 평가결과 나타난 기준과의 편차를 통제 기준에 적합하도록 환류·학습하는 단계이다. 환류조치를 하는 경우, 통제의 목적에 적정한 시점timing과 적절한 수준degree을 유지해야 하며, 공정성equity을 지녀야 한다.

4. 행정통제의 방법

행정통제는 외부통제와 내부통제로 구분할 수 있는데, 그 중요성의 우선순위를 고찰하면 다음과 같다.

첫째, 현대행정에서는 내부통제를 통한 합목적성 증진이 중요하다. 현대행정이 고도로 전문화·재량화되면서 외부통제는 점점 실효성이 상실되고 있는바, 이에 따라 현대행정에 있어서는 내부통제를 통한 경제성·효과성·능률성 등 정책성과의 합목적성 증진이 매우 중요해지고 있다.

둘째, 하지만, 현대행정에 있어서도 외부통제를 통한 민주성 확보는 여전히 중요한 개념이다. 인터넷의 발달, 시민사회의 성숙, 뉴거버넌스 개념의 강조 등 1990년대 현대행정환경의 변화로 인해, NGO, 언론, 여론 등 시민에 의한 외부통제가 중요해지고 있다. 이는 행정통제의 민주성 차원이다.

1) 내부통제

내부통제는 행정조직이나 행정조직의 구성원에 의해 이루어지는 행정통제를 의미한다.

(1) 정책 및 기획에 대한 통제

우리나라는 대통령실, 국무총리실, 국무회의 등에서 종합적인 정책 및 기획을 조정하고 통제하고 있다.

(2) 인사 및 예산에 대한 통제

기획재정부는 예산정책, 예산의 편성 및 집행관리, 중장기 재정운용계획의 수립, 기금과 재정개혁을 실행함으로써, 안전행정부는 정부의 인사정책을 수립·집행·조정·심의함으로써 행정에 대해 영향을 미친다.

(3) 행정절차에 대한 통제행정절차법

행정을 수행하는 절차인 보고제도·품의제도 등을 통한 통제를 의미한다. 과거 우리의 경우 민원서류에 대한 처리 절차가 없어 행정절차법의 제정이 요구되었으나, 1996년 행정절차법의 제정으로 행정절차에 대한 통제가 제도적으로 뒷받침되었다.

(4) 기획과 업적의 심사분석

업무의 진행상황과 결과에 대한 심사분석·진도분석과 평가를 통하여 환류 조치하는 것으로써, 국무조정실에서 수행하는 심사분석이 가장 대표적인 예이다.

(5) 직업적인 윤리

행정인 자신들에 의한 직업윤리의 확립과 확립된 직업윤리에 의한 자발적 통제는 외부에서의 강압적 통제나 상부의 명령적 조치보다도 훨씬 효과가 있다고 할 수 있다.

(6) 감사원 회계검사, 직무감찰, 성과감사

감사원에 의한 통제는 회계검사, 직무감찰, 최근에 강조되는 성과감사 등이 있다. 회계검사는 지출의 합법성에 중점을 두어 회계책임을 확보하기 위한 통제수단이고, 직무감찰은 공무원의 비위를 방지하기 위한 통제수단이다. 최근에 강조되는 성과감사는 전통적인 합법성을 중시하는 감사 이외에, 공공부문 관리의 경제성economy·능률성efficiency·효과성effectiveness을 평가하는 것을 의미한다.

2) 외부통제

(1) 사법통제

사법통제는 법원에 의한 통제와 헌법재판소에 의한 통제로 구분할 수 있다. 하지만, 사법통제는 다음과 같은 한계가 있다.

첫째, 사법통제는 행정이 이미 이루어진 후의 소극적 사후조치이며, 시간과 비용이 많이 소요된다.

둘째, 사법통제는 합법성을 강조하므로, 위법행정보다 부당행정이 많은 현대행정 하에서는 효율적인 통제가 어렵다.

(2) 민중통제

민중통제란 국민이 여러 가지 방법을 통하여 직접·간접으로 행정기관을 통제하는 것을 말하는데, 민중통제의 방법에는 선거에 의한 통제, 이익집단에 의한 통제, 정당·언론·여론에 의한 통제, NGO에 의한 통제, 정책공동체에 의한 통제, 주민참여에 의한 통제가 있다.

(3) 입법통제

입법부는 대통령과 함께 국민으로부터 공식적으로 위임받은 국민의 대표기관으로서, 행정이 민주주의 원칙에 합당하게 이루어지고 있는지에 대한 감시·통제 등의 권한을 가진다. 입법부가 행정부를 통제하는 수단으로서는 법률의 제정권 및 개정권, 예산 심의권과 결산권, 그리고 국정감사권 및 국정조사권, 국무위원 등 고위공무원에 대한 해임건의 및 탄핵소추권 등이 있다.

(4) 옴부즈만 제도

옴부즈만Ombudsman이란 국가기관이나 공무원의 직무상 행위나 부작위에 의하여 권리의 침해를 받았다고 생각하는 국민이 그 구제를 호소하는 경우, 독립적 지위를 가진 사람의회 또는 행정부에서 임명이 일정한 권한 범위 내에서 조사를 하여 잘못된 점이 있을 때, 시정을 촉구하거나 건의함으로써 국민의 권리를 구제하고자 하는 제도이다.

옴부즈만Ombudsman 제도는 입법부나 사법부가 행정통제의 기능을 제대로 못하게 되자, 이를 보완함으로써 보다 쉽게 적극적으로 국민의 이익을 보호하려는 취지에서, 1809년에 스웨덴에서 처음으로 창설된 제도이다.

옴부즈만 제도는 공무원과 국민 사이의 완충역할을 하고, 공무원에 대한 국민의 책임추궁의 창구역할을 하며 입법·사법통제의 한계를 보완하는 제도이다. 또한 조사의 신축성 및 공정성을 확보할 수 있는 장점이 있으나, 부족한 인력과 예산으로 인해 국민의 권익구제에 한계가 있다는 단점이 있다.

우리나라의 옴부즈만 제도는 국민권익위원회에서 담당하고 있는데, 국민권익위원회는 국민의 민원사항에 대한 안내와 상담, 고충민원에 관한 조사·처리, 고충민원에 관한 조사에서 확인된 위법·부당한 처분 등에 대한 시정조치의 권고, 고충민원의 처리과정과 관련된 행정제도 및 운영의 개선이 필요하다고 판단되는 경우 이에 대한 감시와 의견 표명 등의 기능을 수행한다.

옴부즈만 제도의 도입에서 가장 문제가 되는 것은 공무원의 기득권에 대한 집착과 변화에 대한 저항이라 할 수 있다. 따라서 이러한 저항을 극복하기 위해서는 최고지도자의 옴부즈만 제도 실시에 대한 확고한 의지가 있어야 한다. 또한 NGO는 감시활동과 지역 현안에 대한 올바른 시민의 여론을 전달함으로써 옴부즈만 제도의 한계를 보완해 나가는 역할을 해야 할 것이다.

5. 우리나라 행정통제의 문제점과 개선방향

행정통제는 행정책임을 확보하는 수단이다. 행정이 당초 목표대로 수행되고 있는가를 확인하고, 올바르게 이루어지지 않는 경우 잘못된 점에 대한 학습을 통해 다음의 정책결정과정에 환류feedback하는 기능을 말한다.

행정통제의 실효성을 확보하기 위한 개선방안을 살펴보면 다음과 같다.

첫째, 주인-대리인 이론에 의하면, 행정부에 대한 국민의 통제가 어려운 이유는 정보의 비대칭성information asymmetry에서 발생한다. 따라서 행정부와 국민의 정보격차 해소를 위해 투명한 정보공개제도, 행정절차법 등의 활성화가 이루어져야 한다.

둘째, 시민의 참여기회가 제도적으로 확대되어야 하며, 준정부 조직, 권력기관 등 통제의 사각지대를 제거하여 행정통제의 대상을 확대해야 한다.

셋째, 무엇보다도 공무원 스스로의 내부통제가 중요한바, 공무원 스스로의 직업윤리의 확보와 자발적 준수가 필요하다 할 것이다.

◈ 심화학습

감사원의 감사청구 절차

1. 감사청구절차 개요

감사청구절차

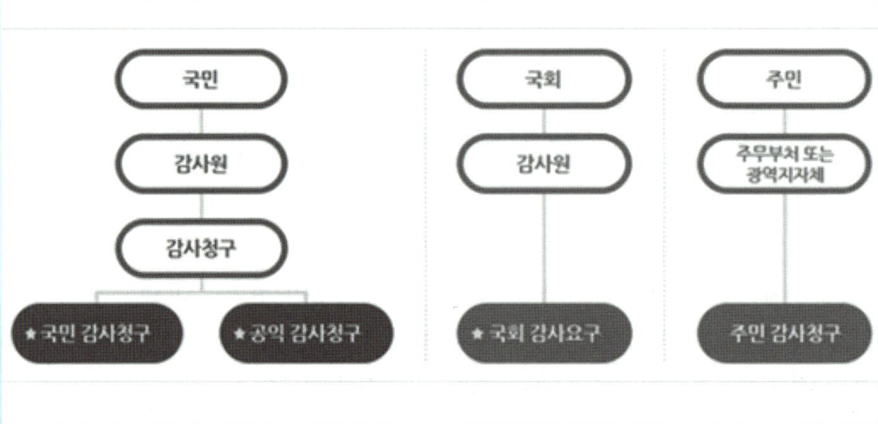

2. 감사청구의 유형

1) 국민감사청구제도

부패방지 및 국민권위원회의 설치와 운영에 관한 법률 제72조에 근거한다. 공공기관의 사무가 법령위반 또는 부패행위로 인하여 공익을 현저히 해하는 경우 19세 이상의 국민 300명 이상의 연서로 감사원에 감사를 청구한다.

'국민감사청구심사위원회'에서 감사실시 여부를 결정하고 그에 따라 감사원에서 감사실시 후 그 결과를 통보한다. 근거법령은 '부패방지 및 국민권익위원회의 설치와 운영에 관한 법률 제72조'이다.

◎ 처리절차

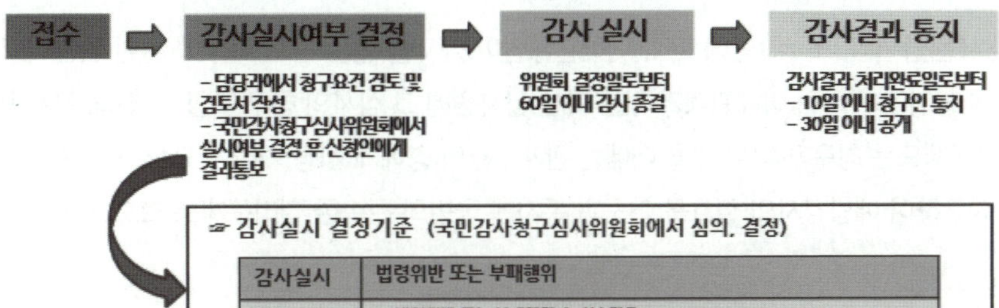

☞ 감사실시 결정기준 (국민감사청구심사위원회에서 심의, 결정)

감사실시	법령위반 또는 부패행위
기각	1. 법령위반 또는 부패행위가 아닌 경우 2. 구체적 사실을 지재하지 않은 경우 3. 감사의 필요성이 인정되지 않거나 감사대상으로 부적절한 경우
각하	1. 요건불비 2. 청구대상이 특정되지 않은 경우 3. 감사원 감사대상 범위가 아닌 경우 4. 감사청구 제외대상 5. 이미 감사청구가 제기된 사항

2) 공익감사청구제도

공익사항에 관한 감사원 감사청구처리에 관한 규정감사원 훈령에 근거한다. 19세 이상 300명 이상의 국민, 시민단체 등 일정 자격을 갖춘 자가 공익을 목적으로 특정사항에 대하여 감사를 청구하면 이를 심사 하여 감사의 필요성이 인정되는 경우 감사를 실시하여 그 결과를 청구인에게 통보하는 제도이다. 근거법령은 '공익사항에 관한 감사원 감사청구 처리에 관한 규정감사원 훈령'이다.

◎ 처리절차

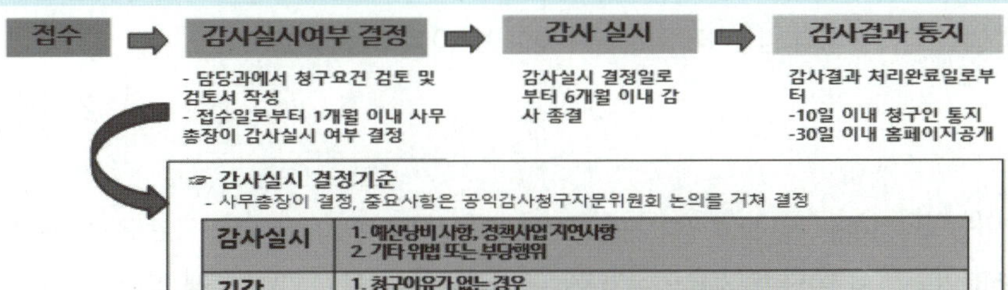

☞ 감사실시 결정기준
- 사무총장이 결정, 중요사항은 공익감사청구자문위원회 논의를 거쳐 결정

감사실시	1. 예산낭비 사항, 정책사업 지연사항 2. 기타 위법 또는 부당행위
기각	1. 청구이유가 없는 경우 2. 구체적 사실을 기재하지 않은 경우 3. 감사의 필요성이 인정되지 않거나 감사대상으로 부적절한 경우
각하	1. 요건불비 2. 공공기관의 사무처리가 아니거나 구체적 사무처리가 없는 경우 3. 청구대상이 특정되지 않는 경우 4. 감사청구 제외대상 5. 감사청구 경과(5년) 6. 국민감사청구사항

3) 감사원심사청구

감사원법 제43조 제1항에 따라 이해관계인이 감사를 받는 자의 직무에 관한 처분이나 그 밖의 행위에 관하여 이해관계가 있는 자는 감사원에 그 심사의 청구를 할 수 있다. 감사원 심사청구제도는 청구가 이유 있을 때에는 관계기관의 장에게 시정 기타 필요한 조치를 취하도록 요구하여 예방감사의 실효를 거둠과 동시에 국민의 신속한 권리구제를 도모하는 제도이다.

☞ **우리나라에서의 국민감사청구, 공익감사청구, 감사원심사청구의 사례를 찾아보고 그것을 바탕으로 그 유용성과 한계점을 토의하시오.**

❖ 사 례 연 구

감사원이 사상 처음으로 대검찰청에 대한 감사를 벌인다. 감사원에 따르면 감사원은 이달부터 대검을 상대로 기초조사에 들어가 인사와 회계 등에 걸쳐 질의서를 보내고 관련 자료를 확보 중이다.

1963년 감사원이 설립된 이래 대검이 직접 감사 대상에 오른 것은 사상 처음으로 그동안 감사원은 대검의 상급 기관인 법무부를 상대로 기관운영감사를 벌여왔다. 3월 최재형 감사원장은 "올해는 그간 감사가 소홀했던 대통령실과 검찰, 국정원 등에 대해서도 감사를 실시할 계획"이라며 그동안 감사의 사각지대로 여겨졌던 권력기관에 대한 감사를 공식화한 바 있다.

감사원은 각 기관의 특수성이 있어 감사에 어느 정도 제약이 있을 수 있지만 주어진 권한 내에서 법과 원칙에 따라 엄정하게 감사를 수행할 계획이라고 밝혔다.

*자료: 노컷뉴스 2018. 05. 17.일자 요약

국민권익위원회는 1일 오후 정부세종청사에서 공공기관 감사관회의를 열고 공직자에게 부당한 해외출장 지원이 이뤄지고 있는지 전수조사 하는 방안을 논의했다. 권익위는 "최근 피감기관 등에서 감사 권한을 가진 기관 공직자에게 해외출장을 지원하는 행위가 발견됐다"라며 "국민 눈높이에 맞지 않는 관행으로 사회적 논란이 됐고 '갑질·외유성 출장 전수조사'를 원하는 국민 청원에도 23만 여명이 참여하는 등 개선 필요성이 제기됐다"라고 배경을 밝혔다.

점검 대상은 '청탁금지법'일명 김영란법과 '공무원 행동강령'의 적용을 받는 중앙부처·지자체·공직 유관단체 등 1천483곳 공공기관 공직자들이며, 조사 기간은 이달부터 7월까지 석 달 간이다. 권익위는 이번 조사결과를 바탕으로 피감기관 지원 해외출장의 원칙적 금지, 선진국 수준의 해외출장 신고 및 결과 공개 시스템 개선, 관련 법령 정비 등을 아우르는 종합대책을 7월 중순께 발표하겠다고 밝혔다.

아울러 권익위는 이날 회의에서 지난 18일 발표한 '5개년 반부패 종합계획'을 공유하고 주기적으로 이행 현황을 점검해 국민에게 공개하기로 했다. 점검 결과는 관계기관과 공유하고 '2018년 부패방지 시책평가'에서 기관별로 가점을 주기로 했다고 권익위는 전했다.

또 과제별 추진상황을 점검하는 '청렴정책 국민모니터단'을 운영해 국민 참여를 보장하기로 했다. 이건리 권익위 부위원장 겸 사무처장은 "반부패 정책은 '공정과 정의'의 원칙을 확립하기 위한 것으로, 국민의 눈높이에 맞아야 한다."라며 "국민이 청렴사회로의 변화를 느낄 수 있도록 각급 기관들과 협력을 강화하겠다."라고 말했다.

*자료: 연합뉴스 2018. 05. 01일자 요약

1. 행정책임을 확보하기 위한 행정통제의 실제 사례를 조사하여 논의하고 그 결과를 정리하여 발표하시오.

2. 감사원의 감사유형을 조사하고 각각 해당사례를 찾아 발표하시오.

3. 국민권익위원회의 활동 사례를 찾아 그 유형을 분류하여 정리하시오.

토의 및 발표과제

1. 행정책임과 행정통제를 비교하여 정리하고, 우리나라에서 행정책임의 실효성을 확보하기 위한 방안에 대해서 토의하여 발표하시오.

2. 행정통제의 구체적 기준에 대해 정리하고, 이들 간의 중요도의 우선순위에 대해서 토의하여 발표하시오.

3. 우리나라의 옴부즈만 제도의 사례를 찾아보고 그것을 바탕으로 유용성과 한계점을 토의하시오.

제14장

행정개혁과 정부혁신은 무엇인가?

제1절 행정개혁이란 무엇인가

1. 행정개혁의 개념과 특성

1) 행정개혁의 개념과 필요성

모셔(F. G. Mosher)는 행정개혁이란 “행정부가 의식적으로 추구하는 계획된 변화”라고 했고, 케이든(G. Caiden)은 행정개혁을 “저항에 대하여 인위적으로 강행되는 행정적 변형”이라고 하였다. 이처럼 행정개혁에 대한 정의는 매우 다양하지만 이들을 종합해보면, 행정개혁administrative reform이란 “행정을 현재보다 더 바람직한 상태로 변화시키기 위한 계획적이고 의도된 변화”라고 정의할 수 있다.

행정개혁의 필요성은 다음과 같이 정리할 수 있다.

(1) 능률성 및 효과성의 제고

행정개혁은 조직의 기구축소, 인원감소, 예산절약 등을 통해 행정의 능률성과 효과성을 제고시킨다.

(2) 정치이념 : 민주성의 제고

행정에서의 지배적 이념이나 목적이 변화하는 경우 이에 대응하는 행정개혁이 필요하게 되는데, 예컨대, 정치이념이 행정에 있어 민주성을 강조하는 경우 국민의 참여를 보다 많이 허용하는 방향으로 개혁하게 된다(박동서, 1978: 525).

(3) 권력투쟁의 산물

민주주의 국가에서의 행정개혁 목표는 표면적으로는 행정의 능률성·효과성·민주성 등을 내세우지만 실제로는 권력투쟁의 산물로서 행정개혁을 하게 되는 경우도 있다.

2) 행정개혁의 특성

행정개혁은 목표지향적이고 미래지향적이며, 동태지향적이고 행동지향적인 특성을 가진다. 또한 행정개혁의 대상이 되는 요인들은 조직내적, 외적으로 복잡하게 연결되어 있으며, 행정개혁 시 항상 변화에 대한 저항을 수반하는 특징을 가진다.

3) 행정개혁과 관련개념

(1) 기관형성institution building

기관형성이란 바람직한 국가목표의 달성을 위해 새로운 기관이나 제도를 형성함으로써, 지속적으로 환경의 지지를 받을 수 있도록 하는 것을 말한다. 1960년대 중반부터 에스만(M.J. Esman) 등 발전행정학자들에 의해서 사용된 용어이다.

(2) 조직개편reorganizing government

조직개편이란 행정환경에 능동적으로 대처하고 행정목표를 효과적으로 달성하기 위해 인위적인 조직의 신설·폐지·재편 등 조직개편에 초점을 둔 개념이다.

(3) 정부혁신government innovation

행정개혁administrative reform과 유사한 개념으로 정부혁신government innovation이 있다. 정부혁신은 최근에 유행하는 단어인데, 행정개혁이 좀 더 가치가 실린value laden 개념이라면, 정부혁신은 가치중립적인value neutral 개념이다. 행정개혁이 조직개편 등 하드웨어적 개편에 중점을 둔 개념이라면, 정부혁신은 이러한 조직개편을 포함하여 조직변화의 아이디어, 절차, 방법, 기법 등의 도입을 통해 조직의 일하는 방식의 변화를 강조하는 개념이라고 할 수 있다.

(4) 조직발전OD: organization development

조직발전이란 조직의 효과성과 건전성을 높이기 위해 조직구성원의 가치관·신념·태도를 변화시키는 행태과학적 기법에 기초한 교육훈련 전략을 지칭한다.

2. 행정개혁의 접근법

1) 개혁관의 개념

개혁관이란 행정개혁의 성공에 영향을 미치는 핵심 행정변수에 대한 관점을 말하는데, 개혁관은 1) 합리적·관료제적 방법구조·기술, 2) 참여·인간관계적 방법인간·참여, 3) 통합적 방법인 체제적·종합적 방법환경·체제으로 발전해 왔다(박동서, 1978: 529).

2) 개혁관의 변천과 행정개혁의 접근법

(1) 전통적·관료제적 방법구조·기술

구조·기술적 접근방법은 공식적·합리적 조직에 중점을 두는 방법으로서, 기구의 간소화와 직제의 중복 제거, 행정절차의 개선 등을 통해 행정을 개혁하려는 접근방법이다. 따라서 구조적 접근방법은 행정의 기구·직제·절차 등을 대상으로 관리과학·OR·체제분석 등을 활용한다.

(2) 참여·인간관계적 방법인간·참여

참여·인간관계적 방법은 행정구조에 중심을 두는 것이 아니라, 행정의 행태면에 중점을 두는 것이다. 이는 행정인의 가치관·신념을 감수성 훈련 등을 통해 변화시켜 행정체제 전체의 개혁을 도모하려는 접근방법으로, OD조직발전나 TQM총체적 품질관리 등이 이에 속하는 전략이다.

(3) 체제적·종합적 방법환경·체제

체제적·종합적 방법은 통합적 방법으로서 구조·인간·환경의 문제를 체제로서 파악하고, 이들 간의 유기적 상호관련성을 고려하는 행정개혁 접근방법이다.

구조·기술적 접근방법, 참여·인간관계적 접근방법은 행정의 구조·기술 혹은 인간·참여 중 하나의 요소에만 중점을 두는 접근방법이어서 한계를 지닐 수밖에 없었다. 행정개혁의 목표가 행정성과의 향상을 위한 의도적·계획적 노력이라면, 행정개혁의 성공을 위해서는 행정에 영향을 미치는 구조·기술, 참여·인간, 환경·체제 등 주요 행정변수들을 모두 고려한 체제적·종합적 접근법이 요구된다고 하겠다.

3. 행정개혁의 과정

행정개혁의 과정은 필요성 인식단계→개혁안 작성단계→개혁 실행단계→개혁 평가 및 내재화 단계로 나눌 수 있다.

1) 필요성 인식단계

변화의 필요성을 인식하지 못하면 변화는 발생하지 않는다. 행정개혁 역시 행정개혁의 필요성 인식으로부터 출발한다.

2) 행정개혁안의 작성단계

개혁안의 작성단계는 개혁의 목표를 정립하고, 개혁실현을 위한 전략과 행동방안을 수립하는 단계이다. 행정개혁의 전략은 개혁안의 작성단계부터 개혁의 여건과 실현가능성을 고려하여 선택하는 것이 바람직하며, 참여와 활발한 상호 의사전달을 통하여 적실성 높은 전략 수립이 되도록 해야 한다.

3) 행정개혁의 실행단계

개혁 실행단계란 결정된 개혁안을 개혁 추진 기구를 통하여 개혁을 실현시키는 단계이다.

4) 행정개혁의 평가 및 내재화 단계

개혁의 평가 및 내재화 단계는 행정개혁이 원래의 목표대로 달성되었는지에 대해 분석하고, 개혁 목표의 달성에 영향을 미치는 개혁 요인들을 평가함으로써 개혁이 지속적으로 이루어질 수 있도록 내재화하는 단계이다.

행정개혁administrative reform이란 행정행정체제을 현재보다 더 바람직한 상태로 변화시키기 위한 계획적이고 의도적인 변화를 의미한다. 급변하는 사회에 대응하기 위해 행정개혁은 일회적으로 끝나는 것보다는 지속적 행정개혁을 통해 개혁요소들이 조직체제 내에 내재화built-in됨으로써, 학습효과가 발휘되는 것이 중요하다.

4. 행정개혁의 전략

행정개혁 전략의 기본문제는 개혁의 범위와 속도를 결정하고, 정치·사회의 환경에 따라 적절한 전략을 선택하는 것이다. 개혁의 범위와 속도에 따라 1) 급진적·전면적 전략, 2) 점진적·부분적 전략으로 나눌 수 있고, 개혁의 추진 방향과 특성에 따라 1) 명령적·하향적 전략, 2) 참여적·상향적 전략으로 나눌 수 있다.

1) 개혁의 범위와 속도에 따른 분류

개혁의 범위와 속도에 따라 행정개혁의 전략은 1) 급진적·전면적 전략, 2) 점진적·부분적 전략으로 나눌 수 있다.

(1) 급진적·전면적 전략

개혁의 속도와 폭을 급진적이고 전면적으로 실행하는 전략은 근본적인 변화를 일시에 달성하기 위해 사회 전반에 걸친 빠른 속도의 전략을 구사하는 것을 의미한다.

(2) 점진적·부분적 전략

개혁의 속도와 폭을 점진적이고 부분적으로 실행하는 전략은 개혁이 사회에 미칠 영향과 이해관계자의 수용정도 그리고 개혁에 동원 가능한 인적·물적 자원 등을 고려하여 점진적이고 지속적으로 개혁을 추진하는 전략을 의미한다.

2) 개혁의 추진 방향과 특성에 따른 분류

개혁의 추진 방향과 특성에 따라 행정개혁의 전략은 1) 명령적·하향적 전략, 2) 참여적·상향적 전략으로 나눌 수 있다.

(1) 명령적·하향적 전략

개혁의 추진방향을 명령적이고 하향적으로 하는 전략은 조직 내부나 조직 외부의 참여 없이 상층부에서 추진하는 개혁이다.

(2) 참여적·상향적 전략

개혁의 추진방향을 참여적이고 상향적으로 하는 전략은 조직 내부와 외부의 참여를 통해 의견을 수렴하고 개혁을 추진하는 전략이다.

3) 개혁전략의 선택

행정개혁은 어느 한 전략만을 고집하는 것보다는 상황에 맞는 전략을 선택하여 행정개혁의 목표를 달성하는 것이 중요하다.

첫째, 정치·사회의 환경이 개혁에 유리하고 강력한 리더십을 가진 최고지도자가 있는 경우에는 급진적·전면적 전략이 바람직할 수 있다.

둘째, 정치·사회의 환경은 유리하지만 강력한 리더십을 가진 최고지도자가 없는 경우, 혹은 강력한 리더십을 지닌 최고지도자는 있으나 정치·사회의 환경이 불리한 경우에는 점진적이고 부분적인 전략을 선택하는 것이 바람직하다.

셋째, 전통적 접근 방식인 명령적·하향적 전략은 과거 산업화 시대에 행정환경이 비교적 단순한 상황에서 효과를 발휘할 수 있었으나, 지식정보사회에 접어들면서 사회가 다원화되고 분권화된 뉴거버넌스 상황하에서는, 구성원들의 참여를 통해 의견을 수렴하고 합의를 토대로 개혁을 추진하는 참여적·상향적 전략이 바람직할 것이다.

제2절 행정개혁에 대한 저항과 극복

행정개혁의 방향이 올바르게 설정되었다고 하더라도, 개혁의 실행단계에서의 저항을 효과적으로 극복할 수 없다면 행정개혁은 실패하게 된다.

1. 저항의 원인과 극복방안

1) 저항의 원인

행정개혁에 있어서 저항의 원인을 살펴보면 다음과 같다.

(1) 변화에 대한 저항

행정개혁은 조직의 새로운 방식을 창조하거나 기존의 방식을 변경하므로 변화에 대한 저항이 발생한다.

(2) 기득권의 침해

행정개혁으로 인해 현재의 정책·조직·예산 등 행정 공무원들의 기득권이 침해될 가능성이 있는 경우 행정개혁에 저항하게 된다.

(3) 획일적인 추진

행정개혁이 대상 기관의 특수성을 고려하지 않고 획일적으로 이루어지는 경우에는 저항을 유발할 수 있다.

(4) 임기응변식 개혁

행정개혁은 보다 나은 미래를 위해 실행하는 것이지만, 개혁의 시기와 타당성에 대해 국민과 관료들의 공감대가 형성되지 않는다면 저항을 유발할 수 있다.

2) 저항의 극복방안

행정개혁의 저항 극복방안은 다음과 같다.

첫째, 행정개혁의 저항 극복을 위해서는 무엇보다도 참여 및 커뮤니케이션의 활성화를 통해 개혁과 관련된 이해관계자들의 동의와 공감대를 이끌어내려는 노력이 필요하다. 행정 관료들의 주체적 공감대가 형성되지 않은 개혁은 실패로 돌아가기 쉽다.

둘째, 행정개혁은 미래의 바람직한 상태로의 변화를 유도하며, 이러한 변화는 조직 내에 정착되고 조직구성원들의 의식 속에 내재화될 수 있을 때 성공할 수 있으므로 행정 관료들이 개혁의 주체가 될 수 있도록 행정 관료들의 자발적 참여, 자율·합의에 기초한 개혁의 추진이 필요하다.

셋째, 행정개혁에 대한 국민적 지지와 공감대를 형성·확산할 수 있도록, 정부·언론·시민사회·전문가들이 바람직한 행정개혁을 추진할 수 있는 정책네트워크를 형성할 필요가 있다.

3) 행정개혁의 변화방향: 정책제언

행정개혁을 위한 변화방향 및 정책제언을 제시하면 다음과 같다.

(1) 작은 정부

지식기반 사회에서의 빠른 변화에 대응하고 이를 효율적으로 지원하기 위해서는 작고 효율적인 정부를 지향해야 하며, 분권적 정부를 지향해야 한다.

(2) 효율적인 정부

작은 정부보다는 효율적인 정부가 더 중요한 개념이다. 규모보다는 기능이 더 중요하기 때문이다. 비대화되어 효율성의 제고가 요청되는 불필요한 공공조직은 과감하게 민간에 이양하거나 민간위탁의 형태로 전환시키는 방법, 또는 민간과의 경쟁을 통해 보다 나은 서비스를 제공하는 방법 등을 모색하면서, 신공공관리가 가지는 문제점에 대해서도 지속적으로 보완해 나가는 정책적 지혜가 필요할 것이다.

(3) 좋은 거버넌스Good Governance

로즈(Rhodes1996)는 좋은 거버넌스Good Governance의 기준으로서 정부의 신뢰성, 책임성, 투명성이 높을수록 좋은 거버넌스로 규정하였는데, 이는 행정개혁에 있어서도 중요한 방향이 될 것이다.

(4) 거버넌스 정신과의 연계

로즈(Rhodes1996)는 거버넌스는 무엇보다도 자기조직적 네트워크라고 규정한다. 즉, 뉴거버넌스는 스스로 조직하는 조직간 네트워크를 활용하여 문제를 해결해 나가는 것이다. 이를 위해서는 신뢰와 협동이 중요한데, 행정개혁의 성공전략도 이러한 신뢰와 협동(Thompson 외, 1991), 참여와 네트워크(Rhodes, 1996) 등 거버넌스 접근방식과 연계될 때 극대화될 수 있을 것이다.

(5) 전자정부와의 연계

전자정부는 시간과 공간의 제약을 넘어 정부 정보에 대한 일반국민의 접근을 용이하게 하는 열린 정부를 의미한다. 따라서 미래의 행정개혁은 이러한 전자정부의 철학과 연계하여, 불필요한 문서감축, 행정계층 단계의 축소, 권위적이었던 관료의식의 타파, 일선 공무원들에게 자율적인 결정능력 부여, 행정 대응성이 높은 전자정부 체제 발전 등 실질적인 행정개혁 조치들이 추진되어야 할 것이다.

21세기는 지식과 문화가 중요한 시민사회이며, 신뢰와 성찰이 중요한 행정이념으로 부상하고 있다. 과거와 같은 발상의 능률성 위주의 관료행정과 상의하달식 국가발전 전략이 더 이상 시민들에게 '주입'될 수 있을 것이라는 발상에서 벗어나, 정책의 투명성을 높이고 참여가 자유로운 열린 정부를 지향해야 한다.

행정개혁의 목적은 강한 나라를 만들 뿐 아니라, 국민을 편안하게 해 주는 것이다. 이를 위해서는 행정개혁에 있어서도 국민적 의사를 수렴하고 조직화된 이해가 정책결정에 적절히 반영될 수 있어야 한다. 무엇보다도 상시적으로 언제든지 변화할 수 있는 과정적 합리성을 조직 내에 체제화embedded시키고, 의식 및 관행의 개선과 함께, 혁신적이고 유연한 제도를 개발하고 도입하려는 노력이 중요할 것이다.

제3절 정부혁신의 추구

1. 정부혁신의 의의

1) 정부혁신의 개념

정부혁신이란 "정부 조직의 효과성, 능률성, 적응성, 개혁성을 극적으로 증대시키기 위해 정부 조직을 근본적으로 변화시키는 것"을 의미하며(Osborne & Plastrik, 1998), 이러한 변화를 위해 새로운 아이디어, 절차, 방법, 기법 등을 도입하는 것을 말한다. 이러한 변화를 달성하기 위해서는 조직 책임자의 확고한 의지 및 리더십, 기술적 요인정보체계 및 지식관리, 제도적 요인유인체제 및 조직구조, 태도적 요인저항 극복, 문화적 요인조직문화 등 종합적·체제적 변화가 도입되어야만 한다.

2) 타 개념과의 구별

오스본와 패트릭(Osborne & Plastrik)은 정부혁신의 개념을 분명하게 하기 위해서 다른 부문의 혁신과의 차이점을 지적하고 있다.

첫째, 정부혁신은 선거 캠페인, 자금개혁, 의회개혁, 임기제한 등과 같은 정치체제상의 변화에 관한 것은 아니다.

둘째, 정부조직의 개편만을 의미하지 않는다.

셋째, 정부혁신은 행정상의 낭비, 남용 및 부정을 철폐하는 것만은 아니다.

넷째, 정부혁신이 정부의 다운사이징Downsizing은 아니다.

다섯째, 정부혁신은 민영화와는 다른 개념이다. 자산매각, 민간위탁 등의 민영화 도구들은 혁신의 도구 가운데 일부에 지나지 않는다.

여섯째, 정부혁신은 단순히 정부를 좀 더 능률적으로 만들어 주는 대용품은 아니다.

일곱째, 정부혁신은 총체적 품질관리TQM 혹은 리엔지니어링과 동의어는 아니다. 이러한 기법들은 전략적으로 사용될 경우, 정부혁신가가 성공할 수 있도록 도움을 줄 수 있는 도구 가운데 일부에 지나지 않는다(Osborne & Plastrik, 1998).

3) 정부혁신과 행정개혁

정부혁신government innovation은 행정개혁administrative reform과도 구별되는 개념이다.

첫째, 행정개혁이 가치가 실린value laden 개념이라면, 정부혁신은 좀 더 광범위하며 가치중립적인value neutral 개념이다.

둘째, 행정개혁이 조직개편 등 하드웨어적 개편에 초점을 둔 개념이라면, 정부혁신은 이러한 조직개편을 포함하여 조직변화의 아이디어, 절차, 방법, 기법 등의 도입을 통해 조직의 일하는 시스템의 변화를 강조하는 개념이다.

셋째, 행정개혁이 "상위-하향식"Top-down 접근방법에 치중된 개념이라면, 정부혁신은 "하위-상향식"Bottom-up 커뮤니케이션 활성화를 통해 학습이 자발적으로 축적될 수 있는 조직여건을 강조하는 개념이다.

넷째, 행정개혁이 정부 관료제를 하나의 폐쇄형closed system으로 보고 관료들에 대한 통제를 통해 개혁의 효과를 달성할 수 있다고 보았다면, 정부혁신은 정부

관료제를 하나의 개방형open system으로 보며 관료들에 대한 통제보다는 합의에 기초한 접근방식을 강조한다.

4) 정부혁신의 배경

정부혁신과 가장 유사한 단어의 등장은 1993년 미국 클린턴 정부의 NPR국가성과위원회:National Performance Review에서 주도한 정부재창조Reinventing Government이다. 미국 클린턴 정부는 1990년대에 들어 두드러지게 등장한 정보화와 세계화의 물결에 대응하여 정부 경쟁력 강화를 위한 일련의 기업가적 정부 혁신 프로그램들을 제시하였는데, 이것이 정부혁신이라는 단어가 유행하게 된 계기이다.

1990년대는 정보화와 세계화가 두드러진 물결로 등장한다. 정보화와 세계화의 물결로 인해 정보기술의 급속한 진보, 시장에서의 치열한 무한경쟁, 사회의 다원화로 인한 다양한 시민욕구의 분출 등이 파생적으로 진행되었으며, 이로 인해 정부의 재창조와 혁신을 중심으로 한 정부 경쟁력의 개념이 부각되었는데(Hughes,1994:15-16), 이러한 관점에서 정부의 생산성 제고를 위해 선진국들은 정보화의 진전, 탈규제 및 자율화, 정부개입의 축소, 경쟁의 촉진 등을 통해 '좋은 거버넌스'Good Governance를 지향하고 있다. 이러한 정부혁신의 방향성은 '기업가적 정부,' '성과중심 정부,' '고객중심 정부,' '뉴거버넌스 정부' 등으로 표현되고 있다.

2. 정부혁신의 내용과 단계

1) 정부혁신의 내용

정부혁신은 정부의 조직, 인사, 예산, 업무 프로세스를 혁신하는 동시에, 법과 제도는 물론 관행과 문화까지 새롭게 바꾸는 것으로 끊임없이 최적의 대안을 찾아가는 유연한 시스템을 구축하는 것을 의미한다. 이러한 정부혁신의 기본 내용으로는 효율적인 정부를 만들기 위한 노력, 정부 서비스의 질 향상과 민주적 참여성을 높이기 위한 노력을 포함하며, 이를 위한 정책과제로는 기업가형 조직구조 개편, 성과중심의 시스템 구축, 고객중심의 행정서비스 전달체계 개선, 행정의 개방성 및 투명성 강화, 시민사회와의 협치뉴거버넌스 강화 등을 들 수 있다.

2) 정부혁신의 단계

정부혁신의 단계는 현행 혁신상태에 대한 객관적 진단과 혁신점화, 혁신설계 및 실행, 혁신의 내재화, 그리고 전 혁신과정에서 일어나는 저항을 관리하는 체계적인 저항관리로 구성된다.

(1) 혁신진단 단계

혁신상태 진단이란 해당 부처의 혁신상태에 대한 객관적 진단을 수행하는 단계이며, 혁신상태 진단과 혁신 이해관계자 진단으로 구성된다.

(2) 혁신점화 단계

혁신점화 단계는 현 상황에 대한 냉철한 상황인식과 기관장 주도에 의한 혁신점화, 혁신을 추진할 강력한 혁신 추진팀을 구성하는 단계이다.

① 냉철한 상황인식과 혁신점화

냉철한 상황인식의 목적, 혁신의 시작은 현실에 대한 냉철한 자성에서 출발해야 한다.

혁신점화의 방법으로 중요한 것은 기관장에 의한 혁신점화이며, 많은 혁신 연구자료들이 지적하듯이, 기관장이 솔선하여 위기 전달자 역할을 수행하는 것이 중요하다.

② 강력한 혁신추진 주체 형성

혁신을 성공적으로 수행하기 위해서는 기관장과 한 몸을 이루는 강력한 혁신추진 조직을 두어야 한다. 혁신추진팀은 기관장의 변화의지, 변화 방향과 비전을 철저히 공유하는 사람들로 변화를 위한 전략개발과 방법론을 제공할 수 있어야 한다.

(3) 혁신설계 단계

혁신설계 단계는 해당 부처가 지향해야 할 비전을 창조하고 이를 실행하기 위한 종합적인 계획을 수립하는 단계이다.

(4) 혁신실행 단계

혁신실행 단계는 도출된 혁신과제를 실행시키는 단계이다. 혁신의 성공적 추진을 위해서는 집행 단계의 상황이 고려되지 않은 혁신과제들을 그대로 실행하는 것보다, 집행 당시의 상황을 고려하여 수정 보완할 필요가 있다.

(5) 혁신 내재화 단계

혁신 내재화 단계는 우수 혁신사례를 부처 구성원 간에 공유하고, 혁신 상태가 과거로 회귀하지 않도록 혁신결과를 제도화평가제도 정비를 포함한 조직운영 제도 개선, 구성원의 역량 개방 등하고 지속적으로 혁신이 일어날 수 있도록 하는 단계이다.

(6) 체계적인 저항관리

"저항"이란 혁신에 대한 심리적 반응으로서 혁신을 회피, 거부, 무시하는 모든 심리적 상태와 행동이며, 저항의 발생 원인으로는 1) 인식적 차원의 저항 원인, 2) 감성적 차원의 저항 원인, 3) 이해관계 차원의 저항 원인, 4) 혁신에 대한 심리적 저항 원인 등을 들 수 있다. 혁신과정에서 발생하는 저항 극복을 위한 수단에는 교육과 커뮤니케이션, 참여와 몰입유도, 촉진과 지시, 협상과 합의, 강압 등의 방법이 있는바, 혁신의 성공을 위해서는 체계적인 저항관리와 심리극복이 필요하다고 하겠다.

3. 정부혁신을 위한 정책제언

우리나라가 보다 미래지향적인 정부혁신을 실현하기 위한 정책제언들을 요약하면 다음과 같다.

1) 강력한 의지와 변혁적 리더십

정부혁신의 성공적 달성을 위해서는 최고지도자의 강력한 의지가 있어야 달성될 수 있고, 혁신의 출발점은 혁신목표를 달성하기 위한 조직구성원들의 잠재력을 고양시키는 문제로부터 시작되어야 한다. 이를 위해서는 새로운 비전과 미션을 창출하고, 기대를 초월하여 성과달성을 추구하는 변혁적 리더십Transformational leadership이 필요하다. 현대행정학의 뉴거버넌스 모형에 있어서의 조직 책임자의 리더십은 미래에 대한 비전과 통찰력을 가지고 조직에 대한 열정과 헌신을 통해 조직내부역량을 변혁시키는 한편, 시민사회와의 신뢰와 협동에 기초한 네트워크 방식의 문제해결을 추구하는 변혁적 리더십을 요구하고 있다.

2) 미래지향적 통찰

학습은 늘 위험과 불확실성을 내포하고 있는 지식에 대해 배우려는 자세를 말하는 것이기 때문에, 실패를 수반하게 마련이다. 실패와 위험에 대한 관용이 보장되어 있지 않으면 창의적이고 혁신적인 기업가 정신은 살아날 수 없다. 따라서 정부혁신이 진정으로 성공하려면 정부가 당장 수행하고 있는 정책을 효율적으로 관리하는 것도 필요하지만, 보다 궁극적으로 어떤 결과를 가져올 것인가에 대한 미래지향적 통찰이 필요하다.

3) 학습시스템 구축

학습조직은 지식을 창출·축적·활용·확산하는 데 능숙한 조직이며, 새로운 지식과 통찰력을 반영하여 행동을 수정하는 데 능숙한 조직이며, 잘못된 지식을 폐기하는 데 능숙한 조직이다. 정부혁신이 본질적으로 성공하기 위해서는 정부 관료들의 학습이 "늘 상시적으로" 일어날 수 있어야 한다.

4) 강력한 인센티브

정부혁신에서 가장 중요한 요인은 조직구성원의 참여이다. 조직구성원들의 참여를 위해서는 우수한 성과를 달성한 부서에 대한 표창을 실시하고, 특별휴가 및 해외연수 기회를 제공하는 등 강력한 인센티브 제도를 실행하여야 한다.

5) 정부-시장-시민사회 뉴거버넌스 구축

정부혁신을 효과적으로 달성하기 위해서는 조직 내외의 광범위한 참여가 필요하다. 성공적인 정부혁신을 위해서는 시민들의 정책참여의 통로를 활성화하고, 문제해결에 적합한 정부-시장-시민사회의 신뢰와 협동에 기초한 뉴거버넌스적 네트워크를 구축해야 한다.

6) 핵심전략의 재조명

정부혁신은 지속적으로 이루어지는 것이므로 정부혁신의 과정에서 혁신의 목표가 변동될 수 있으며, 이러한 목표의 변동으로 전략이 변경될 수 있는바, 목적의 명확성, 역할의 명료성, 방향의 일관성 등 핵심전략의 접근방법을 끊임없이 재조명해야 한다.

미래조직에서는 조직구성원의 학습능력, 참여와 창의성 발현을 통한 경쟁력의 향상이 조직에 있어 중요한 관건이 될 것으로 예상된다. 지식정보사회에서는 조직의 생존과 경쟁력을 유지하기 위해서는 변화의 흐름을 인식하고, 이에 대한 지속적 학습과 새로운 지식의 습득이 요구되는 바, 정부혁신은 이러한 시대적 변화를 인식하여 실행되어야 할 것이다.

21세기는 지식과 문화가 중요한 시민사회이다. 과거처럼 능률성 위주의 관료행정과 상의하향식 행정개혁은 더 이상 국가발전전략으로 유효성을 상실하고 있다. 또한 관료들을 개혁의 피동체로 치부하는 행정개혁전략은 더 이상 실효성을 상실하고 있는바, 정책의 투명성을 높이고, 조직 내외적인 참여와 공감대 형성을 토대로 진정한 정부혁신을 지향하는 열린 철학이 필요한 시점이다.

행정개혁과 정부혁신에 대해서 표와 그림으로 정리하면 다음과 같다.

[표 14-1] 행정개혁과 정부혁신

학습 항목	행정개혁	정부혁신
의 의	* 현재보다 바람직한 행정실현을 위한 계획적·의도적 변화	* 정부조직의 효과성, 능률성, 적응성, 개혁성 증대를 위해 새로운 아이디어, 절차, 방법, 기법들을 도입하는 것
배경 및 접근법의 변천	* 접근법의 변천 - 합리적·관료제적 방법(구조·기술) - 참여·인간관계적 방법(인간·참여) - 체제적·종합적 방법(환경·체제)	* 대두배경 -전통적행정학(법의 집행절차와 능률 중시 -현대적 행정학(임무와 목표달성도 중시 -클린턴정부의 NPR이 주도한 정부재창조(Reinventing Government)
필요성	* 행정의 능률성·효과성·민주성 제고	* 비용절감(cost savings) * 고객만족(customer satisfaction) * 민간부문(private sector)의 적극 활용
단 계	* 개혁의 필요성 인식 단계 ⇒ 행정 개혁안 작성 단계(개혁목표 정립, 전략·행동방안 수립) ⇒ 행정개혁의 실행 단계⇒ 행정개혁의 평가 및 내재화 단계 (개혁의 지속성 담보)	* 혁신진단 단계 ⇒ 혁신점화 단계 ⇒ 혁신설계 단계 ⇒ 혁신실행 단계 ⇒ 혁신내재화 단계 * 혁신의 체계적 저항관리(모든 단계에 필요)
정책제언	* 작은 정부 - 작고 효율적인 정부 - 분권적 정부 * 효율적 정부 - 민간기법 도입 및 민간과의 경쟁 - NPM의 문제점 극복 *좋은 거버넌스(Good Governance, Rhodes, 1996) - 신뢰성, 책임성, 투명성 * 거버넌스 정신과의 연계 -신뢰와 협동(Thompson 외, 1991) -참여와 네트워크(Rhodes, 1996) * 전자정부와의 연계 - 열린정부 구현 - 행정 대응성 높은 정부 실현	* 강력한 의지와 변혁적 리더십 - 새로운 비전과 미션 창출 - 조직구성원들의 잠재력 고양 * 미래지향적 통찰 - 창의적이고 혁신적 기업가 정신 -학습경험의 축적 * 학습시스템 구축 - 새로운 지식과 통찰력의 반영 - 정부 관료들의 학습체제 구축 * 강력한 인센티브 - 인센티브 체제 구축 - 교육훈련의 강화 * 정부-시장-시민사회의 뉴거버넌스 구축 - 시민들의 정책참여 통로 활성화 - 문제해결에 적합한 뉴거버넌스 접근

양자관계 (차이점)	* 행정개혁: - 가치가 실린 개념(value laden) - 하드웨어적 개편 - 상위-하향식(Top-down)접근 - 폐쇄형(Closed System)	* 정부혁신: - 가치중립적 개념(value neutral) - 일하는 시스템 변화 강조 - 하위-상향식(Bottom-up)접근 - 개방형(Open system)

* 자료: 권기헌(2009: 490-491)에서 수정

[그림 14-1] 행정개혁과 정부혁신

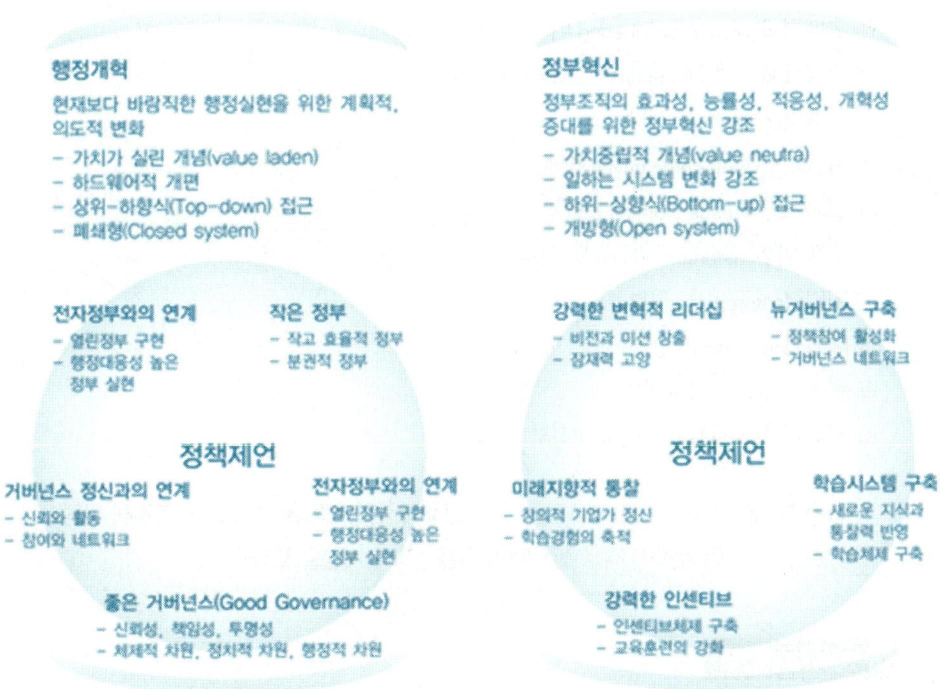

◈ 심 화 학 습

1980년대 이후 영국, 호주, 캐나다, 미국 등 OECD 국가들은 사회경제의 근본적인 변화를 겪으면서 새로운 공공관리체제의 구축을 위한 개혁을 계속해 오고 있다. 이들 국가에서의 정부혁신은 공공부문에서도 기업경영방식과 시장원칙을 도입하고 단순한 절차준수보다는 성과를 강조하는 데 초점을 두고 있다. 현재 미국은 정부의 재창출reinventing을 구호로 하여 정부의 기업화enterprising, 시장 지향적 정부를 표방하고 개혁을 진행하고 있다. 이 개혁은 정부를 비롯한 공공부문에 기업형 혁신정신을 심고 민간기업의 운용방식을 도입하며, 특히 경쟁적 성향과 서비스, 고객의 선택 등 시장적 원리를 공공관리에 수용하여 제도화하는 데 핵심이 있다.

오스본(Osborne)과 개블러(Gaebler)에 의하면, 미국정부의 재창출을 주도한 NPRNational Performance Review은 10가지 행정개혁의 목표는 다음과 같다.

① 촉매적 조정catalytic steering 위주의 정부
② 지역사회 위주community—owned의 정부
③ 경쟁적competitive 정부
④ 사명의식적mission—driven 정부
⑤ 결과지향적result—oriented 정부
⑥ 고객 위주customer—driven의 정부
⑦ 기업형enterprising 정부
⑧ 예방적anticipatory 정부
⑨ 분권화decentralized 정부
⑩ 시장지향적market—oriented 정부

☞ 미국 NPR(National Performance Review)의 변화과정과 활동을 찾아보고, 그것을 바탕으로 우리나라 정부개혁에 적용했을 때의 유용성과 한계점을 토의하시오.

❖ 사 례 연 구

정부는 3월 19일 정부서울청사 별관에서 제1회 정부혁신전략회의를 개최해 '정부혁신 종합추진계획'을 확정했습니다. 이날 확정한 정부혁신 종합추진계획에 따라 정부는 2022년

까지 OECD 더 나은 삶의 질 지수 및 정부 신뢰도 조사에서 10위권 진입을 추진하기로 했습니다. 또 국제투명성기구TI 부패인식지수는 20위권 진입을 추진하겠다는 입장도 밝혔습니다.

2017년 기준 한국의 OECD 더 나은 삶의 질 지수는 전체 38개국 중 29위이고, OECD 정부 신뢰도는 2016년 기준 35개국 중 32위입니다. 이날 회의에서 정부가 발표한 정부혁신 비전 및 3대 전략을 알아보겠습니다.

정부혁신 비전 및 3대 전략 중 첫 번째는 '정부운영을 사회적 가치 중심으로 전환한다는 것'입니다. 정부의 정책과 재원 배분 우선순위를 공공의 이익과 공동체 발전에 이바지하는 사회적 가치 중심으로 전환하고, 이를 위해 정부의 예산과 인사, 조직, 평가체계를 바꾸겠다는 방침입니다. 두 번째는 '참여와 협력을 통해 할 일을 하는 정부를 구현하는 것'으로, 정책 제안과 결정, 집행, 평가의 전 과정에 참여민주주의 실현을 위해 노력하겠다고 밝혔습니다. 마지막 세 번째는 '낡은 관행을 혁신해 신뢰받는 정부를 구현한다는 것'으로. 정부 신뢰를 저해하는 관행과 일하는 방식을 바꿔 믿을 수 있는 정부를 만들어나갈 계획입니다.

*자료: 위클리공감 2018. 3. 26일자 기사 요약

집권 2년차로 접어드는 마크롱 정부는 전방위적이며 또한 동시다발적으로 개혁과제를 추진하고 있다. 프랑스 국민들의 입장에서 개혁 피로감이 누적되고 있지만, 마크롱 정부는 개혁을 통해서 프랑스 사회에 오랜 기간 자리 잡고 있는 사회적 파트너로서의 노동조합이 주창하는 자주관리의 틀에서 벗어나고자 한다. 또한 지난 30년 동안 프랑스 개혁을 막아온 모든 사회분야에 존재하는 기득권이라는 벽도 허물고자 한다. 마크롱 정부가 프랑스 사회가 금기시하는 개혁과제들을 도전적으로 추진하는 이유는 무엇일까? 이는 개혁을 통해서 그동안 경제의 침체에 따른 실업의 만연, 재정수지의 지속적 악화에도 GDP대비 55%에 이르는 공공부문의 확대 등 대내적인 요인을 개선하여 경제를 활성화하고자 함에 있다. 또한 EU안에서 프랑스의 입지를 강화하여 유럽의 개혁을 위한 프로젝트를 주도적으로 추진하려는 큰 그림도 그리고 있다.

마크롱 대통령은 지난 해 상하 양원 합동회의에서의 취임연설을 통해 개혁의지를 밝힌 이후, 7월초 하원에 이어 8월 상원을 통과한 수권법loi d'habitation에 따른 법률명령ordonnance으로 공공투자 계획, 재정 건전화를 위한 세제개정 등과 함께 노동시장 개혁을 위한 노동법 개정(News Insight 2017년 12월 18일자) 등 발 빠른 개혁을 추진하여 왔다.

새로운 공공투자계획과 재정건전화를 위한 세제개정 등의 추진 내용은 아래와 같다.

첫째, 미래의 경제와 환경전환을 가능하게 하는 투자를 촉진한다. 필립**M. Edouard Philippe** 총리가 발표2017년 9월 25일한 "2018-2022 투자계획"에 나타난 마크롱 정부의 공공투자계획은 임기 5년 동안 총 570억 유로당초 500억 유로 규모이다.

둘째, 재정 건전화의 추진이다. 마크롱 정부는 향후 5년 임기동안 엄격한 세출억제를 통해서 재정건전화를 달성할 계획이다.

마크롱 정부는 임기가 끝나는 2022년까지 공무원 12만 명을 감축한다고 약속하고 있다. 이미 2011~15년 올랑드 정부시절부터 공무원 수가 동결되어 왔지만, 프랑스 공공부문은 현업 부서인 국영기업을 포함하면 국영부문 고용자수는 540만 명에 이른다. 1,000명당 공무원 수는 88.5명으로 영국 79.4명, 벨기에 75.4명을 능가한다. 마크롱 대통령은 이미 경제장관 시절부터 공공 서비스가 현상에 대응하지 못하고 있음을 언급해 왔다. 마크롱 대통령은 공무원제도의 현대화와 단순화를 이루려는 의지는 매우 확고하다. 또 마크롱 대통령은 의회의 개혁과 정치·사법의 민주화를 목표로 헌법의 일부 개정을 추진한다.

*자료: ifs Post 2018. 05. 21일자 기사 요약

1. 역대 정부개혁의 주요내용을 조사하고, 그 성과에 대해 평가하시오. 평가결과를 요약하여 발표하고 왜 그렇게 평가하였는지를 설명하시오.
2. 외국의 정부개혁 사례를 조사하고 그 성과를 평가하시오. 평가결과를 요약하여 발표하고 왜 그렇게 평가하였는지를 설명하시오.
3. 우리나라의 행정개혁이 성공하기 위한 기본 전제조건을 조사하고, 이를 사례와 함께 발표하시오.

토의 및 발표과제

1. 행정개혁과 정부혁신의 차이점을 정리하고, 각각의 특징이 잘 포함된 사례를 조사하여 발표하시오.
2. 우리나라의 정부혁신이 성공하기 위한 조건을 거버넌스의 관점에서 논의하여 발표하시오.

제15장

행정학의 미래는 어떻게 구성할 것인가?

제1절 4차 산업혁명과 정부모형
제2절 새로운 행정학과 미래의 정부모형
제3절 정부모형과 4.0의 특징
제4절 요약 및 결론

제1절 4차 산업혁명과 정부모형

1. 4차 산업혁명과 리더십

4차 산업혁명의 혁신적 기술은 산업간, 국경간, 심지어 현실과 가상의 세계까지 융합시킴으로써 삶의 범위를 무한히 확장시켰다. 그러나 엄청난 변화의 속도, 범위, 시스템적 충격으로 인하여 세계는 불확실성의 위기에 빠지고 있으며, 전례 없는 변화는 전 세계를 아노미 상태에 빠지게 할 것이라는 위기의식이 증가하고 있다.

4차 산업혁명의 특징은 VUCA, 즉 변동성Volatility, 불확실성Uncertainty, 복잡성Complexity, 모호성Ambiguity으로 대변된다. 노동시장의 붕괴, 일자리 감소, 소득격차 확대, 사회양극화 등 많은 측면에서 불확실성이 증가할 것으로 예측되고 있다. 쥐스탱 트뤼도(Justin Pierre James Trudeau) 캐나다 총리가 말했듯이, "기술만으론 우리 미래를 예측할 수 없다. 리더십이 우리 미래를 결정 할 것이다. 진정한 리더는 급격하게 변화하는 세상에서 모든 사람이 기회를 찾을 수 있는 방향을 알려줘야"하는 등 소통과 책임의 리더십이 필요한 것이다.

이를 반영하듯, 2017년 1월 다보스 포럼은 "소통과 책임의 리더십responsive and responsible leadership"이라는 주제로 개최되었다. 즉, 4차 산업시대의 리더는 불안감과 좌절감을 느끼는 사람들에 대해 진솔하게 반응하고, 공정하고 지속 성장이 가능한 대안을 제공해야 한다는 책임감을 가진 리더여야 한다는 것이다.

이처럼 4차 산업혁명시대의 리더는 다보스 포럼에서 제시한 바와 같이 다양한 사회적 문제를 직면함에 있어 불안감과 좌절감을 느끼는 사람들에 대해 진솔하게 반응하는 적극적인 소통을 할 수 있는 역량이 요구되며, 단순히 표심을 위한 포퓰리즘적 정책이 아닌 지속 가능한 성장을 이룰 수 있는 미래 지향적 정책과 제도를 위한 책임감 있는 리더라야 할 것이다(아래 그림 15-1 참조).

[그림 15-1] 2017 다보스 포럼의 대안

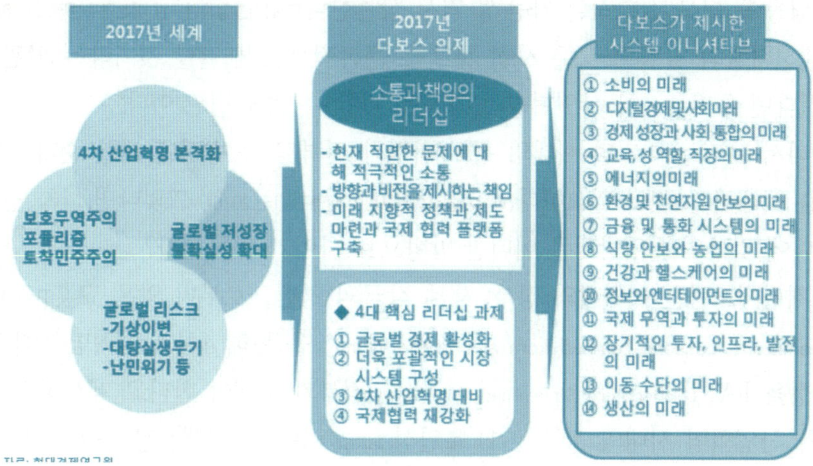

＊자료: WEF(2017). 현대경제연구원(2017: 9).「2017년 다보스 포럼의 주요 내용과 시사점」에서 수정 재인용

2. 4차 산업혁명과 정부운영방식의 변화

제4차 산업혁명은 단순한 산업적 변화를 넘어 초연결성, 초지능성, 초예측성을 기반으로 정부의 운영 방식이 변화하고 있으며, 정부를 둘러싼 민간과의 관계 설정 방식 등이 변화하고 있다.

정부의 운영 방식은 과거 PC 및 전자기기의 단순 활용 수준에서 나아가 네트워크를 기반으로 집약된 빅 데이터Big Data를 통해 공공서비스 수요자에 대한 맞춤형 서비스Customized Service, 개인별 서비스Personalized Service이 가능해졌다.

한편, 업무 방식에 있어서도 실시간 행정정보의 공개를 통해 과거 관료중심의 폐쇄적 업무 방식비밀주의에서 개방된 업무 방식으로 변화할 것이며, 온라인상의 국민의 공적토론의 활성화를 위한 플랫폼이 구축됨으로써 헌법상의 민주주의를 현실 정책결정과정에 구현함으로써 투명한 행정이 가능해질 것으로 기대되고 있다.

그러나 이러한 긍정적 영향 이면에 정보의 격차, 이로 인한 권력의 집중 등 사회적 불평등을 더욱 심화시킬 가능성 역시 상존한다(과학기술정책연구원 미래연구센터, 2016). 즉, 정보통신기술의 발달이 모든 사회 문제를 근본적으로 해결할 것이라는 낙관론에 치우친다면 우리는 4차 산업혁명의 역공을 피할 수 없게 될 것이다.

따라서 우리는 디지털 시대의 정치 과정과 권력 작동 방식에 대한 순기능과 역기능을 이해하는 것이 필요하다(과학기술정책연구원 미래연구센터, 2016). 그렇다면, 4차 산업혁명 시대에 정부의 운영방식은 어떠한 방향으로 나아가야 하는가?

세계경제포럼은 《미래의 정부: 세계 각국의 경험으로부터 얻은 교훈The Future of Government: Lessons Learned from around the World》을 통해 4차 산업혁명 시대의 정부 모형을 FASTFlatter, Agile, Streamlined, Tech-Savvy 정부가 되어야 한다고 제시하고 있다. 즉 4차 산업혁명 시대의 정부는 1) 유연성Flatter: 수평적 정책결정 구조를 통한 신속한 사회문제 해결이 가능한 정부, 2) 민첩성Agile: 사회문제의 특성에 따라 자원, 조직, 프로세스 등 스스로 조직화할 수 있는 민첩한 정부, 3) 슬림화Streamlined: 기술의 발전 및 노동시장 재편을 통한 슬림화된 정부, 4) 기술역량Tech-Savvy: 미래지향적 기술에 능통한 정부가 되어야 한다고 제시하고 있다. 즉 정책 결정 및 정부서비스 공급 주체가 정부에 한정되지 않고, '누구나'로 확장되며, 사회문제 해결의 '즉시성'과 '기민성'이 정부역량의 판단 기준이 될 것이다. 이를 위해서는 무엇보다 정부가 정부 운영에 4차 산업기술을 적극 활용할 수 있도록 기술 인프라를 구축해야 한다고 말한다.

종합하면, 4차 산업혁명은 3차 산업혁명의 연장선상이라고 할 수 있지만, 근본적인 특성은 확연히 다르다. 즉 1차, 2차 산업혁명은 동력 및 대량 생산 등으로 인한 오프라인off-line 혁명, 3차 혁명은 지식·정보, 인터넷 등으로 인한 온라인on-line 혁명이지만, 4차 산업혁명은 1차, 2차의 오프라인off-line 혁명과 3차의 온라인on-line 혁명이 하나로 연결되는 사이버 물리시스템cyber-physical system 혁명이라고 할 수 있는 것이다.

[표 15-1] 제4차 산업혁명 시대의 정부모형: FAST모형

특징	내용
유연성 Flatter	수평적 정책결정 구조를 통한 신속한 사회문제 해결이 가능한 유연한 정부 1) Citizen engagement: SNS 및 모바일 디바이스를 활용한 국민의 정책결정 참여의 증대 2) Administrative efficiency: 불필요한 행정적 절차red-tape를 축소를 통한 행정의 효율성 향상 3) Decision-making process: 빅데이터 기반의 과학적 정책결정 및 협업 구조를 통한 수평적 정책결정 4) Intergovenmental and cross-sectoral collaboration: 정부간inter-governmental, 부서간cross-sectoral, 주체agent간 네트워크를 통한 사회문제 해결
민첩성 Agile	사회 문제의 특성에 따라 동원 자원, 조직, 프로세스 등을 스스로 조직화 할 수 있는 민첩한 정부 즉, 공공 및 민간의 네트워크를 통해 사회문제 해결을 위한 조직을 구성하되, 만약 사회문제 해결을 통해 더 이상 동 조직이 필요하지 않을 경우 스스로 탈 조직화de-organization하는 유연한 정부구조를 말함 공공부문은 1) 광범위한 문제 해결 역량broad problem-solving capacity building을 갖춘 숙련된 지식근로자로 구성되어야 하며, 민간부문과의 네트워크를 활용한 관-민 비즈니스 관계의 초지능화 business intelligence가 필요
슬림화 Streamlined	기술발전 및 노동시장의 재편을 통하여 슬림화된 정부 무조건적인 정부규모의 축소가 아닌 전자정부의 기술적 역량 및 네트워크 방식을 활용하여 정부 규모 대비 효율성을 제고하는 혁신적 방식
기술역량 Tech-Savvy	미래지향적 기술역량을 갖춘 정부 수평적 정부flatter government이고, 민첩한 정부agile government, 슬림화된 정부streamlined government로의 변화에는 반드시 이를 뒷받침할 수 있는 인프라가 구축되어야 함 이때 인프라는 기술역량 향상뿐만 아니라, 네트워크 환경에 적용 가능한 정책, 법률 및 제도 전반의 재설계를 모두 포함하며, 이를 통틀어 Tech-Savvy로 정의함

*자료: World Economic Forum(Global Agenda Council), "Future of Government-Fast and Curious"(2012)에서 수정

3. 4차 산업혁명과 정부모형4.0

4차 산업혁명은 바람과 같다. 손에 잡히지 않아도 느낄 수 있으며, 그 바람에 편승하여야만 하늘로 날아갈 수 있다. 4차 산업혁명의 실체를 보거나 만질 수는 없지만, 우리는 이미 그 한 가운데에 있으며, 이 바람에 올라타는 나라만이 미래를 선도할 수 있다.

따라서 우리는 어떤 방식으로든 신기술의 융합과 도전에 우리만의 솔루션을 찾아내야 한다. 4차 산업혁명에 부흥할 수 있도록 불필요한 규제를 없애고, 이에 대응할 수 있는"민첩한 정부agile government"로 거듭나야 한다. 지속적으로 기술진보에 대응하면서 새로운 메커니즘을 찾아내는 방향성direction, 기민성agility, 탄력성resilience의 방향 모색이 필요한 시점이다(권기헌, 2017).

또한 4차 산업혁명 시대의 정부모형은 단순히 최첨단 기술에 목표를 두어서는 안된다. 기술의 발전은 기민한 사회문제 해결과 이를 통한 국민의 삶의 질 향상, 인간의 인간다운 삶의 고취 등 인간을 위한 기술로 거듭나는 것이 중요하다. 국가행정은 초연결성, 초지능성, 초예측성 강화를 통해 궁극적으로 인간의 존엄성을 지향하는 미래의 첨단과학행정으로 나아가야 한다아래 그림16-2 참조.

이를 본고에서는 정부모형4.0으로 지칭하고자 하며, 이를 실현하기 위한 구체적 전략으로는 3가지로 나눠, 지혜정부, 소통정부, 융합정부라는 방향으로 정리하고자 한다.

① 지혜정부

단순 지식의 축적을 넘어 빅데이터를 기반으로 한 타당성 높은 인지예측 시스템을 통해 사회적 난제wicked problem를 해결할 수 있는 지혜정부로 나아가야 한다.

즉, 4차 산업혁명의 빅데이터 기술을 적극 활용하여 클라우드 기반의 차세대 행정정보 인프라 구축이 필요하다. 이를 통해 지능행정을 구현함으로써 4차 산업시대에 새로이 나타날 수 있는 근본적인 사회적 문제, 예컨대 양극화 심화, 노동시장의 재편, 일자리 문제 등에 대해 정부는 선제적 대응을 해야 할 것이다[1].

1 새로운 산업기술에 대한 재교육 프로그램 신설을 통한 인적자본의 강화, 인간 고유의 감성과 창의성에 기반한 신성장 산업 발굴 등이 대안이 될 수 있다.

② 소통정부

정부의 공공서비스 확산에 있어 인공지능AI을 활용한 개별 맞춤형 서비스를 통해 공적인 사회안전망을 강화해야 한다. 이는 기존의 스마트 정부와는 다른 개념이다. 과거 모바일 기기를 활용한 행정능률 향상에 초점을 두는 것이 아니라, 초연결성, 초지능성, 초예측성을 바탕으로 정책공여자와 정책수혜자 간의 소통을 통하여 정책 수혜자의 개인적personalized 수요에 부합하는 완전한 맞춤형customized 정부서비스를 구현하는 것을 말한다. 즉, 인공지능 소프트웨어를 행정서비스에 적용하는 것에 주안점을 두기보다 이를 토대로 정책수혜자와의 소통을 통한 맞춤형 서비스의 제공, 공적인 사회안전망의 강화, 나아가 인간의 존엄성을 지향하는 미래과학행정으로 나아가야 한다.

③ 융합정부

정부를 비롯한 국회, 민간, 비영리기관 등 각계각층의 적극적 노력이 수반되는 열린 정부Open platform가 구축되어야 한다. 클라우스 슈밥K. Schwab 회장은 2016년 자신의 저서 《제4차 산업혁명The Fourth Industrial Revolution》을 통해 "신기술의 발전과 수용을 둘러싼 엄청난 불확실성 때문에 제4차 산업혁명이 가져올 변화가 어떤 방식으로 전개될지는 아직 알 수 없다. 그렇지만 과학기술의 복잡성과 여러 분야에 걸친 상호연계성 면에서는 정·재계 및 학계, 시민사회를 포함한 지구촌의 모든 이해관계자들이 이 새로운 기류를 더 잘 이해하기 위해 서로 협력할 의무가 있음을 시사한다"(K. Schwab, 2016)고 밝히고 있다.

특히, 4차 산업혁명이 가져올 혁신적인 변화의 흐름을 주도해 나가기 위해서는 정치혁신이 매우 중요하다. 클라우스 슈밥K. Schwab 회장 역시 "기술이 진보될수록 이에 맞는 입법 시스템이 마련되어야 지속적으로 발전할 수 있다"라며 기술적 진보에 따른 입법부의 중요성을 강조하고 있다. 즉, 4차 산업혁명에서 글로벌 시장을 선점하는 국가경쟁력 강화를 위해서는 기술간 융합과 함께 행정부와 입법부, 중앙부처와 지방자치단체, 정부-시장-시민사회 등 다양한 방면에서의 융합과 협력이 필요하며, 이를 위한 전략적 거버넌스가 특히 요청된다고 하겠다(그림15-2 참조).

[그림 15-2] 정부모형 4.0

* 자료: 권기헌(2017: 182).「정부혁명4.0: 따뜻한 공동체, 스마트한 국가」에서 인용

제2절 새로운 행정학과 미래의 정부모형

1. 필요성

제4세대 정부모형은 필요한가에 대해서는 여러 가지 견해가 있을 수 있다. 우선, 위의 〈그림 15-2〉에서 제시된 정부모형 분류의 경우, 이는 공급자인 정부와 수요자와의 관계를 중심으로 구분된 것이다. 정부1.0은 정부관료제를 중심으로 하는

정치모형이었고, 정부2.0은 정부와 시장을 중심으로 하는시장기제를 정부에 도입하는 혹은 정부와 시장의 관계를 중심으로 하는 시장중심모형이며, 정부3.0은 공공가치를 기반으로 하되 정부-시장-시민사회간의 3자간의 관계 네트워크를 중심으로 하는 거버넌스 모형이었다.

이제 제4차 산업혁명이 도래하면서 제기되는 정부모형은 소통과 책임의 리더십, 신속하고 기민하게 문제를 해결하는 신속형 정부모형 등이다. 후자는 속도를 이야기하고, 전자는 윤리를 이야기 하고 있다. 관계망을 중심으로 분류하던 기존의 정부모형으로는 접근하기 어려운 문제들이 많이 발생하게 되는 것이다.

2. 좋은 거버넌스의 구현 조건

좋은 거버넌스란 생산성, 민주성, 성찰성이 조화를 이룬 정부이다. 스마트 정부 구축을 통해 효율적이고 생산성 높은 정부를 구현하고 국민과의 소통을 원활히 하고 국민의 참여를 증진시키는 민주적인 정부를 구현하면서 더 나아가 국민들이 원하는 시대정신을 정확히 읽고 그에 부응하는 성찰적 정부이다.

[그림15-3] 좋은 거버넌스의 구성 요소

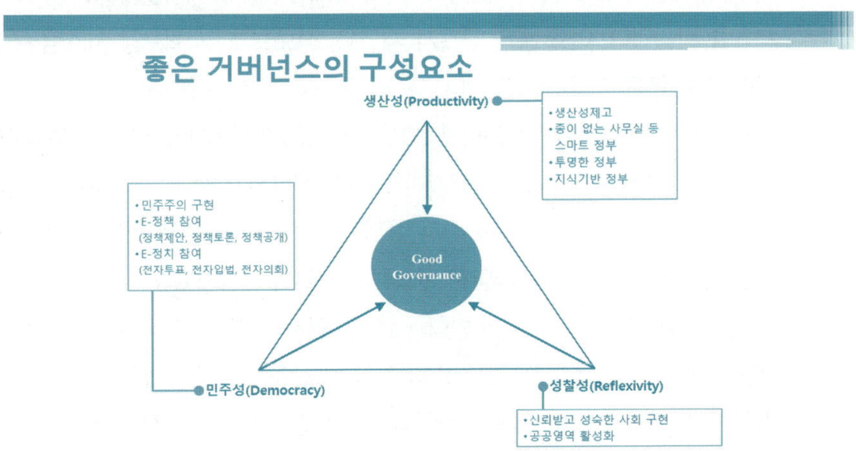

좋은 거버넌스란, 일을 열심히 하는 것Do things Right보다는 일의 방향을 정확하게 설정하는 것Do the Right things이다. 이러한 관점에서 차세대 정부모형의 핵심가치에는 우리 정부의 국정철학과 시대정신이 반영되어야 한다.

3. 새로운 도전과 비선형적 환경 변화

4차 산업혁명 시대에 행정환경이 직면하고 있는 비선형적 변화를 간략하게 고찰하면 다음과 같다.

첫째, 인더스트리4.0이다. 독일을 중심으로 산업4.0 움직임이 강하게 진행되면서 기존의 제조업의 경쟁력은 강하게 유지하면서도 농업2.0, 핀테크, e-헬쓰 등을 결합하는 형태의 4차 산업혁명의 움직임이 일어나고 있다.

둘째, 아르바이텐4.0이다. 인더스트리4.0에 대응한 일자리와 노동환경 정책에도 변화가 일어나고 있다. 아르바이트4.0은 기계가 아닌 사람이 중심이 된다는 전제 하에 좋은 노동을 창출하는 것이다. 독일의 경우 인더스트리4.0을 추진하면서 나타나는 노동시장 변화에 대비하기 위해 마련한 정책이다. 유연한 노동력의 공급을 위해 노사정 체제를 구축하고, 노등의 질을 보장하기 위해 독일 연방노동사회부(BMAS)는 지방정부, 시민단체, 노동계, 재계와 함께 미래 일자리에 대해 토론하고, 그들의 의견을 수렴해 아르바이트4.0이라는 유기적인 프로세스를 만들었다. 이를 통해 근로자 재교육, 정보보호, 사회보장 시스템 구축 등에 대해 연구 및 추진하고 있다.

셋째, 디지털 변혁이다. 세계경제포럼의 2015년과 2017년 주제어이기도 하다. 디지털 기술로 인한 사회변혁에 대해서 다양하게 전망하고 있다. 웨어러블 인터넷, 유비쿼터스 컴퓨팅, 주머니 속 슈퍼컴퓨터, 누구나 사용할 수 있는 저장소, 사물인터넷, 커넥티드 홈 등 다양한 변혁적 과제들이 전망되고 있다.

넷째, 디지털 사회이다. 이는 디지털 변혁과 연계되면서 좀 더 거대 담론들에 대한 주제를 다루고 있다. 스마트 도시, 스마트 그리드, 자율 주행차, 인공지능과 의사결정, 로봇공학과 서비스, 비트코인과 블록체인, 공유경제, 정부와 블록체인, 맞춤형 아기, 신경기술 등에 관한 논의이다.

다섯째, 후기 자본주의이다. 신자유주의를 기본으로 하는 승자독식의 자본주의 지속 가능성에 대한 비판적 고찰을 토대로 새로운 형태의 자본주의에 대한 담론이 H. Mintzberg, A. Kaletsky 등 세계적 학자들을 중심으로 2016년 이후 중점적으로 제기되고 있다.

[그림 15-4] 새로운 도전과 비선형적 환경변화

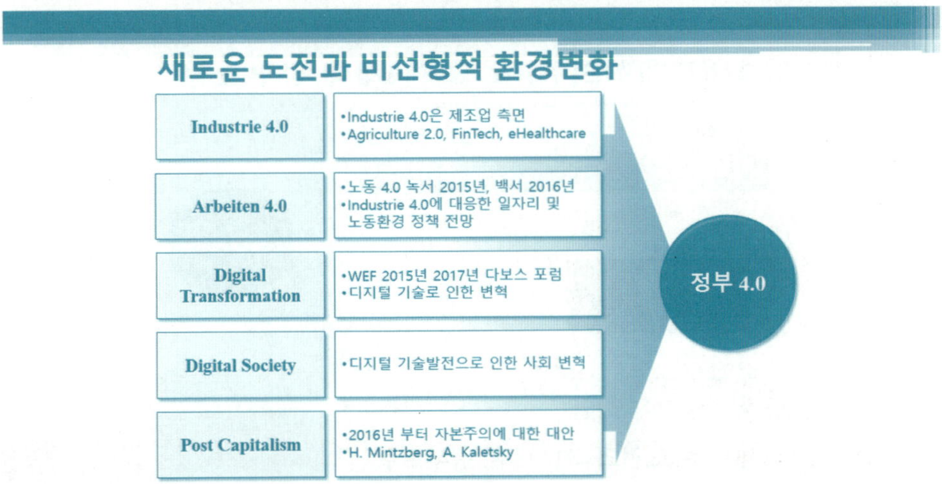

4. 새로운 도전과 제4세대 정부모형

이처럼, 4차 산업혁명 시대에 등장하는 행정문제들은 사악한Wicked 혹은 거대한Mega 복합문제Complex Problem들이 많다. 정부 한두 부서의 노력으로 해결이 안되거나, 문제의 해결책이 쉽게 보이지 않는 문제들이 많은 것이다. 또한, 기존의 정부1.0, 정부2.0, 정부3.0에서 보여주었던 문제의식, 즉 효율성, 시장성, 관계 네트워크 등의 문제해결방식으로는 풀기 어려운 비선형적 문제들이 급격하게 등장하면서 새로운 정부모형은 신속한 문제해결, 그리고 더 높은 윤리의식에 기초한 책임지고 소통하는 리더십을 더 강력하게 요청하고 있다고 하겠다(그림 15-2 참조).

말하자면, 독일의 인더스트리4.0, 인공지능, 미국 하버드 대학의 NBIC[2], 불확실

2 최근 하버드대학교 케네디 대학원(KSG)에서는 NBIC 연구소가 발족되었다. NBIC란 나노(Nano), 바이오

성이 고도화되는 행정환경이 속속 등장하고 있고, 이러한 급격한 행정환경 하에서는 기존의 접근방식으로 해결 불가능한 문제들이 많이 발생하고 있다(그림 15-5 참조). 융합이 필요하고, 속도가 필요하며, 정부의 윤리성이나 책임성이 그 어느 때와는 비교할 수 없을 정도로 높게 요구되면서 새로운 형태의 정부모형에 대한 요청도 증가하고 있다(그림 15-6 참조).

[그림 15-5] 하버드대학의 NBIC와 제4세대 정부모형

[그림 15-6] 새로운 도전과 제4세대 정부모형

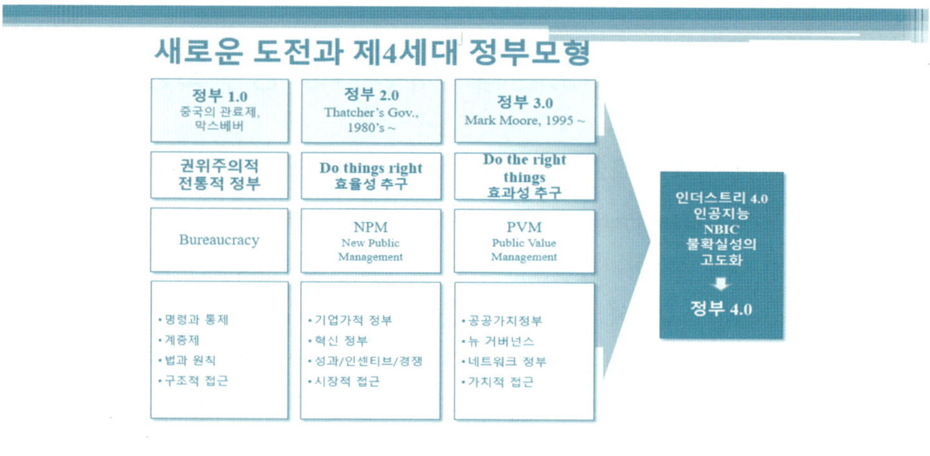

(Bio), 정보 기술(IT), 인지 과학(Cognitive Science)를 결합한 용어로 네 분야의 첨단기술의 융합을 통해 시너지 효과를 창출하는 것을 의미한다. 이처럼 세계적인 일류대학을 중심으로 NBIC와 같은 융·복합적 학문이 대두되고 있는 추세이다.

5. 제4세대 정부모형의 리더십 : 신속한 정부, 소통과 책임의 리더십

4차 산업혁명의 혁신적 기술은 산업간, 국경간, 심지어 현실과 가상의 세계까지 융합시킴으로써 삶의 범위를 무한히 확장시켰다. 그러나 엄청난 변화의 속도, 범위, 시스템적 충격으로 인하여 세계는 불확실성의 위기에 빠지고 있으며, 전례 없는 변화는 전 세계를 아노미 상태에 빠지게 할 것이라는 위기의식이 증가하고 있다.

4차 산업혁명은 노동시장의 붕괴, 일자리 감소, 소득격차 확대, 사회양극화 등 많은 측면에서 불확실성이 증가할 것으로 예측되고 있다. 쥐스탱 트뤼도(Justin Pierre James Trudeau) 캐나다 총리가 말했듯이, "기술만으론 우리 미래를 예측할 수 없다. 리더십이 우리 미래를 결정 할 것이다. 진정한 리더는 급격하게 변화하는 세상에서 모든 사람들이 기회를 찾을 수 있는 방향을 알려줘야"하는 등 소통과 책임의 리더십이 필요하다.

이를 반영하듯, 2017년 1월 다보스 포럼은 "소통과 책임의 리더십Responsive and Responsible Leadership"이라는 주제로 개최되었다. 즉, 4차 산업시대의 정부 리더십은 불안감과 좌절감을 느끼는 사람들에 대해 진솔하게 반응하고, 공정하고 지속 성장이 가능한 대안을 제공해야 한다는 책임감을 가져야 한다는 것이다.

이처럼 4차 산업혁명시대의 정부모형은 다보스 포럼에서 제시한 바와 같이 다양한 사회적 문제를 직면함에 있어 불안감과 좌절감을 느끼는 사람들에 대해 진솔하게 반응하는 적극적인 소통을 할 수 있는 역량이 요구되며, 단순히 표심을 위한 포퓰리즘적 정책이 아닌 지속 가능한 성장을 이룰 수 있는 미래 지향적 정책과 제도를 위한 책임감 있는 정부여야 한다. 이러한 정부모형을 제4세대 정부모형이라고 부를 수 있다.

6. 제4세대 정부모형의 이념: 인간의 존엄성휴머니즘

1) 왜 지금 인간의 존엄성인가?

4차 산업혁명이라는 거대한 파고를 앞둔 지금 우리가 다시 '인간의 존엄성'을 거론하는 이유는 어디에 있을까? 그것은 급변하는 사회변동과 더불어, 날로 발전하는 첨단기술의 문명 속에서 4차 산업혁명의 시대는 정신문화와 물질문명의 불균형뿐만 아니라 철학의 빈곤과 문명의 한계점에 봉착하고 있기 때문이다. 이것은 현대문명의 갖가지 병폐 속에서 여실히 드러나고 있다. 또한, 과학기술의 발달 속에 인간은 주체성과 독립성을 상실하고, 과학기술의 권위 앞에 '물질주의' 혹은 '과학만능주의'라고 불리는 또 다른 신으로부터 종속당하고 있기 때문이다.

우리가 여기서 새삼 '휴머니즘과 인간의 존엄성'을 강조하려 함은, 변동성, 불확실성, 복합성, 모호성으로 대변되는 4차 산업혁명이라는 '거대한 물결' 앞에서 인간의 독립성과 창조성을 회복하여 자유롭고 평등한 인간의 시대, 나와 우리, 행복과 가치, 오늘과 내일을 바라보는 인간사회를 지향하는 방향을 제시할 필요가 있기 때문이다.

2) 왜 지금 성찰성인가?

그럼 왜 지금 성찰성인가? 현대행정의 동태성은 환경변화가 행정의 구조와 행태에 영향을 미치고 상호작용하고 있기 때문이다. 그리고 이때 혁신이란 행정의 동태성을 의도적으로 도입하는 것이다. 환경변화는 법과 제도를 매개로 조직, 인사, 재무 등의 구조변동을 유발하고, 문화에 충격을 가함으로써 행정인의 인식과 태도를 변화시킨다. 따라서 현대행정학은 거버넌스 구조에 대한 연구와 함께 행정행태와 행정문화에 대한 연구를 통해 어떠한 전략과 변동이 환경에 대한 인식과 태도 변화를 유발할 수 있는지에 대한 심층적인 성찰이 필요하다. 특히 현대행정의 복합성, 동태성, 변동성, 불확실성은 정책 네트워크 내에서 행위자들 간의 심각한 갈등을 유발하기 쉬운 구조이며, 이런 상황속에서 그들의 관계망과 구조 그리고 행태 상호간의 성찰 속에서 이론을 발전시킬 필요가 있는 것이다.

7. 제4세대 정부모형의 내용 및 일하는 방식: 빅데이터 기반 창조지능형 정부

제4세대 정부모형은 시대정신에 부응하는 정부모형이 되어야 한다. 4차 산업혁명이라는 시대정신을 읽고 이를 효율적으로 추진하는 정부모형이어야 한다. 양극화 심화, 인공지능정부 및 드론정부, 플랫폼 자본주의, 기후변화, 국민욕구의 변화, 장생사회의 도래 등 새로운 행정수요에 능동적으로 대처하여 AI, 로봇, 바이오, 빅데이터 등 신기술에 대응하는 스마트한 정부모형을 구현해야 한다.

[그림 15-7] 제4세대 정부모형의 내용 및 일하는 방식

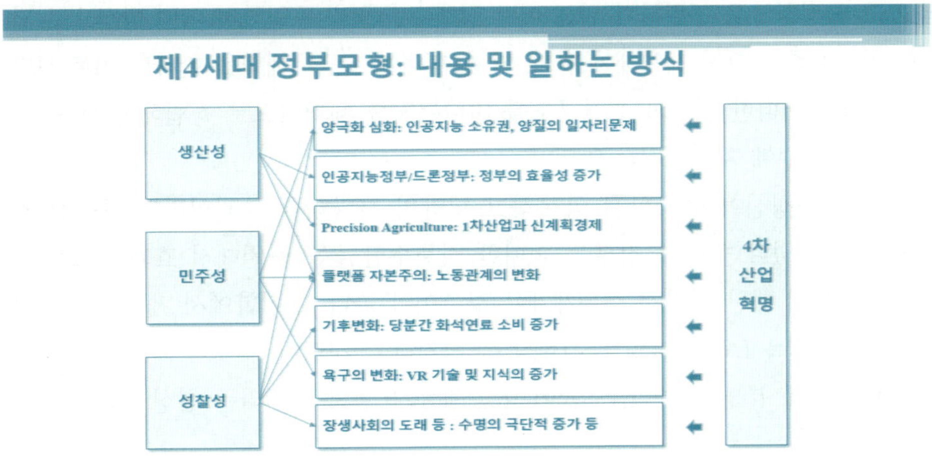

과거 정부3.0이 주로 모바일에 기반 한 맞춤형 정부를 구현한 것이라면, 제4세대 정부모형은 융합과 소통을 지혜로 묶어내는, 인공지능에 기반을 둔 창조지능형 정부가 되어야 하며, 그 궁극적 철학은 국민들의 인간존엄성 실현에 두어야 한다. 휴머니즘Humanism을 대전제로 창조변혁을 이끄는 정부 패러다임이어야 하며, 인공지능을 기반으로 하는 창조지능형 정부이면서 동시에 융합과 혁신을 뒷받침하는 스마트한 정부이어야 한다.

제3절 정부모형4.0의 특징

1. 정부모형4.0은 정부의 정책방향 및 변혁을 강조한다.

정부모형4.0은 정부의 방향성과 철학을 강조한다. 따라서 정부모형4.0을 제대로 하려면 정부4.0이 추구하는 국정철학의 이념과 가치를 먼저 분명히 정립할 필요가 있다. 새로운 정부에서 추구하고자 하는 정부의 철학적 가치가 무엇인지, 그리고 그 국정철학을 구현하기 위해 어떤 정책수단들을 동원하며 어떤 방식으로 달성할 것인지를 명확히 제시해야 한다. 가령, 협업이나 규제개혁을 한다면 이는 보다 상위차원의 어떠한 이념과 연결구조를 지니는지를 체계적으로 정립해야 하며, 단순한 협업 건수에 치중해서는 안된다.

또한 시대정신이 양극화를 극복하고 희망의 사다리를 복원시키는 따뜻한 공동체 구현에 있다면 이를 정부는 어떠한 정책수단들을 동원해서 효과적으로 실현할 것인지에 대한 전략적 실행체계를 갖추어야 한다. 행정학에서 제일 주의해야 하는 개념이 “목표와 수단의 도치현상”을 방지하는 것인데, 무엇이 목표인지, 무엇이 수단인지를 분명히 하여, 수단이 어느새 목표처럼 돼버리는 현상을 방지해야 할 것이다.

[그림 15-8] 제4세대 정부모형의 지향점: 국민에 책임지는 유능한 예측지향의 정부

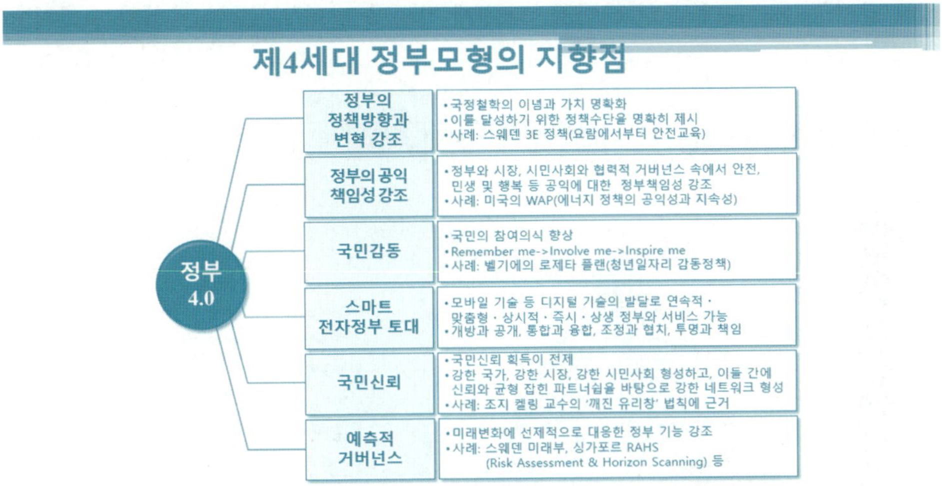

2. 정부모형4.0은 정부의 공익에 대한 책임성을 강조한다.

정부모형4.0은 정부의 책임성Accountability을 강조한다. 정부모형4.0은 정부와 시장, 시민사회의 협력적 거버넌스 속에서 좀 더 국민들의 안전과 민생 그리고 행복이라는 가치에 집중해 줄 것을 요청한다. 그리고 이러한 목적가치를 놓치지 않고 그럼 어떻게 하면 이러한 목적을 실현할 수 있을지 다양한 정책수단들을 배열해 보는 체계화된 작업이 필요할 것이다.

3. 정부모형4.0은 국민들에게 감동을 주어야 한다.

국민들도 진화하고 있다. 과거 정부1.0에서는 단순히 공공서비스를 더 많이 혹은 정확하게 제공받는 데 만족했다면, 정부2.0과 3.0에서는 참여하고 공유하려 했다면, 더 나아가 정부4.0에서 이제 국민들은 감동을 원하고 있다. 단순한 서비스

수혜자로서의 고객, 이용자, 소비자가 아니라 납세자와 유권자로서 국정의 주인으로 대우받고 싶어 한다. 그리하여 "나를 기억해 달라"remember me, "나를 주체로 인식해 달라"involve me에서 더 나아가 "나에게 감동을 달라"inspire me로까지 진화하고 있다.

[그림 15-9] 국민들의 기대수준의 진화

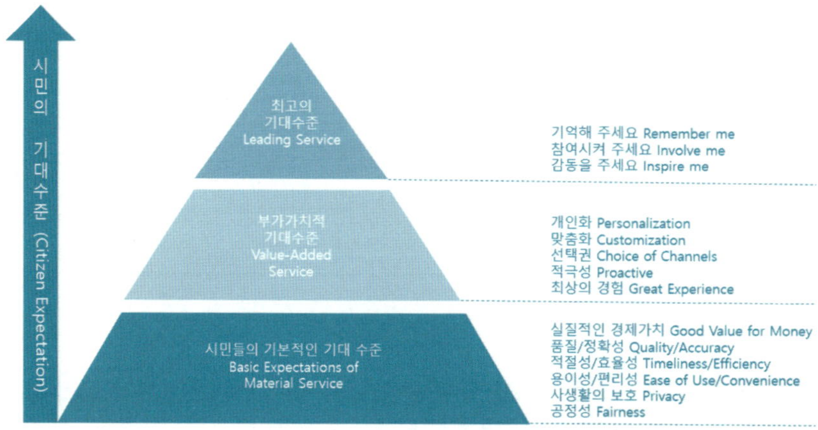

*자료: Deloitte(2011)에서 수정.

4. 정부모형4.0은 스마트한 전자정부를 토대로 한다.

스마트Smart 정부는 최첨단 정보통신기술을 이용하여 국민들에게 최상의 서비스를 즉각적으로 제공하는 똑똑한 정부를 의미한다. 이는 1)이음새 없는 서비스를 제공하고Seamless, 2)모바일, 인공지능, 빅데이터를 이용하는 등 맞춤형 서비스를 제공하고Mobile, 3)상시적 서비스가 가능하며Anytime, 4)국민의 요구에 즉각적으로 반응하며Responsive, 5)소외계층이 없이, 양극화를 극복하는 상생Together정부이다. 이를 실현하기 위해 정부는 1)개방과 공개Openness, 2)통합과 융합Convergence, 3)조정과 협치Collaboration, 4)투명과 책임Accountability을 실행전략으로 삼아야 한다.

제3차 산업혁명이 주로 PC 중심의 정보통신기술에 바탕을 두고 있다면, 제4차 산업혁명은 인공지능, 사물인터넷, 클라우딩, 모바일 등을 융합하는 스마트 기술을 지향하고 있다. 정부모형4.0은 빅데이터와 인공지능을 결합하여 딥 러닝Deep Learning을 구현하는 정부운영시스템이 되어야 한다.

5. 정부모형4.0은 국민의 신뢰를 얻어야 한다.

국가혁신을 위해 중요한 것은 개혁과 관련하여 바람직한 미래의 정부상을 구축하고, 이에 대해 국민들의 신뢰를 획득하는 일이다. 신뢰는 그 자체를 21세기 국가혁신의 요체로 삼을 정도로 중요한 일이다(Nye et al, 1998). 따라서 한국사회의 미래지향적 국정관리는 먼저 강한 국가, 강한 시장 및 강한 시민사회를 형성하고, 이들 간에 신뢰와 균형 잡힌 파트너십을 바탕으로 강한 네트워크를 형성함으로써, 새로운 현대사회에 적합한 국가공동체를 형성해야 할 것이다.

이를 바탕으로 구체적으로 정부, 기업, 시장, 시민 등의 각 분야가 자율적이고 책임성 있는 성숙한 조직으로 발전하고, 이들 사이에 강한 네트워크를 구축해야 하며, 정부혁신 부문에서도 공익, 민주성, 성찰성 등 본질적 행정이념을 확립하고, 이를 위해 조직, 인사, 재무, 성과관리제도 등 조직 구조와 의식을 총체적으로 변혁시켜 제도와 관리기술뿐만 아니라, 행태와 정책과정까지도 총체적으로 혁신할 필요가 있다.

6. 정부모형4.0은 예측적 거버넌스를 실행해야 한다.

미래사회는 변동성과 불확실성을 특징으로 한다. 정부모형4.0은 제4차 산업혁명이 몰고 올 격변적인Turbulence 미래에 선제적으로 대응할 수 있는 미래예측 역량을 배양해야 한다. 영국의 미래전략청, 스웨덴의 미래부, 싱가포르의 미래위험평가부RAHS: Risk Assessment & Horizon Scanning 등 세계 선진 정부들은 미래예측 기능을 강화하고 있다. 우리나라도 과거의 대통령 직속 미래기획위원회와 같은 형식적인 미래예측에만 그칠게 아니라 본격적으로 세계적인 수준의 미래예측역량을 강화하기 위해 노력해야 할 것이다.

제4절 요약 및 결론

이 장에서는 제4세대 정부모형과 좋은 거버넌스의 구현 조건에 대해서 탐색해 보았다. 4차 산업혁명에 부응하는 신속한 정부, 소통과 책임의 리더십에 대해 논의하는 한편, 다양한 형태의 급진적 변화와 행정 수요에 대응하는 제4세대 정부모형에 대해서 살펴보고, 제4세대 정부모형이 진화해야 할 방향과 지향점에 대해서 모색해 보았다.

'새로운' 행정학, 혹은 '새로운' 행정모형이 하나의 담론으로 끝나거나 허구로 치부되지 않으려면 향후 행정모형에 대한 치열한 토론이 필요할 것으로 본다. 개념적 전제, 이념과 철학, 모형과 리더십 등의 구성요건들에 대해서 치열한 논의가 필요할 것이다.

4차 산업혁명, 혹은 그것이 아니더라도 정부를 둘러싼 현대적 시대상황은 가히 격변Turbulence이라 불러도 좋을 만큼 빠른 속도로 변화하고 있다. 국가의 사회문제를 해결하는 학문으로서의 행정학이 궁핍한 사유나 문제해결 능력이 뒤 떨어진다는 비판에 직면하지 않기 위해서는 사회상황의 변화에 기민하게 대응하는 학문이 되어야 할 것이다.

더 나아가, 학계에서는 이러한 담론의 장을 토대로 이론적 전제조건들이 탐색되고, 학문의 인식론적 기초에서부터 미래의 방향설계에 이르기까지, 구조와 기능, 인간과 행태, 리더십과 철학의 구성요소에 대한 다양하고도 치열한 논의가 될 수 있도록 해야 할 것이다.

◈ 심화학습

4차 산업혁명과 융합정부

4차 산업혁명의 특징은 변동성Volatility, 불확실성Uncertainty, 복잡성Complexity, 모호성Ambiguity으로 설명할 수 있다. 초연결성, 초지능성, 초예측성을 기반으로 정부의 운영 방식과 민관의 관계 설정 방식 등은 변화하고 있다. 특히 행정환경은 인더스트리 4.0, 아르바이텐 4.0, 디지털 변혁, 디지털 사회, 후기 자본주의라는 비선형적 변화를 직면하고 있다.

클라우스 슈밥(K. Schwab) 회장은 2016년 자신의 저서 《제4차 산업혁명The Fourth Industrial Revolution》을 통해 "신기술의 발전과 수용을 둘러싼 엄청난 불확실성 때문에 제4차 산업혁명이 가져올 변화가 어떤 방식으로 전개될지는 아직 알 수 없다. 그렇지만 과학기술의 복잡성과 여러 분야에 걸친 상호연계성 면에서는 정·재계 및 학계, 시민사회를 포함한 지구촌의 모든 이해관계자들이 이 새로운 기류를 보다 더 잘 이해하기 위해 서로 협력할 의무가 있음을 시사한다."(K. Schwab, 2016)라고 밝히고 있다.

☞ 행정이 4차 산업혁명 시대의 비선형적 변화에 따라 융합정부를 추구하는데, 이를 제약하는 요인들은 무엇이 있으며 이의 극복방안으로는 어떤 것들이 있는지 정리해 보시오.

❖ 사례연구

사례 1 : "정권교체 상관없는 비전 만들자"… 국회미래연구원 출범

정권마다 뒤바뀌는 국가 전략의 한계를 극복하기 위해 국회 차원의 노력이 시도되고 있다. 미래 환경의 변화를 예측·분석해 국가의 중장기 발전 전략을 도출하겠다는 취지로 국회미래연구원 설립이 준비돼 왔다. 국회에 따르면 '국회미래연구원 실무준비위원회'는 현재 정관 작업을 마무리한 상태다. 연구팀과 행정지원팀 등이 꾸려지면 원장 임명 등의 절차를 거쳐 본격적인 활동을 개시할 것으로 전망된다. 국회 관계자는 "미래연구원은 정권 교체와 관계없이 장기적인 국가 플랜을 마련하는 싱크탱크 역할을 하는 것을 목표로 한다"라며 "현재 연구원과 실무 지원관 등을 모집 중"이라고 밝혔다.

이를 위해 지난달 21일 의결 기구인 '국회미래연구원 이사회'가 구성됐으며, '국회미래연구원법’ 제11조에 따라 정관 변경, 원장 후보자 추천, 연구과제 선정 등 중요사항을 심의·의결하는 최고 의결기구로서, 국회의장이 지명한 1명과 각 교섭단체에서 의석수 비율로 추천한 7명(더불어민주당 3명, 자유한국당 3명, 바른미래당 1명), 비교섭단체에서 추천한 1명 등 총 9명으로 구성됐다. 미래연구원은 원장을 포함해 총 21명으로 구성될 예정이다.

정세균 국회의장은 이사회 위촉식에서 “코앞에 닥친 현실과 싸우느라 장기적인 안목으로 국가를 걱정하는 것이 부족하다는 반성에서 미래연구원 설립 작업이 출발했다”면서 “19대 국회부터 그런 노력이 있었는데 잘 안 되다가 제가 여러 정당을 설득해 법이 만들어진 만큼, 설립 취지에 맞는 역할을 해낼 수 있도록 해야 할 것”이라고 당부했다.

*자료: 문화일보 2018. 04. 05일자 기사 요약

사례 2 : 직속 연구원 출범시킨 국회, 싱크탱크 없어 일 못했나?

국회미래연구원이 출연연구기관 형태의 싱크탱크로 오는 28일 개원할 예정이다. 미래 환경의 변화를 예측·분석하고 국가 중장기 발전전략을 도출하는 게 미래연구원 설립목적이라고 한다. 하지만 국회가 연구원 출범으로 의정의 품질을 얼마나 높일 수 있을지 회의적인 시각이 많다.

국회는 “42개 정부출연기관이 설립·운영되고 있음에도 단기·현안 위주로 연구가 수행돼 국가 차원의 미래연구 기능은 사실상 부재한 상황”이라며 “정권 교체에 상관없이 연속성·일관성이 있는 국가 중장기 발전전략을 수립하는 기반을 마련할 필요가 있다”라고 설립 사유를 설명한다.

국가 미래연구는 중요하다. 그러나 “부처마다 국책연구소가 널렸는데 이제는 국회까지 미래연구를 핑계로 조직과 자리 늘리기에 나서느냐”라는 비판을 피하기 어렵다. 중장기 미래 전망이라면 국회 예산정책처를, 입법 지원이라면 국회 입법조사처를 활용할 수 있다는 점에서 기구 간 중복 논란도 제기된다.

*자료: 한국경제 2018. 05. 24일자 기사 요약

1. 4차 산업혁명시대에서 융합이 중요한 가치가 되는 이유는 무엇인지 토의하고 그 결과를 발표하시오.
2. 〈사례 2〉의 국회미래연구원은 다른 국책연구소와 다르지 않고, 조직과 자리 늘리

기라는 주장의 타당성을 논의하고 찬반의견을 정리하여 발표하시오.

3. 두 사례를 종합하여, 국회미래연구원의 설립목적에 대한 타당성을 논의하고 국가 미래예측 및 중장기 발전모형의 필요성에 대해 토의하여 발표하시오.

토의 및 발표과제

1. 4차 산업혁명의 특징을 설명하고, 좋은 거버넌스good governance를 구성하는 요인을 논의하시오. 각자 자신이 생각하는 좋은 거버넌스의 요인을 정리하여 발표하시오.
2. 4차 산업혁명 시대의 비선형적 변화를 정리하고, 이와 관련된 사례를 정리하여 발표하시오.
3. 새로운 정부모형의 필요성을 정리하고, 현재 정부에서 실시하고 있는 정책이나 활동사례를 새로운 정부모형의 관점에서 정리하여 발표하시오.
4. 4차 산업혁명에 따른 정부모형 4.0의 특징을 정리하고, 각자 자신이 생각하는 정부모형 4.0이 추구해야 할 방향성을 정리하여 발표하시오.

참고문헌

◈ 본 참고문헌은 국내문헌의 경우 단행본만 수록하였습니다. 각종 논문, 연구보고서, 정부간행물 등은 본 출판사 홈페이지에 게재된 〈행정학의 이해 – 전체참고문헌 파일〉에서 확인하시기 바랍니다.

1. 국내문헌 (단행본)

곽효문(1998). 『정책학원론』. 서울: 학문사.

권기헌(1997). 『정보사회의 논리』. 서울: 나남출판.

(2003). 『정보체계론: 정보사회와 국가혁신』. 서울: 나남.

(2003). 『전자정부와 정부혁신』. 커뮤니케이션북스.

(2004). 『전자정부의 이론과 실제』. 경희대학교 출판국.

(2007a, 2014). 『정책학의 논리』. 서울: 박영사.

(2007b). 『전자정부론: 전자정부와 국정관리』. 서울: 박영사.

(2008a). 『정책학: 현대정책이론의 창조적 탐색』. 서울: 박영사.

(2008b). 『미래예측학』. 서울: 법문사.

(2008a). 『정책학: 현대정책이론의 창조적 탐색』. 서울: 박영사.

(2012). 『정의로운 국가란 무엇인가』. 서울: 박영사.

(2013). 『행정학 콘서트』. 서울: 박영사.

(2014, 2018). 『행정학 강의』. 서울: 박영사.·

(2014, 2018). 『정책학 강의』. 서울: 박영사.

(2017). 『정부혁명 4.0』. 서울: 행복한 에너지.

(2018). 『정책학 콘서트』. 서울: 박영사.

(2019). 『정책분석론』. 서울: 박영사.

권기헌·박승관·윤영민(1998). 『정보의 신화, 개혁의 논리』. 서울: 나남출판.

권기헌·최병선(2004). 『공공정책의 품질 향상 방안에 관한 연구』. 행정자치부.

권기헌·임광업·방유성(2014). 『정의로운 공공기관 혁신』. 서울: 한언출판사.

권상탑(2000). 『최신정보화용어사전』. 서울: 홍익재.

권해수 외(2002). 『전자정부를 통한 부패통제-이론과 사례』. 서울: 한울아카데미.

김광웅(1983). 『행정과학서설』. 서울: 박영사.
(1996). 『행정과 나라만들기』. 서울: 박영사.
김 구(2005). 『지식정부 구축을 위한 지식행정의 이해와 활용』. 서울: 조명문화사.
김규정(1996). 『행정학연구』. 서울: 법문사.
김만기 편(1998). 『2000년대에 대비한 정부조직의 혁신』. 서울: 대영문화사.
김병섭 · 박광국 · 조경호(2000). 『조직의 이해와 관리』. 서울: 대영문화사.
김석준 외(2000). 『뉴 거버넌스 연구』. 서울: 대영문화사.
(2001). 『뉴거버넌스와 사이버 거버넌스 연구』. 서울: 대영문화사.
김성태(1999). 『행정정보체계론』. 서울: 법문사.
(2003). 『전자정부론』. 서울: 법문사.
(2003). 『전자정부론 이론과 전략』. 서울: 법문사.
김수행(1988). 『정치경제학 원론』. 서울: 한길사.
김승진(1995). 『정책학개론』. 서울: 박영사.「」
김신복(1991). 『발전기획론』. 서울: 박영사.
김영민 역(1987). 『자본 1-1』. 칼 맑스 저. 서울: 이론과 실천.
김영석(1997). 『멀티미디어와 정보사회』. 서울: 나남출판.
김영순·이영우(1988). 『국가이론』. 서울: 한길사.
김용정 역(1994). 『엔트로피 II』. 제레미 리프킨 저. 서울: 안산미디어.
김용정·김동광 역(1998). 『생명의 그물』. 프리쵸프 카프라 저. 서울: 범양사 출판부.
김인수(1991). 『거시조직이론』. 서울: 무역경영사.
김중규(1999). 『뉴밀레니엄 행정학』. 서울: 성지각.
김창민(1996). 『정보화와 새로운 문화의 도래』. 서울: 정보문화.
김해창(2003). 『환경수도, 프라이부르크에서 배운다』. 서울: 이후 출판사.
노나카 이쿠지로(1994). 『지식창조의 경영』. 서울: 21세기 북스.
노시평·박희서·박영미(1999). 『정책학』. 서울: 학현사.
노정현·박우서·안용식(1995). 『행정개혁론 이론과 실제』. 서울: 나남출판.
노화준(1989, 2003). 『정책분석론』. 서울: 박영사.
(1995). 『정책학원론』. 서울: 박영사.
(2001, 2003). 『정책평가론』. 서울: 법문사.
민 진(2004). 『조직관리론』. 서울: 대영문화사.
(2005). 『행정학의 이해』. 서울: 대명출판사.
명승환·허철준. (2012). "스마트사회 전환에 따른 Gov3.0기반의 전자정부 개념과 패러다임 변화." 「한국정책학회 춘계학술대회논문집」325-341.
박광국 외(2007). 『참여정부의 정부혁신-이론적 접근』. 서울: 대통령자문 정부혁신지방분권위원회.
박내회(1989). 『조직행동론』. 서울: 박영사.
박대견(1995). 『앨 고어 정보초고속도로: 21세기를 여는 비밀 열쇠』. 서울: 길벗.
박동서(1978, 1981, 1993). 『한국행정론』. 서울: 법문사.
(1990). 『인사행정론』. 서울: 법문사.
박성복·이종렬(1998). 『정책학원론』. 서울: 대영문화사.
박세정(1995). 『세계화시대의 일류행정』. 서울: 가람.
박연호(2003). 『행정학신론』. 서울: 박영사.
박연호 (2000). 『조직행동론』. 서울: 박영사.
박연호·오세덕 (1997, 2000). 『현대조직관리론』. 서울: 법문사.
박연호·이종호·임영제(2018). 『행정학개론』. 서울: 박영사.
(2018). 『현대인간관계론』. 서울: 박영사.
박영숙 (2007). 『전략적 사고를 위한 미래예측』. 서울: 교보문고.
박흥수·김영석(1995). 『뉴미디어와 정보사회』. 서울: 나남출판.
배동인(1992). 『한국의 국가와 시민사회』. 서울: 한울.
배득종 외(2006). 『행정학 헤드스타트』. 서울: 박영사.
백기복(1996). 『조직행동연구』. 서울: 법문사.
백승기(2001). 『정책학원론』. 서울: 대영문화사.
백완기(1995). 『한국의 행정문화』. 서울: 고려대학교 출판부.
부만근(2005). 『지방정치와 지방행정』. 제주대학교출판부.
삼성경제연구소 편(1996). 『학습조직의 이론과 실제』. 서울: 삼성경제연구소.
삼성경제연구소(1999). 『지식경영과 한국의 미래』. 서울: 삼성경제연구소.
삼성경제연구소 역(1994). 『정부혁신의 길』. 데이빗 오스본·테드 게블러 저. 서울: 삼성경제연구소.
삼성경제연구소(1995). 「국내 정보통신산업 현황분석과 발전전략」.
서순복(2002). 『지식정보사회와 전자행정』. 서울: 대왕사.
성하운 역(1985). 『과학의 역사: 사회경제와 과학의 발전사』. 버날 저. 서울: 한울.
송상호 외(1995). 『어떻게 조직변화에 성공할 것인가』. 서울: 명진.
쓰보타 도모미(1994). 『멀티미디어 조직혁명』. 서울: 가람기획.
신무섭(2001). 『재무행정학』. 서울: 대영문화사.
앨빈 토플러, 이규행 역(1995). 『권력이동』. 서울: 한국경제신문사.
안문석(1992). 『정보체계론』. 서울: 학현사.
안해균(1995). 『정책학원론』. 서울: 다산출판사.
양영유·조상희 역(1994). 『멀티미디어 조직혁명』. 쓰보타 도모미 저. 가람기획.

오석홍(1990, 1993). 『조직이론』. 서울: 박영사.
(1995). 『행정개혁론』. 서울: 박영사.
(2002, 2006, 2007). 『행정학』. 서울: 나남출판.
(2005). 『행정학의 주요이론』. 서울: 법문사.
오세덕·이명재·강제상·임영제(2013). 『행정관리론』. 서울: 대영문화사.
(2018). 『조직행태론』. 서울: 윤성사.
(2019). 『조직론』. 서울: 윤성사.
오철호(2002). 『정보통신기술과 행정』. 서울: 대영문화사.
유민봉(1997). 『인사행정론』. 서울: 문영사.
(2001). 『한국인사행정론』. 서울: 문영사.
(2005, 2006, 2019). 『한국행정학』. 서울: 박영사.
유지성 외(1996). 『정책학원론』. 서울: 대왕사.
유 훈 외(1983). 『정책학』. 서울: 법문사.
유 훈(1995). 『정책학원론』. 서울: 법문사.
유 훈(2003). 『재무행정론』. 서울: 법문사.
윤순봉 외(1999). 『지식경영과 한국의 미래』. 서울: 삼성경제연구소.
윤영민(1996). 『전자정보공간론: 컴퓨터 네트워크의 사회학적 탐색』. 서울: 전예원.
윤영진 외(2004). 『새 행정학』. 서울: 대영문화사.
이경옥(1995). 『정책평가개론』. 서울: 도서출판 한울.
이광희 외(2006). 『정책평가와 성과관리』. 서울: 대영문화사.
이규행 역(1996). 『미래로 가는 길』. 빌 게이츠 저. 서울: 도서출판 삼성.
(1980). 『제3의 물결』. 앨빈 토플러 저. 서울: 한국경제신문사.
(1989). 『미래쇼크』. 앨빈 토플러 저. 서울: 한국경제신문사.
(1990). 『권력이동』. 앨빈 토플러 저. 서울: 한국경제신문사.
이달곤(2004). 『지방정부론』. 서울: 박영사.
이무영·우영제(1994). 『정보사회와 인간관계론』. 서울: 백산.
이문영 · 윤성식(2003). 『재무행정론』. 서울: 법문사.
이순철(1999). 『지식경영의 이해』. 서울: 삼성경제연구소.
이언오·김선빈 역(1996). 『선진행정의 길』. 마틴 A 레빈·메리 B. 생어 저. 서울: 삼성경제연구소.
이영호 역(1996). 『노동의 종말』. 제레미 리프킨 저. 서울: 민음사.
이윤식(2006). 『정부성과관리와 평가제도: 주요 선진국 사례를 중심으로』. 서울: 대 영문화사.
이윤직(2003). 『행정정보체체론』. 서울: 법영사.
이윤희·이현희 역(1991). 『포스트 모더니티』. 안토니 기든스 저. 서울: 민영사.
이재형 역(1993). 『지구는 우리의 조국』. 에드가 모랭 저. 서울: 문예출판사.

이정배 역(1996). 『생명권 정치학』. 제레미 리프킨 저. 서울: 대화출판사.
이종수(2000). 『행정학사전』. 서울: 대영문화사.
이종수(1997). 『새행정학』. 서울: 대영문화사.
이종수·윤영진 외(2001). 『(새)행정학』. 서울: 대영문화사.
(2005, 2007, 2014). 『새 행정학』. 서울: 대영문화사.
이종엽 외(2004). 『신 행정학 개론』. 서울: 이화출판사.
이진우 역(1996). 『현대성의 철학적 담론』. 위르겐 하버마스 저. 서울: 문예출판사.
이창원·명승환·임영제(2004). 『정보사회와 현대조직』. 서울: 대영문화사.
임도빈(1997). 『지방조직론』. 서울: 법문사.
임창희·가재산(1996). 『한국형 팀제』. 서울: 삼성경제연구소.
임창희(2005, 2009). 『조직행동』. 서울: 학현사.
(2010). 『조직론』. 서울: 학현사.
장문학·하상군·이호조(2010). 『지방행정론』. 서울: 대영문화사.
전종섭(1987). 『행정학』. 서울: 박영사.
정교일 · 박한나 · 정부금 · 장종수 · 정명애.(2012). "빅데이터와 정보보안." 「한국정보기술학회지」10(3): 17-22.
정보문화센터(2002). 『정보화 윤리』.
정보문화센터(2000). 『정보화 역기능 실태조사 보고서』.
정용덕(2006). 『현대국가의 행정학』. 서울: 법문사.
정용덕 외(1999). 『신제도주의 연구. 서울: 대영문화사.
(1999). 『합리적 선택과 신제도주의』. 서울: 대영문화사.
정우일(2005). 『공공조직론』. 서울: 박영사.
정정길(1997, 2000, 2003, 2004). 『정책학원론(개정판)』. 서울: 대명출판사.
(1988). 『정책결정론』. 서울: 대명출판사.
(2006). 『행정학의 새로운 이해』. 서울: 대명출판사.
정정길 외(2005). 『정책학원론』. 서울: 대명출판사.
정충식(1997). 『전자정부론』. 서울: 녹두.
조선일(1995). 『정책학개론』. 서울: 학문사.
조석준(1986). 『한국의 행정문화』. 서울: 박영사.
조의설 편(1971). 『문명의 탄생』. 서울: 현암사.
주성수(2004). 『공공정책 가버넌스』. 서울: 한양대학교 출판부.
차의환(2002). 『정책평가의 이론과 실제: 기관평가제 접근모형과 전략』. 서울: 한울아카데미.
채경석(2005). 『정책학원론』. 서울: 대왕사.
천대윤(2005). 『갈등관리와 협상전략론』. 서울: 선학사.

최신용 외(2018). 『기획론』. 서울: 학림사.
최봉기(2004). 『정책학』. 서울: 박영사.
(2009). 『한국지방자치론』. 서울: 법문사.
최종태(1988). 『현대경영참가론』. 서울: 경문사.
최창현·이창원·최천근(2012). 『새 조직론』. 서울: 대영문화사.
최창호·정세욱(1990). 『행정학(개정판)』. 서울: 법문사.
최충식(1998). 『정보사회와 정보화정책』. 서울: 나남출판.
최흥석·주재복·홍성만·주경일(2004). 『공유재와 갈등관리』. 서울: 박영사.
하미승(1996). 『행정정보체계론』. 서울: 법문사.
한국정책학회(1996). 『21세기 한국의 미래와 정보화정책』.
한상진 역(1996). 『현대성의 새로운 지평』. 위르겐 하버마스 저. 서울: 나남출판사.
한원택(2002). 『지방행정론』. 서울: 법문사.
허 범(1984). 『정책학의 정책문제 지향성』. 성균관대 사회과학 연구소(편).
(1984). 『한국 공공정책론』. 성균관대 사회과학 연구소(편).
(1995). 『창조적 정책개방의 실천적 접근』. 충남대학교 행정대학원 최고관리자과정교재.
황성동·정충식 공저(2002). 『전자정부의 이해』. 서울: 다산출판사.
황종성(2013), "Gov3.0: 미래 전자정부 개념정립과 추진전략 모색" 「2013 한국정책학회 춘계 학술대회 발표집」503-527.

2. 국외문헌

Allee, V. (1997). The Knowledge Evolution: Expanding Organizational Intelligence. Boston: Butterworth Geinemann.
Almond & Verba(1963). The Civic Culture: Political attitudes and democracy in five nations. Prinston Univ. Press.
Amitai Etzion(1964). Modern Organization Englewood Cliffs. N.J.: Prentice-Hall.
Anderson, Charles W. (1990). Pragmatic Liberalism. Chicago: University of Chicago Press.
(1993). "Recommending A Scheme of Reason: Political Theory, Policy Science, and Democracy." Policy Science, 26(3): 215-227.
Apperson, B. & Wikstrom, N. (1997). "The Professionalization of Virginia County Government: An Application of Diffusion Theory." Public Administration Quarterly, 28-53.
Argyris, C. (1977). "Double Loop Learning in Organizations." Harvard Business Review,

September-October.

Ascher, W. (1986). "The Evolution of Policy Sciences: Understanding the Rise and Avoiding the Fall." Journal of Policy Analysis and Management, 5: 365-373.

Atkinson, Michael M. and William D. Coleman(1992) "Policy Networks, Policy Communities and the Problems of Governance." Governance: An International Journal of Policy, Administration and Institutions, 5(2): 154-180.

Barber, Benjamin(1984). Strong Democracy: participatory politics for a new age. Berkeley: University of California Press.

Barber, James D. (1975)."Complexity, Synopticism, Incrementalism and Real Questions." Reprinted in Robert Golembiewski and Jack Rabin(eds.), Public Budgeting and Finance. Itasca: Peacock.

Barnard, C. I. (1968). The Functions of the Executive. London: Cambridge Univ. Pr.

Bass, B. M. (1985). "Leadership: Good, Better, Best." Organizational Dynamics, 13(Winter).

(1985). Leadership and Performance beyond Expectation. New York: Free Press.

(1990). "From Transformational to Transactional Leadership: Learning to Share the Vision." Organizational Dynamics, 18(Winter).

Bellah, Robert N. (1983). "Social Science as Practical Reason." In Callahan, Daniel & Bruce Jennings(eds.), Ethics, The Social Science, And Policy Analysis. New York: Plenum Press, 37-68.

Bell, D.(1973). The Coming of the Post-industrial Society. New York: Basic Books.

(1989). "Communication Technology: For Better or for Worse?" In J. L. Salvagio(ed.), The Information Society: Economic, Social, & Structual Issues. Hillsdale, NJ: Lawrence Erlbaum Associates, Publishers.

Bennis, Warren G. (1966). Changing Organizations. New York: McGraw-Hill.

Beer, M. (1980). Organization Change and Development: A Systems View. Santa Monica, CA: Goodyear.

Beer, M. & Walton, E. (1990). "Developing the Competitive Organization: Interventions and Strategies." American Psychologist, 45(22).

Behn, R. D. (1997). Innovation in American Government. The Brookings institution.

Belinda, P. (1996). "Gender Relations in Post-industrial Society." Royal Melbourne Institute of Technology. Paper delivered in the Symposium on Empowering Women in the Information Era.

Bell, D. (1973). The Coming of the Post-industrial Society. New York: Basic Books.
Bennis, W. (1993). The Condition of a New Leader. NY: The Free Press.
Berry, F. S. (1994). "Innovation in Public Management: The Adoption of Strategic Planning." Public Administration Review, 54(4): 322-329.
Berry, F. S. & Berry, W. D. (1990). "State Lottery Adoptions as Policy Innovations: An Event History Analysis." American Political Science Review, 84(2): 395-415.
Bhatt, G. D. (2000). "Organizing Knowldege in the Knowledge Development Cycle." Journal of Knowledge Management, 4(1).
Blau, P. M. (1955). The Dynamics of Bureaucracy: A Study of Interpersonal Relations in Two Government Agencies. Chicago: University of Chicago Press.
Bourdieu, P. (1986). The forms of capital. In J. G. Richardson (Ed.) The andbook of theory: Research for the sociology of education (pp. 241 - 258). New York: Greenwood Press.
Brewer, G. & deLeon, P. (1983). The Foundation of Policy Analysis. Homewood, Ill. The Dorsey Press.
Brunner, R. D. (1991). "The Policy Movement as Policy Problem." Policy Sciences, 24: 65-98.
(1996). "A Milestone in the Policy Science." Policy Sciences, 29(1): 45-68.
Roberts, Nancy C. (1999). "Innovation by Legislative, Judicial and Management Design: Three Arenas of Public Entrepreneurship." Frederickson, H. G. and J. M. Johnston(eds.), Public Management Reform and Innovation. The University of Alabama Press.
Burke, W. W. & Litwin, G. H. (1992). "A causal model of organizational performance and change." Journal of Management.
Bunge(1973). "The basic building block of organizing world structure." 제2부 제6장.
Burnham, D.(1984). The Rise of the Computer State: A Chilling Account of the Computer's Threat to Society. New York: Vintage.
Burns, J. M. (1978). Leadership. New York: Harper & Raw.
(1985). Leadership and Performance Beyond Expectation. New York: Free Press.
Busuttil, S. et al.(eds.), (1990). Our Responsibilities to Future Generations. Malta: Foundation for International Studies.
Carothers, T. (2000). "Civil Society." Foreign Policy, Winter: 18-29.
Castells, Manuel(1996). The Rise of Network Society. Oxford: Blackwell.
Cater, D. (1981). "Human Value in Information Society." In C. C. Rochell(ed.), An In-

formation Agenda for the 1980s. Chicago: American Library Association.

Churchman, C. West(1968). Challenge to Reason. New York: McGraw-Hill.

Cleveland, H. (1993). The Birth of a New World. San Francisco: Jossey-Bass.

Coase, Ronald. (1998). "The New Institutional Economics." American Economic Review, 88(2): 72-74.

Coleman, William D. & Grace Skogstad(1990). "Policy Communities and Policy Networks: A Structural Approach." In William D. Coleman, and Grace Skogstad (eds.), Policy Communities And Public Policy in Canada. Toronto: Copp Clack Pitman.

Collier, D. & Messick, R. E. (1975). "Prerequisites Versus Diffusion: Testing Alternative Explanations of Social Security Adoption". The American Political Science Review, 69: 1299-1315.

Colquitt, Jason A., Lepine, Jeffery A. & Wesson, Michael J. (2015). Organizational Behavior. New York: McGraw-Hill.

Craig, A. (1979). "Information and Politics: Towards Greater Government Intervention?" International Journal, 34(2).

Crandall, R. W. (1991). "Liberalization without Deregulation: U.S. Telecommunication Policy during the 1980s." Contemporary Policy Issues.

Crane, B. (1967). A History of Civilization. New Jersey: Prentice-Hall.

Daft, R. L. (2007, 2013). Understanding the Theory and Design of Organizations. Mason, OH: South-Western Cengage Learning.

Dahl, Robert(1982). Pluralist Democracy: Autonomy versus Control. New Haven: Yale University Press; 신윤환 역. (1992). 『다원민주주의의 딜레마』. 서울: 도서출판 푸른산.

Danziger, M. (1995). "Policy Analysis Postmodernized: Some Political and Pedagogical Ramifications". Policy Studies Journal, 23(3): 435-450.

Davis, R. H. (1982). "The Impact of Organizational and Innovator Variables on Instructional Innovation in Higher Education." The Journal of Higher Education, 53.

DeLeon, P. (1981). "Policy Sciences: The Discipline and the Profession." Policy Sciences, 1(13): 1-7.

(1988). "Advice and Consent: The Development of the Policy Sciences." New York, NY; Russell Sage Foundation. 23(3): 435-450.

(1990). "Participatory Policy Analysis: Prescriptions and Precautions." Asian Journal of Public Administration, 12: 29-54.

(1994). "Reinventing the Policy Sciences: three steps back to the Future." Policy Sciences, 27: 77-95.

(1994). "A Theory of Policy Termination." In J. U. May & A. B. Wildavsky (eds.), The Policy Cycle. Beverly Hills: Sage Publication.

(1997). Democracy and The Policy Sciences. Albany, NY: State University of New York Press.

(1998). "Models of Policy Discourse: Insights vs. Predition." Policy Studies Journal, 26(1, Spring).

(1999). "The Stages Approach to the Policy Process: What Has It Done? What Is It Going?" In Sabatier, Paul A.(ed.), Theories of the Policy Process. Boulder, Colorado: Westview Press.

DeLeon, P. & Martell, C. R. (2006). "The Policy Sciences: Past, Present, and Future." In G. Peters & J. Pierre(eds.), Handbook of Pubic Policy. SAGE Publicactions: London.

de Ven, Van(1986). "Central Problems in the Management of Innovation." Management Science, 32(5): 590-607.

Denhardt, Robert B. Denhardt Janet Vinzant & Aristigueta, Maria P. (2002). Managing Human Behavior in Public & Nonprofit Organizations. Sage Publications, Inc.

Denhardt, R. B. & Denhardt, Janet V. (2009). Public Administration: An Action Orientation. Belmont, CA: Thomson Wadsworth.

Denhardt, Robert B. & J.W. Grubbs. (2003). Public Administration: An Action Orientation. California: Wadsworth/Thomson Learning.

Denis Loveridge(2005). Technology Foresight Methods. Working Paper. PREST, Manchester, UK.

Dertouzos, M. L. (1997). What Will be. San Francisco: HarperEdge.

DiMaggio, Paul J. & Powell, Walter W. (eds.). (1991). The New Institutionalism in Organizational Analysis. Chicago: The University of Chicago Press.

Dobuzinskis, L. (1992). "Modernist and Postmodernist Metaphors of the Policy Process: Control and Stability vs. Chaos and Reflective Understanding." Policy Sciences, 25(4): 355-380.

Doren, Gideon. (1992). "Policy Sciences: The State of Discipline." Policy Studies Review, 11: 303-309.

Dror, Y. (1970). "Prolegomena to Policy Sciences." Policy Sciences, 1: 135-150.

Drucker, P. F. (1993). Post-Capitalist Society. New York: Harper Collins Inc.

(1999). Management Challenges for The 21st Century. New York: Harper Collins Inc. 이재규 옮김(2002). 『21세기 지식경영』. 서울: 한국경제신문사.

Dunn, William N. (1981). An Introduction to Public Policy Analysis. NJ: Prentice Hall.

Durning, Dan(1993). "Participatory Policy Analysis in a Social Service Agency: A Case Study." Journal of Policy Analysis and Management, 12: 231-257.

Dutton, W. H. & J. G. Blumer(1989). "A Comparative Perspective on Information Societies." In J. L. Salvaggio(ed.), The Information Society: Economic, Social & Structural Issues. Hillsdale. NJ: Lawrence Erlbaum Associates, Publishers.

Dryzek, J. S. (1982). "Policy Analysis as a Hermeneutic Activity." Policy Sciences, 14(4): 309-329.

(1989). "Policy Sciences of Democracy." Polity, XXII-1, 99-118.

(1990). Discursive Democracy: Politics, Policy, and Political Sciences. NY; Cambridge Univ Press.

(1992). "The Democratization of the Policy Sciences." Public Administration Review, 52(2): 125-129.

(1993). "Policy Analysis and Planning: From Science to Argument." In F. Fischer and J. Forester(eds.), The Argumentative Turn in Policy Analysis and Planning. Durham, NC: Duke University Press.

(1990). Governing the Commoms: The Evolution of Institutions for Collective Action. New York: Cambridge University Press.

(1992). Crafting Institutions for Self-Governing Irrigation Systems. San Francisco: ICS Press.

Emery, F. E. & Trist, E. L. (1965). "The Casual Texture of Organizational Enviorments." Human Relations, 18.

Evans, J. (1983). "The Worker and the Workplace." In G. Friedrichs & A. Schaff (eds), Microelectronics and Society: A Report to the Club of Rome. New York: Mentor.

Eztioni, Amitai(1961). A Comparative Analysis of Complex Organizations. New York: Free Press.

Ferré, F. (1988). Philosophy of Technology. New Jersey: Prentice Hall.

Fiedler, F. E. & Garacia, J. E. (1987). New Approach to Leadership: Cognitive Resources and Organizational Performance. New York: John Wiley.

Fiedler, F. E. & Martin M. Chemers(1974). Leadership and Effective Management. Glenview, IL: Scott, Foresman.

Fields, C. I. (1994). "Information Infrastructure and Economic Vitality." In U.S. Dept.

of Commerce. 20/20 Vision: The Development of a National Information Infrastructure. National Telecommunications and Information Administration (NTIA).

Firestone, C. M. & K. Kopp(1994). "Sustainable Democracy." In U.S. Dept. of Commerce. 20/20 Vision: The Development of a National Information Infrastructure. National Telecommunications and Information Administration.

Fisher, F. D. (1994). "Open Sesame! How to Get to the Treasure of Electronic Information." In U.S. Dept. of Commerce. 20/20 Vision: The Development of a National Information Infrastructure. National Telecommunications and Information Administration.

Fischer, F. (1980). Politics, Values, and Public Policy: the Problem of Methodology. Boulder, Colorado: Westview Press.

(1993). "Policy Discourse and the Politics of Washington Think Tanks." In F. Fischer and J. Forester(eds.), The Argumentative Turn in Policy Analysis and Planning. Durham, NC: Duke University Press.

(1995). Evaluating Public Policy. Chicago: Nelson-Itall.

(1998). "Beyond Empiricism: Policy Inquiry in Postpositivist Perspective." Policy Studies Journal, 26(1): 129-146.

Fischer, F. & J. Forester(eds.) (1993). The Argumentative Turn in Policy Analysis and Planning. Durham, NC: Duke University Press.

FOREN(2001). Practical Guide to Regional Foresight. Brussels: European Press.

Forester, J. (1993). Critical theory, Public Policy and Planning Practice: Toward a Critical Pragmatism. Albany, NY: SUNY Press

Frank, J. and Trumbo, A. (1976). Psychology of Work Behavior. Homewood, Ⅲ.: Dorsey Press.

Frederickson, H. George(1980). New Public Administration. Alabama. The University of Alabama Press.

French. W., Bell. C. H., Zawacki. R. A. (1999). Organization Development and Transformation: Managing Effective Change. McGraw-Hill.

Friedman, Milton(1962). Captalism and Freedom. University of Chicago Press.

Fukuyama, F. (1997). The end of history and the last man. Harpercollins.

(1999). Trust. New York: The Free Press.

Fukuyama, Francis. (1995), Trust: The Social Virtues and the Creation of Prosperity, New York: The Free Press

Gates, B. (1996). The Road Ahead. Penguin Books USA Inc.

(1999). The Speed of Thought. Warner Books: A Time Warner Company.
Gerstein, D. R. (1984). Towards the Prevention of Alcohol Problems: Government, Business, and Communist Action. Washington, D.C: National Academy Press.
Giddens, A. (1989). Sociology. Cambridge: Polity Press.
(1990). The Consequences of Modernity. Cambridge: Polity Press.
(1991). Modernity and Self-identity: Self and Society in the Late Modern Age. Stanford: Stanford University Press.
(1994). Beyond Left and Right: The Future of Radical Politics. Oxford: Blackwell Publishers.
Gore. Al. (1993). "From Red Tape to Results: Creating Government that Works Better and Cost Less." Report of the National Performance Review.
Gourevitch, P. (1978). "Second Image Reversed." International Organization, 32(Autumn).
Green, Richard T. Lawrence F. Keller & Gary L. Wamsley(1993). "Reconstituting a Profession for American Public Administration." Public Administration Review, Nov/Dec.
Griffin, R. W. & Moorhead, G. (2014). Organizational Behavior. Canada: South-Western, Cengage Learning.
Habermas, J. (1971). Knowledge and Human Interests. Translated by J. Shapiro, Boston MA: Beacon Press.
(1979). Communication and the Evolution of Society. Translated by J. Shapiro, Boston MA: Beacon Press.
(1984). The Theory of Communicative Action: Reason and the Rationalization of Society. Boston: Beacon Press.
(1987). The Philosophical Discourse of Modernity. Translated by F. Lawrence, Cambridge: MIT Press.
(1989). The structural transformation of the public sphere: An inquiry into a category of bourgeois society. Cambridge: MIT Press.
(1991). "The public sphere." In C. Mukerji & M. Schudson(eds.), Rethinking popular culture: Contemporary perspectives in cultural studies. Berkeley: University of California Press.
Haggard. S. (1988). "The Institutional Foundations of Hegemony: Explaining the Reciprocal Trade Agreements Act of 1934." In G. John Ikenberry, David A. Lake, and Michael Mastanduno(eds.), The State and American Foreign Economic Poli-

cy. Ithaca: Cornell University Press.
Hajer, Maarten A., and Hendrik Wagenarr(eds.) (2003). Deliberative Policy Analysis: Understanding Governance in the Network Society. Cambridge, NY: Cambridge University Press.
Hall, P. A. (1986). Governing the Ecoinomy: The Politics of State Intervention in Britain and France. New York: Oxford University Press.
Hart, David K. (1974). "Social Equity, Justice, and the Equitable Administrator." Public Administration Review, 34(1).
Haunschild, Pamela R. (1993). "Interorganizational Imitation: The Impact of Interlocks on Corporate Acquisition Activity." Administrative Science Quarterly, 38.
Hays, Steven W. and Richard C. Kearney(1995). "Promotion of personnel: Career advancement." Jack Rabin(eds.). Handbook of public personnel administration. New York: Marcel Dekker, Inc.
Helco, Hugh(1978). "Issue Networks and the Executive Establishment." In The American Political System, Anthony King(eds.), Washington: American Enterprise Institute.
Herschel, R. & Nemati, H.(2000). "Chief Knowledge Officer: Critical Success Factors for Knowledge Management." Information Strategy. The Executive's Journal Summer. 37~45.
Hogwood, B. and L. Gunn(1984). Policy Analysis for the Real World. N.Y: Oxford University Press.
Hughes, O. E. (1994). Public Management and Administration. New York: St. Martin's Press.
Ikenberry, G. J. (1988). "Conclusion: An Institutional Approach to American Foreign Economic Policy." In G. John Ikenberry, David A. Lake, and Michael Mastanduno(eds.), The State and American Foreign Economic Policy. Ithaca: Cornell University Press.
Ikenberry, G. J., D. A. Lake, & M. Mastanduno(1988). "Introduction: Approaches to Explaining American Foreign Economic Policy." In G. John Ikenberry, David A,. Lake, and Michael Mastanduno(eds.), The State and American Foreign Economic Policy. Ithaca: cornell University Press.
Immergut, E. M. (1998). "The Theoretical Core of the New Institutionalism." Politics & Society, 26(1): 5-34.
Ivancevich, J. M., Konopaske, R. & Matteson, M. T. (2008). Organizational Behavior

and Management. New York, NY: McGraw-Hill Irwin.

Jantsch, Erich(1970). "From Forecasting and Planning to Policy Sciences." Policy Sciences, 1(1): 31-47.

Jenkins-Smith, Hank C. & Paul A. Sabatier(1993). "The Study of Policy Process." In Paul A. Sabatier and Hank C. Jenkins-Smith(eds.), Policy Change and Learning. Boulder, CO: Westview Press. Chap. 1.

Jones, Gareth R. (2010). Organizational Theory, Design and Change. New Jersey: Pearson Prentice Hall.

Jones, M. G. (1994). "The Promise of the NII: Universal Service is the Key." In U. S. Dept. of Commerce, 20/20 Vision: The Development of a National Information Infrastructure. National Telecommunications and Information Administration.

Joseph Tiffin(1952). "Industrial Psychology". New York, Prentice-Hall.

Jessop, B. (1998). "The Rise of Governance and the Risks of Failure: The Case of Economic Development." International Social Science Journal, 155. UNESCO.

Judis, J. (1993). The Jobless Recovery. The New Republic.

Kahin, B. (1993). Building Information Infrastructure. McGraw-Hill.

Kaplan, A. (1963). American Ethics and Public Policy. New York: Oxford University Press.

Kaplan, R. S. & David P. Norton(1992). "The Balanced Scorecard: Measures That Drive Performance."Harvard Business Review, 1(January).

Kaplan, R. S. (1999). "The Balanced Scorecard for Public-Sector Organization."Balanced Scorecard Report.

Kapor, M. (1994). "Building Open Platforms: Public Policy for the Information Age." In U. S. Dept. of Commerce, 20/20 Vision: The Development of a National Information Infrastructure. National Telecommunication and Information Administration.

Kay, A. (1995). "Global Village or Global Civilization?" In K. Schwab(ed.), Overcoming Indifference. New York: New York University Press.

Keenan, Michael(2004). Technology Foresight: An Introduction. PREST, University of Manchester.

Kelley, H. H. (1973). "The Process of Casual Attribution." American Psychologist, 28.

Kelley, H. H. & Michela, J. L. (1980). "Attribution Theory and Research." Annual Review of Psychology.

Kelly, Rita Mae(1986). "Trends in the Logic of Policy Inquiry: A Comparison of Approaches and A Commentary." Policy Studies Review, 5(3): 520-529.

Kellner, D. (1990). Television and the Crisis of Democracy. Boulder: Westview Press.

Kennedy, Paul(1987). The Rise and Fall of the Great Power. New York: Random House.

Kennedy, P. (1993). "Preparing for the Twenty-first Century." Seoul: The Korea Economic Daily(Korean edition).

Kettl, Donald F. (1994). "Managing on the Frontiers of Knowledge: The Learning Organization." In P. W. Ingraham and B. S. Romzek(eds.), New Paradigms for Government: Issues for the Changing Public Service. San Francisco: Jossey-Bass Publisher.

Key, Jr. V. O. (1940)."The Lack of a Budgetary Theory."American Political Science Review, 34(6): 1137-1144.

King, G. Keohane. R. O. & Verba, S. (1993). Designing Social Inquiry. Princeton: Princeton University Press.

Kingsley, J. Donald(1944). Representative Bureaucracy: An Interpretation of the British Civil Service. Yellow Springs: The Antioch Press.

Kiser, L. & E. Ostrom. (1982). "The Three World of Action: A Metatheoretical Synthesis of Institutional Approaches." in Elinor Ostrom(ed.), Strategies of Political Inquiry. London: Sage Publication, pp.179-222.

Kooiman, Jan. (1993). "Social-Political Governance: Introduction." in J. Kooiman, Modern Governance: New Government-Society Interactions. London: Sage Publications.

(2003). "Modes of Governance." in J. Kooiman, Governing as Governance. London: Sage.

Kornhauser, W. (1959). The Politics of Mass Society. New York: The Free Press.

Kotter, John P. & Cohen, Dan. S.(2002). The Heart of Change: real-life stories of how people change their organization. Boston, MA: Harvard Business School Press, pp.15-36.

Krantz, Harry(1976). The Participatory Bureaucracy: Woman and Minority in A More Representative Public Service. Lexington. MA: Lexington Books.

Krasner, Stephen D. (1983). "Regimes and the Limits of Realism: Regimes as Autonomous Variables." In Krasner(ed.), International Regimes. Ithaca: Cornell University.

(1984). "Approaches to the State Alternative Conceptions and Historical Dynamics." Comparative Politics. January: 223-246.

Krugman, P. & R. Lawrence(1994). Trade, Jobs and Wages. Scientific American.

Kuhnert, K. W. & Lewis, P. (1987). "Transactional and transformational leadership: A constructive/destructive transformational Leadership: A constructive/destructive analysis." Academy of Management Review, 12(4).

Küng, H.(1995). "A Global Ethic as the Alternative to the Clash of Civilizations." In Klaus Schwab(ed.), Overcoming Indifference. New York: New York University Press.

Lawless, David J. (1973). "Effective Management: Social Psychological Approach." Journal of Business, 46.

(2003). "Modes of Governance." In J. Kooiman., Governing as Governance. London: Sage.

Lasswell, H. D. (1971). A Pre-View of Policy Sciences. New York. NY: Elsevier.

(1970). "The Emerging Conception of the Policy Sciences." Policy Sciences, 1: 3-14.

(1951). "The Policy Orientation." In. H. D. Lasswell & D. Lerner (eds.), Policy Sciences. Stanford, California: Standard Univ.Press. 3-15.

(1949). Power and Personality. New York: Norton.

(1948). "Attention Structure and Social Structure." In Lyman Bryson (ed.), The Communication of Ideas. New York: Harper.

(1943b). "Proposal: The Institute of Policy Sciences(October 1)." Archieved at Steering Library. Yale University, New Haven. CT: New Haven Press.

(1943a). "Memorandom: Personal Policy Objectives(October 1)." Archieved at Steering Library. Yale University, New Haven. CT: New Haven Press.

Lasswell, H. D. & Myres S. McDougal. (1992). Jurisprudence for a Free Society: Studies in Law, Science and Policy(Vol.2). New Haven. CT: New Haven Press.

Lawlor, Edward F. (1996). "Book Review." Journal of Policy Analysis and Management, 15(1, winter).

Lee, Robert D, Jr. & Ronald W. Johnson(1983). Public Budgeting System. Gaithersbury, M.D.: Aspen Publishers, Inc.

Lerner, Daniel. (1975). "From Social Science to Policy Science: An Introductory Note." In Stuart S. Nagel(ed.), Policy Studies. Lexington, Mass: Lexington Books. 1-7.

Levitt, B. & March, J. G. (1988). "Organizational Learning." American Review of Sociology, 14.

Loader, Brian D. (1998). "How Democratic Can Informatics be in Reality?: A Strategy for Political Inclusion?" Paper presented for 1998 Korea Association for Public administration(KAPA) International Symposium on Electronic Government. Hotel Shilla (Oct. 17, 1998).

Longino, H. E. (1993). "Economics for whom?" In M. Ferber & J. Nelson(eds.), Beyond Economic Man. Chicago, IL & London: University of Chicago Press, 158-168.

Lovelock, J. E. (1987). GAIA: A New Look at Life on Earth. Oxford: Oxford University Press.

Lynn, Laurence E., Jr. (1999). "A Place at the Table: Policy Analysis, Its Postpositive Critics, and the Future of Practice." Journal of Policy Analysis and Management, 16(3).

Madec, A. (1982). Les Flux Transfrontieres de donnees. Paris: La Documentation Francais.

Marcuse, H. (1964). One Dimentional Man. Boston: Boston Press.

(1968). "Industrialization and Capitalism in the Works of Max Weber." In Negotiations: Essays in Critical Theory. trans. J. J. Shapiro: Boston.

Marsh, D. and Smith, M. (2000). "Understanding Policy Network: Towards a Dialectical Approach." Political Studies, 44: 4-21.

Marshall, J. and Peters, M. (1985). "Evaluation and Education: the Ideal Learning Community." Policy Sciences, 18: 263-288.

Marquardt, M. J. & Reynolds, A. (1994). The Global Learning Organization. Irwin. Inc. 송경근 옮김(1995). 『글로벌 학습조직』. 서울: 한국언론자료간행회.

Martin-Lof, J.(1984). "Some Policy Issues in the International Debate." In L. Bannon. U. Barry & O. Holst(eds.), Information Technology: Impact on the way of Life. Dublin: Tycooly International Publishing.

Masuda, Y. (1981). The Information Society as Post-industrial Society. Bethesda. MD: WorldFuture Society.

(1982). "Vision of the Global Information Society." In L. Bannon. U. Barry & O. Holst(eds.), Information Technology: Impact on the way of life. Dublin: Tycooly International Publishing.

Mehrotra, R. (1995). "Religion and Modern Value Systems." In K. Schwab(ed.), Overcoming Indifference. New York: New York University Press.

Menichelli, K. & A. Blau(1994). "Philanthropy and the Agenda for Action." In U.S. Dept. of Commerce. 20/20 Vision: The Development of a National Information

Infrastructure. National Telecommunications and Information Administration.

Messerlin, P. A. & K. P. Sauvant(1990). The Uruguay Round: Services in the World Economy. The World Bank Washington D.C.

Meyer, J. W. and B. Rowan(1977). "Institutionalized Organizations: Formal Structure as Myth and Ceremony." American Journal of Sociology, 83: 340-363.

(1978/1983). "The Structure of Educational Organizations." In John W. Meyer and W. Richard Scott(eds.), Organizational Environments: Ritual and Rationality. Beverly Hills, Cali.: Sage. 71-97.

Michael, D. (1972). "Enriched or Impoverished? Master or Servant?" In Information Technology: Some Critical Implication for Decision Makers. New York: The Conference Board.

(2004). Using Experts and Stakeholder Panels in Technology Foresight: Principle and Practice. PREST, University of Manchester.

Milbrath, L.(1989). Envisioning a Sustainable Society. New York: SUNY Press.

Miles, R. I., H. Turner & Bessant(1988). Information Horizons: The Long Term Social Implication of New Information Technologies. England: Elga.

Miles and Keenan(2003). Handbook of Knowledge Society Foresight. PREST, Manchester, UK.

Miller, A. G. (1971). The Social Psychology of Psychological Research. New York: Free Press.

Minus, P. M. (1995). "Toward an Ethic for the Twenty-First Century." In K. Schwab (ed.), Overcoming Indifference. New York: New York University Press.

Moe, Ronald C. (1994). "The Reinventing Government Exercize: Misinterpreting the Problem, Misjudging the Consequences." Public Administration Review, 54(2): 111~22.

Moltmann, J. (1965). Mensh. Stuttgart: Krewz.

Morin, E. & K. A. Brigitte. (1993). Terre-Patrie. Seoul: Moonye Publishing Co.(Korean edition).

Mosco, V. (1982). Pushbutton Fantacies. Norwood: Ables Press.

Mosher, F. C. (1982). Democracy and the Public Service (2nd ed.). New York: Oxford University Press.

Mumby, Dennis K. (1988). Communication and Power in Organizations: Discourse, Ideology, and Domination. Norwood, New Jersy: Ablex Publishing Corporation.

Myers, P. (1996). Knowledge Management and Organizational Design. Butter-

worth-Heinemann.
Naisbitt, J. (1988). Megatrends. NY: Random House.
Needleman, J. (1995). "There Is No Such Thing as a Purely Material Crisis." In K. Schwab(ed.), Overcoming Indifference. New York: New York University Press.
Newman, Janet(2001). Modernising Governance: New Labour, Policy and Society. London: Sage.
Nonaka, I. & H. Takeuchi(1995). The Knowledge-Creating Company: How Japanese Companies Create the Dynamics of Innovation. New York: Oxford University Press.
North, Douglass C. (1998). "Economic Performance Through Time." In Mary C. Brinton and Victor Nee(ed.), The New Institurionalism in Sociology. 247-257. New York: Russel Sage Foundation.
NPR(1995). "The Vision Takes Hold." National Performance Review, September.
Nye, Joseph Jr. (1990). Bound to Lead: The Changing Nature of American Power. New York: Paris Books.
OECD. (1990). Survey of Public Management Development. Paris: OECD.
(1990a). Financing Public Expenditures through User Charges. Paris: OECD.
(1991). Survey of Public Management Developments. Paris: OECD.
(1996). Knowledge Based Economy. Paris: OECD.
(1997a). National Innovation System. Paris: OECD.
(1997b). "Regulatory Management and Reform: Current Concerns in OECD Countries." Public Management Occasional Papers. Regulatory Management and Reform Series No. 1 (Paris: OECD).
Oldham, G. R. & A. Cummings(1996). "Employee Creativity: Personal and Contextual Fators at work." Academy of Management Journal, 39(3).
Olve, N. G, Roy & M. Wetter(1998). Performance Drivers. John Wiley & Sons Ltd.
Ostrom, Elinor(1986). "An Agenda for the Study of Institutions." Public Choice, 48: 3-25.
(1990). Governing the Commons: The Evolution of Institution for Collective Action. Cambridge: Cambridge University Press.
Osborne, D. & Gaebler, T. (1992). Reinventing Government: How the Entrepreneurial Spirit Is Transforming the Public Sector. Reading. MA: Addison-Wesley.
Osborne, David & P. Plastrik(1997, 1998). Banishing Bureaucracy: The Five Strategies for Reinventing Government. Reading. MA: Addison-Wesley Publishing Co.

Painter, M. & Pierre, J.(ed.) (2005). Challenges to State Policy Capacity. NY: Palgrave Macmillan.
Paisley, W. (1983). "Computerizing Information: Lessons of a Videotex Trial." Journal of Communication.
Paris, David C. & James F. Reynolds(1983). The Logic of Policy Inquiry. New York: Longman.
Penrose, R. (1989). The Emperor's New Mind: Concerning Computers, Minds, and the Laws of Physics. Oxford: Oxford University Press.
Peters, G. (1995). The Future of Governing. University Press of Kansas.
Peters, G. & Pierre J. (2005). "Toward a Theory of Governance." In Peters G. & Pierre J. Governing Complex Societies Governance: New Government-Society Interactions. Palgrave: Macmillan.
Pierre, J. (2000). "Introduction: Understanding Governance," In J. Pierre(ed.), Debating Governance. Oxford: Oxford University Press.
(2006). "Introduction." In Peters G. & Pierre J.(ed.), Handbook of Public Policy. SAGE Publications: London.
Portes, A. (1998). Social Capital: Its Origins and Application in Modern Socialogy. Annual Reviews, 24: 1-24.
Prigogine, I. & Stengers, I. (1984). Order out of Chaos: Man's New Dialogue with Nature. New York: Bantam Books.
Putnam, R. (1992). Making Democracy Work. Princeton: Princeton University Press.
(1993). "The Prosperous Community: Social Capital and Public Life." The American Prospect, 13(spring).
Quinn, J. B., P. Anderson, & S. Finkelstein, S. (1996). "Professional Intelligence to Create Value." Harvard Business Review, March-April.
Rada, J. F. (1980). "Microelectronics and Information Technology: A Challenge for Research in the Social Sciences." Social Science Information, 19(2).
Ramos, Alberto Guerreiro(1972). "Models of Man and Administrative Theory." Public Administration Review, 32.
Rheingold, H. (1993). "The Virtual Community: Homesteading on the Electronic Frontier." Reading. Mass.:Addison-Wesley Publishing Co.
Rhim, K. J. (1995). "The Revolution of Value System." The 6th Handbook International Conference.
Rhodes, R. A. W. (1990). "Policy Networks: A British Perspective." Journal of Theoreti-

cal Politics, 2.

(1996). "The New Governance: Governing Without Government." Political Studies, 44(4): 652-667.

Riesman, D. (1966). The Lonely Crowd. New York: The Free Press.

Rifkin, J. (1994). Entropy Ⅱ. Washington: Jeremy P.Tarcher. Inc.

(1996). The End of Work. Washington: Jeremy P.Tarcher, Inc.

Roberts, Nancy C. (1999). "Innovation by Legislative, Judicial and Management Design: Three Arenas of Public Entrepreneurship." In Frederickson, H. G. and J. M. Johnston(ed.), Public Management Reform and Innovation. The University of Alabama Press.

Robbins, Stephen P. & Judge, T. A. (2009, 1015). Organizational Behavior. Upper Saddle River, New Jersey: Pearson.

Rochefort, David A. & Roger W. Cobb(1994). The Politics of Problem Definition: Shaping the Policy Agenda. Lawrence, Kansas: University Press of Kansas.

Rosnay, J. (1995). "The Digital Revolution." In Klaus Schwab(ed.), Overcoming Indifference. New York: New York University Press.

Ruete, E. (1995). "The Need for Standards of Conduct in Government and Business." In Klaus Schwab(ed.), Overcoming Indifference. New York: New York University Press.

Ruggles, R. (1998). "Knowledge Management and Intellectual Capital." Human Systems Management, 19: 39-48.

Ruggles, R. & Holtshouse, D. (1999). The Knowledge Advantage. 97-136. Capstone Publishing Ltd.

Sabatier, Paul A. (ed.) (1999). "Theories of the Policy Process." Boulder, Colorado: Westview Press.

Sabatier, Paul A. (1993). "Policy Change over a Decade or More." In Paul A. Sabatier and Hank C. Jenkins-Smith(ed.), Policy Change and Learning. Boulder, CO: Westview Press.

Salamon(2002). The Tools of Government: A Guide to the New Governance. London: Sage Publications.

Salvaggio, J. L.(ed.)(1989). The Information Society: Economic, Social, & Structural Issues. Hillsdale. NJ: Lawrence Erlbaum Associates. Publishers.

Scharpf, Fritz(1990). "Games Real Actors Could Play: The Problem of Connectedness." Kln: Max-Planck-Institute for Gesellschaftsforschung, Paper 90/8.

Schechter, M. (1999). The Revival of Civil Society: Global and Comparative Perspectives. New York: St. Martin's Press.

Schein, Edgar H. (1985). Organization Culture and Leadership. San Francisco, CA: Jossey-Bass.

Schement, J. R. (1989). "The Origins of the Information Society in the United States: Competing Visions." In J. L. Salvaggio(ed.), The Information Society: Economic, Social & Structural Issues. Hillsdale. NJ: Lawrence Erlbaum Associates. Publishers.

Schick, Allen(1971). Budget Innovation in the States. Washington, D.C.: The Brookings Institution.

Schiller, H. I. (1989). "Information for What Kind of Society?" In Salvaggio. L. Jerry(ed.), The Information Society: Economic, Social, & Structural Issues. Hillsdale. NJ: Lawrence Erlbaum Associates. Publishers.

Schindler, C. & G. Lapid(1989). The Great Turning: Personal Peace and Global Victory. Santa Fe. New Mexico: Bear.

Schudson, Michael. (1997). "Why conversation is not the soul of democracy." Critical Studies in Mass Communication, 14.

Schwab, K. (1995). "Conclusion." In K. Schwab(ed.), Overcoming Indifference. New York: New York University Press.

Scott, W. R. & Mitchell, T. (1976). Organization Theory: A Structural and Behavioral Analysis. Homewood: Irwin.

Scott, W. R. (1992). Organization: Rational Natural and Open System 3rd(ed.). Englewood Cliff. NJ: Prentice Hall.

Selznick, P. (1957). Leadership in Administration: A Sociological Interpretation. Harper & Row.

Silfvast, R. O. & Quaglieri, P. L. (1994). "Management Skills Transferability and the Public and Private Sector Manager." Public Personnel Management, 23: 117-126.

Simon, H. A. (1945). Administrative Behavior. New York, Macmillan.

(1987). "The Steam Engine and Computer: What Makes Technology Revolutionary." Computer and Society.

Skocpol, T.(1984a). "Emerging Agendas and Recurrent Strategies in Historical Sociology." In Theda Skocpol(ed.), Vision and Method in Historical Sociology. Cambridge University Press.

(1984b). "Sociology's Historical Imagination." In Theda Skocpol(ed.), Vision

and Method in Historical Sociology. Cambridge University Press.
(1985). "Bringing the State Back In: Strategies of Analysis in Current Research," In P. Evans, D. Dietrich and T. Skocpol(ed.), Bringing the State Back In. Cambridge: Cambrige Univ. Press. 3-43.

Skok, James E. (1995). "Policy Issue Networks and the Public Policy Cycle." Public Administration Review, 55(4): 325-332.

Slocum, Jr., J. W. & Hellriegel, D. (2011). Principles of Organizational Behavior. Mason, OH: South-Western, Cengage Learning.

Smythe, D. (1985). A Historical Perspective on Equity: National Policy on Public and Private Sector in the U.S.A. Paper Presented to the Thirteenth Annual Telecommunications Policy Research Conference. VA: Airlie House.

Stahl, O. G. (1976). Public Personnel Administration (7th ed.). NY: Harper & Row, Publisher.

Stogdill, R. M. (1948). "Personal factors associated with leadership: Survey of literature." The Journal of psychology, 25.
(1974). Handbook of Leadership: A Survey of the Literature. New York: Free Press.

Stoker, G. (1998). "Governance as Theory: Five Propositions." International Social Society Journal, 50(1).

Stone, Deborah(1997). Policy Paradox: The Art of Political Decision Making. New York: W. W. Norton & Co.

Swan, J. A., & Newell, S. (1995). "The Role of Professional Associations in Technology Diffusion." Organization Studies, 16(5): 847-875.

Tannenbaum, R. & Schmidt, W. H. (1958). "How to choose a leadership pattern." Harvard Business Review, 36.

Taylor, Paul W. (1961). Normative Discourse. Englewood Cliffs. N.J.: Prentice-Hall.

Theobald, R. (1981). Beyond Despair: A Policy Guide to the Communications Era. Cabin John, MD: Seven Locks Press.

Throgmorton, J. A. (1996). "The Rhetorics of Policy Analysis." Policy Sciences, 24(2): 153-179.

Thomas,Dye (1981). Understanding Public Policy. Englewood Cliffs, NJ: Prentice Hall Press.

Tobioka, Ken(1997). SENKEN-RYOKU WO TSUKERU. Nihon Keizai Shimbun, Inc.

Toffler, A.(1970). Future Schock. New York: Random Hause.

Torgerson, D. (1985). "Contextual Orientation in Policy Analysis: The Contribution of Harold D. Lasswell." Policy Sciences, 18: 241-261.

(1992). "Priest and Jester in Policy Sciences: Developing the Focus of Inquiry." Policy Sciences, 25: 225-235.

(2003). "Democracy through Policy Discourse." In Maarten A. Hajer and Hendrik Wagenaar(eds.), Deliberative Policy Analysis: Understanding Governance in the Network Society. Cambridge: University Press.

Toulmin, Stephen(1958). The Uses of Argument. Cambridge: Cambridge University Press.

Toulmin, Stephen, R. Rieke, & A. Janik. (1979). An Introduction to Reasoning. New York: Macmillan.

Turkle, S. (1984). The Second Self: Computers and the Human Spirit. New York: Simon & Schuster.

Ughes, Owen E. (1994). Public Management and Administration. M: St. Martin's Press.

U.S. Dept. of Commerce(1994). 20/20 Vision: The Development of a National Information Infrastructure. National Telecommunications and Information Administration.

Vanagunas, S. & Webb, J. (1994). "Administrative Innovation and the Training of Public Managers." Public Personnel Management, 23(3): 437-446.

Westin, A. (1982). "Home Information System: The Privacy Debate." Datamation, 28(1).

Williamson, O. (1985). The Economic Institution of Capitalism. New York, The Free Press.

Winter, Soren(1986). "How Policy-Making Affects Implementation: The Decentralization of the Danish Disablement Pension Administration."Scandinavian Political Studies, 9(4).

World Bank(1998). Knowledge For Development. Washington DC: World Bank.

Yukl, G. (1999). "An Evaluation of Conceptual Weakness in Transformational and Charismatic Leadership Theories." The Leadership Quarterly, 10.

색 인

저자 약력

권 기 헌

저자는 한국외국어대학교 행정학과와 서울대학교 행정대학원을 졸업하고 미국 하버드 대학 John F. Kennedy 대학원에서 정책학 석사와 정책학 박사 학위를 취득하였다. 대학재학 중 1982년 제26회 행정고시에 합격하였으며, 행정고시 연수원을 수석으로 졸업, 국무총리상을 수상하였다. 상공부(현 산업통상자원부) 미주통상과 등 통상진흥국에서 근무하였으며, 2015년 제23대 한국정책학회 회장과 국무총리 정부업무평가위원 등을 역임하였다. 현재 성균관대학교 국제정보정책전자정부연구소장과 행정학과 교수로 재직하고 있다.

저자는 정책학이론, 정책분석론, 국가혁신론, 미래예측론에 관심을 갖고 연구를 진행 중이며, 주요 저서로는 《정책학 강의》《행정학 강의》《정책학의 향연》《정책학의 콘서트》《행정학 콘서트》《정의로운 국가란 무엇인가》《대한민국 비정상의 정상화》《정부혁명 4.0》《정의로운 공공기관 혁신》《포기하지마! 넌 최고가 될거야》《E-Government & E-Strategy》《정책분석론》《정책학의 논리》《미래예측학: 미래예측과 정책연구》《전자정부론: 전자정부와 국정관리》《정보체계론: 정보사회와 국가혁신》《정보사회의 논리》《전자정부와 행정개혁》《과학기술과 정책분석》《정보정책론》《창조적 지식국가론》《정보의 신화, 개혁의 논리》《디지털 관료 키우기》《정책학의 지혜》《인류지도자를 위한 비망록》 등이 있다.

수상경력으로는 국무총리상 수상(제26회 행정고시 연수원 수석), 한국행정학회 학술상(최우수논문상) 수상, 대한민국 학술원 우수도서 선정(2회), 미국정책학회(APPAM) 박사학위 최우수 논문 선정, 미국 국무성 풀브라이트 학자(Fulbright Scholarship) 선정, 문화체육관광부 우수도서 선정 등이 있다.

행정학의 이해

초판인쇄 2020년 2월 20일
초판발행 2020년 2월 29일

지은이 권기헌
펴낸이 이원일

펴낸곳 學林
서울시 도봉구 도봉로 180나길 41, 제상가 1동 239호
등록 제25100-2009-000026호
전 화 02)941-7898 팩 스 02)931-7868
홈페이지 www.haklim.com
ISBN 979-11-86422-29-8 93350

정 가 25,000원